MUSA PRAGUEJADORA

A vida de Gregório de Matos

por Ana Miranda

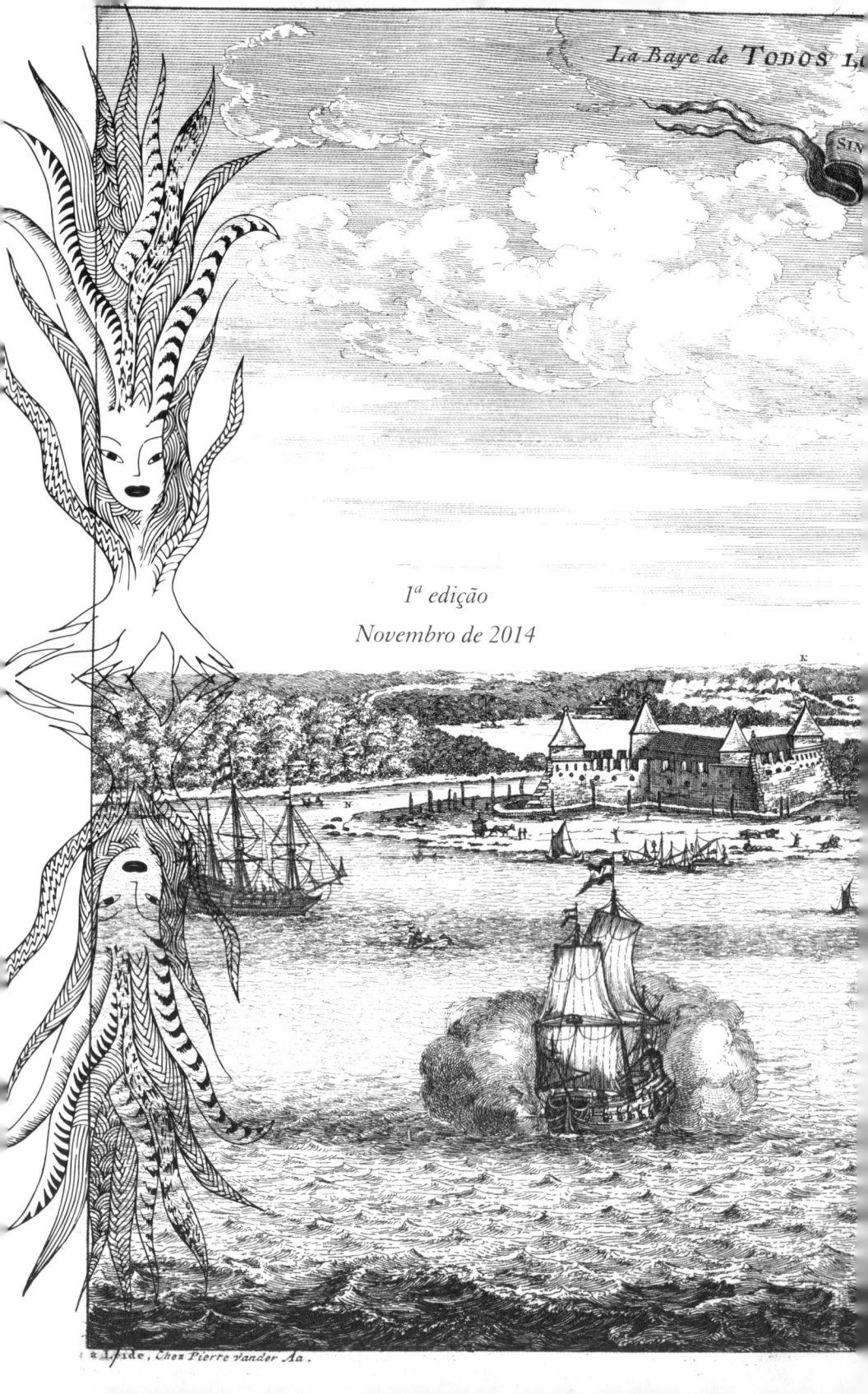

La Baye de TODOS

1ª edição
Novembro de 2014

a Leide, Chez Pierre vander Aa.

MUSA
PrAGueJadorA

A vida de Gregório de Matos
por Ana Miranda

EDITORA RECORD
RIO DE JANEIRO · SÃO PAULO

CIP-BRASIL. CATALOGAÇÃO NA PUBLICAÇÃO
SINDICATO NACIONAL DOS EDITORES DE LIVROS, RJ

M64m
    Miranda, Ana
    Musa Praguejadora: A vida de Gregório de Matos / Ana Miranda. 1. ed.
    Rio de Janeiro: Record, 2014.

    ISBN 978-85-01-05279-7

    1. Romance brasileiro. I. Título.

14-14067
                         CDD: 869.93
                         CDU: 821.134.3(81)-3

Copyright de textos e desenhos © Ana Miranda, 2014

Capa, projeto gráfico e pesquisa de imagens: Anna Dantes

Imagens da capa: desenho de Ana Miranda e ilustração de *La Galerie Agreable du Monde: tome troisième d' Amerique*, de Pierre Van der Aa (Fundação Biblioteca Nacional)

Texto revisado segundo o novo Acordo Ortográfico da Língua Portuguesa.

Rua Argentina, 171 | 20921-380 | Rio de Janeiro, RJ | Tel.: 2585-2000

Impresso no Brasil

ISBN 978-85-01-05279-7

Seja um leitor preferencial Record.

Cadastre-se e receba informações sobre nossos lançamentos e nossas promoções.

Atendimento e venda direta ao leitor:

mdireto@record.com.br ou (21) 2585-2002.

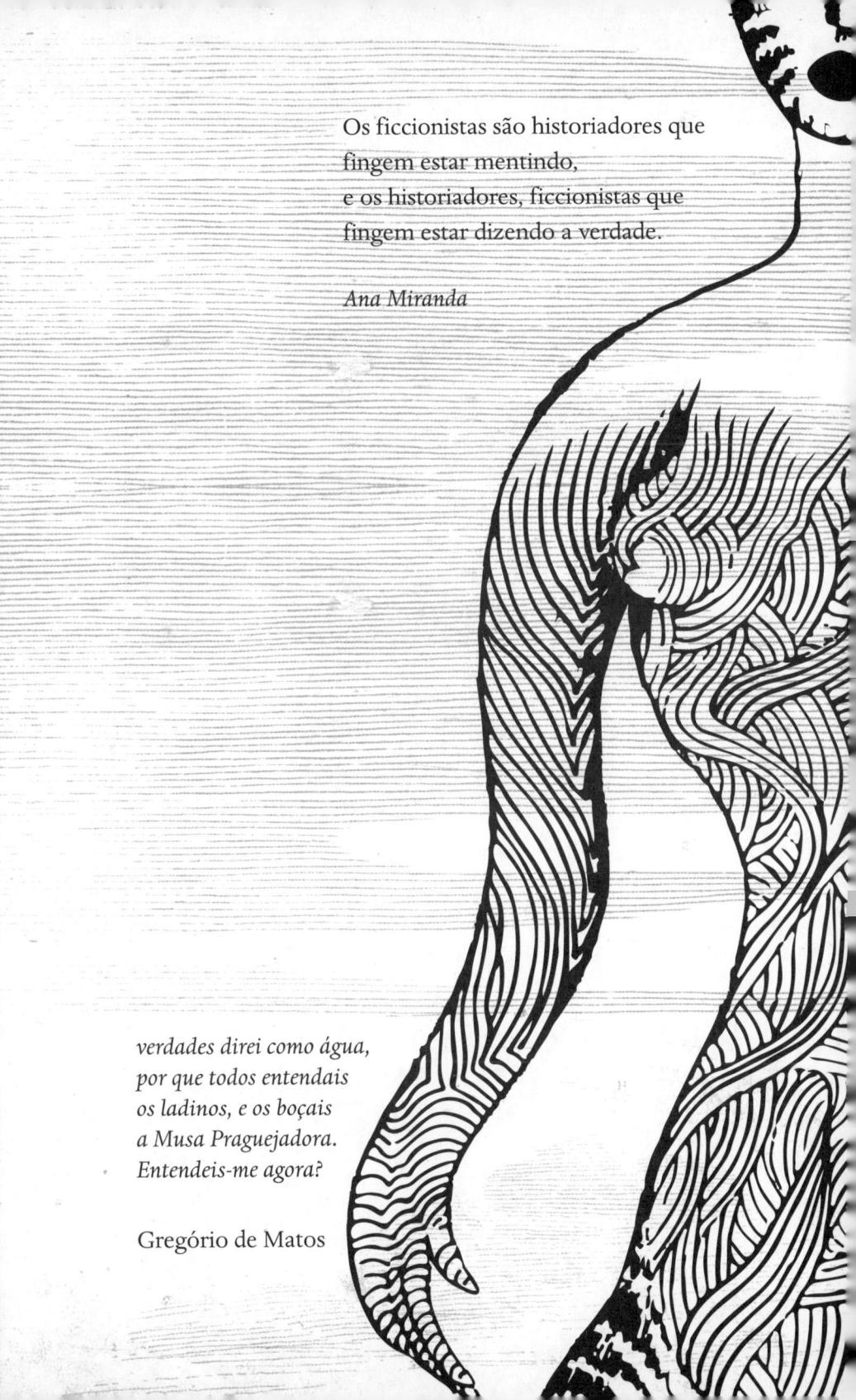

Os ficcionistas são historiadores que
fingem estar mentindo,
e os historiadores, ficcionistas que
fingem estar dizendo a verdade.

Ana Miranda

verdades direi como água,
por que todos entendais
os ladinos, e os boçais
a Musa Praguejadora.
Entendeis-me agora?

Gregório de Matos

Sumário

ORIGENS, INFÂNCIA NA BAHIA, 13

O sonho do além-mar. *Minho, primeiro quartel do século 17, o avô de Gregório de Matos,* 16

As enredadas teias da Bahia. *1616? Chegada ao Brasil,* 23

Homens de espada e rosário. *1618, familiar do Santo Ofício,* 31

As flâmulas vermelhas. *1624, invasão holandesa,* 41

Um esplêndido lucro. *1626, avô do poeta trabalha na reconstrução da cidade,* 48

Canaviais em flor. *A fazenda de Sergipe do Conde,* 51

Caprichosamente nobres. *Casamento de Gregório pai e Maria da Guerra, a mãe do poeta,* 55

Vida de casada. *O cotidiano da mãe do poeta, Maria da Guerra,* 60

O pai, orgulho da ascendência. *A nobreza e a fidalguia,* 74

Misterioso agouro. *1636, nascimento e infância do poeta,* 79

Banguê, que será de ti? *1641, aulas de música, a viola, os três irmãos,* 89

Disciplina, orações, estudo, silêncio. *1641, queda do domínio espanhol, 1642, estudos com os jesuítas,* 94

ESTUDANTE, ADVOGADO EM PORTUGAL, 105

A solidão do mazombo. *1650, viagem para Portugal,* 110

Pedantismo doutoral e indisciplina. *1652-1660, Universidade de Coimbra,* 128

Embriagados sobre as mesas. *Primeiras poesias,* 135

Um modo viril de falar. *A poesia obscena,* 141

O gozo do proibido. *Freiras e freiráticos,* 148

A morte com patas. *1657? Feriados em Viana do Castelo; a procissão,* 155

Deitando lágrimas. *1660, exame de bacharel; morte dos pais, morte do reitor,* 159

O que é o amor? *Reencontro com dona Michaela; problemas com o rei Afonso VI,* 165

Festa de púcaro de água. *1661, licença para casar,* 171

Assombrando na judicatura. *O advogado em Lisboa,* 177

Entre campos de trigo. *1663, juiz de fora de Alcácer do Sal, 1665, provedor da Misericórdia em Alcácer do Sal, A vida em Lisboa,* 183

Um sujeito ocupado. *1666, o cometa, o príncipe; a carreira jurídica em Lisboa,* 186

Vivo fogo de tormentos. *1674, batismo da filha Francisca,* 194

O rol dos desregrados. *1677, expulsão de Eusébio de Matos da Companhia de Jesus,* 201

A Musa quando canta. *1677, "Mariniculas"; o bacharel cai das graças do príncipe,* 207

A cama fria da solidão. *1678, adeus a dona Michaela,* 215

Mais aperreado que um cornudo. *1679, nomeado desembargador da Sé na Bahia,* 218

VOLTA À BAHIA, 227

Pelas ondas e ladeiras. *1682, viagem com Tomás Pinto Brandão,* 230

Arquivo das inconstâncias. *A Bahia mudou,* 236

Desatinos de militar. *1682, Braço de Prata desembarca, toma posse,* **240**

Mais corredia que a água. *O poeta e as mulheres,* **246**

Matéria de justiça e consciência. *Vieira contra Braço de Prata; 1683 coroado o rei de Portugal dom Pedro II,* **251**

Sangue na rua. *1683, assassinato do alcaide,* **256**

A alma danada. *1683, Gregório refugiado no Carmo,* **261**

Ódio veemente, ódio valente. *1684, destituído da Sé e da Relação Eclesiástica,* **263**

No convento de areias. *Refugiado em Praia Grande,* **270**

Torrão mais delicioso. *1684, vagando no recôncavo; deposição do Braço de Prata,* **275**

O Prado esmaltado de flores. *1684, novo governador, marquês das Minas,* **292**

Alçado em anos, abatido em bens. *1685, cavalhadas; dona Ângela Paredes, primeira tentativa de casamento,* **301**

Comércio com o vento, *Brites, outra tentativa de casamento,* **311**

A muda boca esfaimada. *1685, a fome na Bahia,* **320**

Caído nas garnachas negras. *1685, denunciado à Inquisição,* **330**

A ciática de Gregório. *Dores do poeta e da cidade,* **338**

Emudecem as folias. *1686, peste em Salvador; casamento do rei; partida do marquês,* **342**

Visível graça e inteligência, *1687 a 1690, advogado na Bahia,* **353**

O anúncio das lágrimas. *1688 ou 1689? Casamento com Maria de Povos; filhos; morte do filho; traições,* **363**

Em noite de nevoeiro. *1690, novo cometa, morte da princesa, sebastianismo,* **383**

Castigos da bigamia. *Babu, mais uma tentativa de casamento,* **387**

As flores do Desterro. *Novos amores freiráticos,* **394**

Sem pé nem cabeça. *O poeta noticioso; 1690, novo governador, o Tucano,* **404**

Abraçado à viola. *1692 a 1694, morte de Eusébio e degredo de Tomás; o poeta pobre, solitário, no recôncavo,* **427**

Remédios políticos. 1694, *João de Lencastre; o filho do Tucano; a prisão de Leoneira; Adeus,* **434**

ANGOLA E RECIFE, 449

Sátiras a si mesmo. *Dores da consciência do poeta,* **450**

Armazém de pena e dor. *1694, o poeta em Angola,* **453**

Ondas nos arrecifes. *1695, Recife; o último amor,* **467**

A fortaleza negra. *A morte de Zumbi,* **480**

Calundus mandados pelo Zambe. *Dezembro de 1695, a febre, o colega de estudos, a morte,* **485**

EPÍLOGO, Voltando no tempo. 491

Máscara versada em leis. *A ressureição do poeta,* **493**

Algumas palavras mais, **501**

Sobre um reencontro. *Atualidade de Gregório de Matos,* **502**

O RAMILHETE DE FLORES, 516

CRÉDITO DAS IMAGENS, 535

OBRAS CONSULTADAS, 536

NOTAS, 543

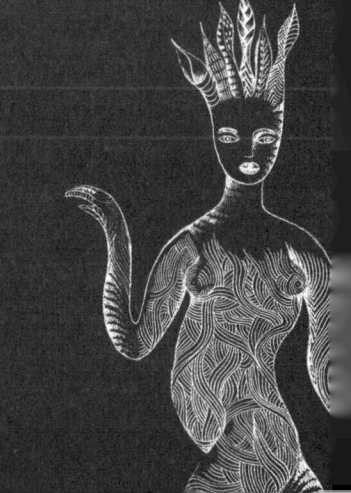

ANTES DE PARTIR PARA O DEGREDO EM ANGOLA, *Gregório de Matos vai ao palácio para se despedir de dom João de Lencastre; o governador lhe entrega um baú que contém resmas de papéis manuscritos, com os poemas que pôde recolher, na casa do poeta, junto aos amigos, inimigos, amigos mais próximos, com o vigário, junto às amantes do poeta, à esposa, nas fazendas do recôncavo, nos arquivos judiciais, eclesiásticos, nas tabernas, nas mãos de gente do povo, e por todo lado.*

Gregório de Matos pensa, durante a travessia marítima, no padre Vieira. O jesuíta, de quem tanto admira a palavra, foi para o Brasil numa espécie de exílio, para terminar a anotação de seus sermões. Isolado na quinta do Tanque, trabalha ardentemente. Sermão após sermão, vai formando os tomos revisados a seu gosto, com a melhor inspiração e escrita, certo de que é a sua obra mais perene; tudo será esquecido, suas viagens diplomáticas, as desvanecidas soluções políticas, os naufrágios, as missões dolorosas pelos sertões brabos do Brasil, os pés feridos, a roupeta rasgada, seu amor pelos índios, os sermões bradados aos púlpitos; após sua morte ficarão apenas os sermões escritos. Gregório de Matos inspira-se em Vieira, e decide examinar os papéis com seus versos. Em Luanda, depois de uma chegada tormentosa, tem pouco dinheiro para tomar casa e escritório. Instalado numa moradia modesta, e tratada uma escrava para servi-lo, ele toma coragem.

Abre o baú que lhe deu o Lencastre, sentindo um aperto no peito.

A sensação, diante daquele monte desordenado de papéis, é de que será impossível qualquer arranjo; muitas lembranças serão dolorosas, sua memória tem costumado falhar, os desgostos e a situação de vida em África podem matá-lo antes que termine, mas começa o trabalho. Suas mãos tremem levemente, de emoção.

Relê, de um em um, os poemas, e os vai separando por assunto. A maioria é de cópias em letras desconhecidas, são poucos os de seu próprio punho. Muitos estão transcritos com a caligrafia primorosa do escrevente do palácio. Mas reconhece a maior parte dos versos, alguns anotados com pequenos erros, que corrige. Diversos desses poemas ele não escreveu, são horríveis, e os rasga, deixa apenas os de sua lavra. Um ou outro, ele não se recorda muito bem ter escrito, mas são bons, e os conserva.

Repassa uma vida guardada naquelas palavras, revê os rostos de mulheres que amou, alguns já toldados, corpos anuviados, seios nítidos, gozos, relembra distantes odores, desejos, ódios, malditos caralhos, facas quentes, solidões infinitas, desesperos, alegrias, paisagens... Relê os poemas, relê uma vez mais, fazendo novas e renovadas cópias. A poesia, com seu ritmo, sua música, seu poder de comoção, o toma de tal maneira que seu pensamento vem em versos e rimas, e vai compondo novos poemas sobre aqueles temas antigos, que inclui na obra. Assim como faz Vieira renovando os sermões, melhorando as palavras, as frases, os encadeamentos, incluindo citas que pode comparar aos autores originais.

Num esforço de memória tenta recordar os lances de cada poesia, para quem foi composta e por que motivo, algumas datas, as que foram escritas em Portugal, as de juventude, em Coimbra, Viana, as de Lisboa, as anotadas em naus entre náuseas, as escritas na Bahia, na Cajaíba, na Madre de Deus, no Caípe, em Pernameri, São Francisco, Cachoeira... anota às margens o que se lembra... Separa aquelas que escreveu às pessoas muito principais, às beneméritas, aos homens de bem, às bestas da Sé, aos militares, aos juízes, aos ladrões, aos letrados, aos passeios com amigos, às brigas, aos metidos a fidalgos, a si mesmo em momentos de angústia, as andanças de um viola de cabaça.

Uma vez separados os poemas, e tantas vezes ainda relidos, reescritos, corrigidos, passados de um monte a outro, depois a outro, até chegarem a uma compilação final, escreve os títulos de cada um. Talvez seja a parte mais difícil, só conta com sua memória, não há ninguém que o possa ajudar. Qual foi, mesmo, o ano da chegada daquele governador? Quem era o homem que não dormiu uma dama por haver uma luz acesa? Revela ou não o nome da dama que gostava de o ver mijar? Como era o nome daquele frade das putinhas franciscanas? Precisa relembrar os poemas em que reescreveu as palavras de outro poeta, pois sabe que alguns maldizentes afirmam ser ele um pirata do verso alheio; qual é, mesmo, o soneto que dom Felipe IV compôs a uma dama, e que ele traduziu na língua lusa? Para quem foi que alinhavou o poema em que louva seu silêncio, como quem faz da virtude necessidade? Este escreveu antes de casar com Maria? Ou terá sido depois? Este arrufo de Maria foi o primeiro e aquele o segundo, ou o contrário? Desvenda, ou não, o nome de sua amada dona Ângela? Quando foi a Viana do Castelo e assistiu à procissão de Corpus Christi, estava em férias? Quantos meses, mesmo, passou encarcerado?

São intermináveis dias e noites dentro de casa, suando sobre o papel, tendo sonhos com os escritos e com as pessoas de seu passado, esquecendo muitas vezes de comer ou dormir, sentindo as dores antigas, as velhas queixas, marejando as vistas sobre seu arquivo de inconstâncias; a viola num canto, abandonada. Quando fecha os olhos, as letras e palavras, a pena, o papel, se confundem e bailam no painel escuro de suas pálpebras, como se tivessem vida.

Tem dúvidas de como arrumar os poemas, não quer ser lembrado apenas por sua verve maldita, sua musa praguejadora, e decide iniciar o primeiro tomo pelos versos que falam da Bahia, revelando o mundo de pecados que o cerca, e que vão tornar justas as palavras mais amargas. Numa segunda parte reúne os poemas líricos, sobre seus sentimentos religiosos, as lembranças mais preciosas de sua vida, como sua amizade por Bernardo Ravasco, a admissão na Ordem Terceira de São Francisco, o colóquio com soror Violante, a quem quer se irmanar como poeta. Aos reis, condes, marqueses, governadores, à sua inestimável amizade com o conde do Prado, ao seu ódio pelo Tucano, e à honrosa estima de dom João de Lencastre; sua proximidade com bispos, arcebispos, seu desprezo pelo deão jesuíta, sua amizade com o vigário Manoel Rodrigues, com Gonçalo Ravasco apesar da emboscada que lhe preparou o amigo. Assenta e prova seu meio nas altas esferas.

Aos poucos vai introduzindo o povo pecador da Bahia, a gente humilde. Não deixará de fora sua vida de amores, o desdém das mulheres, os próprios pecados, os fracassos. Inventa um diálogo em sátiras, nas quais trava combates com um inimigo, a quem dá voz contra si mesmo; assim, planta a discórdia em torno de seu nome. Trabalha madrugadas adentro, e o tempo passa, sem passar.

1
Origens, infância na Bahia

O sonho do além-mar

Minho, primeiro quartel do século 17,
o avô de Gregório de Matos

PEDRO GONÇALVES DE MATOS, VIÚVO DE DONA MARGARIDA ÁLVARES, *é um ferreiro modesto, tem sua oficina junto ao mosteiro da Senhora da Oliveira, em Guimarães, onde nasceu e se casou. Sua vida é árdua, e ele sonha com a colônia ultramarina do Brasil, onde se diz que é terra para um pobre enriquecer. Pedro vê alguns de seus amigos partindo e, diante de cada dificuldade que precisa enfrentar, o seu devaneio se fortalece. Conversa no adro da igreja com amigos, alguns deles também sonham com o além-mar, são homens pobres, valorosos e corajosos, tradicionalmente aventureiros, todos têm algum parente, pai, filho, tio, primo, avô, ou amigo que partiu em busca de uma nova vida na colônia brasileira. Deixavam às vezes suas mães, esposas e filhas a esperar os cabedais que viriam da nova terra. Uns nunca mais deram notícias, outros retornaram, na mesma pobreza, mas a maioria, em condição superior. Alguns, até mesmo ricos. O Brasil precisa de oficiais mecânicos, ferreiros, pedreiros, carpinteiros, canteiros, oleiros, tanto mestres como aprendizes, lavradores e criadores, lá eles terão trabalho em abundância e muito mais bem pago do que no Reino. Pedro é ambicioso, quer enriquecer, e não vê essa possibilidade, nas aldeias pacatas e monótonas do Minho. Conversa com seus irmãos João e Domingos, que partilham da mesma aspiração.*

Um amigo que esteve no Brasil fala da colônia com ardor, da imensidão da costa com mais de oitocentas léguas, toda coberta de bosques. É uma terra áspera e bravia, mas a grande quantidade de açúcar que ali se fabrica dá meio de vida e enriquece; em apenas cento e cinquenta léguas há mais de quatrocentos engenhos, e os portugueses carregam seus navios de açúcares, não há lugar em todo o mundo onde se crie tanto açúcar com tanta abundância. Na costa há quantidade de cidades, fortalezas e belas casas nobres; entrando a trinta léguas pelo sertão, senhores ali possuem grandes territórios que lhes deu el-rei de Espanha em recompensa por algum serviço e são elevados, em título de dignidade, a barões ou condes, e esses senhores dão terras a quem quer ir morar nelas e plantar canas-de-açúcar, com a condição de mandarem moer aos seus moinhos pagando-lhes a tostão, e ali os colonos edificam suas casas com jardins e plantações de toda sorte de frutos, criam muito gado, aves e outros comestíveis, plantam arroz, milho grosso e miúdo, raízes de mandioca, batatas e mais sementes, os portugueses extraem do Brasil dinheiro, açúcar, conserva, bálsamo e tabaco, mas não mais pau-brasil, que el-rei reserva para si. Lá, uns ficam fidalgos e seus filhos nascem fidalgos. Diante de tantas oportunidades, os irmãos Matos decidem partir para o Brasil.

O filho de Pedro, o menino Gregório, trabalha no quintal a debulhar espigas de milho, quando o pai lhe comunica que vão para a colônia. É o ano de 1616, e a criança tem por volta de doze anos. O menino não teme as viagens pelo oceano, elas fazem parte das conversas, da imaginação, dos encantos da infância minhota. Os marujos são quase heróis, as naus, motivo de orgulho, e o mar, um fascinante espetáculo de novidades. Os irmãos Matos vendem e doam a parentes tudo o que não podem levar. Fazem uma festa de despedida, mandando celebrar missa e tomando uma canada de vinho com amigos e vizinhos. A expectativa é grande. Quase não dormem a noite de véspera da viagem, uns cheios de temores, outros de esperanças. Rezam piedosamente ao alvorecer. O menino está ansioso quando segue o pai, os tios, tias e primos a caminho de Viana do Castelo. Os homens vão a cavalo, as mulheres e crianças, numa carroça, sentadas sobre pertences da família: ferramentas de trabalho, uns caixões com roupas e lençóis, uma viola, algumas trouxas. Em Viana do Castelo aguardam a partida da nau que vai se juntar à frota, rumo ao Brasil. Enquanto esperam, Gregório, com seu primo, o menino João de Matinhos, assiste a uma estranha procissão onde aparece a figura da Morte recoberta de patas, cachos de uvas, ouro, de que jamais se esquecerá. Finalmente a família embarca e a nau levanta ferros, para cruzar os mares rumo ao Brasil. O oceano parece infinito.

*

O Minho, a parte geográfica de Portugal ao extremo noroeste, no litoral, tinha como cidades mais importantes Braga, no Baixo Minho, e Viana do Castelo, no Alto Minho. Seus limites a norte e sul eram os rios Minho e Douro e a leste um perfil de montanhas o separava de Trás-os-Montes, formando uma espécie de ferradura aberta para o mar. Possuía vales largos e de chão plano, por onde corriam, além do Minho, os rios Lima, Cávado e Homem, e seus interflúvios. Com tantas águas, era uma região úmida e fria, onde chovia bastante. Na terra, boa para criação e lavoura, havia pasto no inverno e plantava-se milho no verão. Também muito feijão, abóbora, e outras hortas. Videiras e oliveiras. E centeio e trigo.[1]

O rio Minho, a cujas margens estavam de um lado Portugal e de outro a Galiza, era como a alma da região. Ele determinava paisagens e a vida dos ribeirinhos, uma população com extremo amor pelo fabuloso e intensa devoção religiosa. Os minhotos se apegavam à terra, mas possuíam um instinto de arribação, uma história de migrações eternas, sofridas, e devaneavam, amantes das saudades. Tinham o rosto cavado pelo sol, pelo frio, ou pelas umidades salgadas do mar. Uma gente de feição mais para galega, que até no português parecia estar falando o galaico. O modo de falar do Alto Minho era uma variação do português setentrional, com alguns traços que o aproximavam do galego e no qual ocorriam características únicas, um fenômeno típico de lugares isolados. Havia alguns provérbios locais de intensa sonoridade poética, como este: *Casa quiero cánta caiba e binho cánto bieba e tierras cántas bieja.*

Existiam naquela região as peculiares aldeias fantasma. Na serra da Peneda os moradores, obrigados a sair de suas casas durante um período no ano, pelo rigor do frio, precisavam ter duas moradias: a *inverneira*, abrigo para quando a neve cobria a serra, e a *casa branda*, para os tempos mais amenos. Eram casas simples, de pedras postas umas sobre as outras e presas de modo rude, com engastes, manchadas de liquens, o telhado coberto de colmo. Na parte de baixo guardavam o gado, e na de cima ficavam a cozinha com o forno, e os quartos. Nas brandas os castrejos lavoravam batatas e centeio, e nas *inverneiras* apanhavam feijão e milho, ou ficavam em casa fiando, tecendo linho, lã. Em meio a isso, o capricho da primavera, a melancolia mediana do outono.

*

Os costumes daqueles aldeões eram singelos; trabalhavam de sol a sol, alongavam-se a conversar nos pátios das igrejas contando lendas e histórias sem fim, bebiam o vinho rústico diante da lareira, tomando uma malga de sopa e comendo uma broa feita na lenha, cuidavam das vindimas e desfolhadas, subiam os montes, iam espiar dentro dos castros, onde se imaginava que estavam escondidos antigos tesouros, e viviam intensamente a religiosidade cristã, com suas festas, missas, rezas, procissões. Meninos saltavam como cabritos por cima dos montes de folhelho, espantando galinhas. Mulheres giravam colheres nas imensas panelas fumegantes, lavavam roupas no rio, debulhavam e pilavam. O grande congraçamento social se dava nas festas religiosas, feiras e romarias, de origens antigas. Ali viveram celtas, romanos, mouros, judeus, suevos, visigodos, germânicos, que deixaram narizes e cabelos e lábios e temperamento e outros legados aos aldeões.

Os minhotos guardavam na lembrança algumas lendas que revelavam algo de seu modo ingênuo e encantador de ver o mundo, como a de uma princesa cristã casada com um rei mouro, que fugia para o monte Abedim, levando sete bispos; o rei a sitiava, tentando vencê-la pela fome, mas a princesa era salva por uma águia que lhe levava trutas, no bico, e a princesa demovia seu esposo, mandando-lhe duas trutas que a águia lhe levara ao seu retiro. A sabedoria da natureza criada por Deus vem salvar o Cristianismo da prisão moura, pode ser um dos sentidos dessa lenda. Em Melgaço havia a lenda de Inês Negra, mulher que venceu num duelo a campeã das tropas inimigas. Monção era lugar de mulheres temerárias, que lutaram defendendo suas terras, firmes durante o longo tempo em que foram sitiadas por espanhóis ou por franceses. Em Gandra, onde havia muitos ratos porque se estocava milho, os aldeões acreditavam que, se não guardassem o dia de são Pedro de Rates, teriam as casas invadidas pelos roedores. Novamente a natureza se relaciona com o cristianismo e a devoção, revelando uma visão religiosa em que o divino tem plena influência sobre o cotidiano. Outra lenda, passada no século 138 a.C., em que o Lima seria o rio do esquecimento, era uma repetição do mito do Letes, relacionado aos sentimentos de abandono da terra natal. Quem atravessasse aquele rio perderia a memória.

*

A família Matos deixou as terras do Minho, embarcando em Viana do Castelo, de onde haviam saído soldados e marinheiros para campanhas de África, para a povoação dos Açores e para a saga das grandes descobertas. Os migrantes, exceto degredados, costumavam viajar em grupos familiares, cientes de que era bem mais difícil para alguém sozinho vencer uma terra desconhecida.

Não sabemos exatamente o que levava cada família a imigrar para a colônia, mas a Bahia representava uma possibilidade de enriquecimento; eram muito comuns os casos de gente tangida pela pobreza ou pela ambição, com espírito de aventura, embora alguns viessem ao Brasil para ocupar cargos ultramarinos, realizar negócios, fugir a alguma perseguição, para cumprir pena, ou com a ideia de se estabelecer no comércio. "Portugal não tem outra região mais fértil, mais próxima, nem mais frequentada, bem como não encontram seus vassalos melhor e mais seguro refúgio do que no Brasil. O português atingido por qualquer infortúnio para lá emigra."[2] Também havia a crença de ser o Brasil uma terra que dava condições de longevidade, e era frequente virem senhores idosos, ou com saúde debilitada, condenados a poucos anos de vida, que aqui chegando se tornavam de vigor, vivendo mais vinte ou trinta anos. E avultavam as figuras heroicas que tomavam navios e partiam, admiráveis navegadores, fidalgos que atravessavam terras e mares para lutar, mercadores lendários que corriam desertos, reis viajantes; toda uma mitologia de aventuras pelo mundo desconhecido dignificava e cobria de nobreza o ato de partir.

Apesar da ideia de ser o Brasil uma terra de degredo, para onde se enviavam os indesejados, os condenados, a ralé, os portugueses sabiam que aqui se instalava uma sociedade mais aberta e permeável, com grandes possibilidades de arranjos e maior liberdade, sem a vizinhança das instituições repressoras. A imigração vinda de Portugal no século 17 era intensa.

... uma testemunha ocular da Bahia conta que todos os navios chegados do Porto e das ilhas atlânticas da Madeira e dos Açores traziam, pelo menos, oitenta camponeses para o Novo Mundo. Dez anos mais tarde [1680], um escritor anônimo, possuidor de ampla experiência quanto ao Brasil, assegurava que todos os anos, "aproximadamente dois mil homens provenientes de Viana, Porto e Lisboa, emigravam para Pernambuco, Bahia e Rio de Janeiro". As mulheres brancas não emigravam na mesma proporção, mas, fosse como fosse, maior foi o número das que fizeram aquela curta e segura travessia com seus homens do que o das que se aventuraram aos longos e perigosos seis meses de viagem para a Índia.[3]

Embora não haja estatísticas acerca dessa emigração, há indícios seguros de que a maioria dos emigrantes vinha de províncias do Entre-Douro-e-Minho, de Lisboa, e das ilhas da Madeira e dos Açores. No Minho, região coberta de plantios, não havia terra suficiente para a densa população. Alguns chegavam ao Brasil para trabalhar na lavoura como pequenos proprietários de terras, outros como oficiais mecânicos, carpinteiros, pedreiros, ferreiros; mas todos estes, assim como os lavradores, logo que podiam compravam africanos para os trabalhos e se tornavam senhores. Os que tinham alguma instrução tornavam-se caixas, escriturários, vendedores ambulantes ou balconistas, trabalhando por conta própria. "Empregados assim que chegavam, com frequência 'pobres e esfarrapados', através de algum parente ou conhecido que emigrara antes e já se estabelecera, conseguiam eles, habitualmente, reunir modestos haveres, se fossem industriosos e poupados. Os que mais sucesso tinham, casavam-se, quase sempre, com a filha do seu patrão, ou com alguma jovem do lugar."[4]

Veremos que a família Matos se destacou nessa grande leva de aventureiros, e se enraizou, enriqueceu, mesmo tendo de aprender a conviver com uma justiça corrompida e ineficiente, impostos escorchantes, moeda e produtos escassos, monopólios reais, contrabando, burocracia emperrada, falta de apoio e crédito para empreender, opressão religiosa, e costumes relaxados.

As enredadas teias da Bahia

1616? Chegada ao Brasil

DESDE LONGE AVISTAM A TERRA DO BRASIL, *muito branca, parecida com lençóis e panos que se secam, ou bem neve, razão pela qual os marujos na viagem falavam Terra dos Lençóis.*

Pedro de Matos e seu filho Gregório, e os tios, tias, sobrinhos, desembarcam na Bahia. Estão arrasados de cansaço da viagem, passaram fome, sede, enjoos, angústias; correram riscos, rezaram, sofreram tempestades perigosas, calmarias entediantes, e em momentos contemplaram a bela grandeza do oceano, o salgado elemento da alma portuguesa, feito em lágrimas. Alojam-se numa casa simples, em taipa e cobertura de palha, numa rua da qual nem sabem o nome; tem as paredes finas e pela palha goteja alguma chuva, mas em compensação não faz frio nem de noite nem no inverno. Pedro de Matos trata de anunciar seu ofício, apresentando a licença de mestre ferreiro, e logo recebe encomendas e trabalhos. É inteligente, habilidoso, em pouco tempo muda-se para uma casa melhor, adquire seus primeiros escravos e amplia a oficina de ferreiro.

Conhece uma senhora viúva, dona Maria da Guerra, que veio também de Guimarães, uma afinidade que os une naturalmente. Dona Maria tem duas filhas: Luiza, e uma que se chama também Maria, nascida na Bahia. O casamento de viúvos é malvisto, mas Pedro de Matos precisa de uma mulher em casa, para cuidar dele e de seu menino. E dona Maria, de origem ainda mais modesta, no desamparo de sua viuvez necessita de um esposo que lhe dê, e a suas filhas, uma vida segura. Não demora que se casem, numa cerimônia simples, na igreja mais próxima de sua casa. Dona Maria fica prenhe e o casal tem uma criança, batizada de Isabel.

O ferreiro não descansa em sua faina, está sempre atento a oportunidades, de modo que prospera a cada dia, moderando os gastos e comprando terrenos, construindo ele mesmo casas para alugar, e com isso adquire experiência não apenas como pedreiro, mas como administrador de rendas. Passa a alugar escravos para o transporte de carga entre as cidades alta e baixa. Procura fazer amigos e penetrar, sempre que possível, nas camadas mais abastadas da sociedade. Gasta com roupas para ele e sua mulher irem à missa aos domingos, onde precisam fazer boa presença.

A vida no mundo novo é muito mais árdua do que a minhota, mas as oportunidades dão sentido ao sacrifício daquele casal vimarense, que só por ser nascido no Reino já usufrui de conceito e facilidades; mesmo para o filho, que ele faz letrar, pensando em seu futuro. Não será um simples homem do povo, como o pai. Sonha conseguir para ele um título, e seus netos serão fidalgos de nascimento. Ele, Pedro de Matos, não sabe escrever nem mesmo o nome e se sente humilhado quando assina com um x algum trato de trabalho.

Aos poucos se acostumam com o dia a dia colonial, aprendendo a superar as dificuldades e se mover nas enredadas teias da Bahia. Há falta de produtos, ou carestias que impossibilitam sua compra, é preciso se acostumar à farinha de mandioca em vez do trigo, a frutas estranhas, à escassez do vinho e do azeite, à calorosa umidade que penetra os ossos e molha o sal, à presença constante e ruidosa dos escravos, ao intenso movimento, a novas palavras e novos costumes. Já não temem, os moradores, assaltos indígenas ou invasões estrangeiras, vivem no descuido e na grandeza que costumam resultar da longa paz. Ainda assim, os muros da cidade foram reconstruídos e há apenas duas portas. Pelo outro lado, um dique natural protege a entrada da cidade. A Bahia é suja, fétida em muitas das ruas, quente, ruidosa, mas tem sua graça e seus encantos. Sentem falta da terra natal, das afeições deixadas longe, dos sabores e cheiros, da sonoridade pura de sua fala, dos longos silêncios, porém a presença do mar na paisagem é uma espécie de manto que recobre as saudades da terra abandonada.

No começo do século 17 a Bahia não distava muito de seus primeiros tempos. O senhor de engenho e historiador Gabriel Soares de Souza (1540?-1591) a descreveu em 1587,[5] situada diante da baía de Todos os Santos a uma légua da barra para dentro, numa parte alta, olhando para o poente e sobre o mar. Havia uns quatro mil moradores brancos, entre homens e mulheres, e no recôncavo cerca de dez mil. Os escravizados passavam a conta de dez mil, entre índios e negros.[6] Se necessário para defesa da cidade, era possível reunir uns quinhentos homens a cavalo e dois mil a pé, fora os dos navios sempre atracados na baía. O porto abrigava continuamente uma média de dez naus do Reino, e mais umas vinte de comércio embarcando e desembarcando mercadorias.

No meio da cidade ficava uma praça cercada, pelo lado sul, de moradias nobres onde residiam os governadores; ao norte, das casas de negócios da Fazenda, da alfândega e de armazéns; e a leste, da casa da Câmara, da cadeia e de residências. A praça era em quadrado e no centro fincava-se um pelourinho para o castigo público de sentenciados. O lado poente descortinava uma ampla vista para o mar, onde se assentavam peças de artilharia grossa. Dali descia um rochedo íngreme, como se a pedra fosse cortada verticalmente, formando um paredão. Dos cantos da praça desciam dois caminhos até a praia, sendo um ao norte e outro ao sul. O caminho do norte dava para uma fonte perto da qual ficavam o desembarcadouro dos passageiros e tripulantes dos navios, e uma ermida dedicada a Nossa Senhora da Conceição. O caminho do sul ia até o desembarcadouro das mercadorias, aonde chegava outra passagem pela qual trafegavam africanos escravizados que levavam às costas mercadorias para a cidade.

Saindo da praça para o norte ia uma rua de mercadores até a Sé, e no final dessa rua, para o lado do mar, ficava a casa da Misericórdia e seu hospital, com uma pequena e bem ornamentada igreja. A Sé dava frente para o mar da baía, diante do ancoradouro que se podia avistar com amplidão, e para um tabuleiro. Era alta, com três naves, cinco capelas, e dois altares nas ombreiras da capela-mor. Subsistindo com privações, não tinha nem mesmo ornamentos, sendo preciso pedi-los emprestados aos cabidos para uso nas solenidades.

Adiante da Sé corria no mesmo rumo norte outra rua, larga, também ocupada por mercadores, que desembocava num terreiro amplo onde se faziam cavalhadas, por ser maior que a praça da Sé. O quadrado era cercado de casas nobres, e a parte da banda do mar abrigava um suntuoso colégio de padres da Companhia de Jesus, ladeado por uma igreja ricamente ornamentada, sempre limpa e recendendo a perfumes de óleos. O Colégio dos Meninos de Jesus possuía grandes dormitórios para estudantes, em pedra e cal, escadório, tudo muito bem-acabado, portas e janelas em pedrarias, sendo parte com vista sobre o mar. Também varandas, e celas para oitenta religiosos, forradas e lajeadas. Do colégio saíam cercas até o mar, e ao longo da praia os padres mantinham um terraço para recolher as mercadorias que vinham de fora. Os jesuítas recebiam da Coroa uma avultada quantia anual, e além disso aferiam rendas de suas propriedades, com uma farta criação de gado, e plantios de produtos para consumo e venda.

Após o colégio seguia outra rua, ainda a norte, larga e povoada de moradias, que ia até os arrabaldes, onde ficava o mosteiro dos capuchinhos de Santo Antonio, com igreja e recolhimento para vinte religiosos. Voltando desse mosteiro para a praça havia outro arruamento, ladeado por casas com grandes quintais repletos de coqueiros, laranjeiras, limoeiros, figueiras, romeiras, pereiras, que enchiam de beleza, perfume e frescor aquela banda. Ali passava uma ribeira que servia para lavagens e rega de hortas plantadas às margens.

Para o lado sul saía da praça mais uma rua de moradias e mercados, que terminava junto à ermida de Santa Luzia, onde ficava um forte com canhões. No topo dessa via localizava-se a formosa igreja de Nossa Senhora da Ajuda, com capela abobadada, onde antigamente havia sido a Sé, chamada Sé de Palha. Mais ao sul estava o mosteiro de São Bento, com claustro, grandes oficinas e dormitórios para vinte religiosos, e seus plantios de hortas ao longo da ribeira que rodeava a cidade. O mosteiro passava com a ajuda da população, os padres batiam de casa em casa pedindo esmolas, vestidos em hábitos surrados e desbotados. Havia outras ruas, de menos importância na conformação da cidade.

*

Era Salvador da Bahia bem provida de águas. Fontes cristalinas na praia ao lado dos desembarcadouros, onde os navios faziam aguada, serviam também à cidade em sua parte baixa. Na ribeira que cercava a cidade alta, as águas se turvavam pelo movimento de bois que iam beber à nascente; mas outras fontes forneciam água fresca e limpa aos moradores. Por uma ou duas léguas em torno a terra era ocupada com roças onde se lavravam mantimentos, frutas e hortaliças que serviam a toda a população, sendo oferecidos os produtos numa praça, onde se vendiam também o pão fabricado com farinhas importadas de Portugal, vinhos da ilha da Madeira e das Canárias, mantimentos vindos da Espanha, e drogas, sedas, tecidos e outras mercadorias de que necessitavam os moradores, expostos em lojas abertas, a preços bem elevados.

Havia muitos proprietários de bens de raiz, como casas, terrenos, oficinas, lojas, e pessoas escravizadas; possuíam também peças ou joias de prata e ouro, cavalos e móveis, enfeites, utensílios de casa. Compunham uma casta de funcionários públicos, agentes da Justiça, da Igreja, políticos, militares, comerciantes, homens de negócios, senhores de fazendas e engenhos, oficiais de serviços, entre outros. Os mais ricos, mesmo ocupando cargos na cidade, possuíam fazendas e engenhos de açúcar no recôncavo, a região que marginava a ferradura da baía de Todos os Santos. Cerca de cem moradores formavam a classe mais abastada, que sabia aproveitar as vantagens e os privilégios recebidos por parte do sistema governante, conhecendo bem as brechas nas leis e na burocracia, amealhando mais riquezas através de favorecimentos mútuos, ou envolvendo-se na corrupção impune e deslavada. Esses ricos se mostravam com dignidades e honras, ostentando cavalos, criados e escravos. Vestiam-se com esmero e até luxo, especialmente as mulheres em suas sedas finas, adequadas ao calor tropical. Mas também as pessoas de menor condição financeira gastavam com a aparência; "qualquer peão anda com calções e gibão de cetim ou damasco, e trazem as mulheres com vasquinhas e gibões do mesmo, os quais, como [quando] têm qualquer possibilidade, têm suas casas mui bem concertadas e na sua mesa serviço de prata, e trazem suas mulheres mui bem ataviadas de joias de ouro".[7] As casas eram mobiliadas com uns poucos bancos, cadeiras ou tamboretes, mesa, arcas para guardar roupas, toalhas, lençóis, baixela. Alguns faziam questão de ter uma cama de dossel envolvida por um cortinado, forrada com lençóis rebordados, rendados, coberta com suntuosa colcha adamascada.

Vivia na cidade uma quantidade de pobres, miseráveis, vadios, degredados, criminosos, mulheres de vida irregular, aventureiros de qualquer parte do mundo, índios arrancados de suas aldeias, e a enormidade de africanos de várias regiões, etnias, culturas, religiões e condição social. Os negros da Bahia, se não moravam com seus senhores, habitavam as casas pobres nos becos e ladeiras íngremes, como a da Misericórdia. Quase todos os moradores da cidade tinham escravos, mesmo os mais pobres conseguiam adquirir um ou dois para o serviço doméstico e o de artífice. A maioria dos cativos era, no entanto, de negros de ganho, que complementavam a renda das famílias vendendo mercadorias, em geral doces, bolos, refresco, milho assado, angu, pão de ló, carvão, cestos, aves, capim para estofamento, ou sendo alugados como mão de obra para serviços, em especial o transporte de cargas. O trabalho braçal era tido como desprezível, devendo ser realizado apenas por escravos e brancos pobres, e os habitantes levavam uma vida voltada para a religião e para as festas, tentando assemelhar-se o mais possível aos fidalgos do Reino, reproduzindo seus costumes.

Muitos reinóis sentiam-se desterrados numa colônia remota, e nunca se enraizavam. Por mais ricos, "tudo pretendem levar a Portugal e, se as fazendas e bens que possuem soubessem falar, também lhes haveriam de ensinar a dizer como aos papagaios, aos quais, a primeira coisa que ensinam é: 'papagaio real para Portugal', porque tudo querem para lá".[8] Os negociantes vinham para o Brasil com o intento de "fazerem-se somente ricos pela mercancia, não tratam do aumento da terra, antes pretendem de a esfolarem tudo quanto podem".[9] Não só os que vinham de Portugal, como os nascidos no Brasil usavam a terra "não como senhores, mas como usufrutuários, só para a desfrutarem e a deixarem destruída".[10] A frota ia embora abarrotada de açúcar, tabaco, madeiras, couro, alimentos, enquanto a fome rondava a cidade.

> E assim é que, estando as casas dos ricos (ainda que seja à custa alheia, pois muitos devem quanto têm) providas de todo o necessário, porque têm escravos, pescadores e caçadores que lhes trazem a carne e o peixe, pipas de vinho e de azeite que compram por junto, nas vilas muitas vezes se não acha isto de venda, pois o que é fontes, pontes, caminhos e outras coisas públicas é uma piedade, porque, atendo-se uns aos outros, nenhum as faz, ainda que bebam água suja e se molhem ao passar dos rios ou se orvalhem pelos caminhos, e tudo isto vem de não tratarem do que há cá de ficar, senão do que hão de levar para o reino.[11]

Obtinham grandes lucros os que traziam mercadorias de Portugal, Açores e ilhas Canárias, como alimentos e trajes para serem vendidos na Bahia a preços setecentos por cento mais caros do que se fossem comprados na França. Depois de uns dez anos no Brasil, os imigrantes retornavam riquíssimos.[12] Mas na família Matos não se percebe nenhum indício do desejo de retornar. Os três irmãos se enraizaram, promovendo a riqueza e o progresso da família e da colônia, construindo um patrimônio dos mais vultosos na cidade, incorporando os costumes e trilhando alguns dos desvios que o ultramar oferecia, e quase obrigava, cumprindo à risca o antigo provérbio que diz "Pai rico, filho nobre, neto pobre". Ou, em outra versão, "Pai taverneiro, filho cavaleiro, neto esmoleiro".

Homens de espadas e rosários

1618, familiar do Santo Ofício

PEDRO DE MATOS ENTRA SOLENEMENTE NA SÉ. *Veste-se como fidalgo, trazendo à cinta uma bela espada que ele mesmo fabricou. Alguns homens conversam diante do altar, paramentados. Diversos outros esperam nas laterais da igreja, homens bem trajados e altivos, todos com suas espadas e rosários. Pedro de Matos vai juntar-se a eles, conhece alguns, que cumprimenta com formalidade. Ouve-se o som de uma sineta, e o visitador da Inquisição, o licenciado Marcos Teixeira, entra acompanhado de um pequeno séquito, põe-se diante do altar e dá início à cerimônia. É um demorado ritual, em que o visitador enumera as obrigações as quais aqueles homens terão de cumprir. Ao final, Pedro de Matos recebe o documento que o torna familiar do Santo Ofício, assim como a prestigiosa medalha que deve ostentar no peito. Orgulhoso, desafogado, sabe que é uma grande conquista para sua ascensão. Sua limpeza de sangue foi comprovada. Está convencido de que deu um grande passo para ser considerado e respeitado na Bahia. Será temido pelo povo. E sente-se seguro, a salvo de qualquer denúncia à Inquisição feita por algum invejoso de sua prosperidade. Ali não se pode confiar em ninguém, nem mesmo no visitador Marcos Teixeira, o qual, comentam moradores da Bahia, se envolve em roubos e fraudes, vive embriagado e anda amancebado com uma escrava, oferecendo, a quem der mais dinheiro, seu próprio filho nascido da negra.*

*

Os *familiares* eram assistentes leigos e informantes que exerciam função no sistema opressivo do Santo Ofício. Executavam as prisões dos suspeitos de heresia, sequestravam bens dos condenados nos crimes que tinham como pena o confisco, faziam expedições armadas, por ordem dos inquisidores. Nos autos de fé em Portugal acompanhavam os penitentes em procissão e os condenados ao cadafalso, trajando roupas pomposas. Recebiam pagamento por cada dia que passassem a serviço da Inquisição. Muitos deles se tornavam arrogantes e atrabiliários, usando de seu poder para aferir vantagens, como foi na Bahia o caso de militares que se recusavam a cumprir ordens de serviço ou a pagar fintas e despesas de guerra, que corriam em grande parte por conta dos moradores; ou alguns, muito ricos e donos de propriedades, que deixavam de pagar dízimos sobre títulos de compras e heranças, fazendo a carga dos tributos recair sobre a gente remediada ou pobre da cidade, que revoltada queria também se abster de pagar as despesas obrigadas.

Para ser *familiar* era preciso passar por uma investigação minuciosa sobre o comportamento e a ascendência, tanto do postulante como de sua esposa, seus pais e avós. Era imprescindível ser branco "dos quatro costados", como se dizia. Qualquer suspeita de sangue "impuro" na família prejudicava a habilitação. Os habilitados recebiam uma medalha, que costumavam ostentar como defesa e prestígio, e diversos privilégios, como a isenção de alguns impostos e a imunidade contra qualquer acusação, o que era importante numa sociedade que baseava sua justiça em denúncias, e ocorriam não raros casos de se difamar um inimigo apenas para prejudicá-lo, por motivos pessoais. Os julgamentos da Inquisição funcionavam de modo sigiloso, o acusado não sabia o motivo de sua prisão. Admitiam-se testemunhas "de ouvida", que apenas tinham ouvido falar, sem haverem presenciado o fato denunciado. Não se exigia idoneidade do acusador, e qualquer depoimento era válido, mesmo o de uma criança ou de alguém sob tortura. "Os réus ignoravam assim as peças do processo, sua organização, as normas que o regiam, a lei que os julgava, as decisões dos juízes, os indivíduos que os acusavam."[13] E ainda mais assustador era que, quanto menos provas houvesse contra o réu, maiores as possibilidades de ele ser torturado e receber pena mais severa. E, mesmo absolvido, ficava para o resto de seus dias marcado pelo estigma de denunciado.

Na Península Ibérica a corrida para se obter uma Carta de Familiar tornou-se verdadeira obsessão na época, e era comum a apresentação de provas falsas e a distribuição das cartas em troca de favores ou presentes. Dom Fernão Martins Mascarenhas, um erudito inquisidor geral em Portugal desde 1616, foi acusado de ter passado milhares de cartas de familiares a um preço fixo. A descoberta de alguma impureza de sangue cobria de humilhação a família, que muitas vezes, mesmo fazendo parte da nobreza, preferia não correr o risco de ser investigada. Judeus, mouros, cristãos-novos, negros, mulatos, índios, mestiços e ciganos eram considerados corrompidos de sangue e desclassificados, impedidos de participar da sociedade.

Mesmo não atuando no Brasil de modo tão sistemático e intenso como em terras portuguesas e em algumas colônias — pois aqui jamais houve a instalação definitiva de um tribunal —, a Inquisição exercia profunda influência na mentalidade e no comportamento dos colonos, que viviam amedrontados e controlando suas próprias palavras para não atrair suspeitas. O mesmo temor gerava ódio. "Lá vêm os diabos da Inquisição", disse um mercador cristão-novo, na casa do arcediago da Sé da Bahia, referindo-se à chegada do visitador Heitor Furtado de Mendonça. "A ira contra a Inquisição não dizia respeito apenas ao temor infundido por suas práticas terríveis, conhecidas de todos, hóspedes constantes das imaginações aterradas. Traduzia a má vontade, o desagrado, a irritação popular contra a religião oficial."[14] A Inquisição era o braço opressor da Igreja católica, a polícia eclesiástica, por assim dizer.

*

Além dos familiares, o sistema de coação contava com comissários que funcionavam como inquisidores locais, podendo efetuar as prisões que bem lhes aprouvessem, e com o dever de delatar qualquer suspeita de ato contra os interesses e os dogmas da Igreja católica. Também contava com os visitadores das naus, que examinavam minuciosamente toda a correspondência entre a Bahia e outros portos, especialmente os de Portugal e Holanda, confiscando o que bem entendessem. As naus traziam ao Brasil, além de documentos oficiais, cartas pessoais com notícias dos parentes ou amigos que viviam no Reino, entregues a marinheiros, mercadores, viajantes, ou novos colonos, para destinatários na Bahia. Eram cartas muito importantes para judeus e cristãos-novos, cujo destino podia ser alterado com a prisão de um parente, uma delação contra a família, um parente ou amigo sentenciado em auto de fé ou entregue à justiça secular portuguesa.

Eventualmente eram enviados à Bahia visitadores oficiais, para exercer um controle mais severo de qualquer manifestação que representasse uma ameaça contra a supremacia católica. Na primeira visitação à Bahia, em 1591, a maior parte das delações se referia a crimes de feitiçaria e pecados sexuais.[15]

Logo a primeira pessoa a ser ouvida pelo primeiro inquisidor da primeira visitação do tribunal do Santo Ofício ao Brasil era um sacerdote. Não se tratava de um recém-ordenado, mas de um padre de 65 anos, portanto com muitos e muitos anos de prática no pastoreio de vasto rebanho de ovelhas pecadoras. E justo ele, um velho religioso, vinha abertamente declarar-se pederasta confesso e assumido. Aí ficava difícil. Segundo ele próprio narrava, "cometeu a torpeza de tocamentos desonestos com algumas quarenta pessoas pouco mais ou menos, abraçando, beijando"; e de "muitos moços e mancebos", cuja idade variava de 12 a 18 anos, "nem sabe os nomes nem onde ora estejam". Sob o impacto do susto, o inquisidor Heitor Furtado de Mendonça repreendeu-o com ira (transparece isso dos autos), pois que não era um pecador qualquer, e sim, "sacerdote, pastor de almas e tão velho"... Mas, confuso, mandou-o embora.[16]

Foram inquiridos ciganos, feiticeiros, hereges, padres, cristãos-velhos. Porém os cristãos-novos sofreram as piores consequências das denunciações, sendo alguns réus levados para a Inquisição em Lisboa. Em 1618 houve uma nova visitação, ordenada pelo inquisidor geral, ocupando o cargo de visitador o licenciado Marcos Teixeira. A visitação instalou uma comissão inquisitorial para ouvir os denunciantes. A população sentia-se temerosa da ação severa e cruel do Santo Ofício, qualquer um poderia ser arrancado de sua casa. Depois de preso, o denunciado era torturado para confessar a acusação, sendo uma das torturas mais usadas cortar as plantas dos pés do acusado, untá-las com manteiga e expor as feridas a um braseiro.

O visitador mandava fixar em local público, geralmente nas portas de igrejas e nas praças, um édito conclamando a população a confessar ou denunciar os pecados ali listados — entre eles os de heresia, apostasia, erros luteranos e judaicos, concubinato, feitiçaria, sodomia —, cometidos pelo próprio denunciante ou por outra pessoa. A visitação, composta de um visitador, um notário e um meirinho, guiava-se por um monitório, advertência que facilitava o exame de consciência e indicava o caminho aos espiões e delatores, listando todas as possibilidades de denúncia.

Na visitação de 1618, cinquenta e dois denunciantes acusaram cento e trinta e cinco pessoas, sendo noventa delas infamadas de judaizantes. Eram principalmente denúncias de heresias verbais: alguém que usou a expressão judaica *gaya*, para *mulher gentia*; alguém que afirmou estarem prendendo pessoas no Porto para privá-las de suas fortunas; mas, também, acusações de atos, como tomar banho e trocar de camisa nas noites de sexta-feira; não comer carne de porco; não usar toucinho na comida, dando-o a escravos; possuir um *Sefer Torah*, ou uma bíblia vernácula, ou pôr uma moeda de ouro na boca de um morto. Os chamados *membros da nação* ficaram alarmados com a nova visitação e muitos deixaram o Brasil, indo para a Argentina, o Peru, o Paraguai ou o Chile, onde tinham suas conexões, mas a maior parte era aprisionada logo que chegava ao destino. Alguns buscaram refúgio nos recintos jesuíticos, locais sagrados de homizio; ali gozavam da proteção dos padres, que, mesmo autorizados a auxiliar os bispos no preparo de processos contra heréticos e a extraditar réus para os tribunais em Lisboa, abrigavam judeus nas dependências do colégio.

Muitos jesuítas se aliavam aos interesses da Inquisição, os principais membros do clero a serviço do Santo Ofício eram jesuítas, alguns foram comissários atuantes ou defensores da instalação de um tribunal na Bahia. Mas, em desacordo, a Companhia de Jesus foi a ordem que mais se empenhou na eliminação dos estatutos de limpeza de sangue. Confirmando essa contradição, vemos o padre Antonio Vieira (1608-1697) como notório defensor dos judeus, ou do que eles representavam em termos de prosperidade para o Reino. Outra incoerência é que algumas vezes os próprios cristãos-novos, por motivos diversos, faziam denúncias contra judaizantes.

*

Ansiosos, homens ajuntam-se diante da igreja dos jesuítas. Melchior de Bragança, cristão-novo, renegado, entra no templo, onde atende o inquisidor Marcos Teixeira, no dia 11 de setembro de 1618. Melchior percebe que é um dos primeiros, fica apreensivo, mas toma coragem e prossegue. Em pé, diante da comissão, declara ser médico, de nação hebreia, e ter quarenta anos de idade. Nasceu no Marrocos, morou e se casou em Lisboa, foi professor no colégio dos jesuítas em Coimbra, e depois em Alcalá e Salamanca. Ensinava a língua hebraica e explicava as Escrituras. Foi degredado para o Brasil por haver matado um homem.

Acusa um comerciante, Domingos Álvares de Serpa, de dizer que não acreditava na sua conversão voluntária ao cristianismo, pois a lei verdadei-

ra era a de Moisés. Denuncia em seguida o senhor de engenho, Dinis Bravo, por também haver duvidado da conversão de Melchior, dizendo-lhe:

— O senhor é médico judeu? Seria possível pregar a Lei de Moisés e depois a abandonar? Crê que sejam cristãos todos os que comem carne de porco? Pois saiba que os judeus na Espanha são melhores judeus que os ungidos com a Lei de Moisés no monte Sinai. Os judeus que morrem na Espanha são mártires.

Então Melchior denuncia o advogado licenciado e cristão-novo Francisco Lopes Brandão, que debateu com ele o Salmo 67, afirmando que os versículos Si dormiatis inter medios cleros *e* Rex virtutum dilecti *favorecem aos judeus, e não a Jesus.*

O visitador o observa, atencioso, demonstra desaprovação com um leve balançar da cabeça, o que deixa o denunciante nervoso, suando na testa, secando-se com um lenço. Ao lado o notário escreve as palavras de Melchior. Marcos Teixeira diz não acreditar que judeus, sendo pessoas tão astutas e cautelosas, possam falar com tanto desembaraço. Melchior lhe diz que, tendo ele sido rabino e instruído na Lei de Moisés, não acreditam na sua conversão. Por esse motivo lhe abrem seus segredos.

— E não acreditam que um pobre desconhecido se atreva a denunciar homens tão ricos e poderosos, completa Melchior.

Conta, então, que comparecia às sextas-feiras a reuniões em casa de Gonçalo Nunes, também membro da nação hebreia. Ali ele via outros judeus, e lista seus nomes: o senhor de engenho Dinis Bravo, seu irmão comerciante Pascoal Bravo, o bailio Diogo de Albuquerque, o advogado Francisco Lopes Brandão, Domingos Álvares de Serpa, Diogo Lopes Franco, Henrique Monis Teles, que é genro do corregedor, e o dono de um engenho de açúcar, Simão Nunes de Mattos. Entre sete da noite e meia-noite esses homens praticavam cerimônias prescritas na Antiga Lei.

Jantando na casa de Manuel Rodrigues Sanches, também judeu, rico dono de engenho, encontrou o membro da nação hebreia Luís Álvares, que o crivou de perguntas sobre o judaísmo em Flandres, falando depois sobre rituais na sinagoga, o modo de pôr o filactério na prece da manhã e ao pôr do sol, amarrando-o ao braço e à testa por correias. E como se balançavam ao recitar o Salmo de Davi. O rabino usava uma túnica branca e fazia preces, e os judeus que assistiam murmuravam, Cadox, Cadox, Cadox, *também balançando o corpo. O que significava,* Sanctus, Sanctus, Sanctus Dominus Deus Sabaoth.

Depois de seu longo depoimento, Melchior é dispensado. Sente algum alívio. Antes ser denunciante do que denunciado. Além disso, vingou-se daqueles homens ricos que lhe recusaram um socorro em dinheiro, estando ele tão necessitado, e duvidavam de suas afirmações. Mas uma estranha angústia abre como que um buraco em seu peito.

*

Pedro de Matos denunciou à Inquisição a família do mercador judeu Pascoal Bravo,[17] proprietário de terras e plantios e muito seu conhecido. A denúncia ocorreu durante a Grande Inquirição, quando da vinda do bispo dom Pedro da Silva, que transformou seu palácio numa sede inquisitorial, aonde a população era convocada a fazer denúncias. O bispo ordenou vários autos e devassas, mesmo contra outros religiosos, padres suspeitos de apoiarem holandeses. Seu bispado foi um período de terror, com diversas inquirições na cidade da Bahia, ou em Sergipe do Conde, registrando centenas de padres, cristãos-novos judaizantes, blasfemos, cristãos-velhos sob diversas acusações.

A Grande Inquirição se deu em 1646. Os moradores mais proeminentes foram convocados a depor acerca de pessoas suspeitas, especialmente portugueses de origem judaica. Com o pretexto de elucidar colaboradores dos holandeses que na época dominaram Pernambuco, e com um objetivo claramente político, a Inquirição não deixou de realizar um levantamento de práticas judaicas, heresias, blasfêmias, entre outras culpas religiosas. Afinal, muitos judeus prefeririam se aliar aos flamengos, que lhes propiciavam liberdade religiosa.

Uma comissão formada por padres jesuítas se instalou no colégio, recebendo ali mais de uma centena das ilustres figuras da cidade, gente de importância e consideração, inclusive o próprio governador, que tudo fazia "com grande zelo e como grande cristão que é, e também como familiar que é do Santo Ofício", palavras do inquiridor jesuíta. O governador tomou medidas severas para obrigar essas personalidades a comparecer perante os inquiridores, mesmo assim algumas se escusaram, por estarem retiradas da cidade, em suas fazendas, intencionalmente ou não. Muitos dos depoimentos são vagos, contando fatos não testemunhados, predominando as "informações provenientes de 'diz-que-diz' e 'murmurações'".[18]

Como familiar do Santo Ofício, Pedro Gonçalves de Matos decerto não teve forma de se escusar; porém sua denúncia, contra uma família sobre a qual já pesavam antigas acusações, e mencionando fatos acontecidos mais de vinte anos antes, que eram as reuniões na casa da família Bravo, demonstra certa má vontade para com os inquiridores. O comportamento dos familiares era muito irregular, uns cumpriam com devoção as suas funções, outros serviam à instituição apenas para adiantar seus interesses pessoais; outros, ainda, por ambição de honra, prestígio e poder, ou um sentimento de autodefesa, o que parece ser o caso de Pedro de Matos, pois não há nenhuma outra notícia de alguma atuação de sua parte nesse cargo. Era um familiar omisso.

*

Seria injusto pensar em Pedro de Matos como simplesmente um delator; a situação era bem mais complexa. Denunciar judeus ou indícios de judaísmo configurava uma obrigação católica, de consciência, de lealdade para com a Igreja, recompensada com cargos, privilégios, prestígio, mas acima de tudo com a benesse de escapar às perseguições, gozando de um tratamento misericordioso por parte da Inquisição. Quem não denunciasse era ameaçado de excomunhão, pena tida como extremamente infamante.

Com toda a sua vasta rede de funcionários e familiares, com supremacia sobre todas as autoridades civis ou religiosas, com direito a penalizar com prisão, tortura, vexame público, confisco de bens, e morte por garrote ou pelo fogo, direito à censura de todas as publicações, de conceder os títulos de limpeza de sangue exigidos para qualquer cargo ou habilitação, e contando com o apoio das massas populares manobradas pelo clero, a Inquisição exercia uma influência poderosa na colônia, que afetava de maneira profunda todos os setores da grei. Estava em sua fase áurea, na qual os dirigentes tinham a consciência de uma autonomia insuperável, chegando a competir com os poderes supremos do rei ou do papa, numa arrogante crença de que corrigiam a própria obra divina.

As flâmulas vermelhas

1624, *invasão holandesa*

DOIS PADRES JESUÍTAS ESTÃO NO CORO, EM ORAÇÃO, *quando um deles tem uma visão de Cristo com uma espada apontada contra a cidade da Bahia, como se a ameaçasse. No dia seguinte aparece o mesmo Jesus, parecendo atirar três lanças contra a igreja. Os que têm a visão prognosticam algum perigo. Poucos dias depois surge no mar uma esquadra de navios holandeses, com lanchas de gávea, o que causa espanto aos moradores acostumados a viver em paz, andavam esquecidos dos avisos enviados dois anos antes por Sua Majestade. Alguns se recordam que, durante quase todo o mês anterior, a capitânia holandesa navegava pela barra e assaltou um navio que vinha de Angola com peças para serem vendidas na Bahia.*

O governador ordena que se dê rebate aos holandeses; ajuntam-se uns três mil homens, armados com o que podem, e são repartidos em companhias. Nessa mesma tarde o bispo dom Marcos Teixeira sai com uma companhia de padres para darem ânimo às pessoas e com espadas nas mãos se defenderem, ou mesmo atacarem os inimigos, se necessário; correm pelos lugares, exortando todos a lutar até a morte, com fé e respeito ao rei, pois, vencendo ou morrendo, sempre serão vencedores. Saem também os jesuítas pelas ruas, casas e fortalezas para dar confissão e ânimo aos soldados. Preparam com muito cuidado os corpos para a guerra e as almas para a morte. Temendo morrer, muitos moradores confessam suas consciências. Confissões e conversas põem fim a ódios antigos entre vizinhos, revelam-se pecados encobertos com o silêncio de muitos anos, de forma que alguns acreditam ser conveniente o castigo mandado por Deus.

Pedro de Matos e seus irmãos tomam suas espadas, mandam que as mulheres e crianças da família se mantenham recolhidas em casa, com todas as portas e janelas trancadas, que juntem num pequeno cofre o dinheiro, joias, documentos, deixam escravos armados para protegê-las, e com os demais escravos vão para o terreiro juntar-se a combatentes. Ali recebem arcabuzes e um posto onde devem permanecer, alertas à volta dos navios inimigos. Passam a noite em claro, observando as águas negras do mar.

Ao amanhecer, Pedro ouve trombetas tocando sons de guerra e vê a armada entrando na barra, com paveses vermelhos que parecem murmurar a palavra sangue. Logo se podem divisar as bandeiras holandesas; flâmulas e estandartes ondeiam das antenas e mastros mais altos até tocar as águas do mar com tanta majestade que, se não houvesse o medo, alguém se poderia alegrar com a beleza e a graça dos movimentos dos panos. Formados em esquadra os navios penetram a baía, a salvo dos tiros que lhes caem das fortalezas. A almiranta se emparelha com a cidade, dá um tiro de canhão sem bala, em saudação, e envia um batel com bandeira de paz. Mas os portugueses respondem com tiros de pelouros, pondo os holandeses em ação. Eles giram as naus em direção à terra, descarregando tiros na cidade, nos fortes e nos navios abicados na praia, em três ataques, de forma que pouco depois do meio-dia estão com suas proas em terra. Três naus que vão à dianteira tentando abalroar a fortaleza são impedidas pelos baixos, e, obrigadas a lançar ferros, atiram contra o forte, incendiando-o, fazendo a cena parecer um inferno. Da terra o baluarte responde, assim como as naus portuguesas, mas a artilharia é pouca.

*

Sem o costume de guerras, Pedro fica perturbado e espantado com aquela tempestade de fogo e ferro, o estrondo e a confusão, os relâmpagos que fuzilam, ferindo os olhos. Uma nuvem espessa de fumaça toma a cidade, e já não se pode mais ver adiante. Pedro procura os irmãos, mas seus gritos são abafados pelo contínuo trovão da artilharia, junto ao ruído estridente das trombetas. Há confusão e terror entre todos. Cerca de quinhentos soldados holandeses desembarcam de três naus que estão na retaguarda, tomam a ponta de Santo Antonio, fazendo recuar duas bandeiras portuguesas que ali estavam em guarda. Apesar de animados por um jesuíta para retornarem como verdadeiros súditos do rei e soldados de Cristo, até chegarem diante do inimigo, os soldados estão frios de medo e continuam em fuga.

O fogo não cessa, e os holandeses, acreditando que as naus portuguesas estão abandonadas, decidem abordar as que se encontram mais perto da terra, para dali pelejarem com mais segurança. Lançam na água muitos batéis com soldados e marinheiros para tomarem as naus. Vão subindo pelos costados, saltam no convés, e um deles ergue a bandeira holandesa. Um marujo português, dentre os que ali restavam, revoltado com tal ousadia, aponta um arcabuz para o soldado e o mata. A bandeira cai, quando vem outro holandês e o marujo atira novamente, acertando e matando o invasor, depois outro tenta erguer a bandeira e novamente o marujo acerta o tiro, com habilidade.

Outros holandeses tentam levar as naus para uma parte mais funda, enquanto seus companheiros atiram com mosquetes. Sem alternativa, os portugueses arrombam e incendeiam suas próprias naus para as afundarem, é melhor entregá-las ao mar e ao fogo que aos inimigos.

A guerra se estende por toda a tarde e quando escurece ainda parece dia, tamanho o clarão do fogo ateado ao breu e ao açúcar, os navios são tochas vivas, de forma que ambos os lados inimigos conseguem enxergar seus alvos e a peleja prossegue noite adentro.

De madrugada uma voz ressoa pela cidade, Já entraram os inimigos!, e logo outras vozes repetem o aviso, por todo lado. Chegam moradores confirmando que holandeses entram pelas portas da cidade, depois de renderem uma companhia portuguesa. O medo e a escuridão se tornam favoráveis aos inimigos, dentre os defensores ninguém mais se reconhece, fogem uns dos outros, como se fugissem de holandeses. Pedro corre para casa, vai com sua família para as matas que circundam a cidade. Ali ouvem ais sentidos, gemidos lastimosos de mulheres que chispam com dificuldade, crianças que choram; terão de atravessar o rio Vermelho, e do outro lado, imaginam, estarão salvos.

*

Foi em maio de 1624 que a armada da Companhia Neerlandesa das Índias Ocidentais atacou a Bahia, trazendo em vinte e seis navios cerca de mil e seiscentos tripulantes e mil e setecentos soldados comandados pelo almirante Jacob Willekens, quarenta e seis canhões de bronze, cento e sessenta e oito de ferro fundido e duzentos e quarenta e nove colubrinas. Como era impossível fechar a entrada da baía, devido ao limitado alcance dos canhões, havia para defesa da cidade um rosário de fortes, redutos e trincheiras a fim de impedir o desembarque de inimigos. Na manhã de 9 de maio desembarcou no porto da Barra um contingente de mil quatrocentos e quarenta soldados e marujos, que dominaram a pequena guarnição do forte e marcharam contra a cidade, enquanto os navios holandeses atacavam os locais de defesa da Bahia, cumprindo um plano minucioso de combate. Soldados e marujos seguiram até o mosteiro, onde acometeram a porta de São Bento.

O pânico tomou conta da população. A maioria dos habitantes fugiu para o interior, ficando alguns negros ou índios que desejavam escapar à escravidão, e uns judeus e cristãos-novos que esperavam a proteção dos "hereges". Quem possuía propriedade no sertão ali se abrigou, e quem não possuía escondeu-se nas matas e cabanas espalhadas nas redondezas. Escravos fugiam para longe, formando os primeiros mocambos do que seria o quilombo de Palmares. Moradores "cobriam os matos e praias... que só dos portugueses seriam dez ou doze mil almas, servindo de casa a uns as árvores agrestes, e a outros o céu, sem mais algum abrigo da calma, chuvas e sereno da noite; todos a pé, muitos descalços e despidos, morrendo à fome e sede aqueles que, pouco havia, deixaram casas tão ricas e abastadas de tudo, que mais pareciam servir ao regalo que à necessidade".[19] Grande parte dos fugitivos conseguiu chegar ao aldeamento do Espírito Santo, a cerca de seis léguas da cidade, onde foram socorridos por jesuítas ali residentes, que lhes deram abrigo e comida, embora escassa.

O aldeamento do Espírito Santo, fundado em 1558, ficava às margens do rio de Joanes, perto de São Francisco do Conde, no recôncavo, em local de salubridade controversa; alguns diziam que ali se curavam graves enfermidades, mas caiu doente um dos padres fundadores, vindo a falecer. Era o maior dos aldeamentos da Bahia, reunindo cerca de quatro mil índios. As festas solenes e a assistência à escola tinham a administração efetiva e ininterrupta de jesuítas que ali residiam. No aldeamento do Espírito Santo estava o padre Antonio Vieira entre os refugiados, vivendo uma primeira experiência cotidiana indígena, que marcaria para sempre sua trajetória como missionário.

Também homens que tinham fazendas e engenhos no recôncavo e nos sertões acolheram fugitivos, às vezes cem, duzentas ou trezentas almas, mas muita gente sem socorro vagava nas matas, miserável e desamparada. Os holandeses entraram numa cidade deserta e silenciosa, ocupando-a sem resistência, exceto no palácio, onde o governador-geral (1621-1624) Diogo de Mendonça Furtado, entrincheirado com um punhado de valentes, tentou resistir, mas foi feito prisioneiro juntamente com seu filho e diversos oficiais. Os invasores se entregaram a uma grande desordem, saqueando as casas e se embriagando, estuprando mulheres indígenas e negras que encontravam nas redondezas. Toda a prata das igrejas foi roubada. Em curto tempo, cada soldado parecia um fidalgo.[20]

O bispo (1621-1624) dom Marcos Teixeira, retirado no Rio Vermelho, começou a organizar uma resistência na qual os índios tinham participação fundamental. Após o envio do governador-geral e mais prisioneiros para a Holanda, numa mesma nau que levava produtos e riquezas obtidos em butim, o governo da cidade passou a ser exercido pelo fidalgo holandês Johan van Dorth. Mas dom Marcos, aclamado novo governador-geral interino e líder da resistência, com cerca de mil homens arregimentados, atacou a cidade, fracassando devido ao despreparo dos combatentes. Organizou então a Milícia dos Descalços, composta por alguns habitantes da Bahia, militares sobreviventes, e tupinambás, auxiliados por jesuítas. Penetravam na cidade de forma sorrateira e constante, em emboscadas e assaltos à maneira indígena, fustigando e matando holandeses que se encontravam nas ruas. Num desses ataques o comandante Van Dorth foi morto. Graças a essa tática conseguiram impedir que os holandeses se abastecessem por terra, o que foi fundamental para a vitória dos reforços enviados pela Espanha, em 1625: uma poderosa armada com cinquenta e dois navios, chamada Jornada dos Vassalos, a maior de todas que já atravessaram o Atlântico, composta de cerca de catorze mil homens, que entrou empavesada, flâmulas e galhardetes ao vento e em formação de guerra. Derrotaram os holandeses, que, após longas negociações, se retiraram, levando apenas suas roupas de vestir e dormir, e as embarcações. Dom Marcos morrera em outubro de 1624, extenuado pelos esforços nos combates.

*

Os bombardeios causaram grande destruição na cidade com uma "tempestade de fogo e ferro", um "contínuo trovão da artilharia".[21] Antes de partir, ao tomarem posse das casas reais e moradias, os holandeses "tudo roubam e, a nada perdoando, empregam-se no ouro, prata, e coisas de mais preço, e, despedaçando o mais, o deitam pelas ruas... Saqueadas já e destruídas as casas, vão-se aos templos os sacrílegos, e aqui fazem o principal estrago. Arremetem com furor diabólico às sagradas imagens dos santos e do mesmo Deus",[22] arrancando a cabeça, pés e mãos das imagens, enchendo-as de cutiladas, e lançando-as ao fogo. Quebraram cruzes, profanaram altares, destruíram vestes e vasos sagrados, levaram cálices de missa para beber vinho nos seus banquetes.

> *Queria o destino que os baianos sofressem dobradamente pelas de-savenças europeias. É assim que aos estragos e mortes, ao saque e à destruição resultantes da luta contra os batavos, não tardaram a sobrepor-se a pilhagem, o incêndio, os assassínios perpetrados pela soldadesca espanhola. A Bahia ficou reduzida à extrema miséria. Da metade do casario que restava, a tropa de ocupação arrancou até as fechaduras das portas. A escravaria fugira, os canaviais haviam sido incendiados, os engenhos depredados. Pobres e ricos padeciam as piores misérias. ... O governador português e os oficiais da vereança, como "protetores do oprimido e amolestado povo", protestaram ainda contra os injustos e pesados tributos que se lançaram para o sustento da mesma tropa e em consequência dos quais arruinava-se o comércio e a cidade se ia despovoando. ... A recuperação da cidade ia ser penosa. Os tapuias voltaram a atacar as fazendas. Os navios mercantes não entravam no porto por saberem dos altos impostos a que ficariam sujeitos. A especulação fazia subir os preços de tudo. Os escravos, cada dia mais rebeldes, fugiam para os quilombos, ou se recusavam a morar em casa dos seus senhores, andando pelas ruas da cidade armados de paus e facas a cometer desordens e mortes que obrigavam o Senado a severas providências. Apesar dessas dificulda-des, as coisas se iam normalizando.*[23]

Um esplêndido lucro

1626, avô do poeta trabalha na reconstrução da cidade

ESTÁ A CIDADE DA BAHIA ARRASADA, COM PARTES INCENDIADAS, *casas em ruínas, valas cavadas pelas ruas e arrabaldes, estrepes de ferro espalhados nas esquinas impedindo a passagem, destroços de móveis, pregos e ferro miúdo usados como munição, espalhados por todo lado, cinza de fogueiras, covas, cercas derrubadas, trincheiras e baluartes destruídos, pelouros, esqueletos de navios incinerados nas praias, desolação, cadáveres, medo, fome. O povo retorna dos refúgios e encontra as casas destruídas, as famílias não possuem nada mais do que aquilo que levaram na fuga durante a invasão. Os padres voltam a seus conventos e igrejas, encontram tudo profanado e rebentado. Os funcionários veem suas salas, arquivos, documentos, processos estraçalhados. Os militares se deparam com os fortes em pedaços, e os mareantes, com naus incendiadas, arruinadas, sem contar as que foram roubadas. Miseráveis vagam pelas ruas pedindo esmolas à porta das casas. Além disso, há milhares de soldados castelhanos, guerreiros índios e negros do recôncavo, sobreviventes e vitoriosos, que precisam de abrigo, água, alimento, cuidados médicos e transporte. Esses mesmos participam do butim, saqueando o que sobrou à sanha dos holandeses, e ocupam as casas dos habitantes, que se veem ainda mais desgraçados.*

*

Pedro de Matos volta com a família para a cidade, estão todos magros, pálidos, abatidos. Durante o refúgio com os jesuítas passaram privações e aflições, habitando com mais de sessenta pessoas uma casa feita para abrigar não mais que uns quatro padres. Comiam uma parca poção de carne com farinha. A visão da cidade destruída é angustiante. Mas Pedro de Matos vê ali uma oportunidade. Tudo terá de ser reconstruído, o que significa a arrematação de obras caras e iminentes.

Sua moradia está ocupada por militares espanhóis que ali se aposentaram, e Pedro vai residir com a família em uma de suas modestas casas de aluguel, na rua do caminho da praia. Recupera o cofre que enterrou durante a fuga, ali estão seus documentos, a carta e a medalha de familiar do Santo Ofício, as licenças de mestre ferreiro e mestre pedreiro, e uma boa fortuna em reais e patacas de seiscentos réis, em prata. Também as joias de sua mulher. Reúne seus escravos e aprendizes.

Ele se apresenta como pretendente nas concorrências, arrematando grandes obras; corre comanda para fazer paredes, telhados, madeirames, porque tem, para isso, oficiais e fábrica; lança proposta no conserto da ponte, para refazer as calçadas e na reconstrução de uma fonte; é chamado para obras na Câmara, vendendo-lhe grades de ferro; investe toda a sua riqueza na execução dos serviços, para receber um esplêndido lucro. Nas obras do quartel, recebe mais de trezentos e oitenta mil-réis.

Com o lucro compra mais escravos, casas, e constrói um guindaste para içar seu próprio material de construção, aproveitando para oferecer o mesmo serviço a outros pedreiros, cobrando quarenta centavos para subir e descer uma pipa. Compra uma fazenda de gado em Inhambupe e, finalmente, seu grande passo, decide adquirir a posse do maior e mais produtivo engenho real de açúcar do recôncavo, o de Sergipe do Conde. Será, então, um verdadeiro homem rico, na casta dos principais da Bahia.

*

Pedro Gonçalves de Matos trabalhou na reconstrução da Bahia, vencendo concorrências para obras. Em 1627 o vemos como "mestre de obras de Pedreiro",[24] em obras públicas de grande porte, reconstruindo um quartel, fonte, calçadas, e fazendo restauros na câmara, algumas vezes financiando ele mesmo os trabalhos. A fonte dos Sapateiros, construída em 1628, seguindo um desenho determinado pela Câmara, com custos de trinta mil-réis, foi arrematada por Pedro de Matos.[25] Em 1630 ele possuía terrenos ao longo da rua que ia dos guindastes para a praia; ao sul, outros terrenos da confraria de Corpo Santo; e um guindaste que ficava junto à ladeira da Praia, conhecido por Guindaste Novo de Pedro Gonçalves de Matos, um dos três que faziam o transporte de mercadorias entre as cidades baixa e alta.

Era fazendeiro de gado em Inhambupe, a cerca de cento e cinquenta quilômetros de Salvador; arrematador e detentor da posse do engenho de Sergipe do Conde, "um dos mais afamados que há no Recôncavo, à beira-mar da Bahia",[26] durante as safras de 1638-1639 e 1642-1643, por haver adquirido em praça pública a parte que pertencia à Casa da Santa Misericórdia da Bahia. O nome de Pedro de Matos consta em diversas atas de vereações do Senado da Câmara da Cidade do Salvador e, em mais de uma ocasião, no *Livro velho do Tombo*.

Canaviais em flor

A fazenda de Sergipe do Conde

PELA PRIMEIRA VEZ PEDRO DE MATOS VAI À FAZENDA DE SERGIPE DO CONDE, *e é tomado por uma aflição, quando vê o recôncavo sobrevoado por aves de rapina. Ali passaram os holandeses, destruindo e saqueando. Barcos jazem na praia, quebrados ou incendiados, e um carro de bois, desatrelado, permanece imóvel numa ribanceira. Um cheiro fétido vem de cadáveres de animais espalhados no terreno, pelas matas bandos de urubus se banqueteiam com as carnes podres. O gado solto está magro e maltratado, despedindo tristes mugidos.*

O baluarte que protegia a fazenda de Sergipe do Conde foi derrubado, madeiras de uma cerca de pau a pique se espalham, quebradas ou queimadas; um canhão jaz no solo, e há marcas de incêndio por todo lado. A casa-grande tem parte do telhado e paredes desabadas, o engenho também foi atingido, a água escorre inutilmente sobre a moenda. Negros e índios estão por ali, uns deitados; outros sentados em roda conversam, esquentando algo numa trempe de pedras. Adiante um grupo canta melancólicos ritmos africanos. Ninguém trabalha, o engenho está parado, há peças espalhadas, muitas delas quebradas; caixas de açúcar atraem nuvens de moscas e abelhas. Mesmo as crianças estão paradas, em vez de brincar. Mulheres surgem de detrás do baluarte, carregando cestos com mandioca, à cabeça.

O feitor-mor relata a Pedro de Matos a situação, nem sabe quantos escravos estão doentes, será preciso muita energia para tirá-los do ócio, mas ele acredita que em poucos meses o engenho possa ser reparado e vol-

tar à atividade, aquele é o rei dos engenhos reais. Pedro olha em torno, canaviais em flor cobrem a terra, até se juntarem às nuvens no horizonte; o verde-escuro dos mandiocais cobre todo um lado da paisagem. Toma-se de ânimo e ordena que se iniciem os trabalhos de reconstrução.

Depois de meses de esforços, num sucessivo sangrar de rios de dinheiro, o engenho volta a funcionar. Mas Pedro de Matos não tem experiência como senhor de engenho, passa por diversas tribulações, muitos negros lhe morrem, lhe fogem, barcas com açúcar não podem ser entregues, tem problemas com a moenda, faltam ferramentas, e para mover o engenho precisa endividar-se. Vive em contínua inquietação, a entrar na casa de advogados, solicitadores e escrivães, tentando resolver demandas, e pouco tempo lhe sobra para controlar seus outros bens. Chama para ajudá-lo seu sobrinho João de Matinhos, um rapaz com extraordinário senso para negócios.

*

O engenho de Sergipe do Conde era localizado nas terras mais férteis do recôncavo, e o maior em área cultivada, produção, escravaria, moenda e exportação entre todos os engenhos do período colonial. Foi construído pelo terceiro governador-geral do Brasil, Mem de Sá (1500-1572), e herdado por sua filha, que se casou com o conde de Linhares, Fernando de Noronha. Com a morte do conde, em 1617, a condessa legou o engenho em testamento ao Colégio de Santo Antão, em Portugal. Essa decisão da condessa entrava em desacordo com o testamento de seu pai, que estabelecia, para o caso de seus filhos não terem herdeiros, o que deveras aconteceu, que todos os seus bens fossem entregues aos jesuítas da Bahia, à Casa da Santa Misericórdia e aos pobres da cidade. Foi essa parte da Misericórdia que Pedro adquiriu.

Os jesuítas instalados no Brasil fizeram reclame da posse de Sergipe do Conde, gerando um longo processo judicial repleto de cartas, citações, memórias, registros contábeis, decisões legais, tornando-o o mais bem documentado dos engenhos coloniais. No acordo, passou a ser administrado por ambos os colégios jesuítas, em Santo Antão e na Bahia. Foi visitado pelo jesuíta André João Antonil, que a partir de suas observações escreveria o Livro I de *Cultura e opulência do Brasil por suas drogas e minas*, um clássico da literatura colonial.

Localizado às margens do rio Sergipe e no encontro dos rios Subaé e Traripe, o engenho de Sergipe do Conde ficava encravado na região das terras de massapê. Nos primeiros tempos de funcionamento os escravos ali eram índios tupinambá do litoral, e posteriormente negros trazidos da África, que se mostraram mais aptos para o trabalho de extração do caldo, ou na casa de purgar. Os índios ficaram cuidando do plantio de subsistência e da pesca. Nas senzalas ocorriam manifestações originais de cantos de trabalho, lundus negros, sambas, capoeira, artes de cerâmica, culinária afro e indígena. Ocorriam levantes e ataques do gentio que habitava as vizinhanças.

Em 1563 a propriedade se compunha da casa forte de purgar, vastos canaviais e pastagem para cerca de trezentas e cinquenta cabeças de gado; uma casa fortificada, feita de pedra e cal, com telhado, piso meio assoalhado, e varanda ainda por assoalhar. Ao lado da casa-grande ficava um baluarte cercado de pau a pique, e havia ali armamento, como um esmerilhão, espadas, espingardas, um arcabuz e centenas de flechas, além de pólvora. Trabalhavam no engenho cerca de duzentos e sessenta escravos, mais uns cem para os trabalhos do campo e da casa, entre negros de Angola e Guiné e indígenas.

A posse de tal "império" nas mãos da família Matos denotava grande elevação em sua posição social. Era o maior e mais famoso dos engenhos da Bahia, disputado pelos poderosos e prestigiosos jesuítas e pela elite da Misericórdia. Havia ainda a lembrança dos altos lucros do açúcar, na primeira metade do século 17, antes da queda dos preços causada, entre outros motivos, pela concorrência do açúcar das Antilhas; e havia a esperança do cada vez maior enobrecimento das famílias que lavoravam no recôncavo, não pela riqueza em si, mas por sua inclusão nas castas fidalgas. Era o que tratava de conseguir o avô do poeta, Pedro de Matos, tocando o negócio no engenho de Sergipe do Conde.

Caprichosamente nobres

Casamento de Gregório pai e Maria da Guerra, a mãe do poeta

GREGÓRIO, FILHO DE PEDRO, *está rapaz, tem cerca de vinte anos de idade. É letrado, um pouco inábil e não muito rígido nos costumes, mas o pai determina seus caminhos. A menina Maria da Guerra já chegou à idade de casar, completou doze anos, e Pedro prepara o casamento da enteada com o filho Gregório. Compra, para a moradia do futuro par, um sobrado no Largo de São Francisco, ao lado nascente, com figurada cornija no portal. Prepara o dote da noiva, o suficiente para o casal adquirir uma fazenda de cana e escravos, e para o sustento dos esposos. Dona Maria e suas cunhadas, ajudadas por bordadeiras e rendeiras, costuram o enxoval da menina: lençóis, toalhas, mantos e mantilhas, a camisola da noite, alguma roupa íntima, e o vestuário para o casamento.*

Como presente de núpcias, Maria da Guerra recebe da mãe a herança de um vestido preto para a missa, à espanhola, que foi de sua avó, um xale tecido pelas mãos maternas, e uma pequenina caixa com joias portuguesas em ouro e prata, de valor afetivo. Parentes e amigos da família presenteiam o casal de noivos com quantias em dinheiro, o suficiente para a compra de dois escravos, uma cama, uma mesa e duas cadeiras para a casa. O casal recebe, ainda, lençóis, uma caixa de charão para guardar roupas, uma escrivaninha, duas redes de armar e um espelho. As panelas, pratos, cuias, moringas e moringuinhas, colheres de pau e demais apetrechos de cozinha são fornecidos pela mãe de Maria, que a cada dia se recorda de um novo presente.

Maria da Guerra não esquece a educação que recebeu de sua mãe, para vestir-se de maneira decente, com pudor, modéstia, sem enfeites, a não ser o adorno das boas obras. Deve ser submissa e silenciosa, deixar-se doutrinar pelo homem, e cumprir seu papel casando e gerando descendentes, já que não seguiu a vida religiosa. Aprendeu diversos afazeres domésticos, que sabe executar habilmente: fiar, costurar, bordar, tecer rendas, alguma canção, receitas de doces, cuidados com crianças. Sua severa mãe portuguesa ensinou-lhe princípios de virtude e religiosos, aos quais Maria deve seguir rigorosamente. O fato de ser mazomba não lhe tira a altivez.

*

Tem Maria da Guerra ainda o corpo de menina quando a aia de quarto a veste para se casar, com um vestido branco de cassa cheio de folhos e pregas, corpete franzido, uma faixa de fita azul caindo para trás. A mãe lhe entrega uma bolsa esmoleira de tafetá, que foi de seu próprio casamento, e põe sobre seus cabelos grossos e penteados em tranças um véu de filó, preso por uma grinalda de flores de laranjeira. A escrava lhe calça sapatinhos de cetim e luvas de pelica. Maria toma nas mãos um missal encadernado em madrepérola, um terço, uma cruz de ouro, que foram de dona Margarida Álvares, a falecida mulher de seu padrasto. A menina se olha no espelho, acha-se de boa figura. Este é o dia mais importante da sua vida. Daí, então, aos doze anos de idade, passará a mulher.

*

Gregório pai e Maria da Guerra foram morar numa boa casa assobradada, muito bem localizada diante do cruzeiro de São Francisco, ao lado nascente, sobrado que tinha na fachada *cornijas de romanas medalhas que as distingue caprichosamente nobres*. O convento de São Francisco, com seu cruzeiro bem no centro da praça, ficava no coração da cidade alta. Em volta do cruzeiro moravam famílias abastadas, em solares de dois andares, construídos com madeira e pau a pique.

As casas da época costumavam ter a parte de baixo destinada ao comércio ou a alguma oficina, as chamadas *lojas de alugar*, assim como alojamento de criados, cavalos e depósitos. Por ali a rua penetrava a casa sem ferir sua intimidade, pois as famílias viviam no andar superior, ligado ao térreo por imponente saguão e escadaria. Alguns sobrados possuíam pátio central, azulejos portugueses no seu interior, forros em caixotões, portas almofadadas, janelas com postigo, e os muxarabiês, que eram os ciumentos balcões mouriscos protegidos em toda a altura da janela por uma grade de madeira, de onde a mulher podia olhar para a rua sem ser vista. Os beirais costumavam levar cornijas, relevos em formas diversas, como as da casa dos Matos. As portadas em cantaria eram brasonadas, e a maioria dos sobrados tinha portas suntuosas e elaboradas.

A casa que dizem ter sido da família Matos, em pedra lioz trabalhada, com um brasão de armas à porta, remanesce como a mais antiga das residências baianas. Foi construída em 1626 pelo ouvidor do crime, Pedro Camelo de Aragão Vieira, a cuja família pertencia o brasão ali entalhado.

*

Maria da Guerra era "matrona geralmente conhecida de respeito em toda a cidade: cujas prendas intelectuais amassaram uma trindade de talentos capaz de resplandecer no coração da mesma Roma", diz Manuel Pereira Rabelo. A matrona dotada de *prendas intelectuais* não sabia ler e escrever, como quase todas as mulheres de seu tempo. Em 1651 a *Carta de guia de casados, escrita por Francisco Manuel de Melo* (1608-1666), diz que as mulheres precisavam apenas das primeiras letras, pois seu melhor livro seria a almofada e o bastidor. Porém a maioria, como Maria da Guerra, não sabia nem mesmo assinar o nome. As senhoras participavam de questões jurídicas como testemunhas, autoras de testamentos, herdeiras, raramente indo a um cartório ou escritório judicial, delegando a algum parente a procuração da assinatura.

Mas Maria da Guerra era uma mulher dotada de *agudeza natural*, diz Rabelo. E dela os filhos herdariam a inteligência e o talento, ao que parece. Era também uma mulher caridosa, segundo Rabelo, e despendia da fortuna da família para auxiliar os pobres. Nasceu na Bahia, como consta no processo de leitura de bacharéis de seu neto, Domingos Dias de Matos, que diz: "neto materno de Gregório de Matos, natural de Portugal e de Maria da Guerra, natural da Bahia."[27] Os poucos comentários a seu respeito dão a ideia de uma mulher sóbria e discreta.

"Matrona conhecida de respeito em toda a cidade" significava que se comportava de acordo com as normas da moral e dos bons costumes. As moças brancas de família viviam desde meninas sob a vigilância dos pais, dos irmãos e também dos padres, pois a Igreja exercia intenso controle sobre o comportamento feminino, reafirmando que os homens eram superiores, dotados da autoridade e do mando. No Brasil a reclusão das brancas era mais severa do que no Reino; em 1696 o engenheiro e explorador francês François Froger comentou que na Bahia as mulheres lhe causavam pena, pois jamais viam outras pessoas, e saíam apenas aos domingos, no raiar do dia, para assistirem à missa. As brancas eram quase sempre inacessíveis, ou acessíveis apenas com o consentimento do pai, ou irmão.

*

Aos doze anos as meninas de família estavam aptas a casar, e casavam com homens escolhidos pelo pai, em geral homens bem mais velhos que, como maridos, assumiam o comando sobre a vida da esposa, antes entregue aos pais e irmãos. A baixa idade das noivas resultava da preocupação com a castidade, e também da situação econômica desfrutada por essas famílias, que não necessitavam das mãos femininas para o trabalho. Além disso, as meninas eram mais fáceis de adestrar e se acostumar à vida de casadas do que as mulheres feitas.

A escolha do marido definia a posição social da mulher: casando-se com um homem de bem e de boa situação financeira ela adquiria ou mantinha uma posição elevada. Havia uma minuciosa negociação relacionada ao dote das filhas moças, que retirava dinheiro e bens da família a serem investidos em seu bem-estar e distinção como mulheres casadas. A instituição de dote para mais de uma filha significava, mesmo para famílias ricas, um abalo no patrimônio.

Casando a enteada com o filho fidalgo, Pedro de Matos confirmou mais uma vez o seu tino para negócios: manteve o patrimônio do dote para seu próprio filho e garantiu a estatura social da enteada. Além de ser brasileira, Maria da Guerra vinha de condição inferior à do marido, que era filho de um homem rico e tinha, possivelmente, título de fidalgo escudeiro. Numa afamada sátira que escreve o padre Lourenço Ribeiro[28] contra o poeta, diz o vigário de Passé:

> *Fazes, o que fez teu Pai,*
> *porque a mesma fama cobres,*
> *que por fazer bem a pobres*
> *amou muito à tua Mãe...*[29]

Se houve amor entre o casal, antes da união, o que se pode supor vem de textos da época, mesmo um trecho de padre Antonio Vieira, que dizia em 1651: "isto no mundo que se chama amor é uma coisa que não há nem é. É quimera, mentira, é engano, é uma doença da imaginação, e por isso basta para ser tormento." O amor era loucura que fazia perder "a liberdade, a quietação, o sossego, o descanso e a vida", condenando o apaixonado a "andar sempre penando, fora de si, por uma imaginação fantástica". O amor não tinha nenhum prestígio, a não ser entre desvairados.

Vida de casada

O cotidiano da mãe do poeta, Maria da Guerra

COMO NO TEMPO EM QUE ERA SOLTEIRA, *Maria da Guerra só sai de casa para a missa, para festas religiosas, mas agora passa temporadas em sua fazenda, na Patatiba. Seu marido lhe permite uma rara visita a alguma amiga, desde que vá acompanhada por uma criada de confiança. Maria da Guerra aprende a comandar sua casa como as outras mulheres abastadas, sempre cercada de escravas que fazem todo o serviço, enquanto fica sentada numa rede, dando ordens, ou numa esteira no chão, a bordar e tecer rendas em almofadas. Em certos dias prepara doces, segundo receitas portuguesas que sua mãe lhe ensinou, e manda para famílias amigas alguns caprichosamente embrulhados. Mas os doces do dia a dia são feitos pelas cozinheiras. Em época de devoção religiosa, Maria da Guerra costura vestidinhos muito trabalhados e preciosos para vestir as imagens das santas. A maior parte do tempo, passa a fiar. Faz as três refeições ao modo português, separada das escravas, e dorme a sesta após o almoço. O marido precisa sempre viajar, para cuidar de suas fazendas, mas quando ele se encontra na cidade faz as refeições em casa, à mesa com a esposa. Pouco se veem e pouco conversam.*

Às vezes Maria da Guerra chama um escravo para lhe dedilhar uma viola, e se deleita com a música. Sabe cantar canções portuguesas e africanas, tem boa memória e declama versos, é capaz de desenrolar motes que lhe passam, entre risos, mas tudo na ausência do senhor da casa. Como ela não sabe ler, decora poesias e ditos. É graciosa e tudo gosta de fazer com empenho, comentando de maneira espiri-

tuosa os fatos da cidade que lhe contam as escravas ou as amigas, que apreciam suas observações inesperadas. Sabe de cor, também, inúmeras orações, tanto cristãs como africanas. Arde em seu peito um calor, e por vezes tem a sensação de um abismo, e nesses momentos pede ao clementíssimo Jesus que faça entrar Sua luz naquele coração perigoso.

Ela segue os horários determinados para as orações: o ângelus da manhã, a oração do meio-dia, e as ave-marias do entardecer, quando se ajoelha diante do oratório com a imagem de seu santo de devoção. Seu oratório é ladeado por um presépio do Nascimento, painéis do Divino e lâminas de santos, um ambiente de fervor, onde ela passa boa parte do tempo. Cumpre as obrigações de guardar domingos e os mais de quarenta dias santos do ano, os dias de jejum e retiro. Coleciona objetos de devoção numa cestinha: medalhas milagrosas de Nossa Senhora das Candeias ou Senhor do Bonfim que ganha de parentas e amigas, escapulários que recebe em festas religiosas, seu rosário e terço, ladainhas, livrinhos de orações e o catecismo, os quais folheia um pouco melancólica. Quer que seus filhos sejam letrados e aprendam a tanger viola. A música lhe é muito cara, toca seus sentimentos e a faz sonhar, tornando sua vida mais leve e agradável.

Sente-se feliz quando viaja de barco para a Patatiba, fruindo a soltura do vento, olhando as paisagens a se mover, a vida não é mais parada; e lá, escuta as festas dos negros e dos índios, cantadas e tocadas com ardor. Na fazenda ela se sente livre, distante das vizinhas e mulheres da família que vigiam seus passos, distante dos que querem governar sua casa, investigar a vida alheia; num isolamento que lhe permite não presumir que deve ser tratada como rainha nem que precise aparecer entre as mulheres como a lua entre as estrelas menores. Ali ela pode acompanhar as conversas de seu esposo com os visitantes, ouvindo da cozinha algumas vezes até mesmo os jogos e beberes que se fazem na varanda, e assistir a comédias, cansada de rir.

*

Pode-se recriar o cotidiano de Maria da Guerra, a mãe do poeta, assim como o de outras mulheres brancas, a partir das anotações de viajantes ou observadores que no período estiveram na Bahia registrando, quase sempre com sentimentos de estranheza e espanto, a vida feminina na colônia. Quase todos eles estão de acordo quando afirmam o costume de a mulher não ser vista pelos visitantes da casa, em especial os homens. Excetuava-se o padre que vinha fazer confissão de porta adentro, pedir esmolas ou simplesmente conversar, aproveitando para pregar suas filosofias. Padres costumavam visitar as senhoras, e contra essas visitas alertava a *Carta de guia de casados*, assim como advertia contra as demais visitas, de negras, mulatas, ciganas, das ermitas que se ocupavam da limpeza das igrejas, de alcoviteiras, trejeitadores, chocarreiros, vendedores ambulantes, freiras, frades, que costumavam levar a desonra para dentro do lar, introduzindo entre as mulheres, escondidos dos senhores da casa, "a cizânia da malícia, dos enredos e imoralidades".[30]

Crianças ficavam sentadas pelo chão ou no colo de negras, ou circulando pela cozinha em busca de guloseimas. Eram as escravas que cozinhavam e serviam à mesa, cuidavam dos filhos dos senhores, lavavam a roupa no dique ou em riachos, compravam produtos nas lojas e terreiros, levavam e traziam recados, abanavam as amas acaloradas, enchiam de água as moringas da casa, banhavam as senhoras, vestiam-nas, penteavam-nas, e tudo o mais. Os banhos eram raros, numa gamela, a senhora vestida com uma camisa. Não se desnudava nem mesmo na intimidade com o marido, a camisola de dormir tinha uma abertura na altura do ventre para permitir o ato sexual orientado pela Igreja com inúmeras regras de pudor, recato, e a destinação cristã, que era apenas a procriação. No entanto, em casa, entre familiares e amigos íntimos, as senhoras vestiam-se de modo informal e confortável, em mangas de camisa de cassa fina ou cambraia transparente, com decotes tão largos que caíam pelos ombros ao menor movimento, deixando aparecer os seios. Também os seios das escravas pairavam pela casa, desnudos.

Para ir à janela, o que era raro, as senhoras se enfeitavam, assim como para sair à igreja ou a festas religiosas. Então se cobriam de sedas, brocados, musselinas, serafinas, cassas, filós, debruados de ouro e prata, e joias diversas, demonstrando a posição social pelos ornamentos que usavam. Todo o vestuário da mulher costumava caber num baú, chamado de caixa, fabricado geralmente em charão da Índia, ou castanho do Porto.[31]

Mesmo as senhoras mais ricas tinham raros objetos de uso pessoal, como algum espelho, e poucas vestimentas, herdadas da mãe, que por sua vez herdara da avó, roupas em geral vindas de Portugal, imitando as usadas pela família real, ainda com forte influência da austeridade espanhola. Na primeira metade do século 17 os vestidos costumavam ter uma meia cauda, e eram confeccionados em cetim, rebordados com fios de ouro. Levavam um corpete delineando a cintura, com decote quadrado. Alguns vestidos eram rematados por uma gola armada com arame, mas aos poucos as golas passavam a ser mais soltas, caindo pelos ombros, e debruadas de renda fina.[32] Para fazer uma roupa nova, as mulheres mandavam comprar os tecidos nas lojas de importadores, ou nos navios, e tinham suas costureiras, portuguesas ou negras habilidosas, que moldavam o vestido no corpo da senhora. Mascates visitavam os sobrados oferecendo produtos importados e caros, e a eles as mulheres adquiriam panos, rendas, xales, chinós, sapatos e até mesmo joias; esses caixeiros vendiam tanto trastes novos como usados. Roupa-velheiros se encarregavam de comprar as roupas gastas e sem uso, que revendiam nas casas menos ricas.

*

A vida religiosa estava acima de tudo. Maria acompanhava procissões, como a de Corpus Christi e a de São Sebastião, regidas pelas *Ordenações filipinas* (em vigor de 1603 a 1889) e patrocinadas pela Câmara, pois era obrigatório segui-las. Chamavam-se as *procissões d'el Rey*. O governador mandava anunciar a liturgia por três funcionários vistosamente vestidos, com plumas, glacês de ouro, meias recamadas, maça de prata, que iam a cavalo, com seus trombeteiros e três charameleiros a pé. A comitiva parava em diversos pontos da cidade, e após o toque agudo das trombetas e charamelas (antigas clarinetas), com o povo reunido em volta, anunciava a procissão. Durante três dias os moradores punham velas ou candeeiros em suas janelas, ficando a cidade clareada por essas pequenas chamas, ou luminárias. As ruas eram alcatifadas de flores coloridas.

As procissões se faziam em monumentais desfiles de carros alegóricos com figuras, seguidos de mascarados e dançarinos que bailavam ao ritmo de percussão e animados por sopros estridentes. Nas atas da Câmara de Salvador encontram-se registros que dão ideia de como eram as procissões no tempo da juventude de Maria da Guerra.[33] Na de Corpus Christi havia uma armação de madeira para formar uma grande serpente de pano, doação compulsória dos carpinteiros, marceneiros e torneiros. Os alfaiates deviam apresentar a bandeira, além do tecido com que se cobria a serpente, pintado e aparelhado. Todos esses eram obrigados a fornecer os negros necessários para carregar a serpente. Havia um dragão "ofertado" pelos sapateiros; cavalinhos fuscos; dois gigantes, uma giganta e um anão, que o povo chamava de *pai dos gigantes*, igualmente providos por homens de ofícios. Havia um "santo de vulto na sua charola, sendo este Santo de figura a cavalo, armado, ou acompanhado, de pagem, alferes, trombeta, tambores e seis sargentos da guarda, todos vestidos decentemente e armados".[34] As vendeiras de porta, os taverneiros e esparteiros (fabricantes de cestas) deviam patrocinar quatro danças; os mercadores, fornecer três tourinhas (corridas de novilhas mansas). Os que não cumpriam essas determinações eram presos e multados.

*

A procissão de Cinzas, descrita pelo comerciante francês Le Gentil de La Barbinais em 1717 na Bahia, tinha atmosfera bem mais dramática. Cerca de duzentos homens, vestidos de branco e com o rosto coberto, antes de começar a cerimônia retalhavam seus ombros usando navalhas ou bolas de cera forradas de cacos de vidro, e fustigavam-se com um açoite, de modo a correr sangue abundante. Depois iam à frente da procissão, em desordem, dando chicotadas nas próprias costas e fazendo espirrar sangue por todo lado. Paravam sob o balcão de suas damas e, para despertar uma compaixão amorosa, flagelavam-se sem piedade. Iam e voltavam, abaixo das sacadas, representando com esse desfile sinistro um toque de galanteria.

Após esses penitentes, vinham na procissão homens com coroas feitas de espadas amarradas, cujas pontas apoiavam sobre o estômago. Outros arrastavam pesadas correntes, andando de costas e com os braços amarrados a uma cruz de madeira. Um "fantasma" representando a morte, tocando matraca, anunciava Adão e Eva, que desfilavam logo atrás de uma "árvore" com o fruto do mal, e após essa figuração vinham padres de diversas ordens, seguidos por confrades da Ordem Terceira de São Francisco, trazendo nos ombros imagens de santos e a de Jesus crucificado.[35]

*

Para ir à missa ou a festas religiosas, para acompanhar procissões, as mulheres saíam acompanhadas de comitivas de escravas vestidas com tanto luxo, ou ainda mais, quanto suas senhoras — também um costume de ostentação. Os homens proviam suas esposas e criadas desses ornamentos com o intuito de reafirmar sua riqueza ou fidalguia, ainda que não fossem verdadeiras.

Nas ruas as senhoras iam levadas em redes armadas numa vara apoiada nos ombros de escravos. Sobre a vara deitava-se algum tapete ou manta, para as mulheres não serem vistas, e elas entravam nas igrejas assim carregadas. Saíam sempre acompanhadas, ou do marido, pai, irmão, de um tio, filhos, ou escravas da confiança do marido, que as deviam manter sob seu zelo, o que nem sempre ocorria. O comparecimento às missas era obrigação, a ponto de, no tempo do arcebispo João da Madre de Deus, se fazer em voz alta a chamada de cada um dos nomes dos fiéis: *Que de Fulano? venha aqui sicrano: porque o pecado, o pecador se veja.*[36]

Na missa, ocasião de encontros, enquanto jovens donzelas trocavam sinais com possíveis pretendentes, senhoras casadas se reuniam aos grupos em conversas para trocar informações e saberes femininos, repassando entre si os acontecimentos da cidade, como noivados, brigas de casais ou familiares, casos de adultério, aprovando ou reprovando comportamentos, assimilando normas, e exercendo controle sobre as vidas femininas por meio do comentário malicioso ou da maledicência. Ignoravam a cerimônia e os sermões, respeitando apenas a Consagração; não podiam entender, de toda maneira, as palavras em latim proferidas pelos padres, mas participavam da cantoria de hinos e músicas religiosas. Um poema descreve[37] a ida das senhoras e senhorinhas à missa na Bahia.

> *As mulheres são piores,*
> *porque se lhes faltam brincos*
> *manga a volá, broche, troço,*
> *ou saia de labirintos,*
> *não querem ir para a Igreja,*
> *seja o dia mais festivo,*
> *mas em tendo essas alfaias,*
> *saltam mais do que cabritos.*
> *E se no Carmo repica,*
> *ei-las lá vão rebolindo,*
> *o mesmo para São Bento,*
> *Colégio ou São Francisco.*
> *Quem as vir muito devotas,*

julgará sincero, e liso,
que vão na missa, e sermão
a louvar a Deus com hinos.
Não quero dizer, que vão,
por dizer mal dos Maridos,
aos amantes, ou talvez
cair em erros indignos.

As pessoas costumavam levar seus bancos, cadeiras, almofadas e outros assentos para a igreja, e localizavam-se de acordo com a hierarquia social, ficando à frente os mais ricos e poderosos, decrescendo até escravos e chulos que permaneciam do lado de fora da igreja. Decerto Maria da Guerra estava nas primeiras posições, ao lado de seu marido fidalgo, sua mãe e seu sogro rico. Minuciosas regras tentavam conter o comportamento da sociedade colonial, chegando o Senado a determinar a distância entre cadeiras e bancos dentro da igreja para se ouvir os sermões, à moda do Porto.[38]

Nesse sistema de regras que pareciam existir apenas para serem transgredidas, as igrejas davam a ocasião de pecar. Conta Le Gentil de La Barbinais que as mulheres "guardadas e retiradas em casa no correr do ano, e que sequer saíam para ir à missa, nessa noite [de Quinta-feira Santa] saem ataviadas do que têm de mais magnífico e vão a pé de igreja em igreja aguentar os dichotes dos cavalheiros portugueses. É nessa noite que as filhas guardadas por um pai muito severo perdem o que, durante o ano, projetaram perder. É nessa noite que o Senhor dos Cornudos vê com prazer aumentar seu império."[39]

*

Algumas festas, como touradas, cavalhadas, ou o Entrudo, eram acompanhadas por mulheres a partir das sacadas de seus sobrados. *Entrudo* denominava o antigo Carnaval. Dois dias antes da Quarta-Feira de Cinzas, lá estavam mulheres como dona Maria da Guerra na sacada de suas casas, vestidas com luxo e penteadas com aprumo, observando o júbilo, ou mesmo dele participando.

Os entrudos eram festas ruidosas muito populares, um divertimento de certa forma agressivo. As famílias nos balcões lançavam água, ovos, limões, milho, feijão, ou laranjas de cheiro e líquidos sobre os foliões da rua, quase sempre escravos e pessoas pobres, e nas outras famílias ao lado, ou em frente, quando eram ruas estreitas e as casas bem próximas. A única regra determinava que um senhor não podia encharcar outro, e as grandes vítimas da brincadeira eram mesmo as mulheres. Os escravos jogavam entre si urina, sêmen, farinhas, e outros produtos a seu arbítrio; enfeitavam-se pintando o rosto de branco e usando rabos postiços.

Havia grandes banquetes, comilança e bebida farta no Entrudo: filhós, fatias, sonhos, mal-assadas, galinhas, porco, vaca, carneiro, perus, arroz, cuscuz quente, enquanto corriam na rua os esguichos, pulhas, laranjadas, buzinaços, panelas quebradas.

*

As cavalhadas, dotadas de uma atmosfera nobre, contavam com a presença de autoridades, como o governador-geral, desembargadores, alcaides, militares de alta patente, ou o bispo. Havia uma tradicional cavalhada no terreiro, a que Maria da Guerra decerto assistia. Figuras importantes eram obrigadas a patrocinar essas festas, mas alguns senhores tomavam a iniciativa de financiar e comandar os festejos, em busca de prestígio.

Simulavam torneios medievais a cavalo e duravam vários dias. Havia desfile dos cavaleiros, rendição à Igreja, corridas, e finalmente os torneios, chamados também de *argolinhas*, quando os cavaleiros precisavam mostrar extrema habilidade, saindo a galope com o intuito de meter a ponta de uma lança numa pequena argola dependurada num mastro. O cavaleiro que conseguia o feito recebia uma prenda, concedida a sua dama de eleição, ou a alguma pessoa admirada, ali presente.

Havia também *laranjadas*, que consistiam em arremesso de "laranjas", bolas de cera contendo líquidos cheirosos. Senhoras assistiam às cavalhadas do alto das sacadas de suas casas, e na ocasião participavam também das grandes comilanças, assim como de missas e cerimônias na igreja.

*

Grávida do primeiro filho, Maria da Guerra, com pouco mais de treze anos, sente muito medo. Os nascimentos se dão num embate entre vida e morte. Ela sabe que muitas mulheres têm problemas no parto, sangrando no útero, em convulsões, e aos gritos de dor esvaem-se até desfalecer e morrer nos braços das parteiras. Também teme que sua criança morra ao nascimento, nasça sem saúde, ou deformada. Sabe que precisa ser brava e rija, é o que esperam dela. Ajoelha-se e reza novenas e rogativas com ainda mais piedade e fé, venerando a imagem de Nossa Senhora do Parto.

Passa por três sangrias executadas pelo físico. Mas acredita mesmo é nas abusões de sua mãe e de suas escravas. Jamais passa debaixo de uma escada para não prejudicar o crescimento da criança. Usa uma pedra ao pescoço, como amuleto de proteção para si e sua cria. Põe um botão seco de rosa-de-jericó num copo d'água, se ele se abrir logo é sinal de um bom parto; do contrário, morte certa. Suspira aliviada com o resultado. Mas não desiste de tentar proteger a si e ao filho. Faz promessas a santas, primeiro a Nossa Senhora da Conceição, depois das Dores, e do Bom Sucesso, suplicando que a concepção tenha sido feliz, que não sinta muitas dores no parto, e a criança nasça saudável.

Sua mãe deixa no quarto um vidrinho com o óleo da lâmpada votiva de Nossa Senhora do Ó para ser colocado sobre o ventre da filha se o parto tiver alguma complicação. A mãe a acalma, diz que sempre é assim no primeiro parto, mas nos seguintes não haverá tanto medo nem apreensão. Se for um filho menino, terá o nome do avô, Pedro.

*

As senhoras não queriam ter mais de três ou quatro filhos, temendo as consequências de um parto precário, realizado em casa, com o apoio de uma parteira, suas aprendizes, e outras mulheres da família, como a mãe da parturiente, a sogra ou uma tia. Algumas vezes as senhoras aprovavam e até desejavam um caso de amor entre seu marido e uma escrava, para correrem menos risco de uma gravidez fatal. Mas a maioria casava menina, tinha um filho depois de outro, e quase sempre morria num parto. As que escapavam, antes dos trinta anos de idade já estavam envelhecidas, flácidas, recobertas de gorduras.

*

O corpo da mulher era misterioso, temido, cheio de sinais e segredos, como o sangue mensal, a parte dissimulada, espíritos, dons mágicos, humores melancólicos e negros, fumos, quebrantos. Frágil, quente, feito de uma carne mole, continha líquidos, e era propenso aos demônios. Qualquer doença era interpretada como castigo divino por algum pecado que a mulher cometera. Acreditava-se que o útero, chamado de madre, tinha sete concavidades, sendo três para a geração de meninos, três para meninas, e uma para gerar hermafroditas, tradição hipocrática incorporada pela medicina lusitana da época.[40] Se a mulher paria uma criança saudável, principalmente do sexo masculino, era comprovação de uma boa anatomia, uma madre ativa e pacífica. E certo poder feminino se fundava na veneração dos nascimentos.

*

A parturiente ficava sob os cuidados de uma parteira; o cirurgião barbeiro, ou o físico (médicos), era chamado apenas em caso de complicações que ocorressem durante ou após o parto. O trabalho da parteira estava entre os ofícios mecânicos na Bahia. As parteiras — sempre mulheres, pois não se admitia o toque masculino nas partes íntimas de uma senhora — chamadas de *comadres*, ou *aparadeiras*, moravam em casas assinaladas por uma cruz branca, e eram convocadas apenas no momento do parto. Abençoadas, não raro as chamavam para amadrinhar crianças as quais ajudavam a nascer. Mulheres do povo, quase sempre negras ou mulatas, fruíam de uma condição social menos adversa, pois recebiam pagamento pelo trabalho. Conta Gilberto Freyre[41] que no momento do parto as mães se cingiam ao ventre com um cordão de são Francisco, e havia diversos usos para a proteção mística do recém-nascido, como atirar o cordão umbilical ao fogo, ou não se apagar a luz do quarto enquanto a criança não fosse batizada.

Assim que nascia a criança, untavam o corte umbilical com pimenta ou óleo de rícino, limpavam a pele com algum óleo, manteiga, vinho ou mesmo cachaça, modelavam sua cabeça, e enrolavam o corpinho em panos, de modo tão apertado que quase sufocavam.

Apenas as crianças fortes e saudáveis tinham chance de sobreviver. Entre os séculos 14 e 18 a expectativa de vida das crianças portuguesas ficava por volta dos catorze anos e metade delas morria antes dos sete anos de idade.[42] Se uma criança morria, o que era bastante comum também na Bahia, alguém da família ou da casa podia sentir-se desolado, mas em geral não se dava importância ao fato; logo outras crianças iriam ocupar aquele lugar.

As de família rica eram amamentadas por uma ama de leite, quando nascia seu apego pelas negras e mulatas, ou um amor solto, despudorado, feiticeiro, sexual.

Lemos na edição do século XVI do Grand Propriétaire de toutes choses, *a propósito da ama: "Ela alegra-se quando a criança está alegre, e tem pena da criança quando esta está doente; levanta-a quando cai, enfaixa-a quando se agita e ainda a lava e limpa quando está suja." Educa a criança e ensina-a a falar, pronuncia as palavras como se fosse gaga para que a criança aprenda a falar melhor e mais cedo... e trá-la nos braços, depois aos ombros, depois nos joelhos para a distrair quando chora, mastiga a carne para a criança quando esta não tem nenhum dente para ela a poder engolir sem perigo e com proveito; embala a sobredita criança para a adormecer e enfaixa-lhe os membros para os manter bem direitos a fim de que não lhe nasça no corpo deformação alguma e banha-a e põe-lhe óleos para nutrir a sua carne.*[43]

Em poemas podem-se perceber indícios de uma visão da figura materna na Bahia colonial. Há a imagem da mãe pura e santa, em odes admiradas à maternal e virgem, a guia dos pecadores, a doçura da vida, a ave peregrina, aquela que ampara, a piedosa que sempre perdoa, a advogada dos filhos de Eva, fazendo uma curiosa conexão poética entre a Eva do fruto proibido e a mãe do fruto bendito.[44] Um soneto enumera as funções da mulher pura: *Para Mãe, para Esposa, Templo e Filha...;*[45] fala que *para Mãe sua tão alta, / impureza, mancha, ou falta / nunca em vós podia haver.*[46] A Bahia é "mãe universal", que toma em seus peitos e cria os que foram enjeitados por Portugal. Mãe também é a religião, que consola, protege e perdoa.

Mas há outra figura de mãe, a imprudente que punha as filhas a perder levando-as a todos os deleites e regozijos.[47] A uma mulher que deu uns pontos no vaso para se fazer passar por virgem e casar, um poema diz que *Só duas mães feiticeiras / tal casamento fariam, que já de putas viviam, / e hoje só de alcoviteiras.*[48] Outros versos falam de mães que em vez de ensinar às filhas desde pequenas a doutrina cristã, lhes ensinavam a ser vãs, acostumando-as à moda, ao donaire, à gala, e passando-lhes algumas cantigas de amor; e mães que sem cautela criavam as filhas com vício, e as filhas não faziam mais do que ir à janela, costume tido como inadequado para moças de família. E um verso sentencia: da mãe má, nasce a má filha.

O pai, orgulho da ascendência

A nobreza e a fidalguia

COMO O AVÔ, O PAI DO POETA ERA HOMEM DE ELEVADA SITUAÇÃO. Gregório de Matos pai, conforme depoimento de um contemporâneo, havia em Salvador "... servido oficios nobres a Republica desta cidade e irmão da Misericórdia no numero dos nobres".[49] Era senhor de fazenda sendo uma na Patatiba, bem próxima ao engenho de Sergipe do Conde, para o qual fornecia cana. Diz Rabelo: "Eram estes de tal maneira ricos, que possuíam com outras fazendas um soberbo canavial na Patatiba, fabricado com perto de cento e trinta escravos de serviço, que repartia a safra por dous engenhos: cujo rendimento supria largamente os gastos de um liberal tratamento, e caridade com os pobres." Possuir cerca de cento e trinta escravos era um indício de grande riqueza.

Em 1634 Gregório pai alistou-se, com outros homens ricos, a fim de emprestar dinheiro para o pagamento do semestre de subsídio à tropa, e em 1638 investiu quarenta mil-réis num crédito ao Governo. Em 1645 ingressou na irmandade da Santa Misericórdia, e tornou-se procurador do Conselho. Em maio de 1649 foi escolhido depositário, por ordem judicial, de avultada quantia em dinheiro dos órfãos, o que significava gozar da confiança de governantes. Gregório, o pai, era "fidalgo da série dos escudeiros em Ponte de Lima", afirma Rabelo.

*

Há vagas indicações da fidalguia de Gregório pai, além da afirmação do biógrafo Pereira Rabelo. Dois documentos mencionam sua condição de nobre. O primeiro é o processo de bacharel do sobrinho do poeta, Domingos Dias de Matos, afirmando que os avós maternos de Domingos "foram nobres e ocuparam os cargos honrosos da governança da Câmara desta cidade, servindo nela de vereadores".[50] O outro é o depoimento de um contemporâneo de Gregório pai, que diz ser ele irmão da Misericórdia "no número dos nobres".[51]

Os processos de habilitação se fundamentavam em testemunhos de pessoas indicadas pelos interessados, em geral escolhidas entre amigos, e portanto inclinadas a dignificar o mais possível a ascendência do interessado, quando não, omitindo fatos desabonadores. Embora prestassem juramento diante da Sagrada Escritura, seus depoimentos nem sempre eram exatos. Além disso, comumente se denominava como nobre um plebeu com elevada situação social.

Era fácil comprar um título, e se podia conquistar facilmente o tratamento de fidalgo, como dizem os versos:

> *... que ande pois a fidalguia*
> *vendida assim por dinheiro,*
> *como trigo no terreiro.*[52]

*

Não basta ser fidalgo, é preciso parecer um fidalgo. Vestir casaca de veludo, ir conversar à porta de gente rica, ir ao palácio, distribuir cortesias. Também é bom andar sempre a caçar, em montarias; e usar um vocabulário enfatuado, com palavras fora do uso, que poucos entendem: facção, pretexto, efeito... Fazer mesuras, beija-mãos, conhecer as raças e os defeitos dos cavalos, saber quem são os donos, os criadores. Mesmo tendo um cavalinho fraco, o falso fidalgo deve chamar um lacaio e ficar à janela enquanto o lacaio passeia o animal. Sair sempre nas armadas. Ouvir damas a tanger instrumentos musicais... mas não as fornicar, e sempre relembrar a essas damas que ele possui fazendas, potros e cachorros galgos. Assim, vai parecer realmente um fidalgo, diferente dos que andam pela cidade em pose cortesã, com foros falsos, e caras de índios.

*

Havia muitos falsos fidalgos, assim como falsos padres, a ponto de ser enviado ao desembargador Antonio Rodrigues Banha, da Relação da Bahia, um decreto real ordenando a prisão de todos aqueles que ostentavam falsos hábitos eclesiásticos ou falsos foros de fidalguia. Após o decreto, embusteiros se retiraram da cidade ou se refugiaram nos conventos, como foi o caso de Pedro Álvares, que se abrigou no convento do Carmo.

Fazia-se uma distinção entre a nobreza herdada e a adquirida. No final do século 16 a nobreza, que exercia diversas funções básicas na sociedade portuguesa, podia ser hierarquizada entre a nobreza de toga, a provincial, a de corte e do funcionalismo, e a nobreza de espada, na qual se encontrava o título de Escudeiro Fidalgo. Os principais títulos concedidos no último quartel do século 17 começavam pelo de Escudeiro, na categoria mais baixa; depois vinham os de Cavaleiro, Fidalgo de Cota de Armas e Fidalgo de Solar. Acrescentavam-se, aí, os titulares, duque, marquês, conde, e outros, considerados os grandes nobres.

Era possível adquirir nobreza por meio de um processo no qual se julgava o valor pessoal que legitimaria a condição. Suscitavam promoção os feitos de armas, o exercício das letras, a dignidade religiosa e a riqueza familiar. Também havia, desde o século 16, uma categoria de nobres funcionários ultramarinos, entre donatários, governadores, vice-reis, capitães de fortalezas, e outros, escolhidos para defender na colônia os interesses do rei. Essa nobreza gozava de grande autonomia e era um elemento essencial na engrenagem do Estado.

Tendo ou não um título de fidalguia, Gregório pai era incluído entre os nobres, ou seja, os homens principais da terra.

A entrada de Gregório pai na irmandade da Misericórdia foi mais um elemento da ascensão da família Matos, na segunda geração, localizando-a entre as que formavam a elite baiana. A aquisição de propriedades rurais, com engenhos de açúcar, canaviais e criação de gado, somada à nomeação para cargos importantes, às conexões com poderosos e à riqueza familiar, ia aos poucos apagando as origens modestas da família Matos.

*

Não teve Gregório pai uma reputação ilibada, como sua mulher. Dele um inimigo[53] diria, em sátira:

> ...
> *no pouco asseio, e limpeza,*
> *de cuja muita escareza,* [com escaras, doente]
> *se lembra este território:* [a Bahia]
> *que andou roto com notório*
> *escândalo, até fazer*
> *o luto, que quis trazer*
> *por certo Rei em tal ano:*
> *não te envergonhas, magano?*

Não parece ter sido autoritário, ou severo; ao contrário. Dá a impressão de um homem distraído, complacente, atrevido, malicioso, comandado pela autoridade paterna, à sombra da personalidade mais forte da esposa. Figura de comportamento fora dos padrões locais, mais próprio aos *maganos*, sujeitos de baixa extração. Teria sido malvestido, mal-ajambrado, a ponto de causar espanto aos moradores, e cometido uma impropriedade ao trajar luto pela morte de certo rei, ridicularizando a própria figura. Além disso, parece ter tido má saúde, alguma crosta na pele, causada talvez por compressão, traumatismos repetidos, cáusticos, queimaduras, que lhe dava aspecto nauseabundo. Sabe-se que a certo ponto de sua vida adquiriu alguma doença que afetou o funcionamento dos membros, e é mencionado como um homem "aleijado das mãos" quando outorga uma procuração, ao lado da esposa Maria da Guerra.[54] Ainda assim, decerto ostentou a autoridade masculina no âmbito da família, e a da riqueza, no da sociedade.

Misterioso agouro

1636, nascimento e infância do poeta

FAZ UM CALOR INFERNAL. *Dali a poucos dias será Natal, as festas na cidade da Bahia são preparadas com todo o cuidado. Gregório, o pai, está na sala a conversar com um padre sobre o batizado de seu terceiro filho, que está para nascer e se for homem vai se chamar João, como um dos irmãos do velho Pedro de Matos. Os meninos pequenos, Pedro e Eusébio, e a menina Justa estão na cozinha com escravas. O choro do recém-nascido ecoa na sala, o padre lhe dirige uma bênção. Todos rezam, agradecem a Deus o nascimento do menino.*

Na alcova a comadre lava as mãos, ainda molhadas com óleo de amêndoas doces e sangue. Maria da Guerra se recupera do parto.

*

Aquele Natal é feliz, a família jejua na véspera e janta ao meio-dia. Por volta das onze da noite faz uma ceia, comendo e bebendo a fartar, exceto carne e peixe. Depois todos vão à missa da meia-noite. Dona Maria da Guerra é levada cuidadosamente na rede.

A rua está iluminada por lanternas. Nas praças há mesas cobertas de toalhas brancas bem dobradas, e sobre elas, bandejas de confeitos, doces secos, bolos, rosquilhas de mil feitios, de que toda a gente compra para dar de consoada. Na igreja se representam os mistérios da natividade, com grande número de personagens e animais que falam, como bonifrates.

Após o Natal a mãe já pode caminhar, e leva o filho ao batismo na catedral, vestido com panos rebordados e rendados. Toda a família está presente, assim como os padrinhos, entre eles o venerando padre dom Pedro da Silva e Sampaio. O batismo é comemorado com uma festa, não tão suntuosa como a do primeiro filho, mas bem servida e frequentada por fidalgos e senhores. Tomam vinho das Canárias, brindam ao menino, auspiciando-lhe um futuro gracioso, com votos de grandeza.

*

Uns dias depois, dom Pedro Sampaio, emocionado, chega à casa de Gregório e lhe conta que no alto da colina onde fica a pequena igreja de Nossa Senhora d'Ajuda, no arraial dessa santa, onde havia brotado misteriosamente uma fonte de água abençoada, houve uma cura milagrosa no dia do nascimento do seu afilhado. Naquele dia uma pequena imagem de são Gregório Magno tinha sido levada para a capela, causa provável do milagre. E por esse motivo o nome do recém-nascido deve ser mudado em homenagem ao papa santo.

Daí, o menino agitado e guloso, que está sempre a pedir de mamar, passa a se chamar Gregório.

*

Acreditava-se, de início, que Gregório de Matos teria nascido em 1623, mas dados colhidos por Afrânio Peixoto na Universidade de Coimbra davam seu nascimento como se em 1633, confirmando assim a data indicada por Manuel Pereira Rabelo. Mais recentemente, seu biógrafo Fernando da Rocha Peres recolheu um documento de 1661, a licença para casamento do poeta em Lisboa, em que ele próprio afirmava ter vinte e cinco anos. Com base nesse dado, adotou-se o ano de 1636 como o de nascimento do poeta, mesmo sabendo-se que as pessoas da época não tinham certeza sobre a própria idade ou data de nascimento, pouco levadas em consideração.

Diz Pereira Rabelo que o menino foi batizado na catedral em 28 de dezembro, com o nome de *João*, e "que depois o venerando prelado dom Pedro da Silva e Sampaio, pela pia ocorrência, e milagroso auspício de São Gregório Magno, colocado em Nossa Senhora d'Ajuda, lhe mudou em Gregório, misterioso agouro, de que seria doutamente grande o tenro afilhado, mas dirigida aquela mudança de algum modo a favorecer a distinção de seus pais".

O papa (590-604) Gregório Magno é conhecido por perpetuar a música hoje conhecida como canto gregoriano, assim como pela compilação dos sete pecados capitais adaptados para o Ocidente a partir das oito tentações descritas pelo monge Evágrio do Ponto, dois séculos antes. Sob a égide da música e dos pecados, o menino recebeu o nome do santo, que significa *vigilante*, conforme sua origem grega. Gregório passou a infância entre a cidade da Bahia e a fazenda da Patatiba no recôncavo.

*

O pequeno Gregório ganha seu primeiro brinquedo, um tamborzinho, que ele toca com vigor, já guarda em sua memória os toques de caixa que ressoam no terreiro de São Francisco, quando anunciam éditos à porta da igreja, e os tambores de uma cavalhada a que assistiu do balcão, sentado à barra da saia materna. Faz barulho, e as escravas riem do menino.

Ele brinca com seus irmãos mais velhos, Pedro e Eusébio, montando sobre cavalinhos de pau, e se diverte com o pião tentando fazê-lo girar. O menino ouve a viola dedilhada na cozinha, na sala, e um dia o escravo músico lhe põe nas mãos o instrumento, ensinando-lhe a tirar sons das cordas, o que ele faz com o encanto da descoberta, os olhos brilhando e um sorriso divertido.

O pequeno Gregório aprende a falar, primeiro diz sílabas separadas, depois palavras, e em seguida elabora suas frases. A mãe canta para ele uma cantiga que estimula crianças a falar, Dim, dim, dom! Vamos ao som D'este repique; Vinho sem pique É melhor qu'a pom. *É uma cantiga do Minho, trazida pela avó.*

Sua mãe às vezes manda que o ponham empoleirado numa cadeira alta com tabuleiro à frente, e ele assiste ao jantar dos pais, um tanto irritado. Levado à presença do pai, quando este recebe visitantes, o menino canta e dança ao som da viola do escravo, alegrando a todos. Mas muitas vezes é impertinente e leva açoite da mãe nos dias em que ela está de mau humor. Ele vai para a cozinha num grande choro. Quando se recusa a comer, é açoitado, mas depois, calmo, pede o jantar e come.

Ele gosta da companhia das escravas, são elas que lhe fazem as vontades, lhe dão doces, cantam para ele, ninam e acariciam seus cabelos finos e claros, entregam-se a brincadeiras travessas. Uma aia lhe mexe com a ponta dos dedos na "gaita", uma folia encantadora que o menino não hesita a tomar por sua conta, levantando a camisa e se mostrando, pedindo-lhe beijos. Em qualquer momento de angústia ele procura o colo de uma escrava e se aninha naquele calor oloroso de suor e ervas. Dorme com as negras nas redes da senzala, no andar de baixo, abraçado a seus seios desnudos. Elas lhe contam histórias, lendas antigas vindas da África distante, algumas assustadoras.

A avó lhe passa rudimentos de religião, ensina-o a se ajoelhar e rezar ao Bom Deus, mostra o céu com estrelas, à janela, e diz que ali moram Jesus, a Virgem Maria e todos os santos e as pessoas que são boas. As pessoas más vão para um inferno feito de fogo.

Logo o menino revela seu caráter irreverente, e diz gracejos. Certa ocasião, o pai lhe mostra o açoite e pergunta, Meu filho, para quem é isto? E ele responde, irado, Para vós. O pai não pode deixar de rir. Quando está fechado em casa, o menino se diverte a cortar papéis com uma tesoura. Mas a música ocupa um lugar de destaque em sua vida, pessoas comentam com admiração, Ele baila todas as danças! E sabe cantar cantigas portuguesas e africanas.

*

Na fazenda da Patatiba ele passa a maior parte de seu tempo. Ali se sente livre, percorre a mata com seus irmãos e crianças escravas, aprende a montar cavalos, enxota galinhas e patos, banha-se nos ribeiros e tanques, ouve sapos a coaxar, aprende o canto dos sapos, à moda portuguesa, imita o canto dos melros trazidos de Portugal numa gaiola, O pipo do meu compadre, escorropicha-o, picha-o bem. *Assiste às festas animadas dos escravos, com tambores e danças, fascinado com o vulto das saias das negras girando contra as chamas da fogueira. Quer sempre estar na senzala, e os pais lhe permitem, condescendentes.*

Pedro, o mais velho, recebe uma educação mais severa, é preparado para substituir o pai no comando das propriedades, e Eusébio, dirigido para a religião, será padre. Mas o menino Gregório vive solto, não há a mesma vigilância que os pais dedicam aos primeiros filhos. Esperam dele que se torne advogado, ou um alto funcionário da corte ultramarina. As duas meninas, Justa e Maria, vivem fechadas em casa, a aprender bordados, rendas, e rezas. Intrépido, Pedro gosta de lutar com espadas de pau, e de atirar com arco e flecha, mas Gregório não tem interesse por essas brincadeiras.

Passeia ao longo da ribeira, olhando as palmas de figos, com curumins colhe cachos e come bananas-da-terra. Logo o chamam para as aulas. É o capelão da fazenda quem ensina as primeiras letras aos meninos. Mostra-lhes uma Bíblia ilustrada e transmite, ao mesmo tempo, o som das letras e as cenas bíblicas, com suas histórias exemplares. Gregório aprende as letras com facilidade, logo está a escrever palavras. O padre diz a seus pais que o menino tem queda para os estudos, falta-lhe disciplina, pois deixa sempre seus exemplos de caligrafia para depois, prefere as brincadeiras soltas, mas com um pouco de vergasta vai se dedicar mais. É um menino atento, gosta de acompanhar as conversas dos adultos e ouvir suas histórias antigas. O pai conta e reconta a viagem para o Brasil em sua infância, e relembra sempre a procissão em que a Morte aparece ornada de patas, cachos de uva, e ouro.

A infância para o europeu no século 17 não era concebida como um período fixo, mas como a fase de fragilidade em que a cria humana dependia dos adultos para sobreviver, e logo que começava seu desenvolvimento a criança passava a conviver com os adultos e a seguir seus costumes, trabalhos e diversões. O aprendizado dos valores e dos saberes não era assegurado nem controlado pela família, afirma Philippe Ariès. "A criança cedo se afasta dos pais, e pode dizer-se que durante vários séculos a educação foi assegurada pelo aprendizado, graças à coexistência da criança ou do jovem com os adultos. Aprendiam-se as coisas que era preciso saber, ajudando os adultos a fazê-las."[55]

A existência como criança era demasiado breve e tomada como insignificante, não havia a consciência de que o período ficava marcado na memória como um conjunto de sensibilidades a se sedimentar. A criança era tida como uma espécie de brinquedo, enquanto pequenina e cheia de graça os adultos se divertiam com ela como se fosse um animalzinho revestido por uma espécie de anonimato. A família não tinha uma função afetiva, preocupava-se mais com a conservação dos bens, o encaminhamento profissional, a ajuda mútua e, em crises, com a proteção da vida ou da honra. O que não excluía o sentimento de amor, que se alimentava pela convivência entre esposos, entre pais e filhos, ou entre parentes, mas não era indispensável à configuração familiar; vinha como um acréscimo. "As trocas afetivas e os intercâmbios sociais efetuavam-se, pois, fora da família, num 'meio' extremamente denso e caloroso, composto de vizinhos, amigos, amos e servidores, crianças e velhos, mulheres e homens, onde as inclinações pessoais se manifestavam sem terem de se sujeitar a limitações severas."[56] Era o que criava uma propensão social para os encontros, festas, visitas. Os avós e pais representavam a linhagem.

O corpo da criança era cercado de uma aura de impudor e inocência.[57] Comenta Ariès, referindo-se a um relatório médico sobre a infância do futuro rei francês Luís XIII (1601-1643), que um leitor moderno se sente perplexo com o modo livre como as crianças eram tratadas, com grosserias, gracejos, gestos indecentes, maneiras tidas como naturais, ninguém se envergonhava de agir dessa maneira em público. O infante Luís, antes de um ano, ri "a plenos pulmões quando a aia lhe mexe com a ponta dos dedos na gaita", e a própria criança incorpora a brincadeira, interpela um pajem "com um eh! e levanta a roupa mostrando-lhe a sua gaita".

Com um ano de idade o menino, "muito vivo e alegre, dá a gaita a beijar a toda a gente". Todos riem de sua brincadeira, apresentada diante de visitas, um senhor e sua filha, para quem o menino repete a cena, e mostra ainda mais o minúsculo pênis à donzelinha, com tal ardor que fica fora de si, e deita-se de costas para melhor se exibir.

Aos nove anos o delfim é instruído sobre como proceder com sua noiva, infanta de Espanha; pessoas de seu séquito lhe perguntam, "Onde está o brinquedo da infanta?" e ele põe a mão na gaita.

A marquesa de Verneuil lhe põe a mão debaixo da túnica, e o pequenino, de três anos, pede para deitar no leito da ama que brinca com ele pondo a mão por baixo da sua roupa. A marquesa mexe nas tetas do menino, que se irrita, "Largai, largai, deixai isso, ide-vos embora!", pois a ama lhe ensinou, "*Monsieur*, não deixeis que ninguém vos toque nas maminhas nem na vossa gaita, porque vo-la cortariam", e isso lhe ficou na memória.

Quando querem vestir-lhe a camisa ele se recusa, faz todos os presentes estenderem a mão e simula estar dando leite com sua gaitinha, fazendo pss, pss com a boca, e só deixa lhe vestirem a camisa depois que todos estão servidos.

Era uma brincadeira clássica dizer, "*Monsieur*, vós não tendes gaita", e a criança levantava a roupa, mostrando seu pequenino falo erguido pelos dedos. Não eram gracejos exclusivos da criadagem ou de gente insensata ou mulheres de costumes levianos, como a amante do rei. A própria rainha-mãe lhe segura o pênis e diz: "Meu filho, agarrei-vos o bico."

Em outra ocasião, registra o médico, o menino e sua irmã se metem despidos na cama com o rei, beijando-se, numa garrulice infantil, e o rei pergunta, "Meu filho, onde está a prenda da infanta?", e o menino lhe mostra, "Não tem osso, papá!" Em seguida fica teso, e a criança comenta, "Agora já tem, às vezes tem." Ele e outras pessoas se divertem com as ereções infantis; quando acorda, o menino mostra a uma ama o que lhe ocorre: "Zezé, a minha gaita está a fazer de ponte levadiça, cá está ela levantada, cá ela está descida." E a faz subir e descer.

Madame de Guise leva o menino aos aposentos da rainha, mostra-lhe a cama e lhe diz que ali ele foi feito. "Com a mamã?", a criança pergunta. E há um diálogo seu com o marido da ama:

— *Que é isto?*

— *São as minhas meias de seda.*

— *E isto?*

— *São os meus calções.*

— *De que são feitos?*

— *De veludo.*

— *E isto?*

— *É uma braguilha.*

— *Que é que está lá dentro?*

— *Não sei, monsieur.*

— *Eh! é uma gaita, e para quem é?*

— *Não sei, monsieur.*

— *Eh! é para madame Dundun.*

O menino enfia-se entre as pernas de sua governanta, o rei assiste, graceja, "Madame de Montglat está a parir", e a criança corre a se enfiar entre as pernas da rainha.

Aos seis anos o menino dorme com uma camareira e brinca, faz com que ela mexa com os dedos dos pés, as pernas levantadas, manda que a moça vá buscar uma vergasta para ele lhe bater. A camareira lhe pergunta o que viu em certa madame: "Vi-lhe o cu! E que mais? Vi-lhe a cona", responde o futuro rei, arrancando risadas aos camareiros no dormitório. O pequeno se diverte com uma mademoiselle e chama o médico, dizendo que a moça tem uma cona larga e cheia d'água. Na idade de sete anos o delfim passa a receber orientação sexual: as crianças nascem pelo ouvido; ele é repreendido quando mostra a gaita, reclamam do impudor de ele dormir com a governanta no mesmo leito. E aos catorze anos o rei tem sua primeira cópula, com a esposa infanta.

"Não temos razão para pensar que o clima moral fosse diferente noutras famílias de nobres ou de plebeus", diz Ariès. O costume de envolver as crianças em brincadeiras desse tipo era natural, as pessoas pensavam que a criança permanecia estranha à sexualidade, aquilo nada tinha de sexual. E diante delas os adultos se permitiam tudo, palavras cruas, ações e situações íntimas. Ariès afirma que esse comportamento se originava de uma tradição antiga e difundida. Decerto era efetiva em Portugal e estava entre os hábitos na Bahia.

*

Dona Maria da Guerra e Gregório pai trataram de educar os filhos para pertencerem às castas superiores da Bahia. A educação que se dava aos filhos tentava seguir as regras locais, que foram posteriormente indicadas por Antonil quanto a filhos de senhores: não mantê-los sempre consigo no engenho para não "criá-los tabaréus", pois não saberiam conversar de outros assuntos senão "do cão, do cavalo e do boi"; por outro lado, deixar que ficassem sozinhos na cidade era dar-lhes uma liberdade na qual poderiam adquirir maus costumes, vícios, e doenças do amor. O melhor era deixar os filhos homens em casa de algum parente ou amigo "grave e honrado, onde não haja ocasiões de tropeçar" e que possa avisar aos pais sobre o procedimento dos filhos e sobre o seu proveito nos estudos, o que foi um costume dos colonos. "Nem consinta que a mãe lhes remeta dinheiro ou mande secretamente ordens para isso ao seu correspondente ou ao caixeiro, nem creia que o que pedem para livros não possa ser também para jogos. E, por isso, avise ao procurador e ao mercador de quem se vale, que lhes não dê cousa alguma sem sua ordem."[58] Mesmo tendo os filhos na fazenda, contentando-se com que soubessem apenas ler, escrever e contar, não devia o pai deixar de vigiá-los, porque "também o campo largo é lugar de muita liberdade e pode dar abrolhos e espinhos".[59]

Gregório pai escolheria para os filhos uma educação a caminho da universidade, seguindo o plano de ascensão social da família, apesar dos riscos de convivência num local aberto a todas as classes sociais e com ensino gratuito, ainda assim conhecidamente severo e disciplinador, como era o Colégio jesuítico. Afinal indica Antonil que se ponham limites aos filhos, e que o maior exemplo é o bom proceder dos pais.

Banguê, que será de ti?

1641, aulas de música, a viola, os três irmãos

O MENINO GREGÓRIO VAI À MISSA. *À entrada da igreja ouve os cantos e rezas das ave-marias, e antes de começar a liturgia vê à porta crianças brasis que divididas em duas ordens cantam em coro, com vozes altas, o Rosário da Virgem. Emociona-se com as vozes, tão agudas e puras, parecem vir do céu. Começam os meninos o rosário dizendo, Bendito e glorificado seja o Santíssimo nome de Jesus, e respondem as meninas, E da Santíssima Virgem Maria sua mãe para sempre chamai, amém. E logo começam o canto. Depois de cada dez ave-marias, dizem, Gloria Patri. E acabado o rosário entram na igreja, assistem com os demais à missa.*

Na fazenda da Patatiba o menino costuma escutar os índios a entoar cantigas que o padre chama de brutais e gentílicas. Como os brasis são naturalmente afeiçoados à música, algumas vezes cantam na senzala as suas próprias canções, ao que o capelão acode, e faz que entoem hinos devotos que ele lhes ensinou. Gregório também ouve os negros cantando, Banguê, que será de ti?, e pessoas piedosas respondem, Meu Deus, que será de mim? Tira na viola os cantos negros. O mestre de música o repreende, mesmo sendo pardo. O menino deve tocar apenas músicas sacras e canções portuguesas bonitas e melancólicas.

O mestre de música, habilidoso violista, é um senhor que tocou na orquestra de Bângala. Ele conta que Bângala foi um fidalgo português, antigo governador de Angola, que chegou ao Brasil por 1599. Muito rico, muito mau, diz o mestre, maltratava os escravos: Bângala *quer dizer pau duro em língua bunda. Ele era capitão-mor da guerra quando che-*

garam franceses para atacar a Bahia; fortificou as praias com cercas de pau a pique, muros de pedra, construídos por seus mesmos negros, e à sua custa. Esquipou navios e foi encontrar os franceses diante do morro de São Paulo, atacou-os, estava a vencer os inimigos quando deu ordem para apresarem a capitânia inimiga, queria a nau como troféu. Mas sua embarcação tanto se inclinou numa manobra que a água entrou pelos bordos, afundando-a em poucos instantes. Morreu Bângala, com todos os seus mais de duzentos marujos, afogando-se no mar. Isso foi em 1613, diz o velho mestre. Os meninos aprendizes o ouvem, sonhando com batalhas navais. Bângala tinha uma orquestra, quase todos os músicos eram negros ou pardos. Tocavam violas, pandeiros, tamborins e flautas.

Gregório gosta de ouvir duas pretinhas da fazenda, que fazem dueto em admirável consonância de primeira e segunda vozes; ele se apaixona pela música e sente as entonações dos escravos quando na capela do engenho eles cantam o Te Deum *ou o* Bendito sejais, *e algumas modas, com tanta graça e doçura que o menino não pode suster as lágrimas.*

*

Os três filhos homens de Maria da Guerra e Gregório pai foram educados musicalmente. Todos sabiam ler partituras e tocar viola. Era um instrumento tradicional no Minho, existia mesmo uma típica viola minhota, a viola braguesa, tocada de rasgado, com os dedos percorrendo as cordas. Possui a viola um tom encorpado, doce, acento suave, recolhido, melancólico. Descendendo da guitarra mourisca, e principal instrumento dos trovadores portugueses, foi trazida para o Brasil nos primórdios da colonização, por jesuítas que a usavam na catequese dos índios, e por colonos que animavam festas e ponteavam seus momentos de melancolia e saudades.

Informa Veiga de Oliveira[60] que foi feita uma representação pelos procuradores de Ponte de Lima às Cortes de Lisboa de 1459, ao rei dom Afonso VI, "em que se alude aos males que por causa das violas se sentem por 'todo o reino'; e são inúmeras as menções que a ela fez Gil Vicente, como instrumento de escudeiros". No "Auto de Inês Pereira" vem o escudeiro com seu moço, que lhe traz uma viola, o escudeiro cantador pretende se casar com a jovem Inês e canta:

Eu não tenho mais de meu,
Somente ser comprador
Do Marichal meu senhor
E são escudeiro seu.
Sei bem ler E muito bem escrever
E bom jogador de bola,
E quanto a tanger viola,
Logo me vereis tanger...

A viola fazia parte da herança minhota de Gregório de Matos e seus irmãos, era um modo de manter as tradições da terra de origem da família, com ecos da nostalgia dos avós e do pai. E a Bahia, tanto na cidade como no recôncavo, lugar de intensa musicalidade, toda ressoada por sonoridades lusas, africanas e indígenas, dava nova maneira ao toque da viola, adaptando-a ao lugar e aos tempos. Adquirindo uso popular, a viola foi pintada por autores, como Francisco Manuel de Melo (1608-1666), como "atributo de farçolas, metediços e amigos dos diabos... embora reconhecendo noutro passo que tocar esse instrumento é prenda que distingue quem o faça."[61]

*

Muito difundida na Bahia colonial, a educação musical fazia parte do currículo no Colégio dos jesuítas. Desde o tempo do primeiro bispo, dom Pedro Fernandes Sardinha, que tomou posse de seu cargo em 1552, havia a presença oficial da música na Bahia. Com o bispo veio o primeiro mestre de capela, encarregado do ensino dessa disciplina aos alunos do Colégio dos padres jesuítas, recebendo ordenado anual; o primeiro músico de profissão a pisar as terras da Bahia. Francisco de Vaccas foi nomeado mestre de capela da Sé da Bahia, em 1554.

O jesuíta Antonio Rodrigues fundou, a partir de 1556, diversos aldeamentos nas vizinhanças de Salvador, dando educação musical aos índios aldeados, ensinando-lhes o cantochão e músicas sacras com letras em latim ou tupi; os mais dotados iam cantar música polifônica (com órgão) no colégio dos padres. Eram capazes de ler partituras, tocavam diversos instrumentos e sabiam cantar em solo ou em coro, misturando vocais e instrumentais, com repertórios variados, inclusive, ao que parece, de música sem caráter sagrado. Trabalhavam na fabricação de instrumentos com a mesma perícia com que faziam seus arcos e flechas. Cantavam esses índios em folias, procissões, vésperas, ou missas solenes, chegando a formar uma casta de esmerados músicos, chamados de *nheengaribas*. Consta que padre Antonio Vieira os ouviu cantar, e decerto também Gregório de Matos.

A música, que tocava profundamente a alma indígena, era uma espécie de salvo-conduto para os jesuítas iniciarem a catequese. A partir de 1580 houve uma proliferação de capelas particulares onde cantavam músicos provavelmente indígenas, treinados pelos jesuítas. Depois dessa década houve grande uso da música nas festas patrocinadas pela Câmara ou por moradores abastados, quando tocavam bandas de músicos negros.

É de 1610 o mais antigo registro da formação de uma banda musical composta por escravos, quando o viajante francês Pyrard de Laval (1570-1621) descreveu a festa com que o recepcionou um senhor de engenho do recôncavo.[62] Também dotados de extrema musicalidade, muitos negros e mulatos receberam dos colonizadores uma educação musical nos moldes europeus, formando orquestras e bandas louvadas pela qualidade de suas interpretações. Sobre estilo e afinação, aos olhos europeus a música da Bahia não era bem executada, a não ser no caso dos cantores em falsete, conforme depoimento do viajante francês Tollenare, que esteve na Bahia em 1817.[63]

A musica de sociedade é mediocre quanto á execução. Tocam piano e arranham a guitarra de um modo lamentavel; mas, cantam toleravelmente em italiano. Os ouvidos são musicaes, percebe-se-o na harmonia que reina nas peças de varias vozes. / Há cantigas brasileiras peculiares que são muito agradaveis; recentemente publicou-se em Londres uma colleção dellas. Chamam-nas de modinhas; as palavras são ordinariamente anacreonticas e as melodias graciosamente tocantes. Os negros teem tambem algumas melodias bonitas; a sua musica os transporta a ponto de lhes occasionar uma embriaguez delirante, e, entretanto, frequentemente, não dispõem de outro instrumento além de uma cabaça cheia de calháos [pedrinhas]. ... Não existem orgãos monumentais; de ordinario, um simples piano serve para acompanhar os coros; mas, por occasião da menor cerimônia, uma magnifica orchestra executa peças agradaveis e sempre renovadas. Isto exercita os compositores que, á força de procurarem motivos ineditos, se afastaram do carater amplo e religioso para se approximarem do ligeiro e mundano. Os musicos, isoladamente, são mediocres; mas, guardam bom compasso. / As mulheres não cantam; quando não ha castrados são os homens que executam os falsetes, e sahem-se melhor do que o lamentavel canto gregoriano soluçado nas nossas igrejas de provincia, na França.

Disciplina, orações, estudo, silêncio

1641, queda do domínio espanhol
1642, estudos com os jesuítas

A FROTA DE 1641 CHEGOU À BAHIA EM FEVEREIRO, trazendo a assombrosa notícia da queda da dinastia filipina. Portugal estava restaurado, independente, e o novo monarca era dom João IV (1604-1656). O marquês de Montalvão, vice-rei do Brasil, tomou partido do novo rei português, submetendo toda a colônia brasileira à Monarquia lusa. Enviou então a Lisboa uma comitiva para transmitir a mensagem de adesão e lealdade à Coroa portuguesa, delegando essa missão a seu próprio filho, que partiu acompanhado dos dois mais prestigiados padres jesuítas no Brasil: Simão de Vasconcelos e Antonio Vieira. Nesse tempo, Gregório de Matos era um menino, mas estava pronto para iniciar seus estudos no colégio dos padres da Companhia de Jesus na Bahia.

*

Os jesuítas passaram por imensas dificuldades e vicissitudes para terminar a construção básica do Colégio dos Meninos de Jesus, a qual durou cerca de vinte anos. Tiveram de usar de toda a sua habilidade para superar os obstáculos que pareciam às vezes infinitos: falta de recursos, mão de obra e materiais, preços exorbitantes cobrados por fornecedores, dificuldades de transporte, ordens que vinham da Corte sem qualquer conhecimento da realidade local, rivalidades por parte de outras ordens religiosas, escassez de crédito, até mesmo de água, roupas e alimentos, numa colônia onde tudo funcionava em condições precárias. Muitas vezes faltava dinheiro, e os padres pagavam pedreiros, carpinteiros e outros oficiais com tecidos, vinho ou azeite.

Mas, terminados os últimos retoques da pintura, a inauguração do Colégio se deu entre grandes festas literárias e aulas solenes. O padre Fernão Cardim ainda não era seu reitor quando, em 1585, admirado da grandiosidade do edifício, escreveu:

> *é uma quadra formosa, com boa capela, livraria, e alguns trinta cubículos; os mais deles teem a janela para o mar. O edifício é todo de pedra e cal de ostra, que é tão boa como a de pedra de Portugal. Os cubículos são grandes, os portais de pedra, as portas de angelim, forradas de cedro; das janelas descobrimos grande parte da Bahia e vemos os cardumes de peixes e baleias andar saltando na água, os navios estarem tão perto que quási ficam à fala.*

Além das celas, igreja com sacristia, e obras de pintura e tartaruga, e biblioteca com mais de três mil livros, o colégio contava com oficinas e salas de aula ainda nas antigas acomodações de taipa, uma grande enfermaria com capela própria, refeitório, despensa, casa de hóspedes, um poço de água fresca, e um terraço sobre colunas de pedras, acima do mar, onde se faziam a recreação, e alguns estudos; dali avistava-se o oceano repleto de naus que entravam e saíam da baía, e uma larga paisagem do recôncavo, uma "excelente, aprazível e desabafada vista", diz Cardim.[64]

*

Começa a missa solene, com cantorias e música de órgão, na igreja dos jesuítas. Os estudantes do Colégio formam-se nas laterais, com suas carinhas de índios, mulatos, pardos, ou brancos portugueses e brasileiros.

Uns se vestem com roupetas parecidas às batinas dos padres, e outros, com seus gibões de domingo. Há meninos pequenos, adolescentes e jovens.

Dentre os menores está Gregório, bem-vestido e penteado, um tanto agastado com a situação, entre tímido e aborrecido: é o seu primeiro dia no Colégio. Já sente saudades da vida solta na Patatiba, sabe que tem um desafio para os anos seguintes. Há alguns anos seus irmãos Pedro e Eusébio já estudam com os jesuítas; Pedro, mesmo talentoso, é descuidado e vive a levar açoite; Eusébio é um aluno dedicado e expressivo, cometendo poucas faltas, que são levadas com maior condescendência. A presença dos irmãos no Colégio reconforta o pequeno Gregório, que os vê a cantar no coro, solenes e concentrados.

Maria da Guerra assiste, entre as famílias dos estudantes, e observa os filhos, orgulhosa. Desde que começaram os estudos ela passa mais tempo na cidade, longe do esposo e da vida boa no recôncavo, mas sente que vale a pena tal sacrifício. Percebe o interesse de Eusébio a seguir as palavras do sermão, como se encantado. Gregório está irrequieto, olhando para os lados.

Quando termina a missa, Maria se aproxima do filho pequeno para acariciá-lo, mas o menino se comporta como um homenzinho e não quer demonstrações de mimos infantis diante dos outros estudantes. Tem seis anos de idade. Despedem-se, e os estudantes vão se formar para a entrada nas aulas. Maria olha o filho se afastando, sente um aperto no peito, é o mais pequenino de todos e tem um ar de fragilidade, o corpo magrinho, cabelos avermelhados, finos, a boquinha miúda, e usa óculos. Será que vai dar conta das tarefas do Colégio? Tão gracioso, acostumado com as meiguices das escravas que tudo fazem para agradá-lo... O pequeno vai ser doutor em leis, a fim de ocupar um alto cargo entre os funcionários da Coroa, como quer o pai, mas que seja no Brasil. Ele mostra queda para advogar, tem boa lábia para convencer alguém de suas vontades. E gosta de livros.

*

O Colégio dos Meninos de Jesus ficava bem perto da casa da família Matos, e os três irmãos não precisavam caminhar muito para tomar aulas. Pedro chegou a completar o *quadrivium*, a parte avançada do currículo escolar, mas foi expulso do Colégio. Eusébio se formou e ordenou-se padre da Companhia de Jesus. Gregório, que teria ingressado na escola aos seis anos de idade, terminou seus estudos cedo, por volta dos treze anos. Ali os três irmãos aprenderam a ler, escrever, cursaram a gramática latina, os cursos iniciais de letras humanas, seguiram pela filosofia, passaram pelos estudos de caso da teologia moral e, por fim, de teologia especulativa. E estudos de solfa, que constava de leitura e escrita de partituras, com a aprendizagem de instrumentos musicais e canto sacro. Num sistema de breviário e palmatória nas mãos, os jesuítas impuseram novidades na vida dos meninos Matos: a disciplina, as orações constantes, o estudo forçado, o silêncio absoluto.

Havia estudantes de teologia, consciência moral, filosofia, alunos de humanidades, e, a maioria, na instrução elementar. O objetivo maior da escola era formar padres professores, pregadores ou missionários. Seguia-se um código pedagógico intitulado *Ratio Studiorum*, construído a partir de consultas a sábios e educadores europeus, assim como de anotações deixadas por Inácio de Loyola, especificando métodos, autores e doutrinas. O *Ratio* foi promulgado como lei para todos os colégios jesuíticos desde 1599. Mas havia adaptações locais, na Bahia, como aulas de língua indígena chamada pitorescamente de *grego da terra*, para preparação de agentes dos aldeamentos; ou a leitura de autores que não estavam especificados no código. Durante os anos em que frequentou a escola, Gregório de Matos recebeu a elevada e severa formação ministrada pelos jesuítas, que davam alto valor ao conhecimento.

Ao terminar os quatro anos do curso elementar, Gregório iniciou as letras humanas, estudando a chamada *gramática*, com classes elementares, passando para retórica, onde lia Virgílio, Horácio, Cícero,

Luciano, padre Cipriano Soares, entre outros autores. Diz Fernando da Rocha Peres que nessas etapas, "sem o privilégio de ter sido aluno de Antônio Vieira [que se retirou da Bahia para Portugal em 1641], o jovem GMG foi absorvendo uma cultura humanística, com o domínio da língua vernácula e o latim e, nas classes avançadas, o grego. Concomitantemente, com essas obras lidas e comentadas, inclusive nas sabatinas, o estudante de Letras humanas recebia lições de História e Geografia 'indispensáveis à exata compreensão dos textos', como as de César, no seu *De Bello Gallico* e grande parte dos escritos de Cícero e o ensino de 'história pátria e logo de história geral'".[65] Naquela escola, Gregório de Matos formava seu acervo de ideias e citações, e também de palavras relacionadas às culturas greco-latina, árabe-judaico-cristã, palavras de cultura mitológica, e um bom número de figuras do acervo clássico nas áreas de literatura, geografia, história e história sagrada.

*

O latim era obrigatório, todos os alunos deviam se expressar nessa língua; nos dias de aula permetia-se o português apenas em horas de recreação. A maior parte das obras para estudos era escrita ou traduzida em latim, assim como os documentos científicos; era língua universal no mundo europeu, usada nas universidades alemãs, francesas ou portuguesas. Mesmo assim, a escrita em língua lusa realizada pelos jesuítas é brilhante, durante todo o período colonial, sendo exemplo maior a obra do padre Antonio Vieira.

O padre Serafim Leite informa os mais importantes escritores da Companhia no Brasil,[66] que deixaram obras escritas, além de Vieira: Manuel da Nóbrega, Anchieta, Antonio Araújo, Ludovico Figueira, Simão de Vasconcelos, Antonio Sá, Domingos Barbosa, Eusébio de Matos, Pedro Dias, Bartolomeu Leo, Prudente Amaral, Francisco Matos, Alexandre Gusmão, além de outros, posteriores, autores de literatura epistolar, poesia, dramas sacros, gramáticas da língua brasílica, biografias, orações panegíricas, crônicas provinciais, sermões, dissertações, opúsculos, elegias, e tantos gêneros mais. Essa fartura de escritores entre os jesuítas, numa sociedade voltada para os negócios e as guerras, mostra quanto a Ordem se voltava para o saber literário e a produção de escritos. Os padres eram obrigados a escrever relatos, cartas, cartas ânuas, catálogos, biografias e uma série de outros textos. Essa atmosfera decerto influenciava o cotidiano dos alunos do Colégio e estimulava no pequeno Gregório o gosto pelas letras.

*

As aulas duravam duas horas e meia pela manhã, e duas e meia à tarde, mudando um pouco os horários de acordo com épocas de mais ou menos calor. Os alunos passavam por debates diários na última meia hora das aulas, por sabatinas e por disputas magnas anuais no começo do curso. Formavam-se dentro do Colégio algumas academias referentes a cada matéria, ou congregações piedosas reservadas, das quais faziam parte os alunos mais bem-sucedidos e de onde se recrutavam futuros professores. O *Ratio Studiorum* recomendava a leitura de Cícero e Virgílio, mas os alunos baianos liam um grande número de clássicos, como Ovídio, Horácio, Demóstenes e Homero. Padre Antonio Vieira, que ali foi professor desde os 18 anos de idade, introduziu a leitura de Sêneca no currículo de sua matéria, a prima, assim chamada porque era ministrada na primeira hora da manhã.

Mas não ficavam os estudos limitados a palavras gregas e latinas, conquistas da Antiguidade, feitos heroicos e uma visão do mundo concebida num passado distante. Em teologia moral, com a presença de clérigos, era feita a discussão de casos que podiam oferecer alguma compreensão da realidade que os circundava, com as conclusões guardadas em arquivos. Discutiam, por exemplo, a questão da escravidão indígena, dos batizados e casamentos dos indígenas, da confissão dada a escravos que não sabiam falar português, se um pai poderia vender seu filho, se em caso de naufrágio iminente seria admissível o padre conceder absolvição geral; ou questões de economia, como saber se era lícito vender a crédito mais caro que em pagamento à vista, se os portugueses poderiam vender entre si escravos, e outros assuntos. A teologia especulativa se debruçava sobre os dogmas, com debates sobre a Sagrada Escritura, a beatitude, a ciência divina, a vontade de Deus, a predestinação, a trindade, os pecados, a fé, a caridade, a encarnação, e tantos outros temas da mesma natureza, distribuídos pelos anos de estudos da matéria.

Havia os estudantes internos, que viviam no colégio, e os externos, entre os quais provavelmente se encontravam Gregório de Matos e seus irmãos. Havia os pobres, os ricos, os filhos de índios, os filhos de fidalgos, portugueses ou nascidos no Brasil, os mestiços, os pardos e mulatos, a Companhia sempre determinou a abertura de suas portas a classes sociais diversas, tanto na formação de padres como na de alunos. Os estudantes externos vestiam roupas comuns, e os internos, uma roupeta semelhante à batina dos padres.

A disciplina rigorosa compreendia repreensões particulares ou públicas, privação do recreio, reclusão e castigos corporais. Mas, segundo orientação do próprio Inácio de Loyola, era preciso dar preferência ao estímulo e à aprendizagem pelo exemplo. O castigo de açoite só podia ser aplicado aos menores, e era dado por pessoa de fora, o *corretor*, nomeada para essa tarefa. Os alunos de idade mediana recebiam pena de palmatória, e os maiores, apenas repreensões particulares ou públicas; se não se corrigisse, a última punição, a mais severa, era a expulsão. Mesmo com toda essa disciplina, ocorriam lapsos, como danças e bailes realizados em nome dos estudantes, na festa das Onze Mil Virgens, e festas mundanas, das quais participavam mascarados, negros, mulatos "e gente calaceira, e vadia. E o pior é que não falta quem diga, que também vão negras, mulatas, e muitas mulheres damas, fazendo, e obrando coisas inauditas".[67]

Quanto ao pudor, começavam a tomar-se, nos colégios de jesuítas, precauções inabituais, que vêm especificadas nos regulamentos, por ocasião dos castigos corporais, da administração das chibatadas. Precisava-se que não se devia tirar as calças às vítimas, adolescentum, "seja qual for a sua condição ou a sua idade" (aprecio especialmente esta referência à condição); devia apenas descobrir-se a porção de pele necessária à aplicação da pena, mas não mais (non amplius).[68]

*

A biblioteca, que chamavam de *livraria*, era aberta aos alunos, mas havia uma anterior seleção de livros. Deviam ler textos que combinassem a pureza da linguagem com temas escolhidos. Quando chegavam da Europa, em geral solicitados por algum jesuíta e enviados por jesuítas de além-mar ou pelo próprio rei, os volumes eram antes examinados e corrigidos em tudo o que fosse contrário à edificação e aos bons hábitos. Havia toda uma regra referente a livros obscenos, totalmente proibidos, ou a heréticos, admitidos com as devidas cautelas.

Os livros de poesia não estavam nas boas graças da pedagogia jesuítica, mas se toleravam os que fossem escritos em latim. Os romances de aventuras e amores de heróis cavaleiros eram vistos com desconfiança, pois se considerava que despertavam devaneios nas cabeças juvenis, e criavam obstáculos ao cultivo sério do latim. Livros profanos e certos clássicos latinos eram proibidos, assim como sonetos e cópias espirituais usados nas comemorações religiosas.

A Congregação Provincial da Bahia, em 1583, propunha emendas aos livros de humanidades de Plauto, Terêncio, Horácio, Marcial e Ovídio, e as obras desses autores chegavam ao Brasil expurgadas e adaptadas ao ensino juvenil. Indicava-se a leitura de biografias de santos e varões ilustres da Companhia. Os alunos merecedores de algum prêmio recebiam livros retirados da biblioteca, desde que não fossem exemplares únicos.

O registro dos títulos que constavam na biblioteca se perdeu, mas há indícios aqui e ali, como numa carta do padre Manoel da Nóbrega, informando sobre a presença de livros da Sagrada Escritura, de são Tomás de Aquino, Escoto, Soto, Navarro, Panormitano, Silvestre, Acúrsio, Nicolau de Lira, Gabriel, entre outros. Em cartas de jesuítas há menções a outras obras: *Confissão de um pecador*, *Doutrina cristã*, *Exposição do primeiro salmo de Davi*, pedidos por um padre que não compreendia o latim.

Desde 1589 os livros eram ordenados e numerados, para controle. Alguns estudiosos do poeta estão certos de que ele leu Camões no Colégio, ele mesmo citará o poeta lusitano em seus versos, ou lhe imitará a verve; e de que já nessa fase de sua vida tenha escrito uns primeiros poemas. Que teve experiências amorosas, ainda menino, ele mesmo se gabará mais tarde:

> *sou namorado de chapa,*
> *e de idade pueril*
> *de Portugal, e Brasil*
> *tenho namorado o mapa;*
> *nenhuma cara me escapa*
> *e em todo rosto me embarco.*[69]

*

... os pais, dominados pelo interesse econômico de senhores de escravos, viram sempre nos filhos com olhos indulgentes e até simpáticos a antecipação dos filhos nas funções genésicas: facilitavam-lhes mesmo a precocidade de garanhões. Referem as tradições rurais que até mães desembaraçadas empurravam para os braços dos filhos já querendo ficar rapazes e ainda donzelos, negrinhas ou mulatinhas capazes de despertá-los da aparente frieza ou indiferença sexual.

Nenhuma casa-grande do tempo da escravidão quis para si a glória de conservar filhos maricas ou donzelões. O folclore da nossa antiga zona de engenhos de cana e de fazendas de café quando se refere a rapaz donzelo é sempre em tom de debique: para levar o maricas ao ridículo. O que sempre se apreciou foi o menino que cedo estivesse metido com raparigas.[70]

Quando terminou seus estudos no Colégio da Bahia, Gregório de Matos ainda não tinha idade para se iniciar no curso de cânones em Coimbra. No entanto, a família decidiu mandá-lo para Lisboa, a fim de que aperfeiçoasse seus estudos no Colégio de Santo Antão, célebre escola jesuítica fundada em 1553, parte na querela judicial pela posse do engenho de Sergipe do Conde contra a família Matos.

2

Estudante, advogado em Portugal

La grande Eglise de l'Archeuesché

Chasteau Royal

Monastere de S.te Marie de grace

Maison de ville

S.t Vincent

A solidão do mazombo

1650, viagem para Portugal

GREGÓRIO SENTE O CORAÇÃO A BATER FORTEMENTE, *quando fecha a caixa com seu enxoval de estudante. Vai viajar acompanhado de um tio-avô e um criado, mas sente a solidão como um abismo a sua frente. E o abismo do mar, como uma atração fascinante e perigosa. Recebeu a comunhão uns dias antes, e a presença do corpo de Deus dentro de seu corpo deveria lhe pacificar a alma, mas isso não acontece. A alma está inquieta. Passou por todas as provas no Colégio, venceu-as, leu livros, aprendeu, descobriu mundos, fez amigos a quem quer bem e de quem vai se separar. Vai se separar de suas negras queridas, das namoradas para quem entoava canções jocosas, da mãe e do pai, dos irmãos, das duas irmãs, da Patatiba e das ruas alegres da Bahia que são como sua casa.*

Ele já quase não convivia com os irmãos. Apesar de recolhido pelas grandes mostras do seu talento, e de ser grande solfista, Pedro tinha sido despedido do Colégio por escândalos amorosos, logo depois de receber o título de licenciado, e foi estudar em Coimbra. Nas primeiras férias tomou uma nau, por sua conta, e voltou para a Bahia, abandonando os estudos. O pai ficou desolado, mas era aquele mesmo o destino do filho, e Pedro foi mandado para a Patatiba, encarregado de feitorizar as fazendas, cuidar da lavoura, comandar os mais de cem escravos. Eusébio entrou para a Companhia de Jesus e, habilidoso na oratória assim como na escrita, começa a fazer fama de um futuro brilhante. Morando no colégio, pouco aparecia em casa. É tido como o mais talentoso dos irmãos, escreve poemas, faz estampas que parecem gravadas, e toca instrumentos, tudo isso com perfei-

ção e gosto. Nas férias, que Gregório passava na Patatiba, os irmãos saíam em aventuras amorosas com as negras e mulatas dos engenhos. Gregório sabe que vai sentir a falta dos irmãos, dos momentos em que dobravam na viola modas tristes e cantigas estouvadas que eles mesmos compunham. Vai sentir falta das noites no quarto em que dormiam, os três irmãos numa cama, as duas irmãs na outra, quando brincavam e conversavam, contando histórias, fantasiando suas imaginações. Ao menos, não terá mais de trinchar a carne na hora do jantar. Nem vai mais levar açoite da mãe por motivo nenhum.

Ao voltar de Coimbra, como se fugido, Pedro lhe disse que o lugar era horrível, frio, escuro, velho, e mais parecia uma prisão. Isso não sai de sua mente, e o jovem acostumado às liberdades da Bahia teme a sensação de estar confinado. Por outro lado, anseia conhecer o reino sobre o qual escutou as mais desvairadas histórias. Também histórias terríveis sobre a travessia, que dura por volta de oitenta dias se não houver tempestades, raios, ventanias, as calmas desesperadoras, ataques de piratas e inimigos e desvios de rota e naufrágios. Leva sua ração numa caixa, preparada com carinho por uma escrava: biscoitos, carne salgada, queijos, mel de cana, doces de frutas diversas, vinagre para desinfetante, e um pouco de vinho de cana para as noites frias e as saudades. Leva sua viola com as partituras, livros, papel, tinta e pena para os estudos, e uma capa de lã. O criado carrega sua bagagem, e irá cuidar de sua roupa, comida, tudo o mais que for necessário ou desejado pelo pequeno senhor durante a viagem e os estudos.

A família o acompanha ao cais, é uma ocasião de grande importância para todos, e lá estão os avós, tias, primos, a mãe e o pai, irmãos e irmãs, com presentes, recomendações, pedidos, encomendas, cartas para serem entregues em Lisboa e em Viana do Castelo. Está até mesmo dona Monica Soares, que vive na casa de seu avô como uma tia torta. Está o primo João de Matinhos com a esposa, e que não abre a mão nem para dar adeus. Os altos custos desta viagem saem dos cofres abarrotados do pai e do avô.

Gregório pede a bênção aos mais velhos, abraça os irmãos, arruma os óculos no rosto e toma o escaler que o levará até a nau. Volta-se algumas vezes para olhar sua gente acenando no cais, entre tantas outras famílias que se despedem. Sofre ao ver que seu pai não pode lhe aviar as despedidas, pois está aleijado das mãos. A mãe reza um terço, faz uma promessa à santa de seu afeto para que o filhinho do coração chegue bem a Portugal. A imagem da frota, dezenas de naus artilhadas, acompanhadas de uma nau de guerra da armada, causa uma sensação de poder e segurança. Mas contra a natureza de Deus, de pouco valem tantos canhões e mosquetes.

*

O jovem Gregório sente um enjoo quando acostam a embarcação altíssima, cheirando a sal e mofo, rangendo e estalando. É um gigante, perto daqueles bergantins pequeninos que ele costumava tomar para navegar dentro da baía no rumo da Patatiba ou de Sergipe do Conde. Máquina maravilhosa! Os mastros parecem ir ao céu, a quantidade de cabos, incontável, todos bem estendidos ou arrumados no chão numa perfeita roda. As bocas de fogo, tolda e chapitéu, reixas, o aparelho para subir a gávea, tudo feito com mestria, tudo encerado, polido, limpo. O convés, entre a tolda e o castelo de proa, está repleto de bagagens e passageiros, os marujos trabalham num incessante ir e vir, entusiasmados, ora um grito ali, ora acolá, uma risada, um gracejo, uma palavra chula, aqueles marinheiros vão para sua casa, o mar.

O tio de Gregório se apresenta ao capitão da nau, entregando-lhe uma carta de recomendação enviada por Pedro de Matos para que os dois passageiros recebam cuidados especiais. Conseguem o direito de ocupar um camarote, pelo qual devem pagar. Gregório sai a explorar a embarcação, pede licença para subir ao castelo da proa, a uns vinte metros de altura sobre a água, onde se sentem tonturas. Dali avista a Bahia, o perfil gracioso da cidade cercada de matas. De longe parece a imagem de um paraíso.

*

Ao entardecer um padre celebra missa no convés e a nau é encomendada ao santo seu padroeiro, aspergida com água benta. Gregório não consegue dormir, entregue a imaginações. De madrugada vai para o tombadilho e fica a admirar a cidade, com pequenas e trêmulas luzes espalhadas ali e acolá. Antes do nascer do sol os marujos preparam a partida, sopra um vento favorável e precisam aproveitá-lo. É uma grande emoção o momento em que as velas se abrem, majestosas, dando a impressão de que as naus vão voar. Afastam-se rapidamente da costa, deixando para trás o alarido das docas e o toque dos sinos que chamam o povo para a missa. O sol acaba de nascer.

O camarote que Gregório e o tio ocupam mal dá para esticarem as pernas, com um minúsculo armário para se guardar água e provisões, e um candeeiro que espalha uma fumaça escura cheirando a óleo de baleia provocando náuseas. Há uma pequena janela, e uma abertura que dá para o mar, por onde irão despejar seus dejetos, pela qual se ouvem os golpes repetidos das ondas. O criado dorme no convés, com a maioria dos passageiros e servos.

Gregório sofre durante a viagem. A umidade lhe penetra os ossos, faz apodrecer a cada dia uma coisa mais; a maresia apaga tintas de seus escritos e enferruja os botões de sua capa, as fivelas de seus sapatos, as penas; os livros estão murchos e mal se podem passar as páginas, as roupas a cada dia ficam mais fétidas, o corpo é tomado de comichões e assaduras, o cabelo parece uma pasta, a água se torna a cada dia mais corrupta, o menino tem febres e desarranjos, a cabeça lateja de dor, o balanço causa enjoos, e há momentos de grande tensão quando surge a silhueta de naus no horizonte fazendo que mudem a rota, e os homens se postam aos canhões, formam-se nos bordos com seus mosquetes municiados, temendo ataques. Mesmo experimentado nas curtas viagens pela baía o jovem estudante não está preparado para tantos rigores, mal consegue dormir, suando dentro da cabine tomada por piolhos e percevejos, e passa madrugadas no convés, entoando sua viola ao luar, consolando as saudades; encanta os viajantes em horas de melancolia ou galhofa.

Há momentos de diversão, quando os marujos têm permissão para pescar e tiram das águas peixes imensos, quando bandos de aves pousam por toda parte da nau que sirva de poleiro, quando cardumes de golfinhos seguem o barco, baleias cantam e bailam, ou peixes voadores se elevam do mar, quando os passageiros cantam em procissão nos dias santos ou se ajoelham a rezar diante de um altar erguido no tombadilho, ou quando Gregório senta com marujos a jogar cartas e a ouvir obscenidades.

*

O jovem viajante faz um amigo, o gajeiro Pedro Manuel que, quando não está a zelar por um dos mastros e a dirigir os trabalhos que nele se executam, senta-se a escutar a viola e seus repentes. Pedro é nascido na mesma vila dos avós de Gregório, Guimarães, e conta histórias desse lugar. Como é pequeno e magro, compete-lhe subir ao cesto da gávea nas proximidades da terra, a avistá-la antes dos outros da tripulação, ou para melhor discernir naus que navegam ao largo. Leva o amigo pela frágil escada de corda, mastro acima, dali olham o mar infinito, numa madrugada clara de luar. E Gregório recita, nas vertigens da altura, arrancando risos do amigo:

Manda Amor, que não prossiga
Porque não sou um Colombo
Para descobrir tais Índias...

*

Conforme o regimento de navegação de 1643, a frota devia seguir até as ilhas Açores, onde se procurava aviso sobre a proximidade de alguma armada inimiga. Não havendo, as naus aportavam inicialmente em Viana do Castelo e no Porto, e depois das duas escalas, onde ficavam os navios dessas origens, era que seguiam para Lisboa, entrando no rio Tejo.[71]

É possível imaginar o encanto do rapazinho de treze anos a conhecer aquela cidade tão aclamada, com uma história antiga de ocupações e ainda recebendo influências desse passado.[72] Os romanos ali dominaram por quatrocentos e cinquenta anos, latinizando os costumes e a expressão, quando Lisboa era um centro de construção naval entre fortes muralhas e bastiões. Depois de ocupada por godos, suevos, visigodos, no século 8 caiu sob o domínio dos sarracenos, que implantaram sua cultura muito peculiar. Entre eles havia pessoas afáveis, nobres, artistas, ilustradas e tolerantes mesmo em matéria de fé, desde que houvesse o pagamento de pesados tributos. A língua, os usos e as leis dos novos invasores eram muito diferentes do que ali havia, fruto das ocupações anteriores. Muitos cristãos se convertiam à religião muçulmana, sendo chamados de moçárabes, mas após quatrocentos anos de domínio sarraceno o cristianismo retornou com intensidade. Ficaram, no entanto, marcadas na alma portuguesa várias faces da índole árabe: alguma maneira de pensar, alguns hábitos, o fatalismo, o modo de conviver; e marcas na conformação da cidade, que acabaram se refletindo na colônia brasileira.

Era Lisboa toda voltada para o mar, para as navegações, aberta a mercadores e forasteiros que ali transitavam encapuzados em mantos de lã; uma cidade distribuída entre ruas tortuosas e estreitas, becos, casas muito próximas umas das outras, com balcões, pátios internos aonde se chegava por passadiços de madeira; jardins interiores e refrescantes chafarizes, janelas protegidas por treliças de madeira, ou grades chamadas de gelosias, com que se preservava o recato familiar e se exercia uma ciumenta reclusão das mulheres. Na parte alta da cidade desenhava-se um perfil de requinte, os coruchéus de louça rematando casas vestidas por mantos de azulejos amarelos e azuis, janelas em assimetria, alhambras com recordações bizantinas, em moradias de gente rica e poderosa. Pelos arrabaldes vicejavam olivedos, plantios de trigo com as delicadas hastes a cintilar, vinhedos, pomares, jardins e hortas que vinham descendo pela encosta e penetrando a cidade. Disso ainda restava muito, quando Gregório de Matos conheceu a cidade séculos depois.

O período após a reconquista dos cristãos desenvolveu ainda mais a movimentação mercante, proporcionando rápido progresso para a cidade que se expandiu, com o porto aberto a mercadorias estrangeiras, como tecidos de lã, desde a refinada escarlata inglesa ao rude burel, ferro e metais preciosos, especiarias raras como açúcar, canela e pimenta, incensos trazidos por judeus, adornos para vestimentas, joias; e saíam os navios carregados de produtos da terra: vinho, azeite, frutas secas, mel, sal, peixes salgados e tantos outros.

As ruas ainda eram sombrias, raramente calçadas, e nelas os moradores podiam, após o pôr do sol, despejar os dejetos. Havia mosteiros, palácios, e a cidade se dividia, como em Salvador, nas partes alta e baixa, esta destinada a comércio e atividades que davam nome às ruas. Também na parte baixa se localizavam ajuntamentos de etnias, confinadas em certas ruas, como a mouraria, para os reminiscentes mouros, que trabalhavam como vendedores ambulantes de bugigangas, ou comprando e revendendo trastes usados, ou em moendas manuais ou movidas por cavalos; e a judiaria, onde judeus se ocupavam de atividades ligadas a finanças, câmbios, penhores, obrigados a usar uma carapuça amarela que os distinguia dos demais habitantes. As mulheres mundanas eram confinadas à rua da Mancebia, e reconhecidas pelo uso obrigatório de uma franja, ou um gorro, ou uma capinha escarlates. A mouraria e a judiaria foram legalmente extintas em 1496, mas continuavam existindo mesmo não confinadas. No alto estavam palácios da fidalguia, em ruas regulares, calçadas, amplas e bem-cuidadas.

Era a Mui Nobre e Sempre Leal Cidade de Lisboa, "sobre todas excelente e maioral", de onde saíram as conquistadoras armadas de Vasco da Gama e Pedro Álvares Cabral, entre tantas. Residência de uma corte suntuosa, ponto obrigatório nas rotas de naus mercantes do Oriente e de outros países da Europa, uma Babel de línguas em que genoveses, árabes, biscainhos, flamengos discutiam preços com lusitanos, correndo farto dinheiro. Era o "empório do mundo", a "princesa do mar oceano", repleta de monumentos, palácios, mosteiros, torres, praças, vivendo em torno da força de seu porto, o rio Tejo, sempre repleto de velas do mundo, as naus a despejar toda espécie de preciosidade vinda dos reinos mais distantes e distintos, numa grandeza e fartura comemoradas por delírios festivos e triunfais, cortejos, embaixadas, festas sagradas ou mundanas, nobres ou plebeias.

*

Quando o jovem ali põe os pés, cansado, as pernas trêmulas, um pouco atônito, e irresistivelmente atraído, logo se vê no terreiro do Paço, que dá entrada à cidade para quem chega pelo Tejo. Gregório vê o suntuoso palácio manuelino, a Casa da Índia, a Armaria, e um renque de edificações que se abrem, por trás, para os estaleiros da Ribeira das Naus, sobre velhas terecenas. Ali estão a Alfândega, o Tribunal das Sete Casas, por trás dos quais se descortina a buliçosa Ribeira, com mercado de peixe e de verduras. Tudo em Lisboa é mais amplo, alto, sólido, rico e movimentado do que na Bahia.

O rapaz para com seu tio e seu criado em uma das casas que oferecem refeições e vinho, comendo afinal algo fresco, delicioso. Maior delícia é lavar as mãos e o rosto com uma água fria e limpa. Ainda tem a sensação de estar navegando, como se o chão fosse água e ele flutuasse sobre ondas, mas saber que cambaleia em terra firme é um alívio.

Caminhando um pouco mais, Gregório encontra-se no famoso Rocio de que tanto se falava no Colégio, com o cais da Pedra, o paço da Ribeira centralizando a vida de Lisboa. O Rocio é uma animada praça, com tabernas, lugar de feira e mercado, e de reuniões de multidão para eventos, conversas, festas, ou lazer. Ali estão a sombria casa da Inquisição, o hospital Real, o convento dominicano, e uma graciosa fonte de Netuno. Tudo o jovem olha com curiosidade e fascínio, em especial as pessoas que passam, tão diferentes dos colonos, nas roupas e no porte, e não há a mulherada solta da Bahia a fazer todo tipo de comércio e malícia.

Entram pelo casario confuso da Baixa, nas ruas estreitas e sinuosas que dão às vezes em lugar nenhum. Percorrem uma longa rua de merca-dores, ladeada por casas bem diferentes das que eles conhecem, construídas sob a inspiração flamenga, com portais repletos de mercadorias. No final da rua dão no largo do Pelourinho, tomado por comerciantes e homens que, sentados atrás de escrivaninhas, prestam informações e redigem re-querimentos por módica quantia. O tio toma a informação. Procuram um endereço ali na freguesia de São Nicolau. Mais tarde o tio vai desem-baraçar as bagagens e apresentar o sobrinho ao Colégio de Santo Antão, onde irá estudar.

*

O Colégio de Santo Antão, em Lisboa, foi o primeiro no qual os jesuítas deram aulas públicas. Quando de sua fundação em 1553, funcionava na mouraria, ao lado do convento, onde se hospedavam jesuítas a caminho do Oriente ou dali retornando, residindo por me-ses, ou anos. Os mais jovens completavam seus estudos científicos, e os mais experientes davam aulas; os que vinham de outros países comunicavam novidades recentes, fazendo que o Colégio de Santo Antão representasse uma ponte de saber entre Oriente e Ocidente.

Ali era lecionada a famosa Aula da Esfera, onde se aprofunda-vam conhecimentos de cosmologia. Eram aulas destinadas a pilotos e demais navegadores que costumavam fazer a carreira das Índias e outras partes, estudando a teoria ou prática da navegação em maté-rias como cosmografia, astronomia, náutica, hidráulica, geometria, trigonometria plana e esférica, conformando um verdadeiro centro científico. Havia um observatório astronômico e telescópio, e dis-cutiam-se disciplinas renovadoras de conhecimentos, como estática ou mecânica teórica, sempre tendo em vista as navegações. O Co-légio chegou a ter, em 1591, cerca de dois mil e quinhentos alunos.

Um edifício mais amplo foi construído com apoio financeiro do cardeal dom Henrique, e o novo Colégio se inaugurou em 1593, apesar de as obras não estarem concluídas, continuando pelas primeiras décadas do século 17. Era um colégio de instrução internacional, abrigando alunos de diversas nacionalidades, inclusive filhos de portugueses, nascidos nas colônias, como Gregório de Matos. Cursavam alunos laicos que por interesse técnico se matriculavam na instituição; também jesuítas que acabavam cursos de filosofia; jesuítas, portugueses ou não, destinados às missões no Oriente; e uma quantidade de estudantes das primeiras letras, como foi o caso do orador padre Manuel Bernardes (1644-1710), alfabetizado no Colégio de Santo Antão; ou alunos de preparatórios em latim, retórica, lógica, metafísica, ética e grego, antes de seguirem para seus cursos universitários. No Colégio de Santo Antão o fidalgo Antonio de Sousa de Macedo (1606-1682) estudou desde criança, aprendendo latim, humanidades e filosofia peripatética. Também ali recebeu sólida formação humanística o escritor Francisco Manuel de Melo, autor de diversos livros, entre eles a *Carta de guia de casados* e os *Apólogos dialogais*, e que foi degredado para a Bahia, onde viveu entre 1655 e 1658. A média anual de estudantes durante todo o século 17 era de dois mil alunos.

Gregório de Matos estudou ali de 1650 a 1652. E muito o jovem deve ter se modificado, pois, como dizia um autor de regras para educação de crianças no século 17,[73] "assim que os rapazinhos põem os pés nesses lugares [escolas], não tardam a perder essa inocência, essa simplicidade e essa modéstia que antes os faziam tão estimáveis aos olhos de Deus e dos homens".

*

Não é o mesmo que estudar com os jesuítas na Bahia, onde Gregório se sentia em casa, tendo os dois irmãos na mesma escola e a proteção de sua família tão reconhecida e respeitada. Não é mais um filho de fidalgo rico e bem-relacionado, é um mazombo, considerado inferior por muitos de seus colegas de estudos, que dele zombam e o tripudiam. Precisa se destacar nos estudos, no comportamento, nas sabatinas, no latim. Aos poucos vai conquistando amizades, usando do enlevo de sua viola e de seu talento satírico, que floresce diante das provocações. Logo os colegas estudantes temem a sua verve, e o deixam em paz.

Fora as quatro horas que passa no colégio, e as horas de estudos na livraria, ou fazendo lições na residência onde vive com o tio, fora as horas de orações e missas e procissões, tudo é divertimento. Não como na Bahia, onde ele dominava o traçado das ruas, becos, vielas, nos quais era bem conhecido; mas está a descobrir a cidade de Lisboa, entra pelas ruas, mercados, caminha pelas praças, conversa com mercadores, marujos, soldados, faz refeições e toma vinho com frequentadores das tabernas, uma gente de má fama, malandros, mulheres fáceis, estudantes folgazões, vadios, ladrões, toda espécie de aventureiros; olha vulto de mulheres às janelas, portuguesinhas e estrangeiras, segue negras pelos becos, contempla as naus vindas de outros reinos a desembarcar mercadorias e passageiros, assiste a jogos, touradas e cavalhadas, ao castigo de açoite que dão a um mulato por haver jogado pedras nas janelas do paço. Sempre seguido de perto pelo criado, que vigia seus passos e sua bolsa, cumprindo ordens dos senhores pais.

Aos domingos Gregório vai à missa com o tio, que espera a partida da nau para retornar ao Brasil, deixando o sobrinho aos cuidados de uma família amiga que os acolhe, família modesta, pois as ricas e fidalgas moram na parte alta da cidade. É uma casa antiga, de dois andares, sendo o primeiro alugado a comércio. No segundo há dois ambientes, um que dá para a rua, com duas janelas, onde a família se acomoda e recebe continuadas visitas. Os hóspedes dormem num aposento escuro que serve de sala de refeições, cozinha, sala de estudos e despensa, e com apenas uma janela, para os fundos.

*

Na missa Gregório ouve o anúncio de um auto de fé que será realizado dali a uma semana. Ao passar pelo Rocio, o estudante vê curioso as preparações da cerimônia, bem em frente à sinistra casa da Inquisição. Montam-se um grande tablado, um cadafalso, camarotes.

No domingo seguinte a cidade é tomada pelo toque de sinos que convocam os moradores ao ritual, tão temido e comentado na Bahia. Gregório se dirige ao Rocio pelas cinco da tarde. Tudo está pronto, um teatro de carpintaria ocupa quase toda a praça, há um altar ricamente ornado e arquibancadas como anfiteatro, destinadas aos acusados e familiares da Inquisição. À frente, uma cadeira alta e funesta. Do outro lado, lugares para os juízes. À entrada de uma escada, guardas impedem o acesso a esses locais.

Entra pela praça uma procissão de centenas de prisioneiros que acabam de percorrer as ruas da cidade numa situação humilhante; vestidos com uma mesma roupa, magros, curvados, prostrados de tristeza, revolta, medo, ou pavor, são levados a sentar-se no anfiteatro. Há na praça uma multidão de pessoas a assistir, muitos estrangeiros, padres, uma plateia de honrada gente, e nenhuma mulher, a não ser entre os acusados. Comovido, Gregório vê o rosto alvo de uma jovem prisioneira, quase ainda menina, abatida por um ar de sofrimento. Morreria por ela... Pudesse salvá-la... Depois iria deitá-la numa esteira e desnudar seu corpo magro, meter-se no refúgio de pelos ruivos.

O auto se inicia com o sermão de um padre que prega contra bígamos, judaizantes, blasfemadores, contra quietistas, molinistas e infames. Depois passam à leitura dos processos que descrevem as ações dos presos, a maior parte de judeus, havendo padres molinistas. São três horas de leitura sobre as infâmias, num tom que parece louvar as mais belas coisas do mundo. Entre o público Gregório percebe zombarias e gracejos contra os infelizes.

Os inquisidores chamam os prisioneiros, um após outro, para que escutem a leitura dos crimes de que são acusados. Cada um deve fazer a abjuração, prometendo apartar de si toda espécie de heresia, especialmente aquela em que caiu, prometendo obedecer ao papa e a seus representantes, jamais se juntando a pessoas dignas de condenação e sempre as perseguindo e delatando aos inquisidores. Terminada a abjuração, os sete juízes, ao lado esquerdo do altar, proclamam a sentença. Poucos são absolvidos, e os que não abjuram são relaxados ao poder laico, que vai queimá-los. Os criminosos serão queimados após serem estrangulados, se não forem judeus. Judeus, se não renegam, são queimados vivos. Também sodomitas e os que tornaram a cair no vício não contam com a misericórdia de serem garroteados antes da fogueira. É admirável a coragem dos que conservam sua fé ou confirmam sua inocência e se recusam a abjurar.

Terminadas as abjurações, o inquisidor se ajoelha diante da cruz, depois se levanta; criados tiram sua capa e seu barrete, que são postos numa bandeja de prata. Vestem-lhe sobrepeliz e capa de asperges, ele toma um livro e concede absolvição dizendo o salmo Miserere mei. *A cada verso toca de leve as costas do penitente com uma vara. Os impenitentes são separados. Segue-se mais recitação de versos e orações abominando as superstições judaicas e maometanas, enquanto o inquisidor borrifa água benta sobre os penitentes. Espera-se um tempo, para que os impenitentes se arrependam e queiram abjurar, mas nenhum deles o faz, nem mesmo a mocinha, que é acusada de bruxaria. Estes são entregues ao braço secular.*

Sinos batem as três horas da madrugada. Os penitentes saem novamente em procissão com tochas acesas e voltam aos cárceres. Os impenitentes, quatro homens, um rapazinho, uma mulher e a mocinha, com velas apagadas, são levados em direção aos queimadeiros. Gregório os segue, quando ouve o som estridente de matracas como num enterro. Vê então se aproximar uma procissão de homens vestidos de branco, são irmãos da Misericórdia, que trazem uma grande cruz à frente e carregam, cada um, uma tocha de cera branca acesa. Levam os impenitentes ao areal no meio da ponte, onde há sete barracas de lenha, com um pequeno banco no centro. Cada um deles é amarrado numa barraca, sentado no banquinho.

Um carrasco se aproxima com um archote e põe fogo às barracas. As chamas sobem, uns condenados gemem de dor, uns gritam de ódio, medo, há preces, palavras em outras línguas, blasfêmias, maldições, as labaredas tomam suas roupas, depois a pele, a carne, os ossos, paira um odor de carne queimada. O público ri, graceja, xinga, condena, manda aquelas almas aos infernos, mas algumas pessoas permanecem silenciosas e impressionadas, entre elas o jovem estudante. As cinzas daqueles corpos vão ser lançadas ao vento.

Gregório retorna para casa tomado de melancolia. Não consegue estudar para as lições daquele dia.

*

O padre Antonio Vieira hospedou-se no Colégio de Santo Antão em alguns períodos, entre 1641 e 1652, quando retornou ao Brasil para missionar no Maranhão. Durante a estada de Gregório de Matos, o jesuíta estava em Lisboa a pregar sermões na Capela Real que o tornavam famoso no Reino: o da Primeira Dominga do Advento (1650), o da Segunda Dominga de Quaresma (1651), e o Sermão de São Roque (1652). Em 1669 pregaria na capela do Colégio de Santo Antão o Sermão a Santo Inácio. Ali Vieira se hospedava quando escreveu, numa coleta de seus sermões, uma dedicatória ao príncipe, datando-a: Colégio de Santo Antão, julho de 1677.

Provavelmente o jovem estudante brasileiro via o jesuíta por ali, e com certeza sabia de sua fama, desde o Brasil. Vieira chegou a Portugal, em 1641, já causando tumultos. Veio na embaixada de fidelidade ao novo rei português, após a deposição do rei espanhol, e foi atacado pela população ao desembarcar em Peniche, refugiando-se com seus pares. Tornou-se amigo e confidente de dom João IV, que o convidou a pregador. Em 1642 pregou na Capela Real e publicou um sermão avulso. No ano seguinte causou celeuma ao declarar-se favorável aos cristãos-novos e ao apresentar um plano de recuperação econômica para Portugal que propunha o apoio financeiro da comunidade judaica. Foi nomeado pregador régio. Passou alguns anos na Holanda e na França, encarregado de importantes missões diplomáticas. Ameaçado de expulsão da Companhia de Jesus, só não o foi por ordem de dom João IV. Vieira era personalidade conhecida, comentada, discutida; odiada ou venerada.

Fora professor de Eusébio no Colégio da Bahia, e talvez os pais e avós de Gregório tenham tido algum contato com o jesuíta durante a ocupação holandesa, e em outras ocasiões, mesmo no Colégio onde estudavam Pedro e Eusébio. É possível que o estudante de Santo Antão tenha assistido a alguma prédica do padre Vieira, na Capela Real. Notável pela primorosa execução da música litúrgica que ali ocorria, a Capela Real se localizava na Ribeira das Naus, frequentada pelo jovem estudante.

*

Gregório vai para Odivelas assistir à missa no convento, atraído pelo sermão que padre Vieira vai proferir. Uma multidão chega, mas nem todos podem entrar. É uma missa muito comentada, por ser em Odivelas, onde as freiras mais belas se reúnem, e por ser uma encomenda do papa se emendarem os vícios nos conventos. Em Odivelas as formosas freirinhas se recusam a retirar os espelhos das paredes, a abdicar de seus espelhos em toucadores de mão, ou espelhinhos de bolsa. Será o Sermão do Demônio Mudo, que é como o padre Vieira chama aos espelhos: demônios mudos. Foi anunciado na Capela Real uma semana antes.

Gregório consegue entrar na capela do convento, que está repleta de gente ilustre de Lisboa. Ele vê entre cortinas as famosas freirinhas tão amadas e mal-afamadas. Suspira. São mesmo belas, em suas alvuras inquietas. Cantam divinamente. Vieira vai iniciar o sermão, e se faz um silêncio tão imperioso que se ouvem lá fora os passarinhos, os cavalos das carruagens, o burburinho dos que ficaram de fora.

— *Vigiai, e estai alerta, diz o apóstolo são Pedro, porque o demônio, vosso inimigo, como leão bramindo cerca, e anda buscando a quem tragar: Sobrii estote, et vigilate, quia adversarius vester diabolus tamquam leo rugiens circuit, quaerens quem devoret. Necessária, e temerosa advertência é esta; mas muito mais necessária, e muito mais temerosa a de que hoje nos avisa o Evangelho. Por quê? Porque o demônio, de que nos manda acautelar são Pedro, é demônio com bramidos, tamquam leo rugiens: e o demônio de que fala o Evangelho, é demônio mudo...*

Gregório está magnetizado. Muito lhe agrada a existência desse homem, um meio mazombo meio reinol, pois nascera no Reino mas foi criança para a Bahia e ali se criou, ali estudou e deu aulas, se ordenou padre e começou sua fama. Dizem que Vieira não é limpo de sangue, teve avó negra e, se defende os judeus, deve ser judeu. Ainda assim, é pregador de el-rei, e quando prega, na capela não cabe tanta gente que quer ouvir as palavras arrebatadoras, ainda que para lhes fazer oposição.

— *... À vista deste espelho no qual se retratou um tão santo e amoroso Pai, para que o imitem seus filhos e filhas, tenho para mim que ao menos estas (posto que dantes as mais empenhadas) não só terão perdido o amor, senão também renunciado as saudades de todos os outros espelhos. Mas quando forem arrancados das paredes, para que elas não fiquem nuas, senão muito melhor ornadas, dissera eu, que ao seu lugar se passassem duas imagens que suponho haver em todas as celas: uma do mesmo Senhor, que hoje lançou fora o demônio mudo; e outra da Virgem Santíssima, que por ocasião deste mesmo milagre, mereceu as aclamações de Mãe de tal Filho...*

O jovem estudante se sente observado e olha na direção de seu pressentimento; uma menina de uns doze anos o mira com vivo interesse, e quando sente o olhar do rapazinho em si ela enrubesce. Ao seu lado estão os pais e dois rapazes que parecem ser seus irmãos, Gregório grava aqueles rostos na memória. Vai por entre a multidão até uma lateral, de onde pode ver melhor a menina com sua família. Ela o segue com os olhos. Tem o ar frágil e sonhador. Não é formosa, mas o atrai com misteriosas promessas. O coração do estudante bate mais apressado.

— Que coisa é formosura, senão uma caveira bem vestida, a que a menor enfermidade tira a cor, e antes de a morte a despir de todo, os anos lhe vão mortificando a graça daquela exterior e aparente superfície, de tal sorte que, se os olhos pudessem penetrar o interior dela, o não poderiam ver sem horror?

O vermelho das faces da menina lembra uma romã partida, sem falar no que está escondido dentro. Os lábios são como uma fita de escarlate. Seu garbo entende o que as mesmas faces encobrem por dentro. Ele não tira os olhos da menina, e ela também o observa, como que encantada, sem recato.

— Mas como estes interiores estão fora da esfera e jurisdição do espelho, não é o seu intento, nem o meu, desacreditar a formosura, nem a estimação, ou desejo dela. Antes, para acabar sem agravo ainda dos olhos mais apaixonados, e sem variar, nem dizer nada do que fica dito, digo por fim, e exorto a todas as fiéis esposas de Cristo, que para agradar a seu Divino Esposo, amem, desejem, e procurem com todo o afeto conservar e aumentar a formosura; mas não a frágil, senão a constante; não a que descompõe a enfermidade, senão a de que se compõe a saúde; não a que diminuem os anos, senão a que dura mais que os séculos; não a que é despojo do tempo, senão a que há de triunfar na eternidade. E há ou pode haver espelho a que se veja e componha esta formosura? Sim, também. Mas não aquele que os pontífices procuram tirar das celas, senão o que eles canonizam, e nos faz bem-aventurados no Céu. É um espelho de tão diferente *artifício, que olhando para ele, não nos veremos semelhantes a nós, mas ele só com a sua vista nos fará semelhantes a si...*

Ao fim da missa Gregório segue a família da jovem, que entra numa suntuosa carruagem. Acompanha-a, a cavalo, pelas estradas e caminhos, cuidando para não perdê-la de vista. Sem entrar por Lisboa chegam a uma rica morada nos arrabaldes, entre jardins e pomares. A família entra no casarão, e Gregório vai conversar com o cocheiro. Descobre que a menina se chama dona Michaela, e não está ainda prometida a casamento. Menina muito virtuosa e boa. É natural da vila de Certã, terra do herói Lopo Barriga, e veio para Lisboa quando menina de peito, com um ano de idade. O pai é o desembargador Saraiva de Carvalho, juiz de fora de Certã, de Portalegre, provedor de Beja e de Viana e juiz de tombo das Lezírias de Riba Tejo. Os irmãos, Manoel, Domingos e João, são advogados, há pouco se formaram em Coimbra e já ocupam cargos importantes, um é corregedor dos crimes, outro é escrivão dos Armazéns da Índia e Guiné, e o mais novo começou na administração da Capela.

Em casa, Gregório compõe um soneto enamorado, mas o guarda para ser enviado depois que o sonetista conseguir se aproximar dos irmãos da menina e lhes conquistar a amizade.

Pedantismo doutoral e indisciplina

1652-1660, Universidade de Coimbra

ARMEI-VOS TAMBÉM COM OS MELHORES ATAVIOS E ORNATO *que se requer para ostentação de uma personagem escolástica, como coifa verde para o cabelo, chapéu de cairel, lenço de seda para o pescoço, véstia curta à inglesa, calções de camurça para montar, encarnados para o uso; botas de água com fivela de prata para as correias; esporas de cutelaria, capote de alamares, talabarte à francesa; faca de mato para a algibeira; espada curta e larga; vestido de crepe, gorro de lemiste, relógio de algibeira, a bolsa vazia, e com estes excelentes aprestos vos armei estudante de Coimbra, tratante fidalgo.*

Era o que aconselhava um folheto para o estudante que se encaminhava à Universidade de Coimbra.[74]

Terminados os preparatórios, com as devidas comprovações dos requisitos exigidos para ingresso no curso superior, Gregório de Matos recebeu permissão para matricular-se na Universidade de Coimbra, e o fez em 12 de dezembro de 1652, para cursar a faculdade de leis. Foram cinco dias de viagem a cavalo, de Lisboa a Coimbra, provavelmente em companhia de algum tutor e de um ou mais criados que ficariam a seu serviço durante o período na universidade. Ali ele terá uma ama, criada de companhia, da qual reclamou por duas vezes em seus versos por controlar severamente seus gastos, ou crendo que roubava.

Ao ser admitido, o novo estudante foi recebido por veteranos com as costumadas brincadeiras violentas, como ser jogado no chafariz de águas geladas, ou açoitado, como escreveu no poema:

Sofri contínua tortura,
sofri injúrias e acintes,
lancei tudo em escritura,
e nos novatos seguintes
fiquei pago e com usura.

Como os demais estudantes, decerto alugou uma pousada na parte velha da cidade, dividindo com colegas e seus criados algum quarto repleto de camas, arcas e objetos espalhados.

De outubro de 1653 a 1660 Gregório de Matos passaria por duas faculdades: um ano de direito civil, a *Instituta*, e seis anos de direito canônico. *Institutas* eram as obras elementares que continham os princípios do direito civil, no caso, o código que Justiniano, o imperador bizantino, mandara redigir durante seu reinado (527-565), resguardando a herança do direito romano, e que servia como introdução ao curso de direito canônico. Estudavam-se nessa fase as *Ordenações afonsinas, manuelinas e filipinas*. No curso de direito canônico os estudantes assimilavam quatro partes: Decreto, a coletânea do jurista e teólogo Graciano, o pai do direito canônico; Decretais, um conjunto de cinco livros com rescritos, decretos e leis de papas; Sexto, obra canônica promulgada em 1298 pelo papa Bonifácio VIII; e as Clementinas, conjunto das leis do período do papa Clemente V, promulgadas em 1314. Esses livros compunham o *Corpus Iuris Canonici*, ou seja, o direito canônico, que junto ao direito civil, representado pelo código de Justiniano, formava a base jurídica em Portugal desde a Idade Média.

O historiador português Teophilo Braga (1843-1942), autor de uma história da Universidade de Coimbra, afirmou que durante o século 17 a faculdade passava por uma fase decadente, por não acompanhar os avanços filosóficos e científicos de outros países europeus, e conservar "o mesmo espírito medieval do Scholasticismo árabe-peripatético, que, mantendo o pedantismo doutoral a par da mais completa indisciplina dos estudantes e dos desenfreados subornos no provimento das cadeiras, a tornava uma instituição anachronica e perigosa".[75] A faculdade de cânones era inspecionada pela Inquisição, que a mantinha sob poder de censura, de condenação a professores e do confisco de livros; a Igreja influenciava o conteúdo do curso, assim como a mentalidade e o comportamento de lentes e alunos, mantendo a instituição submissa a uma visão dogmática, medieval, avessa a qualquer inovação.

A presença da Inquisição era evidenciada também pelos autos de fé que se realizavam no terreiro de São Miguel, no Pátio, na igreja da Santa Cruz e na praça de Coimbra, assistidos pelos estudantes. Nesse período foram penitenciados trezentos e trinta e nove acusados, dos quais cento e setenta eram mulheres; e relaxados em carne, ou seja, entregues para serem queimados, sete homens e catorze mulheres.[76]

*

O direito canônico afetava profundamente as sociedades coloniais, interferindo na vida cotidiana e civil, usando como instrumento tribunais religiosos independentes e atuantes, como a Relação Eclesiástica na Bahia. "Daí a importância de uma graduação canônica em Portugal e em seus domínios de ultramar, em universidade na qual 'se jurava annualmente o Concílio de Trento' e onde as disciplinas ou cadeiras canônicas e 'o ensino do direito canônico estava inevitavelmente caído em uma casuística theologica'".[77] A conclusão desse curso conferia prestígio e enobrecia o estudante, e por essa razão era procurado por filhos de homens ricos, fidalgos, ou plebeus que ali buscavam um meio de ascensão. Uma vez formado, o indivíduo estava habilitado a exercer tanto o direito civil como o canônico, abrindo campo na magistratura e na carreira eclesiástica.

Os alunos eram submetidos a severas e inoperantes normas de conduta, como a determinação de minuciosas normas de asseio, de apresentação pessoal, a obrigação do uso de batina e capa pretas, com proibição de cores. Também era vedado ter aves e cães de caça, e animais de montaria; assim como ir a festas ou banquetes, e o contato com mulheres de vida desregrada. Os novatos não podiam sair sem a companhia de um veterano, nem abordar pessoa nenhuma, apenas respondendo quando fossem interpelados. Ocorriam frequentes episódios de violência nas pousadas onde residiam, ou nas ruas de Coimbra, a ponto de alguns estudantes andarem com armas por baixo de seus capotes de lã, seguidos de cães de guarda. E a vida para os brasileiros significava algumas dificuldades a mais.

> *O frio e a escassez de alimentos, provocada por seu alto custo, eram particularmente difíceis para os jovens provenientes do Brasil, que contavam tão somente com a mesada enviada pelos pais. Estabelecia-se na universidade uma camaradagem entre os estudantes brasileiros, muitas vezes discriminados pelos reinóis, e os mais antigos se encarregavam de apresentar os mais novos aos professores e alunos. Para inserir-se no círculo social da instituição, onde o mérito valia menos que as cadeiras de clientelismo e amizade, eram fundamentais as cartas de recomendação que os recém-chegados traziam de casa, igualmente importantes para a habilitação a cargos civis ou eclesiásticos.[78]*

Coimbra era uma cidade movimentada pela jovialidade dos estudantes no período de aulas, aquietando-se em tempos de férias, quando a maioria dos rapazes viajava para suas terras de origem. Localizava-se à margem do rio Mondego com suas águas pachorrentas repletas de barcas serranas carregadas com lenha ou com trouxas de roupas das lavadeiras. A cidade ocupava uma colina à foz do rio, em cujo topo ficavam os colégios universitários em torno de uma praça, na famosa rua da Sofia. Repleta de testemunhos romanos, bárbaros e mouros, Coimbra conservava os arruados primitivos e sinuosos ladeira abaixo.

Garridos, inquietos, os estudantes entravam e saíam de seus quartos alugados nas pousadas da cidade velha, vagavam nas ruas em brincadeiras, risadas, ou debates próprios de seus interesses. Ao final da tarde, em longas capas pretas tomavam a cidade, passeando, falando de tudo e tudo observando, comentando, satirizando em versos mordazes os costumes, as instituições, as ideias; enchiam os bancos, as ladeiras, as tabernas, até o anoitecer, quando muitos iam buscar o calor das mancebas nos arrabaldes, ou arriscavam a sedução de freirinhas do convento, pulando muros. Ouviam-se aqui e ali suas guitarras e violas celebrando em "frescas ou dolorosas quadras do velho fado coimbrão o amor que despontava como eterno, mas se perdia quanta vez no último olhar dado à cidade, já feito irremediável saudade".[79] Acompanhavam as festas em homenagem a santa Clara, ou à rainha santa Isabel, a são João, são Sebastião e santa Luzia, o Corpus Christi, ou entrudos alegres, em típicos festejos estudantis, com a queima de fitas, ou seguiam cortejos, numa esfuziante manifestação.

Nos fins de semana, é fácil imaginar, iam navegando pelas águas do rio até lugares de pesca, de vistas amplas, ou subiam as serras para caçar; visitavam aldeias com suas pequenas capelas e moinhos de vento, a espreitar aldeãs alvas, coradas, que fabricavam louças, palitos, cestas ou pastéis. Tomavam as albergarias, bebendo vinho nos cântaros, fazendo arruaças.

Gregório de Matos não teve comportamento diferente da maioria dos alegres estudantes ávidos por experiências e divertimentos; algumas vezes ficou detido na escola, por ordem do reitor, e por motivos que podemos presumir. Pedro Calmon supõe que "enamorado das lavadeiras espalhadas pelos cascalhos do Mondego, um fio d'água no verão, as seduzisse com os gorjeios da guitarra". Mais possível é que fosse detido por declamar finezas que assustavam as monjas do convento de Santa Clara, por tentar seduzi-las, pois uma carta régia determinava a prisão de estudantes culpados desse delito. Em outubro de 1658 Gregório de Matos requereu ao reitor sua rematrícula, informando que estava preso em sua casa desde o mês de setembro.

*

Sua verve e seu verso eram populares entre os colegas. Uma carta entusiasmada de um estudante, Belchior da Cunha Brochado, seu contemporâneo na universidade, comentava: "Anda aqui (dizia ele) um estudante brasileiro tão refinado na sátira, que com suas imagens e seus tropos parece que baila Momo as cançonetas de Apolo. Não devia de haver-lhe visto as valentias amorosas, para enviar outra cédula aos apaixonados de João Batista Marini pelo postilhão da Itália, no que me parece lhe levou vantagem."[80] Giambattista Marino (1569-1625), um dos maiores poetas italianos do barroco, usava descrições lascivas e sensualidade musical. Escreveu *La lira*, uma coletânea de versos eróticos, e era autor de muitas valentias amorosas.

Um dos poemas de Gregório de Matos mostra como ele figurava a imagem do estudante de Coimbra, de certa forma falando de si mesmo, pois devia viver com finanças controladas, a dançar e tocar viola e cantar, a furtar a carne às amas, a vagar pelas feiras em busca de moças disponíveis, a mandar cartinhas para freiras, a criar cenas burlescas e divertidas diante das damas, a sofrer da maledicência jovial de seus pares, revidando com sátiras divertidas, e a pouco estudar:

> *Mancebo sem dinheiro, bom barrete,*
> *Medíocre o vestido, bom sapato,*
> *Meias velhas, calção de esfola-gato,*
> *Cabelo penteado, bom topete.*

Presumir de dançar, cantar falsete,
Jogo de fidalguia, bom barato,
Tirar falsídia ao Moço do seu trato,
Furtar a carne à ama, que promete.

A putinha aldeã achada em feira,
Eterno murmurar de alheias famas,
Soneto infame, sátira elegante.

Cartinha de trocado para a Freira,
Comer boi, ser Quixote com as Damas,
Pouco estudo, isto é ser estudante.

Embriagados sobre as mesas

Primeiras poesias

Os ESTUDANTES SE REÚNEM NA ACADEMIA, *falam de um mazombo que está ali a estudar, e tem verve, graça, malícia. Uns acham que deve ser chamado a fazer parte da Academia, outros que não, por ser mazombo. Acabam por aceitar, diante de sua fama. Vão esperá-lo à saída da aula e o cercam, brincam. Saem todos a caminhar nas ruas de Coimbra. Vão tomar vinho. Declamam poesias na taberna. Falam de Píndaro e Anacreonte, do italiano Marini, testando as letras do brasileiro, que lhes demonstra o bom preparo.*

De súbito ficam em silêncio, observam a passagem de uma formosa dama na rua, seguida de criadas e cães, e levando em sua mão alva um papagaio; um deles grita, "Dai cá o pé, meu Lourinho!" e entram em risadas e gracejos. Ela continua a caminhada, ignorando os chistes dos estudantes, e desaparece por baixo dos arcos do pórtico do antigo fórum. Os reinóis pedem ao brasileiro que faça uns versos de improviso, e Gregório dispara:

> *"Quem passa, Louro, quem passa."*
> *Passa amor com alegria*
> *por esses arcos triunfantes*
> *feito cego, e cachorrinha.*
> *"Dizei o ré mi fá sol."*

Os estudantes riem, divertidos, batem palmas e zombam da dama. Pedem que o poeta continue.

"Dai cá o pé, meu Lourinho."
Isso fora grosseria,
que pusesse eu o meu pé
numas mãos tão cristalinas.

Mais risadas e pilhérias. O mazombo tem mesmo estro, e é gentil,
refinado, quase louro, cabelos finos, bons dentes, simpático e folgazão.
Gregório toma a viola de um companheiro, e canta:

"Corrido vai." Isso é certo,
que corrido ficaria
quem desse peito quisesse
colher as maçãs tão ricas.
"Tiro lico tico, ré fá."
Isso são duas cousinhas,
que nos pés andam em breve
só com uma cifra escritas.
Dizei "Tabaréu, réu, réu."

Convidam o brasileiro a entrar na Academia, explicam como tudo
se passa, das reuniões, dos certames, desafios, das vantagens. Malicioso,
Gregório faz que hesita, deixa os colegas suspensos, enfim aceita. Todos
brindam ao futuro membro, riem, gracejam. Vão preparar a sessão de
entrada do novo acadêmico, e lhe propõem já o primeiro tema: a Nossa
Senhora do Rosário, que do mundo há de ser mais gloriosa.

*

A poesia permeava a vida dos estudantes, por meio da leitura de
obras clássicas dentro do ambiente acadêmico, ou de poemas que
buscavam nas ruas, tabernas, rodas, saraus, em noites boêmias. An-
siavam incorporar uma linguagem que serviria à expressão pessoal, a
uma inserção cultural, e uma construção de sua personalidade. Em-

briagados, os jovens subiam nas mesas a declamar versos alheios, ou que eles mesmos compunham. Enviavam poemas a suas namoradas, a seus amores impossíveis, escreviam em rimas sua rebeldia, inquietação, insatisfação, suas ideias. Formados por um humanismo helenista, os jovens dessa geração sonhavam com os antigos gregos, deslumbravam-se com as estrofes de Píndaro, com a graça efeminada de Anacreonte, enamorados de Virgílio e Homero, da pompa rebuscada de Ovídio, Claudiano, e dos poetas da decadência latina.[81] Os poemas dos jovens eram recheados de citações a esses nomes, às vezes apenas como uma vanglória de erudição.

Florescia em Portugal a poesia barroca, como parte de um fenômeno que afetava toda a produção artística e literária no Ocidente desde meados do século 16, com mais intensidade na Espanha. A religiosidade era um traço constante na poesia barroca, que conciliava sentimentos opostos, como a ascese e o sensualismo, num estilo que, em suas características gerais, apresentava a assimetria, o predomínio da imaginação sobre a lógica, o uso abusivo de figuras — oposição de imagens, exageros, ilusões no sentido, ausência de conectivos entre versos, e outras mais —, assim como jogos mentais para demonstrar habilidade, sutileza, perspicácia, num efeito permanente de novidades e sobressaltos.

O *Siglo de Oro* espanhol, cujas figuras máximas na poesia eram Góngora Y Argote (1561-1627), Quevedo (1580-1645) e Lope de Vega (1562-1635), exercia profunda influência na poesia portuguesa, e em Gregório de Matos desde seus primeiros versos. O cultismo gongórico reinava entre poetas lusos, que formavam academias em cujas reuniões se disputavam certames com a glosa coletiva de um tema proposto, com pretensões eruditas, uso da língua castelhana, e o culteranismo espanhol. Os espanhóis ainda estavam presentes culturalmente, e como modelo de elevação, pois havia pouco mais de uma década ocorrera o rompimento com a dinastia castelhana que governava Portugal, e embora os dois países estivessem em guerra.

O fidalgo Góngora,[82] com seu gênio independente de poeta não conformista, inovador, escandaloso, doce e galante e senhorial, criava uma poesia de formas opulentas, eminentemente lírica, versando sobre o mundo interior e sentimentos e impulsos que dali floresciam. Guardava o caráter erudito nas canções e sonetos, fazendo questão de escrever poemas *rigorosamente vedados ao vulgo*. Mas o poeta frequentava o gênero popular em seus romances e quadras, compostos para serem cantados e celebrados por qualquer um, numa "tempestuosa harmonia ao som distante das castanholas e pandeiros e guitarras, onde baila em loucos e descompostos saltos um espírito sutil e burlesco, que recorta sem piedade e com cruel ironia os desmandos e absurdos humanos".[83]

Nessa seara popularesca, Góngora competia com Lope de Vega, um fenômeno de fertilidade literária, autor de incontáveis poesias narrativas, dramáticas, líricas, e histórias, novelas, canções folclóricas, centenas de peças de teatro, comédias populares, abordando temas históricos, literários e amorosos, não raro comentando sua própria vida e seu coração turbulento. Lope de Vega cultivou diversas tradições tanto populares como cultas, com espontaneidade, intensas emoções, meiguice e força. Ele se alçava diante dos demais poetas com soberba hostilidade, ampliando a cada dia mais um público embriagado de popularismo. Deu vida a várias formas de romances, sobretudo o mourisco, em que a recordação das ásperas e épicas lutas do passado medieval se mesclava a uma sensualidade renascentista: a narrativa dos amores fáceis, de saraus, festas de touros, num estilo que atraía uma legião de imitadores.

Mas foi Quevedo a maior inspiração para Gregório de Matos, não apenas na composição poética, nos temas, como na própria construção da personagem poética. Filho de uma família fidalga, crescido na corte, onde os pais ocupavam altas funções, e órfão aos seis anos de idade, Quevedo era um menino muito dotado intelectualmente, que buscava compensar seus problemas físicos refugiando-se nos livros;

tinha os pés disformes, era coxo, obeso e com a vista fraca — que corresponderia, em Gregório de Matos, ao seu lado mazombo e turbulento. Ilustrou-se Quevedo com uma profunda e ampla sabedoria em diversas áreas, entre as quais, teologia, filosofia e línguas clássicas. Bem jovem destacou-se como poeta, e como autor de um célebre romance picaresco escrito para divertimento cortesão, quando ainda era estudante. Foi amigo de Lope de Vega e de Cervantes, com quem trocava elogios e louvores. Mas atacava cruelmente Góngora, dirigindo-lhe terríveis sátiras, tachando-o de indigno sacerdote, homossexual nefasto, escritor obscuro, confuso e obsceno, recebendo do poeta respostas também virulentas que o tratavam por "bêbado consumado". Envolvido em questões políticas e espionagem, Quevedo acabou desterrado para uma propriedade que herdara da mãe, onde escreveu algumas de suas mais celebradas poesias. De volta, amancebado com uma mulher, Quevedo levava uma vida desregrada, bebendo demasiadamente, passando noites em prostíbulos, enquanto era secretário do monarca que levava uma vida tão imprudente quanto a sua. Casou-se obrigado por um amigo, mas o casamento durou apenas três meses, terminando num divórcio escandaloso. Recebia severas críticas e era difamado por libelos que o acusavam, entre outras coisas, de mestre dos erros, doutor em desaforos, licenciado em bufonarias, bacharel em sujidades, catedrático de vícios e protodiabo entre os homens. Depois de preso por uma denúncia, quando todos os seus livros foram confiscados, passou uma temporada num mosteiro; libertado, refugiou-se num convento dominicano, onde morreu. Sua obra, publicada em 1645, invadiu as universidades espanholas e portuguesas, impondo um modelo de estilo poético, espírito, e modo de viver.

Havia nesses poetas castelhanos, assim como em toda a poesia barroca, uma dualidade muito clara, vertida entre duas grandes correntes, a popular e a erudita, e que vai dilacerar a poesia de Gregório de Matos. Era uma influência profunda. Diz Pedro Calmon que

Gregório "ajusta à face jovial a máscara travessa; promove com as suas ousadias a aventura jogralesca; lembra-o [a Quevedo] na troça; naturaliza-o; e lhe propala, em Coimbra, o ritmo, a rima, o humor corajoso. Quevedo é o precedente, talvez a desculpa, de sua insistência em rir da fatuidade, da presunção, do vício. Vale-se do vocabulário comum para introduzir efeitos diferentes na chacota; aproveita-o para se confessar discípulo e reproduzir-lhe o desassombro".[84]

A jovial máscara travessa, as ousadias, a troça, o humor corajoso, a zombaria dirigida à fatuidade, à presunção e ao vício, apareceram nas primeiras poesias de Gregório de Matos, ainda tomadas de uma ingenuidade adolescente, deliciosas e traquinas:

> *Eu com duas Damas vim*
> *de uma certa romaria,*
> *uma feia em demasia,*
> *sendo a outra um Serafim:*
> *e vendo-as eu ir assim*
> *sós, e sem amantes seus,*
> *lhes perguntei, Anjos meus,*
> *que vos pôs em tal estado?*
> *a feia diz, que o pecado,*
> *A mais formosa, que Deus.*

Um modo viril de falar

A poesia obscena

CORRIA EM PORTUGAL UMA TRADIÇÃO DE SÁTIRA E POESIA ERÓTICA, com a ousadia de uma linguagem obscena, impiedosa, burlesca e passional, zombando, desacatando, insultando. Essa poesia incorporava valores que uma sociedade, abalada pelo remorso do pecado, desfrutava no irresistível gozo de tudo o que era proibido. Uma poesia que mostrava o lado maldizente e escarninho de um povo, e tratava de acabar com o prestígio e o fascínio do mal, "fazendo explodir a carga da sua concomitante angústia, trazer à superfície as recalcadas supurações do instinto, desinibindo-as da compressão estimulante dos tabos [tabus]", abrindo um canal para uma estabilidade psicológica que trouxesse paz.[85]

O gênero recai com virulência sobre a figura da mulher, sobre a Igreja, o sacerdócio feminino, os sodomitas, os cornos, os padres obcecados por sexo, os próprios poetas de costumes dissolutos e frequentadores de tavolagem e assíduos de rameiras, conjurando a peste do desejo. Recai sobre tudo aquilo que oprime, inclusive a liberdade com que as mulheres viviam em alguns mosteiros, o que tanto ameaçava o domínio masculino. E, afinal, testemunhando uma sociedade em que "a sátira escabrosa foi o inevitável contrapeso de uma espiritualidade forjada por dogmas que desviaram o homem do trilho de sua natureza superada".[86] Mesmo a fala coloquial e corriqueira do reinol exagerava nas obscenidades e palavras chulas — era o modo viril de se expressar, e aquele homem que usasse uma linguagem refinada ou delicada era tido como efeminado, uma grave mancha de fragilidade para a sua figura.

*

Desde o século 13 se guardaram exemplos desse gênero de poesia, como a do trovador Martim Soares, em seus escárnios repletos de humor:

Pero Rodrigues, da vossa mulher
Não acrediteis no mal que vos digam.
Tenho eu a certeza que muito vos quer.
Quem tal não disser quer fazer intriga.
Sabei que outro dia quando eu a fodia,
enquanto gozava, pelo que digia [dizia],
muito me mostrava que era vossa amiga.[87]

Ou o nobre Afonso Eanes de Coton, satirista que expressava sua vida de tabernário e frequentador de meretrizes, um perfeito exemplo do nobre degradado, que, numa cantiga de maldizer, zomba de sua namorada dotada de inclinações lesbianas:

Quantas conas foi Deus desperdiçar
quando aqui abundou quem as não quer!
E a outros, fê-las muito desejar:
a mim e a ti, ainda que mulher.
Maria Mateu, Maria Mateu,
tão desejosa sois de cona como eu![88]

O fecundo e talentoso escudeiro galego Pero da Ponte, contumaz beberrão, trocou seu amor juvenil pela guerra e pelo fausto das cortes onde outros amores o acolhiam, e numa cantiga de escarninho e maldizer se confessou autor de uma sátira contra os homossexuais, descrevendo a retaliação que sofreu, sendo violentado por uranistas que queriam lhe dar provas de virilidade.

Porque mal digo, como homem fodilhão,
o mais que posso destes invertidos,
contra eles trovando e seus maridos,
quis um deles deixar-me em grande espanto:
Topou comigo e sobraçando o manto
quis em mim espetar o caralhão.
Porque lhe faço versos e canções
nas quais, quanto mais posso, escarnecendo
vou desses putos que se vão fodendo,
um deles, que de noite me agarrou,
quis meter-me o caralho, mas errou
e lançou sobre mim os seus colhões.[89]

E Pero Garcia, que virou sua trova contra uma soldadeira devassa, em troça desbragada. E Martim Moxa, padre que se mostrava orgulhoso dos seus pecados de amante da carne, numa cantiga que fez a si mesmo. E Anrique de Almeida Pássaro, já no século 15, em que fez trovas à braguilha de brocado que usava dom Goterre, comendador denunciado por conspiração.

Ou Diogo Fogaça, enamorado de uma mulher casada, e que escreveu um rifão a uma dama muito gorda que se encostara a ele e caíram ambos: *tudo é cu, e mamas, e barriga.* Ou Fernão da Silveira, regedor das justiças e senhor de vilas, homem de integridade no caráter, que compôs uma trova burlesca a um poeta que beijou uma dama, e ela meteu-lhe a língua na boca. E o moço de escrivaninha do rei, o poeta Garcia de Resende (1470-1536), autor do famoso *Cancioneiro geral*, de 1516, em que reuniu composições de quase trezentos poetas, e não se escusava de mostrar seu traço risonho satirizando usos sexuais exóticos.

E Rui Moniz que, tonto por uma desilusão amorosa, compunha poemas fesceninos e sátiras freiráticas, provavelmente conhecidas por Gregório de Matos, como vemos no que escreveu Moniz, num cabo: *E mandai tudo num rol, / senhoras, por vossa fé, / e dizei-nos em bemol, /*

se folgais por mi fá sol, / se por dó ré.[90] E Gil Vicente (1475-1536?) que em suas comédias, farsas, autos e moralidades criou personagens que exprimiam vícios, desmandos, corrupção, venalidade, usando não raro de mordacidade com sutis acentos licenciosos da sátira.

E Luís de Camões (1524?-1580), em seu lado de poeta amante, acusado de escrever versos indignos de um católico,[91] imbuído pelo frêmito do amor sensual, que pôs seu personagem a defender o amor carnal, ridicularizando os que diziam querer apenas amar a sua dama, mas se ela lhes fosse servida entre dois pratos não restaria "pedra sobre pedra"; e cantou uma dama que se fazia de donzela para enganar seu pretendente, um donjuanesco amigo do poeta; e num vilancete se desforrou da indiferença de sua eleita; e erotizou a moléstia de uma dama a quem desejava, revelando sua luxúria de modo atrevido, com sensual galantaria. Ou Antonio Ribeiro Chiado, franciscano fugido do mosteiro e que se entregou à embriaguez, sodomia, alcovitagem, vivendo por conta de prostitutas.

E já no século 17, o fidalgo de alta linhagem, dom Tomás de Noronha, que dissipou sua fortuna em uma vida libertina, notável satírico que deixou uma coleção de obras profanas e impudicas, entre elas as décimas a uma dama que ameaçara certo homem dizendo que havia de lhe lançar pós, ou a um amante que disse estar picado de sua dama, ou a uma criada que, doente, chamou dois médicos e um deles teve cópula com a moça, ou a uma dama mordida por uma abelha no vespeiro, ou um soneto praguejando a si mesmo se chorasse por uma dama cruel, ou um soneto aos temores de Portugal por uma nau de holandeses, que recorda as sonoridades de Gregório de Matos:

> *Portugal, Portugal, és um sandeu,*
> *Estás caduco já por esta cruz,*
> *tanto talam-balam, tanto truz, truz,*
> *Para quarenta cus cheios de breu!*

E outro contemporâneo da estada de Gregório de Matos em Portugal, Francisco Manuel de Melo, o valente cavaleiro degredado para o Brasil, que compôs a fantasiosa e bem-humorada *Carta de guia de casados*; ele exercia sua veia satírica escrevendo peças de teatro com um pendor moralizante, histórias dialogadas verberando contra os desatinos do mundo, e poesias com sutil ironia, assim como uma carta em versos a uma dama, freira do convento de Odivelas, de quem seria amante: *porém calo-me porque quero agora, / trabalhar sobre vós, minha senhora.*

E Estevam Nunes de Barros, também bacharel pela universidade de Coimbra na mesma época de Gregório de Matos; entre os dois havia uma diferença de idade de apenas dois anos. Era Estevam poeta freirático, membro da Academia dos Generosos de Lisboa, e escrevia seus versos em português e em espanhol. Entre seus poemas está um escrito a uma freira, oferecendo-se para ser seu amante. E Antonio Barbosa Bacelar (1610-1663), que viveu desde menino a estudar no Colégio de Santo Antão, causando espanto com sua erudição precoce. Doutorou-se em direito pela Universidade de Coimbra, onde costumava substituir alguns professores, dando aulas concorridas por pequenas multidões de estudantes. Aos vinte e cinco anos era saudado como um Homero ou Virgílio renascido, por diversos poemas de inspiração virtuosa. Mas também participou da musa despudorada dos poetas de seu tempo, escrevendo sonetos de libertinagem freirática:

> *A freira é sanguessuga chupadora,*
> *vário camaleão na cor incerto,*
> *que toma a cor da cor que está mais perto;*
> *só da cor da vergonha se não cora.*[92]

Outra figura seiscentista formaria o quadro de protótipos lusitanos para os poetas jovens, que acompanhavam suas aventuras lendo e ouvindo as sátiras e poemas eróticos, inspirando-se e se entusiasmando pela heroica irreverência; era o famoso Capitão Bonina, alcunha do frei Antonio das Chagas (1631-1682), nobre de ascendência irlandesa, soldado, de feição estroina e dotado de excelente apetite sexual, seduzindo mulheres com seus poemas elegantes. Degredado para o Brasil por haver assassinado um rival, aqui prosseguiu em sua vida libertina. Após a leitura de obras sacras que muito lhe tocaram a consciência, decidiu entregar-se à vida religiosa, convertendo seus ímpetos sensuais em entusiasmo de uma pregação evangélica que o distinguiu. Abjurou seus versos e romances profanos, prometendo a quem lhe entregasse essas obras para serem queimadas que ele faria orações e jejuns durante um ano, em sua intenção. Entre as obras perjuradas estão os romances a uma dama que lhe mandou um favo de mel, a uma dama que lhe mandou um pintassilgo atado com um fio de seda, e a uns cornos que pôs uma freira num seu amigo que, fazendo as pazes com ela, tornou a ser corneado.

*

Tudo isso estava muito próximo de Gregório de Matos, e lhe alegrava e desoprimia as inquietudes de estudante solitário e estrangeiro. Tudo isso lhe ensinava o poder da sátira, a possibilidade de aniquilar o sujeito escarnecido, usando o humor como recurso, de confundir o juízo crítico impossibilitando argumentos contrários, despir do elemento satirizado o seu prestígio, conquistando adeptos "pela alegria do reconhecimento e pela cumplicidade que o riso estabelece".[93] Desnudar, usando muito mais a graça contida na palavra e nos seus encadeamentos do que no conteúdo, sobrepondo muitas vezes o corpo à alma, para um efeito cômico. Degradar os inimigos ridicularizando-os; defender-se. Usar, afinal, a palavra como arma.

O gozo do proibido

Freiras e freiráticos

A MISSA NO CONVENTO DE SANTA CLARA *está lotada de estudantes inquietos. Eles se encontram ali não para conversar com Deus, nem para olhar
os retábulos, mas para admirar as freirinhas. Um tanto esquecido de dona
Michaela, Gregório as observa, elas estão por trás de grades, em coro, e
cantam com vozes afinadas. Algumas são bonitas, todas desejáveis em seu
resguardo. Gregório procura o rosto que mais lhe apeteça, o mais formoso,
e o encontra. Lança esgares suplicantes, enamorados, a freirinha pressente
e lhe dirige um olhar sonhador. O poeta suspira, entrega-se ao sofrimento
de um amor impossível.*

*Talvez nem tão impossível, e decide enviar-lhe uma carta. Descobre
com um colega o nome da freirinha. Sabe que uma das lavadeiras, por
duas patacas, entrega cartas às freiras, escondidas nas dobras da roupa lavada. Escreve a mensagem com capricho, cada palavra estudada.*

Senhora dona Florencinha,
*Quem a primeira vez chegou a ver-vos e logo se pôs a contemplar-vos,
bem merece morrer por conversar-vos e não pode viver sem merecer-
vos. Convosco falo, senhora de minhas atenções, que a voz de um
vale humilhado também chega a um monte excelso. Não culpeis esta
ousadia, nem crimineis tanto excesso, que o destino de alta estrela me
influi amante. Vi esse pasmo que adoro, ouvi a voz que venero, de
ver fiquei sem sentidos, e de ouvir, sem pensamento. Por ouvir fico
enlevado, e por ver fico suspenso, se o ver me prendeu o corpo, o ouvir*

a alma me tem preso. Porém se em laços tão doces for eterno prisioneiro, não terão prêmio mais alto meus firmíssimos intentos.

Eternamente vosso,
GM

A freirinha não responde. Ele espera ansioso e a cada dia mais arrebatado de paixão. Não perde uma missa, aguarda a cortina se abrir, lá está ela a responder às antífonas no coro de vozes maviosas, e ele a vê corar quando lhe põe os olhos. Seus olhos não se desprendem dela, ele goza o prazer da violação do pudor daquela moça, e do dogma religioso. Persiste, envia uma segunda carta, depois um romancete, depois um poema sacro, depois um soneto à sua beleza e pureza, diz que vai morrer por ela. Crê que é amor de jovens que, num jardim de mil flores entre galas, entram só para cheirá-las, porém não para colhê-las. Até que enlevado recebe um bilhete recortado com tesoura, salpicado de água-de-córdova, em que a freirinha diz não poder amar e é muito feia. Está consumada a aproximação.

O primeiro encontro se dá no ralo, quando podem falar-se sem se verem, Gregório pula o muro que cerca o convento e vai à janela indicada, lá está dona Florencinha atrás do ralo, ele estende as mãos na folha de metal cheia de pequenos orifícios, cola os lábios na cruz dourada, trocam tímidas palavras. Depois se encontram na escuridão do locutório, num recinto dividido por grades onde as religiosas recebem visitas, cercadas de cuidados, aos olhos da gradeira; ele treme com a visão do vulto atrás das barras de ferro, murmura suas palavras decoradas, as mais cuidadosas. Este amor é inspiração para sonetos, romances, letrillas *e décimas, todos apaixonados.*

*

A vocação religiosa não era levada em conta, para o ingresso de moças, ou meninas nos conventos. Os pais costumavam determinar ao berço da filha seu destino religioso, às vezes pela ordem de nascimento; as famílias queriam ter ao menos uma freira. Eram mandadas para conventos também moças rebeldes, que demonstravam interesse por estudos, que revelavam temperamento arrebatado, apaixonado, que se enamoravam de rapazes de condição inferior, má reputação, ou a quem a família desaprovava por um motivo qualquer; moças que perdiam a virgindade, que engravidavam sem casar, ou abandonadas pelos maridos, violentadas, e tantos casos semelhantes. Eram encerradas filhas bastardas de senhores, suas amantes, algumas viúvas, ou mulheres que não se adaptavam a um casamento; a rival de alguma condessa, esposas que sofriam violência por parte do marido, ou esposas de algum homem que queria se ver livre para unir-se a uma concubina. A nobreza empobrecida preferia mandar as filhas para conventos a casá-las com plebeus. Em famílias ricas, a primogênita podia ser enclausurada para que os bens passassem em morgadio ao primeiro filho varão, criando o que Gregório de Matos chamava de "freiras de conveniência".

No convento essas moças ficavam distantes da opressão de seus pais, padres, irmãos ou esposos, e desfrutavam de uma liberdade que lhes permitia realizar muitos caprichos e desejos interditos. Podiam aprender a ler e a escrever em português, latim ou espanhol, tinham à disposição livros numa biblioteca, e umas se tornavam escritoras, intelectuais, poetisas. Outras aprendiam solfa e a tocar instrumentos musicais, cantos e canto coral. Ilustravam-se.

Mas algumas se tornavam cortesãs e mestras no amor sensual,[94] pois nem todos os amores freiráticos eram platônicos. Homens se atreviam à sedução, mandavam presentes aos porteiros que tinham as chaves dos conventos, subornavam abadessas, ou as ameaçavam com facas, para abrir caminho até as celas de suas eleitas. Alguns padres serviam de mensageiros, e de noite muros eram escalados, portas se abriam para que os amantes entrassem furtivamente nas celas, às vezes disfarçados de padres ou freiras, e quando descobertos havia fugas, escândalos, perseguições, processos, prisões. As *Ordena-*

ções determinavam pena de morte caso o infrator fosse flagrado no interior do convento. Se a freira fosse induzida a sair do convento para pecar, e o infrator fosse um plebeu, também ele sofreria pena de morte; mas no caso de ser homem de "mor qualidade" a condenação era ao degredo para o Brasil. Se a freira saísse do convento por sua iniciativa, o infrator plebeu seria açoitado publicamente e, se fosse homem de bens, degredado para a África.[95]

Em alguns conventos as freiras viviam em casinhas construídas por seus pais nos jardins intramuros, fora da clausura, e ali elas recebiam amantes, que eram não apenas estudantes ousados e sonhadores, mas fidalgos, desembargadores e juízes, professores, sacerdotes, provinciais, poetas, militares, cavaleiros, funcionários, homens de qualquer profissão nas classes abastadas, mesmo padres. Interessantes, vivazes, enriquecidas por uma nova vivência jamais concedida às mulheres, letradas, prendadas e, mais que tudo, eroticamente proibidas, as freiras se tornaram centro de desejo de homens portugueses e brasileiros, na colônia e no Reino, durante o século 17. Raros eram os que não tinham uma experiência freirática. Alguns, obcecados, amavam apenas freiras. Dedicavam-lhes poemas ou sátiras, enviavam-lhes o que elas pediam, às vezes se arruinavam para conquistar uma delas com presentes caros.

O mais célebre convento aberto a amores era o de Odivelas, onde três centenas de moças namoradeiras recebiam um ou mais amantes, e eram tidas como as mais atraentes para os nobres portugueses. Moravam em celas forradas de seda, em vez de catres dormiam em camas acortinadas e macias, tomavam chá em xícaras de porcelana, vestiam por baixo do hábito roupas de renda e cetim, usavam cosméticos na pele, pintavam os lábios, e passavam o dia a ler, tocar, dançar, pôr apelidos, namorar, fuxicar e fazer doces. O presbítero Manuel Bernardes, autor clássico da literatura sacra portuguesa, enumerou atavios usados pelas freiras pecadoras, filhas de famílias ricas e que levavam o fausto de suas casas para as celas conventuais: relevos e pinturas no teto, bancos franjados e dourados, pias de cristal, espelhos, passarinhos em gaiolas suntuosas, cãezinhos de estimação, jarras, porcelanas, estátuas de alabastro, e quatro ou cinco criadas para todo o serviço e ordens, entre outros.[96]

Em Odivelas ocorriam famosas festas chamadas de *grade de doces*. As freiras montavam uma longa mesa que se cobria de bandejas com guloseimas, algumas contendo bilhetes com propostas amorosas, quadrinhas, adivinhações ou convites. Daí a tradição de culinária em que doces levam nomes sugestivos, dos quais escreveu Gilberto Freyre que "sente-se às vezes a intenção afrodisíaca, o toque fescenino a confundir-se com o místico: suspiros de freira, toucinho do céu, barriga de freira, manjar do céu, papos de anjo. Eram os bolos e doces por que suspiravam os freiráticos à portaria dos conventos. Não podendo entregar-se em carne a todos os seus admiradores, muitas freiras davam-se a eles nos bolos e caramelos. Estes adquiriam uma espécie de simbolismo sexual."[97] As ruas no entorno do convento ficavam repletas de carruagens, seges, estifas, nas quais chegavam os ilustres freiráticos, que entravam pelos portões do convento e sentavam a esperar a festa. As cortinas se abriam e surgiam, a arrancar suspiros dos assistentes, as religiosas cheias de pudores. Elas cantavam, tocavam harpas ou violas de trovadores, divertindo e seduzindo seu público masculino. Aos poucos elas iam abandonando o recato. Os doces eram trocados por prendas, ou presentes caros. As portas se abriam e os homens podiam se encontrar com as freiras no locutório. Ali os amantes mantinham encontros, separados por uma grade, sob olhares vigilantes. Desse ponto, passava-se à realização do amor carnal, que deixava como testemunho o nascimento de bastardos, até mesmo do rei de Portugal, dom João V (1689-1750), freirático assíduo de Odivelas e enamorado da soror napolitana dona Maria Paula.

*

Gregório de Matos foi um enlevado freirático desde os tempos de estudante, e viria a escrever todo um capítulo de poemas dedicados a essas religiosas. Quando jovem, compôs versos a três irmãs de véu branco que ouviu cantar e tocar instrumentos, no convento de Nossa Senhora das Neves, deslumbrado com a formosura, alvura, candidez das jovens.

Não havia como o poeta não ser freirático, isso fazia parte da virilidade portuguesa e colonial, e era tema poético e satírico da tradição medieval trovadoresca; nas bibliotecas havia livros para ensinar o comportamento em certames freiráticos, e havia os próprios certames, disputas em que se glosava um tema freirático e os vates o desenvolviam em sátiras obscenas ou poemas líricos. Era um grande feito para um homem conquistar uma freira, muito mais do que uma mulher de outra condição.

Seduzir uma branca rica era bem mais perigoso, e quase sempre induzia a um casamento forçado. Ou os pais e irmãos se vingavam do sedutor, matando-o. As jovens brancas e ricas eram mais acessíveis quando estavam dentro dos conventos do que em suas casas, onde os olhos dos pais, irmãos ou maridos vigiavam sua pureza e virgindade, necessárias para o casamento planejado como aliança de ascensão social ou união de fortunas familiares. Nos conventos a maioria era de mocinhas jovens, muitas tinham sido encerradas ali aos oito ou dez anos de idade, destinadas a jamais conhecerem o prazer sexual, a nunca se casarem, e levavam uma vida ociosa que dava pleno vigor a fantasias proibidas, a instintos amorosos, a sonhos romanescos. "Em resposta à demonização do sexo, os instintos de Eros se manifestavam dentro dos mosteiros através de alucinações e extravasamentos, como o refinamento cruel da autoflagelação do corpo, os desfalecimentos ambíguos, as convulsões eróticas do êxtase, a homossexualidade e a própria heterossexualidade, com o testemunho do nascimento de bastardos. 'Os tormentos do corpo são inumeráveis, movidos de muitas maneiras por muitos demônios', escreveu a mística italiana, santa Ângela de Fulgino, que sentia os vícios se acenderem em seu corpo, ainda que os não tivesse experimentado."[98]

Do lado dos homens havia grandes prazeres nessa dessacralização da figura feminina, primeiramente por ser um modo de atingir a Igreja, que, em seus dogmas tão opressivos, atuava não só nas alcovas do homem e da mulher casados pelas leis de Deus, como em todos os costumes sexuais, demonizando o desejo, tornando crimes algumas peculiaridades, ou motivo de excomunhão, como a homossexualidade, o concubinato, o uso do vaso impróprio, a lassidão, o adultério e tantos outros, perseguidos e delatados. Era preciso rir dessas ações chamadas de anormais e que causavam sentimento de culpa, mas que faziam parte de necessidades humanas. E os poetas davam voz, com toda a exuberância e violência da linguagem, a esses instintos que os estorvavam, às vezes entre sofrimentos. Era preciso justificar os próprios pecados, assim denominados pela Igreja, quando os membros da Igreja se entregavam a transgredir.

Também era preciso degradar um comportamento feminino que florescia nos conventos, em que as mulheres tinham acesso a bens permitidos apenas a homens, além de ler livros, escrever poemas, tocar instrumentos e serem donas do próprio desejo, dotadas agora com o poder de dirigir uma sedução, e amar sexualmente sem ser uma esposa, prostituta, negra, ou uma mulher pobre das ruas. Era a violação de dois tabus, ao mesmo tempo: o da castidade feminina e o do dogma religioso. A proibição acabava tendo a função de afrodisíaco. Nada como buscar o prazer na escuridão das celas dos conventos.

A morte com patas

1657? Feriados em Viana do Castelo; a procissão

APROVEITANDO FERIADOS NOS ESTUDOS EM COIMBRA, *Gregório de Matos quer visitar a terra de seus antepassados, e volta a Viana do Castelo. Revê o mesmo cais de pedras onde pisou as terras portuguesas pela primeira vez, envolve-se com a singular harmonia da paisagem da vila junto à colina, as águas do rio Lima a desaguarem no mar coalhado de naus mercantes, a paisagem espalhada em verdes. Caminha pelas ruas a admirar as casas apalaçadas, os fontanários, solares, torres, capelas, igrejas...*

Ali ele vê uma procissão antiga e tradicional, de Corpus Christi, em que a Morte aparece como uma caveira adornada com roupas de luxo, peças de ouro, e muitos cachos de uvas verdes. A procissão leva também uma figura de São Cristóvão gigante, em estátua de papelão vestida de baeta verde, manejada por um mariola, que move seus braços e pernas.

O estudante estranha o que vê, pede a Deus que livre a todos daquela figura tão má da morte. Não parece a morte, mas uma dança langorosa, uma morte composta de asneira, que sugere, com aqueles cachos de uvas, ser a morte uma embriaguez. Ornar a morte com tais finuras, pensa o estudante, parece ser o querer dela se enamorar, por não haver outra mulher.

Os homens ali sentem tal prazer com a morte que enfeitaram uma ossada com roupas sedosas e alfinetes, trajando-a como a uma puta, para que ela durma enfeitada. Morrer com patas, e com uvas até os pés, lhe diz um vianês, não é uma ostentação ridícula. Há pessoas tão mentecaptas que se ocupam a enfeitar quem as há de matar, pensa o estudante enquanto compõe interiormente alguns versos, e nela põem todo o ouro, sem ter medo de que seja um mau agouro, de que a morte está vindo para os levar.

Gente, que folga de ver
uma caveira enfeitada,
esta é a morte folgada,
que em menino ouvi dizer...

Desde menino Gregório de Matos ouvia falar dessa caveira enfeitada, mas se espanta de ver ali a procissão, a morte com patas de seda, coberta de ouro e uvas. Acha aquela gente insensata, bárbara, a buscar a má sorte, talvez pensando que, ao enfeitar a morte, a afasta. A gente de Viana, que faz essa festa, pensa que assim está guardando a morte e dela se protegendo. Que vá são Cristóvão como um boneco gigante num andor de couro, vestido de verde por pudor; toda aquela ignorância o deixa ao mesmo tempo raivoso e alegre.

*

Obviamente Gregório de Matos sentiu emoção ao assistir a uma festa que seu pai vira na infância, e de que ele ouvia falar, em criança, a ponto de escrever versos ao tema. Mas era preciso distanciar-se para exercitar sua veia satírica, seu sentimento crítico, e ele compôs um poema em que exprimia o movimento daqueles cristãos, paganizando, ou ao menos popularizando uma festa religiosa, em que a morte era apresentada com alegria. Satirizou a festa cristã usando de um repúdio moralista que existia em si mesmo, recebido por meio de sua educação religiosa dada pelos severos jesuítas. Criticava, no entanto, um processo que reproduzia em si mesmo: o de converter as convenções sociais em pó.

Naquela procissão havia muito de sua estrutura mental, era daquela gente que ali se divertia com a imagem da morte que ele recebera parte de sua herança social, uma herança que tramara muitas das linhas que construíam suas emoções. Ele mesmo vai ligar, tantas vezes, a morte ao amor, o impulso de vida ao de morte, sempre sentindo que morre por amar.

Os *Exercícios espirituais*, lidos e transmitidos no colégio dos padres jesuítas, propunham o amor extremado e efetivo por Jesus, que viveu em si mesmo a condição de pecador e de todo o pecado do mundo, e venceu o pecado pelo aniquilamento e ressurreição, indicando que apenas a morte é capaz de redimir os seres humanos e toda a criação. Doar-se e perder-se até a morte, por aquilo em que se acredita e que se ama. Contemplar os mistérios que envolvem a paixão, a morte e a ressurreição. Generosidade para dispor de sua vida, seus desejos, seus sonhos, como melhor convier ao Senhor. Mas a morte para Gregório de Matos seria sempre ligada àquela caveira coberta de *patas* — palavra que possivelmente significa um tipo de adorno ou roupa enfeitada; cachos de uvas que sugeriam sedução, orgia, luxúria, prazer; e ouro, ou ambição pelos bens materiais.

A procissão do Corpo de Deus em Viana "de tal forma penetrou no ânimo popular e se enraizou, que não tardaria muito a tornar-se objeto de extravagâncias, exageros e abusos pela profusão e variedades de representações: alegorias, cenas dramáticas ou hilariantes, danças, andores, mesteres (artes e ofícios), personagens a cavalo, para além de tudo quanto era próprio de sua essência. E quando se procurou moderar, corrigir os excessos, restituir-lhe a dignidade, já foi muito difícil, havendo mesmo tumultos em alguns lugares".[99] Um documento do século 18 encontrado no Arquivo Distrital de Braga determinava a forma e composição a que a tradicional procissão vianense deveria obedecer, a partir de então, discriminando o lugar das bandeiras dos ofícios com seus andores, também aonde iria a imagem de são Jorge com seu escudo, e eliminando danças e folias, entre outras resoluções.

Dom João V, em 1724, ordenaria novamente que se suprimissem da procissão os jogos, as danças e figuras que representavam os santos, permitindo apenas a imagem do padroeiro do Reino, que era são Jorge. Mas ainda se veria no distrito de Viana do Castelo, séculos depois, o santo guerreiro personificado por um cavaleiro de lança e escudo, a combater um "dragão, a Coca, um artefacto de metal reluzente, coberto de escamas, de olho arregalado e bocarra escancarada, de onde salta o vermelho de uma língua plantada entre duas filas de dentes aguçados. Bem mais encorpado do que a montada do Santo, move-se com estrondo sobre rodas que o rapazio conduz, oculto no amplo ventre do monstro. Idêntico rapazio 'mariola' fazia mover o gigantesco são Cristóvão, tão igual às 'figuras gigantes' de que fala Frei Aparício da Conceição, nos meados do século XVIII..."[100]

Deitando lágrimas

1660, exame de bacharel; morte dos pais, morte do reitor

O JOVEM ESTUDANTE GREGÓRIO RECEBE UMA CARTA, *que lhe é entregue pelo reitor da universidade, num gesto solene e compassivo. É um aviso da morte de seus pais. Gregório fica sentido, seus avós Pedro e Maria haviam morrido um ano antes, e na ocasião o estudante recebeu uma carta de sua mãe, a última carta, pedindo-lhe que fosse à Bahia para ao menos assistir às missas que se rezavam por suas almas, e que iriam durar por um ano após a morte, ordenadas em testamento. Mas Gregório estava à beira de provas, sabia quanto eram penosas as travessias marítimas, e julgou que sua presença não seria tão importante. Escreveu uma carta respeitosa à mãe, explicando os motivos da recusa em viajar à Bahia, e cá para si, temia mesmo não voltar a Coimbra para terminar os estudos. Talvez sua mãe já pressentisse a própria morte, pois a carta, melancólica, se demorava a falar nas saudades do "filhinho do meu coração" que ela, tão velhinha, perto dos quarenta anos, temia não mais ver.*

Ele se sente abandonado, numa orfandade completa, sem ter tido ao menos uma despedida de seus entes queridos! A carta não revela o motivo das mortes, e foi escrita por seu irmão Eusébio, com palavras as mais suaves para um momento assim, relevando a vida eterna, as melhores qualidades dos pais, contando sobre os enterros tão concorridos, e o sermão que ele mesmo, Eusébio, pronunciou ao púlpito de uma igreja repleta de gente, desde a mais ilustre à mais humilde.

Gregório vai para o quarto, relê as cartas que sua mãe lhe enviava, e deita sobre elas algumas lágrimas. Pouco tempo depois recebe outra notícia triste. Morreu dom Manuel de Saldanha, o reitor da universidade, com quem ele tantas vezes se socorrera, um homem compreensivo, que apoiava os estudantes em suas dificuldades, bondoso, sem deixar de ser severo.

Como o reitor fora bispo de Viseu e deputado da Inquisição, seu enterro ocorre entre as mais pomposas solenidades eclesiásticas, com a presença de muitos outros bispos e homens do Santo Ofício, concorrido por uma multidão de estudantes circunspectos e silenciosos, em suas capas pretas. Gregório se ajoelha diante da imagem da Senhora da Conceição que o reitor havia posto no altar da capela, e pede sua proteção para as provas que se aproximam.

O sofrimento ajuda-o em sua concentração, não tem vontade de festas, cantorias, moças, freiras, lavadeiras, bebedeiras, a sátira se cala, a viola ressoa cantigas tristes, em momentos de cansaço. As noites em claro agora são para recuperar os pontos um tanto esquecidos. Lê, relê, anota, escreve. Estuda com toda a dedicação, noites adentro, adormecendo sobre os livros, até o dia do exame.

*

Quando da morte do avô do poeta, por volta de 1659, os herdeiros fizeram um acordo com os jesuítas do Colégio de Santo Antão, em Lisboa, recebendo indenização e entregando aos padres o engenho de Sergipe do Conde. O filho de Pedro de Matos, Gregório, herdou a elevada quantia de dezessete mil cruzados, desobrigando-se de fornecer cana ao engenho de Sergipe do Conde.[101] A morte dos pais significou o recebimento de uma herança avultada, que daria segurança financeira aos filhos. Mas o poeta não viajou ao Brasil para tomar posse do legado paterno e materno. Estava a ponto de se formar.

*

No dia 12 de julho de 1660 Gregório de Matos e Guerra prestou exame de bacharel. A prova foi, segundo documento da época,[102] realizada na sala dos autos da universidade; na presença de alunos e lentes, o estudante leu a lição de ponto que lhe foi determinada, em que argumentaram seus mestres, e o examinaram, e deram notas, para receber o grau de bacharel em cânones. Regulados os votos, foi aprovado, *nemine discrepante*. Quase um ano depois, em 24 de março de 1661, tendo pago as propinas de praxe, formou-se em cânones. Na sala dos autos, na presença do novo reitor dom Manuel de Noronha, do Conselho de Sua Majestade e prior mor da Ordem de São Tiago, diante do lente doutor Pedro Ribeiro do Lago, padrinho do formando, e, diante de todos os que assistiam, Gregório de Matos de Guerra da Bahia leu a lição de ponto que lhe foi sorteada, para o seu auto de formatura, em que lhe argumentaram seus mestres e o examinaram, e deram notas sobre a penitência. Eram ilustres e antigos doutores os que discursavam sobre o tema escolhido.

Regulados os votos, foi considerado *suficiente*, também por unanimidade. Ele se ajoelhou junto da cadeira, o presidente lhe pôs o barrete na cabeça e lhe entregou um livro aberto. Com um capelo de veludo verde e anel de canonista, Gregório de Matos deixou a sala, acompanhado de seu padrinho e demais mestres. Estava graduado.

*

Na *História da Universidade de Coimbra*, Teophilo Braga dá mais detalhes sobre essas cerimônias, cercadas de "um aparato que tinha como intuito exacerbar a honra e a distinção que o grau universitário outorgava ao agraciado".[103] Eram realizadas na antiga Sala do Trono, transformada pelo falecido reitor em Sala Grande dos Actos, mais conhecida como Sala dos Capelos, um salão luxuosamente decorado, com teto em abóbadas douradas, lustres de cristal pendentes; as paredes recobertas de sedas púrpura exibiam retratos de reitores e reis de Portugal. Ao fundo, elevada sobre um tablado com escadaria, ficava a cadeira do reitor e corriam ao longo das paredes bancos bem trabalhados, com almofadas aveludadas, para os lentes. Ao centro enfileiravam-se os bancos dos estudantes, padrinhos e mais pessoas que iam assistir à solenidade.

Antes do exame havia missa solene, com cantos, e após isso o aluno entrava na Sala dos Capelos ao som de trombetas e discorria por cerca de uma hora sobre o tema assinalado, passando em seguida pela arguição de professores. Na véspera do segundo exame os sinos da capela repicavam, e os pares, alunos e padrinhos, desfilavam pelas portas das duas faculdades, de direito civil e canônico, iam à porta do reitor, dos principais professores, e do primeiro lente, sempre ao som entusiástico das trombetas. Os examinados vestiam uma batina de crepe, bem engomada, com punhos e golas de cambraia, e capa de baeta. Os aprovados eram saudados pelos sinos em alegres toques. A cerimônia de formatura revestia-se de ainda mais pompa, na capela real da universidade, onde os formandos assistiam a uma missa, acompanhados de autoridades civis, eclesiásticas, e doutores.

O formando levantava-se da cadeira de espaldar que ficava num nível abaixo da cadeira do reitor, dirigia-se ao cancelário, prior que concedia os graus acadêmicos, rodeado por bedéis que o assistiam, e solicitava o grau de doutor. O dignitário fazia uma oração em que exaltava os méritos do jovem, que repetia seu juramento. Chamava-se o padrinho para agraciar o afilhado com insígnias e fazer um discurso saudando o novo doutor. Dali o formando saía ao som de mais trombetas e charamelas, direto para festividades particulares e cumprimentos. Gregório de Matos e Guerra era o primeiro, na família, a alcançar o grau de doutor. A estratégia de seus pais teve êxito, mas eles não estavam mais vivos para festejar e se orgulhar do filho.

*

Saiu bacharel in utroque jure, mas se despediu, ressentido, da Lusa Atenas, no vale umbroso, entre a rampa ilustre das Escolas e o convento onde dorme, no sepulcro gótico, a santa rainha Isabel. Não confessou a saudade. Deixava zangado a Universidade e o burgo hostil.[104]

Adeus Coimbra inimiga,
dos mais honrados madrasta,
que eu vou para outra terra
onde viva mais à larga.

Adeus prolixas escolas,
com Reitor, meirinho e guarda,
lentes, bedéis, secretário,
que tudo somado é nada.

Adeus fâmulo importuno,
ladrão público de estrada,
adeus, comei desses frutos
que a bolsa já está acabada.

Adeus ama mal sofrida,
que se a paga vos tardava
furtáveis sem consciência
meios de carneiro e vaca.

Adeus amigos livreiros,
com quem não gastei pataca,
no decurso de sete anos,
de tantas carrancas cara.[105]

*

O passo seguinte era, munido das comprovações de sua formatura, apresentar-se na Audiência de Juízo, em Lisboa, requerendo licença para advogar. Diante de si, Gregório de Matos tinha a possibilidade de ocupar cargos nas varas do Paço, na administração da Justiça, ou postos nas ordens militares. O requerimento abria uma nova sindicância sobre seus antecedentes, sobre sua "limpeza de sangue", mandada fazer em Guimarães e na Bahia, e outras inquirições de praxe. Não tinha mais o apoio familiar, tudo precisava conseguir por si mesmo.

O que é o amor?

Reencontro com dona Michaela; problemas com o rei Afonso VI

VOLTAR A LISBOA... *Rever dona Michaela, que já está feita em mulher. Não sabe se a família dela o aprova, mas agora, formado doutor, terá mais sorte. Gregório pouco entende das finezas do amor, mas sabe que se lutar contra o impossível vai receber o amor em mil ternuras, porque o amor comete altas empresas, exige que se vençam muitas coisas estranhas, e assim como o sol abranda a dureza da cera, o amor vai abrandar o que o afasta de dona Michaela. Quer revê-la, seus suspiros formam um vento que lhe sopra a vontade.*

Ele se deita para descansar aos pés de uma junqueirinha, sonha a ver uns campos floridos, e para seus mais divertidos cuidados o sonho lhe mostra uma graciosa mata florida de cravos, e entre oitizeiros verdes nasce uma fonte de prata. Ele nota as graças da natureza, quando chega um vulto de menina-moça, coberta de véu, e ela tira o véu, mostrando o rosto, senta e ele senta junto dela, gozando do amor as delícias; acorda, sozinho, aos pés da junqueirinha com suas flores mínimas.

Pensa, como se pode saber, de dois que se querem bem, qual terá maior dor? Aquele que se foi, para voltar? Ou aquele que espera por quem vem? O mal de não se verem fez crescer a pena, sem saber-se quem sente maior penar. Quem parte deixa a alma que se inflama, para que a alma anime a quem se ama. Quem fica e se desanima quer logo as almas trocar, para esconder suas dores de saudades. Nessa confusão, nunca se sabe a verdade. Quem tem mais dor: quem não vai, sendo esperado? Ou o que espera por quem vem?

Escreveu uma carta ao pai de dona Michaela avisando que volta a Lisboa, mas não houve resposta. Será que ela está a largar a almofada, indo mil vezes à janela, abrindo portas com cem chaves, como uma gata janeira?

*

Viaja a cavalo, com seu criado, e quanto mais chega a Lisboa, mais se afasta, por temor. Por que dona Michaela não estaria casada, se já tem dezoito anos? Decerto que sim... O que ele vai sentir, ao revê-la? Eram pouco mais do que duas crianças. Em sua solidão, diante do desafio a enfrentar, arranjar meio de vida, dona Michaela e sua família seriam um esteio, um abrigo. O pai da moça, o desembargador, e os irmãos conhecem os meios, os corredores, são do mundo dos juízes, dos corregedores, irão mostrar-lhe caminhos, abrir-lhe portas. Além disso, a família há de dotar a moça com uma regalia à sua altura, são pessoas ricas. Ele sente o desconforto de não viver mais da mesada, que era controlada, restrita e por vezes atrasada, mas infalível. Agora está solto no mundo.

Gregório pensa em seus colegas formandos, que retornam a Lisboa. Tem os amigos que deixou quando estudante no Santo Antão. Pensa nos que vivem em Lisboa, que possam encaminhá-lo. Precisa abrir logo uma banca para advogar. Terá clientes?

O tutor que o abrigou quando estudante no Santo Antão ainda tem o seu cofre do qual enviava para Coimbra as mesadas e o salário da ama, e ali há algum dinheiro; Eusébio e Pedro lhe mandaram mais algum para custeios, da bolsa dos pais falecidos, e vai receber boas heranças, seus avós e pais deixaram muitos bens, que estão sendo vendidos, o solar no Cruzeiro já foi comprado por um fidalgo amigo de sua família. Isso o alivia, mas os processos delongam por demais. Volta para o Brasil? Fica em Portugal? Tudo vai depender do que ofereçam as terras. Voltar lhe parece um pé atrás, não se sente mais brasileiro, nem vale a pena ser brasileiro, os brasileiros são bestas, estão sempre a trabalhar para manter os maganos de Portugal. Precisa ir em frente, conquistar o Reino.

Portugal também apresenta problemas, Gregório recebeu notícias em Coimbra que o deixam temeroso. O rei dom Afonso VI, lascivo, violento e vulgar, que está a tramar contra a própria mãe, governa muito atabalhoado, é um rei menino inocente, que não tem compaixão nem piedade, inimigo da verdade, só tem vícios, está a desgovernar e a fazer perder-se o Reino, sua virtude é pecar. Ambicioso, avarento, persegue os pobres com altos tributos, é desumano, matador, bruto, cruel tirano como ele jamais houve neste Reino. Nem mesmo o conselho de Estado pode contê-lo. O rei não despacha, vive dando postos a corcundas e pajens. O dinheiro da Junta dos Três Estados anda a se acabar, o Conselho da Fazenda passa anos em dúvidas e demoras, o Desembargo do Paço é uma canalha, o Conselho de Ultramar é presidido por diabos, a Mesa da Consciência tem de tudo menos consciência e arrasta qualquer cristão por qualquer inquirição, a Relação é presidida por ladrões com pretensões a letrados, os armazéns que regem a fronteira estão nas mãos de bêbados, a Junta do Comércio está calva, a Alfândega alarga a descarga do navio, a Câmara e o Senado deixam a cidade em monturos de lixo, os juízes nas mãos dos demônios, os ministros da Igreja simoníacos, a guerra contra a Espanha já não há como pagar e os soldados miseráveis padecem, a cavalaria e a infantaria morrem de fome, a fidalguia é uma velhacaria sem-vergonha, estrangeiros chegam e levam todo o ouro e prata, atravessadores desaparecem com o trigo, o azeite e o vinho, comerciantes podem roubar e roubam. Este é o bom governo de Portugal!

Gregório está entre os que querem que Pedro, irmão mais novo de Afonso, seja coroado. Dona Luíza de Gusmão, é o que dizem, não suporta mais os desvarios do filho incapaz. E muita gente do povo tem o mesmo sentimento.

*

O rei dom Afonso VI (1643-1683), filho de dom João IV e dona Luíza de Gusmão, na primeira infância foi atacado por uma "febre maligna", que o deixou com um dos lados do corpo paralisado e incapacitou-o intelectualmente, fato determinante para que crescesse sem preceptores e educadores. Era o primogênito, dom Teodósio, quem recebia uma esmerada educação para ser o soberano, mas faleceu ainda jovem, o que criou um problema de sucessão ao trono, que cabia por direito ao infante Afonso.

Com a morte do rei, em 1663, o menino de doze anos foi coroado, mas sem poderes, ficando a regência nas mãos da rainha, que tentou encarar com ânimo os dois grandes problemas da época: a guerra contra a Espanha e a incapacidade do filho. O adolescente mostrava rebeldia contra qualquer ação dos preceptores que tentavam educá-lo e sofrear seus instintos, e logo manifestou inclinação para a companhia de rapazes de origem humilde, que ele levava para dentro do Paço a travar lutas de espada, a fim de divertir-se com os torneios. Um desses espadachins era Antonio Conti, descendente de italianos, modesto comerciante de adornos femininos, que em pouco tempo passou a viver na Corte, a convite do rei. O fato escandalizou os nobres, que expulsaram de seu convívio toda aquela animada plebe de jovens chulos.

Receosa de que a depressão que tomou seu filho lhe fizesse "dano aos achaques", a rainha permitiu o retorno de Conti e seus companheiros. Seguro de seus poderes sobre o rei adolescente, Conti tratou de afastá-lo da nobreza, arrecadando para ele companheiros entre homens das ruas, negros, mestiços, mouros, que organizou em grupos para diversões violentas. Patrulhas a pé, ou a cavalo, acompanhavam o rei pelas noites de Lisboa, assaltando casas e espancando moradores, entre arruaças e combates sangrentos.

Declarado o rei mentecapto e impotente para gerar filhos, por médicos convocados pela rainha, passou ao Conselho de Estado a responsabilidade de encontrar uma forma para remediar a questão. O Conselho tentou persuadir o adolescente a ocupar-se de suas responsabilidades como soberano, coadjuvando a rainha. Fortalecido pelo apoio do comerciante italiano, o rei intensificou suas atividades violentas. A rainha, tentando agir de forma compreensiva, experimentou levar Conti para participar do governo, imaginando que "o veneno preparado podia servir de triaga". Mas o italiano aproveitou-se do favor real, mantendo o rei sob um ainda mais audacioso domínio. Convencida da inutilidade de suas tentativas, a regente fez jurar herdeiro do trono seu outro filho, o infante dom Pedro. Conti foi preso em 1662. O conde de Castelo Melhor, camareiro de serviço real, conseguiu insinuar-se junto ao rei, e ambos determinaram a deposição da mãe regente, sendo o pleno governo entregue a dom Afonso VI. Com o cargo de escrivão da puridade, Castelo-Melhor assumiu altos poderes, fazendo uma breve e brilhante carreira política, criando condições para o encerramento da guerra contra a Espanha, o que deu ao rei dom Afonso o cognome de *Vitorioso*.

Pedro atuou, juntamente com a rainha e sua cunhada, dona Maria Francisca, e o *partido francês,* para a deposição de Afonso VI. O partido francês, assim denominado por ser a rainha nascida na França, compunha-se do confessor francês de dona Maria Francisca, do ministro do rei Luís XIV em Lisboa, e da nobreza palaciana partidária de Pedro e hostil ao conde de Castelo Melhor. A rainha se impôs de tal forma acima de seu esposo que chegou a assistir ao Conselho de Estado. Pedro, que mantinha relações amorosas com a cunhada real, acusou Castelo-Melhor de atentar contra sua vida, e este caiu em desgraça aos olhos de dom Afonso, que o demitiu de seu cargo. Mediante forte pressão, em 1667 dom Afonso foi levado a assinar os quesitos necessários à anulação de seu próprio casamento, e obrigado a abdicar e sujeitar-se ao confinamento, passando o trono a Pedro, que no entanto preferiu não ser coroado enquanto o irmão estivesse vivo, e tornou-se regente de Portugal e colônias.

A situação de Gregório de Matos, declaradamente pedrista, deve ter lhe criado uma expectativa de receber a gratidão do novo regente. Era Pedro quem assinava as nomeações, encaminhadas por nobres ou altos funcionários da Corte, que lhe levavam relatos da posição política dos aspirantes. Mas em 1661 o poeta era apenas um recém-formado, opositor do Governo Real, em busca de dar os primeiros passos como advogado e constituir família; é nítido seu esforço em seguir uma vida dentro do que determinava a educação recebida, embora sem abandonar o lado satirista e amante da figura feminina. Logo após retornar a Lisboa, o jovem advogado abriu uma banca, para exercer funções na área cível. Apenas quatro meses depois de formado, contraiu núpcias com dona Michaela de Andrade.

Festa de púcaro de água

1661, licença para casar

NÃO SE SABE COMO GREGÓRIO DE MATOS e dona Michaela se conheceram, se a união foi um acordo prévio entre famílias, se os Matos mantinham relações com os Saraiva de Carvalho e, nesse caso, que relações seriam. Sabe-se que casaram quando o poeta tinha 25 anos de idade e a noiva 19, e poucos dados mais registrados numa licença de casamento dada em 2 de março de 1661. Nela consta a assinatura do poeta, com sua letra bem-riscada, bonita, segura, alguns traços rebuscados, dando a sensação de esmero e afetividade. Sendo filha de um desembargador falecido, o casamento da jovem órfã tinha de ser oficialmente autorizado pelos irmãos ou pela mãe, na presença de pessoas de qualidade para testemunhar a situação dos noivos: se eram ambos solteiros e desimpedidos, e não haviam feito voto de castidade, sem compromisso eclesiástico. Casar era um passo importante para qualquer homem português; apenas os casados, sobretudo os que tinham filhos e criados, podiam exercer certos cargos públicos e fruir de plenos direitos políticos.

Após as Grandes Navegações e a expansão do reino ultramarino ocorriam muitos casos de homens que deixavam suas esposas em outro local e contraíam novas núpcias, ou o desaparecimento de cônjuges, mortes não documentadas, casos de adultério, o abandono do hábito religioso para fins de casamento, falsidade quanto às origens e situação legal. Tudo isso causou um maior rigor nas normas e a instituição de novas obrigações documentais, com o *registro de estado das pessoas.* O Concílio de Trento, de 1563, proclamando princípios solenes, determinou que o matrimônio não era mais um simples contrato, mas também um sacramento, devendo ser realizado na presença de um sacerdote, dentro de rituais, em nome de Deus, e celebrado diante de testemunhas, padrinhos que figuravam no registro assinado logo após a solenidade. Desde atos prescritos no começo do século 17, o casamento de filho menor só se dava com o consentimento do pai, da mãe ou de um tutor investido de pátrio poder. Os maiores de vinte e cinco anos podiam contrair núpcias livremente, daí a declaração da idade de Gregório de Matos no documento.

A cerimônia de casamento pode ser suposta a partir do texto de Júlio Dantas (1876-1962), autor português, falando de meados do século 18.

> *Por toda a parte, nas casas fidalgas de Lisboa, cheias de cães e de prata mareada, se armavam de damasco salas novas para a leitura de contratos antenupciais. Por toda a parte se combinavam, diante de tabeliães circunspectos de óculos redondos e hábitos de Cristo ao pescoço, longas escrituras por dote e arras, ou por carta de metade com exclusão dos bens de vínculo e dos provenientes da Coroa. Por toda a parte os ourives da cidade, os Lázaros, os Frezi, os Justos, batiam salvas de prata para presentes a noivos. Por toda a parte, das lojas dos Genoveses às das Capelas, do arco dos Pregos aos arcos do Rocio, não coalhavam as caias de leques da China que era moda dar de presente às noivas, nem as plumas que, segundo a carta de Lauso Tolo, eram o "inseparável ornato da nobreza do matrimônio"... E que fidalga, que respeitosa galanteria nas festas de esponsais, nos "púcaros de água" de casamento das casas solarengas de Lisboa, no "beija-mão das noivas novas", dado pela rainha no Paço às françazinhas de costelas de oiro, empenachadas de plumas e radiosas de felicidade! Os noivos não se acercavam das noivas senão de joelhos: — e eram tantos os presentes de pratas e de joias em que se despicava o orgulho português das casas*

nobres, que a pragmática de 1749 teve de proibir expressamente as dádivas de casamento, a não ser no próprio dia das escrituras.[106]

E o mesmo Júlio Dantas recolheu uma nota da gazeta manuscrita *Mercúrio de Lisboa*, em 30 de novembro de 1743, comentando o casamento da filha de um famoso fidalgo da época, numa festa de púcaro de água, ou seja, com merendas:

> *Na terça-feira da semana passada, 19 do corrente, concorreram as senhoras a casa de D. António José de Melo a darem parabéns à Ex.ma Sr.ª D. Mariana Josefa de Bourbon, sua irmã, pelo casamento ajustado com seu primo D. Miguel de Melo e Abreu, o qual se achou presente ao primoroso púcaro de água que a mesma senhora lhe deu, sempre em pé ou de joelhos, lucrando por prémio daquele sacrifício a prenda de uma fita que sua tia Ex.ma Sr.ª D. Luísa Josefa de Mendonça tirou da futura noiva para lhe dar, e que ele recebeu com grandes rendimentos. De noite a foi acompanhar até ao Paço, onde não falta todos os dias: a primeira vez que a Aia da mesma senhora lhe trouxe a resposta de um recado, lhe deu um adereço de valor guarnecido de 12 topázios com laços de diamantes.*[107]

As comemorações ao casamento, a sala adamascada, o púcaro de água, os contratos antenupciais, os cortejos públicos nas núpcias de nobres e o cortejo solene para a casa da noiva eram mais importantes que a cerimônia religiosa, desprovida de solenidades, a não ser uma breve comemoração diante da porta de entrada da igreja; "a bênção do leito nupcial, a visita dos convidados aos esposos já deitados, a algazarra que se fazia à porta dos noivos durante a noite de núpcias, etc., atestam ainda os direitos da sociedade sobre a intimidade do casal. Como é que estes rituais haviam de escandalizar as pessoas quando, na realidade, a intimidade não chegava a existir, quando todos viviam juntos, amos e criados, crianças e adultos, em casas a toda hora abertas à indiscrição das visitas? A densidade social não deixava lugar para a família. Isto não quer dizer que a família não existisse enquanto realidade vivida — seria paradoxal negá-lo. Mas não existia enquanto sentimento ou enquanto valor."[108]

*

Uma das melhores fontes para o conhecimento do cotidiano de casais no século 17 é a *Carta de guia de casados*, de Francisco Manuel de Melo, escrita em 1651 para um amigo que acabara de contrair núpcias, e tanto sucesso fez que foi publicada sob forma de livro, em sucessivas edições que se vendiam na rua Nova. O casamento era tido como uma destinação, e um repouso para o homem, que deixava para trás a inquietação passada, os perigos, os desgostos, a desordem dos afetos, "aquele temer tudo, não fiar de nada, o queixume que dói, a vingança que arrisca, a ruim lei que desespera, os ciúmes que abrasam, os amores que consomem, a honra em ocasião, a saúde diminuída, a vida arriscada, e o que é mais, a consciência sempre queixosa".[109] O casamento livrava os homens desses males, em troca da liberdade que eles alegavam perder. E ainda se beneficiavam os casados da soltura com que as esposas se entregavam a eles, da riqueza recebida como dote, e da obediência que as mulheres deviam ao marido indiscutivelmente constituído de poderes.

E a *Carta* dava conselhos aos noivos, ao mesmo tempo influenciando novos costumes e registrando alguns já arraigados. Eram receitas acompanhadas cada qual de um exemplo, histórias acontecidas com fidalgos ou medianos ou gente pobre, sempre saborosas e enriquecidas com diálogos que registravam a fala coloquial da época. Se Gregório de Matos não leu esse êxito literário, decerto conhecia o teor dos conselhos.

Sobre o amor entre cônjuges, diz a *Carta*, costumava ser o principal motivo de "fazer os casados mal casados". Umas vezes por falta, e outras, por excesso. O homem devia amar a mulher com cautelas, para não perder o domínio sobre ela e sobre si mesmo. Que o amor cego ficasse para as mulheres disponíveis. Era aconselhável tratar a esposa com mimos, como ficar em casa uma tarde, recolher-se mais cedo uma noite... O amor entre casais nascia do trato, da convivência, em nada semelhante ao que se produzia do apetite e desordem dos que se amavam em tumultos do coração.

Não devia o homem contar à esposa nenhum segredo senão aquele que ela podia remediar com suas forças; não revelar amores passados, nem gabar à mulher a formosura de outras; que fosse galante para com damas e senhoras. Não desabafar sobre o enfadamento familiar a não ser com um parente preferido; louvar modestamente as virtudes da própria mulher, mas não diante de outros homens; não viver em viagens, deixando mulher nova sozinha.

A *Carta* condenava a violência, não devia ter lugar entre pessoas de bem; aconselhava os homens a usar de brandura e cortesia para tratar as esposas. Mostrava qualidades da mulher feia, melhor do que "ver uma formosura se perdendo a cada dia", e da mulher avarenta, que fazia o casal viver "na miséria, mas com contentamento". Censurava a mulher néscia, a impertinente, a ciumenta, a gastadora — o dinheiro nas mãos de mulheres era "arma imprópria". Das mulheres varonis, o autor preferia aquelas que desmaiavam ao ver um rato ou uma espada fora da bainha. Reprovava as que se queixavam sem motivo, as gulosas, as teimosas, as que se enfeitavam demais, as que enchiam a casa de criados. Introduziu o costume, ou o diabo inventou, diz Melo, uma "sorte de pagenzinhos que chamam de tocha, ou de estrado". Não aprovava tal uso, "porque entram e saem, são espertos, e artistas, tomam cio com o favor, ... e saem dele com más manhas".

Advertia em muitas páginas contra os criados e as criadas, principalmente as que costumavam "ser discretas, musicais, comediantes", as que sabiam fazer "toucados extravagantes; bordadoras, costureiras", e como resultado dessas boas habilidades enfeitiçavam as senhoras. Nada de cãezinhos, papagaios, rouxinóis, negrinhos em requebros, enjeitadinhos graciosos. Se era lícito deixar a mulher usar os dons com que a natureza a dotara, como o canto, a dança, o fazer versos, dizia a *Carta* não louvar "o trazer castanhetas na algibeira, saber jacaras, e entender de mudanças do sarambeque [dança lasciva, de origem negra]", por serem indícios de desenvoltura. Mas sugeria se promoverem duas ou três comédias em casa, a cada ano. Não estimava as mulheres que se prezavam de entender versos, se apropriavam de linguagens alheias para tratar de questões de amor, decorando perguntas e motes difíceis; não aprovava as que ouviam o sermão de um padre e lhe tomavam as palavras, usando-as de maneira esquisita, falando por circunlóquios; nem as que falavam ao "som do meneio das mãos ou do movimento dos olhos", as que respondiam alto na igreja, suspiravam ao ouvir a pregação, faziam gestos com a cabeça, rezavam desentoadas, compassando a música, ou riam durante o sermão da Paixão. Não deviam as mulheres saber ler para não quererem ler comédias ou terem romances de cor, "mortas pelos livros de novelas ou de cavalarias".

O prazer era tão execrado que alguns autores o consideravam mais pecaminoso entre casados do que entre adúlteros. O ato sexual no casamento, controlado pela Igreja, reduzia-se à pura função de gerar filhos, caindo em pecado aquele que sentisse gozo. Era permitida apenas uma posição, o homem sobre a mulher, para que ele reafirmasse seu domínio; e vedado o ato sexual quarenta dias antes do Natal e da Páscoa, três dias antes de receber comunhão na missa, assim como às terças-feiras, quartas e domingos. Se dona Michaela e Gregório seguiram tantas regras, ou algumas delas, é provável. E tiveram em Lisboa uma vida de praxe, morando num sobrado na rua Direita, às portas de Santa Catarina, supostamente recebido por meio de dote da noiva, que costumava incluir uma moradia para o casal.

Assombrando na judicatura

O advogado em Lisboa

PROVIDO DE SUAS CARTAS DE FORMATURA NA UNIVERSIDADE DE COIMBRA, Gregório de Matos requereu na Audiência de Juízo em Lisboa a licença para advogar. Poderia então ocupar algum cargo público, mas para isso precisava se submeter a uma seleção e admissão através das *Habilitações de Genere*, o que costumava demorar, ainda mais quando se tratava de pessoa nascida no Brasil, onde era preciso fazer algumas investigações de origem. Foi solicitada a *leitura de bacharel* junto ao Desembargo do Paço, que implicava as comprovações de limpeza de sangue, naturalidade, legitimidade de nascimento, filiação, estado civil, não ter infamação de raça, não descender de oficial mecânico, não ter processos na Inquisição, ter vida limpa, bons costumes e procedimento, vida recolhida; honestas investigações deviam ser feitas em Guimarães, terra natal de seus pais e avós, e na Bahia, do outro lado do oceano. Enquanto não se formalizavam seus pedidos, ele provavelmente atuava na banca particular.

Assim como assombrava na poesia, Gregório de Matos ficou conhecido como um dos melhores letrados da judicatura, conforme relato de Manuel Pereira Rabelo, que registrou alguns exemplos de casos ocorridos em Lisboa. Num deles, o bacharel teria vencido a causa de um fidalgo português sem ao menos ler o processo. A demanda se referia à posse de heranças patrimoniais, num sistema de morgado. Sem esperanças de sair vitorioso, o titular do processo procurou Gregório de Matos, levado pela recomendação de que apenas ele poderia encontrar uma solução, caso houvesse. Mandou o labirinto ao advogado, tão volumoso que precisava ser transportado por um moço de fretes com seu carro. Suplicou-lhe que examinasse a demanda com toda a dedicação, pois, caso perdesse, estaria arruinado. Era meio-dia quando o fidalgo se foi, mas ansioso voltou à banca antes do fim da tarde para saber como andava o exame dos autos, e encontrou Gregório de Matos à janela, que muito descansado "palitava sobre o jantar". Queixou-se aflito, o fidalgo, do descaso para com sua demanda. "Sossegue V. Ex.ª, lhe disse o bom Gregório, que os autos estão vistos, e neles o remédio, que desejamos, muito avantajado; e prosseguiu dizendo: neste termo de autuação temos embargos de nulidade a todo o processo: porque no ano aqui mencionado antes, e depois, corria um decreto de Filipe IV, que condenava nulos aqueles processos começados em papel que não tivesse o selo das armas de Castela; e como alcançou o decreto este, de que tratamos, e lhe falta o selo, segue-se que está nulo."[110]

A comprovar sua atuação excepcional, há no livro do "grande Pegas" algumas citações a sentenças que Gregório de Matos pronunciou como juiz do cível em Lisboa entre 1672 e 1673. Manuel Álvares Pegas (1635-1696) é autor de uma obra clássica na literatura jurídica da época, *Commentaria in Ordinationes Regni Portugalliae* (1669), na qual comenta em quinze volumes as *Ordenações filipinas*, contendo um dos volumes um tratado sobre direitos reais, muito consultado. Formado em Coimbra dois anos antes de Gregório de Matos, a quem decerto conheceu, tornou-se um dos mais brilhantes advogados e juristas do Reino, atuando nos foros civil e eclesiástico. Publicou uma vasta obra em latim, que teve muita difusão no período, entre livros, opúsculos, tratados, e ocupou diversos cargos na magistratura. Publicou um comentado tratado histórico e jurídico acerca do episódio "Senhor roubado", um *sacrílego furto e execrável sortilégio* ocorrido na paroquial de Odivelas, que causou uma revolta fanática em todo o Reino, caindo o peso do crime contra judeus.

Gregório de Matos admirava imensamente seu amigo, o Pegas, e lhe dedicou três poemas laudatórios, entre eles o soneto:

Eminente prodígio sem segundo,
Que a maior paralelo haveis subido,
Fazendo o mor triunfo já esquecido,
Trazendo novas Luzes hoje ao mundo.

Admire o Baldo engenho tão fecundo,
Pois sois, com esse ser enobrecido,
Lince que em poucos anos tem bebido
Todo o Crate de Apolo mais profundo.

A flor com que o Direito é coroado
É de vosso brasão novo tributo,
Pois nas asas de Pegas remontado,

Cultivais com fervor sábio e astuto,
Para todos colherem cultivado,
Em verdes anos tão maduro fruto.[111]

O jovem bacharel, já tendo de sustentar mulher e casa, lutava nessa seara, sujeita às marés de clientes. Era difícil para um brasileiro recém--formado se manter com as rendas da banca, numa cidade que recebia a cada ano levas de doutores formados em Coimbra, muitos desses, filhos de grandes famílias bem relacionadas e com capital suficiente para as necessidades de um empreendimento. Além desses, havia uma casta de advogados não graduados que conseguiam licença para advogar passando por exames realizados no Desembargo do Paço. Eram chamados de *procuradores numerários*, e representavam forte concorrência, por oferecerem atendimento menos custoso financeiramente. Ser desembargador era um sonho a que poucos podiam aspirar, os magistrados dos tribunais superiores do Reino eram em geral filhos de desembargadores, com idade mais avançada do que a de um recém-formado, e nascidos no Reino; ou homens mais jovens e menos experientes, mas laureados por um poderio familiar ou de autoridades locais. As melhores possibilidades para Gregório de Matos eram nos juizados de fora, seguindo o mesmo caminho de seus cunhados Manuel, Domingos e João Saraiva de Carvalho. E o recém-formado aguardava, decerto ansioso, a finalização de seu processo.

*

Em 9 de novembro de 1661 foi assinada pelo rei dom Afonso VI uma carta pedindo o depoimento de testemunhas, para fins de nomeação do bacharel Gregório de Matos como juiz de fora. Na Bahia testemunharam um sargento-mor, quatro capitães, o fidalgo que comprara o solar no Largo de São Francisco, e mais duas testemunhas, todas relacionadas com a família Matos. Afirmaram ser o suplicante descendente de cristãos-velhos por "todos os quatro costados, sem raça alguma infecta de nação e que todos se tratavam a lei de nobreza"; era pessoa de "muito bons procedimentos" e tinha "talento para bem servir a V. Maj.". Atestaram que era casado em Lisboa, sendo sua mulher "pessoa grave e de sangue limpo".

Em Guimarães testificaram um fidalgo que conhecia os pais e avós do suplicante, tanto paternos quanto maternos, afirmando que todos eram cristãos-velhos dos quatro costados, sem exercer ofícios mecânicos, e pessoas nobres; um tabelião, que informou ser o bacharel pessoa "de grandes partes"; um infanção (título de nobreza), que disse ter o suplicante "parentes apóstolos", ou seja, eclesiásticos; e mais quatro testemunhas vimaranenses. A Universidade de Coimbra rematou: "Gregório de Matos natural da Bahia consta por informação da Universidade que foi bom estudante, bom, no Desembargo do Paço bem, em 12 de setembro de 662."[112]

E seguiu-se em 1663 a carta de nomeação,[113] em que o rei dom Afonso fez saber ao juiz, ao procurador, a vereadores, fidalgos cavaleiros e escudeiros, homens bons e povo da vila de Alcácer do Sal, e quaisquer outras justiças, que, ciente das boas informações que tinha referentes ao licenciado Gregório de Matos e Guerra, e de sua aprovação pelo Desembargo do Paço, o nomeava juiz de fora da vila de Alcácer do Sal por três anos ou mais, até segunda ordem do soberano. Ordenou os salários, e que lhe obedecessem e cumprissem suas sentenças, juízos e mandados, sendo penalizados os que não assim o fizessem.

> *E ele jurará na Chancelaria aos Santos Evangelhos que bem e verdadeiramente o firma guardando em tudo o serviço, e as partes seu direito, de que se fará assento nas costas desta Carta que por firmeza disso lhe mandei passar por mim assinada e selada de meu selo pendente, que se lhe cumprirá como nela se contém. E pagou de novos direitos doze mil e cento e vinte e cinco réis que foram carregados ao Tesoureiro deles... e deu fiança a outra tanta quantia...*

*

O cargo de juiz de fora tinha sido criado em consequência de uma política centralizadora, com o objetivo de enfraquecer o domínio dos senhores feudais, assim como do clero. Remontava aos primórdios do século 14 e justificou-se pelo rei (1325-1357) Afonso IV, pelo fato de que "os juízes naturais da terra de direito e de razão hão muitos azos [motivos] para não fazerem compridamente justiça... porque os naturais da terra têm aí muitos parentes e amigos e outros que com eles hão divididos de conlácia [conluio, ou laços] e doutros semelháveis e alguns com outros aí malquerenças e desamor, ou hão receio deles, por os quais o direito presume que tão compridamente não farão direito como os estranhos..."[114] Eram portanto os juízes de fora magistrados estranhos ao concelho, e não residentes, que recebiam do monarca uma autoridade superior à dos juízes ordinários, mas pagos pelos próprios concelhos. Para evitar laços com os moradores, os juízes de fora eram frequentemente transferidos para novas localidades. Não podia o concelho ser local de origem do magistrado ou de seus familiares, e não eram permitidos quaisquer vínculos com os moradores, como casamentos ou amizades íntimas.

O elevadíssimo número de óbitos durante a *peste negra* de 1348 e a consequente mobilização da riqueza ocasionaram a generalização dos juízes de fora, pois os testamentos se multiplicaram e com eles as heranças deixadas à Igreja, fato muito comum na época. Isso reacendeu um debate entre a Coroa e o clero sobre a competência para abertura e execução testamentária. Algumas autoridades eclesiásticas obrigavam em seus concelhos a apresentação de todos os testamentos aos vigários episcopais, liberados apenas após seu consentimento; dom Afonso IV proibiu a apresentação desses processos à Igreja, ordenando que fossem da responsabilidade dos juízes régios. Mas os juízes eleitos dos concelhos não tinham condições de realizar tão vasto movimento jurídico durante a peste, nem isenção ou força para aplicar a lei, temerosos da reação do clero. Dessa forma enraizou-se a figura do juiz de fora, que causou uma importante evolução na administração da justiça, e duraria séculos.

Entre campos de trigo

1663, juiz de fora de Alcácer do Sal
1665, provedor da Misericórdia em Alcácer do Sal
A vida em Lisboa

O JOVEM BACHAREL VIAJA PARA ALCÁCER DO SAL, *periodicamente, a fim de examinar os processos, julgá-los, emitir sentenças, mas também se entregar ao prazer das estradas, dormir em hospedaria, sem ter de dar atenção à esposa, aos agregados da casa, aos cunhados e à sogra.*

A vila de Alcácer do Sal fica perto de Lisboa, a apenas um dia de viagem, se sair bem cedo. Prosperando na vida, Gregório de Matos já não vai a cavalo, mas numa pequena sege, bem mais confortável para a estrada de pedras que corre entre campos de trigo, olivais, ovelhas, cabras em bando. Às vezes viaja um dia antes para pernoitar em Setúbal, onde se sente mais livre, onde ninguém o conhece, e não tem os compromissos de seu cargo, entre os quais o de não criar laços íntimos. Em Setúbal ele costuma se encontrar com mulheres do povo, entregando-se a divertimentos de viola e cama.

Deixa a sege em Setúbal e segue de barco pelo rio Sado, em saveiros manejados por varinos, às vezes em galeonetes de pescadores, a travar conversas com marujos e gente do povo, a olhar mais longamente as belas dunas, as beiras cobertas de arrozais e salinas, as pequenas aldeias de cabanas cobertas de colmo quase invisíveis entre as areias e os sapais, a ilha do Cavalo repleta de aves, as vendedoras ambulantes de peixe. O rio é repleto de barcos que vão buscar o sal mais branco de quantos se conhecem, para a conserva do arenque. Canoas levam montes de sal até os galeões que esperam em Setúbal.

Alcácer do Sal é uma vila branca, cercada de sobreiros e pinheiros mansos, numa ampla frente de onde se debruça sobre o rio Sado. A colina por trás do casario é dominada por um antigo castelo, que foi uma das fortalezas mais robustas usadas pelos árabes durante a dominação sarracena, mas depois de uma demorada luta caiu em poder dos cristãos, sendo ocupado pela Ordem dos Espatários. Na vila moram poucas pessoas e todas se conhecem, e logo todas o conhecem, Gregório é recebido com estima, respeito, solenidade, tratam-no como a autoridade máxima de governo do lugarejo.

Ele evita a vida noturna, a boêmia, as tabernas e o vinho, mas em pouco se vê derramando notas suaves numa viola, diante de lareiras acesas nas casas de famílias que o enchem de mimos e boas comidas, sempre terminadas por uma pinhoada. Sai para a pesca de tainhas e robaliços, ou em cavalgadas pelos campos. Vai à serra de Grândola olhar os plantios, por onde vagam rebanhos de ovelhas pastoreadas por homens com botins, polainas, samarras, belos casacos de pele de carneiro; almoça ou janta em suas modestas e acolhedoras casas repletas de moças coradas. Apesar desse envolvimento com a vida aldeã, toma a sério o cargo e desempenha seu papel com isenção e justiça.

*

Dona Michaela fica em casa, cuidando das alfaias e dando ordens às criadas. Não é triste a sua vida, ela festeja os entrudos, aniversários, o que houver, acolhe visitas segundo a moda estrangeira. Recebe em casa mestres de dança, negras e negrinhas, ciganas que leem a sina ou levam bilhetes doces, e frades convidados por si mesmos. Vive cercada de suas criadas e das crianças delas, distraindo-se como pode. Frades estrangeirados lhe tocam violino e bandolim, e dona Michaela canta, dança, toca seu instrumento, e a mãe vai a sua casa ouvir. Tratam de gastar o tempo em divertimentos inocentes. A jovem esposa não deixa de ir com a mãe a espetáculos públicos, quando ali também vai a soberana dona Luísa.

Dona Michaela tem seu quarto separado do quarto do esposo e criadagem própria de cada um. Quer muito ter um filho, mas a espera se alonga e causa ânsias. Ela não tem saúde boa, procurou físicos, padres, fez promessas, foi à madre de um convento que anda a adivinhar e lhe disse que não terá descendência; está a ponto de buscar alguma feiticeira para lhe prescrever amuletos, magias, poções, mas sua mãe a desaconselha. É a pequena nódoa a impedir a felicidade do casal. Incomoda muito mais que suas assíduas recaídas na cama, onde padece de dores, suores e febres, mas nesses dias tem por compensação a presença mais constante do esposo, que lhe dedica olhares e desvelos, deixa de ir ao trabalho para ficar ao seu lado no leito, e lhe toma a mão, beija-a e lhe declama palavras bonitas em verso. A mãe da jovem lhe diz que abra os olhos, pois se ouve que o marido anda pelas tabernas ou debaixo de janelas a tocar viola, e se perde nas alegrias da Ribeira, a jogar cartas nas casas de tavolagem e sabe-se lá o que mais.

Na vida boêmia, Gregório revive os tempos na Bahia. Algumas mulheres fazem recordar negras e mulatas que lhe ensinaram as artes de amar. Os violistas lhe lembram seus irmãos e o velho mestre de viola. É Portugal um espelho do Brasil, searas de vícios sem emenda. Nada o deixa esquecer o passado.

O mazombo recebe sempre notícias da pátria, em cartas que lhe manda Eusébio. Um terrível achaque de bexigas empesta a Bahia e o recôncavo, nas casas que contam em suas famílias quarenta ou cinquenta pessoas não há uma sã que possa chamar os médicos e buscar os remédios, são tantos os mortos de distinção que já não cabem nas sepulturas das igrejas, sendo enterrados nos adros, e no recôncavo morrem tantos escravos que muitos senhores perdem tudo o que têm, estando em muita necessidade algumas famílias nobres que antes possuíam grandes cabedais. Agora padecem todos da fome, pois não há mais os cultores das plantas e sementeiras e dos outros gêneros de alimentos. Terão morrido suas negras?

Um sujeito ocupado

1666, o cometa, o príncipe; a carreira jurídica em Lisboa

N<small>O MESMO ANO E NO SEGUINTE</small> *de mil e seiscentos e sessenta e seis experimentou o Brasil uma das maiores calamidades que padecera desde o seu descobrimento e conquistas, precedendo-a um horroroso cometa, que por muitas noites tenebrosas ateado em vapores densos ardeu com infausta luz sobre a nossa América, e lhe anunciou o dano que havia de sentir; porque ainda que os meteoros se formam de incêndios casuais, em que ardem os átomos que subindo da terra chegam condensados à esfera, as cinzas em que se dissolvem são poderosas assim a infeccionar os ares para infundirem achaques, como a descompor os ânimos para obrar fatalidades; tendo-se observado que as maiores ruínas nas repúblicas e nos viventes trouxeram sempre diante estes sinais: tal foi o que apareceu no Brasil um ano antes dos estragos que se lhe seguiram.*

Outro acidente extraordinário experimentou naquele próprio tempo a Bahia, jamais visto nela, crescendo por três vezes em três alternados dias, o mar, com tal profusão de águas que atropelou os limites que lhe pôs a natureza, dilatando as ondas muito além das praias, e deixando-as cobertas de inumerável pescado miúdo, que os moradores da cidade e dos arrabaldes colhiam, mais atentos ao apetite que ao prodígio, ufanos de lhes trazer o mar voluntária e prodigamente tão copioso tributo, sem considerarem que quando saem da ordem natural os corpos elementais, padecem os humanos, e causam não só mudanças na saúde e ruínas nas fábricas materiais, mas nos impérios.[115]

Após dois anos como juiz de fora, Gregório de Matos recebeu a função de provedor da Misericórdia de Alcácer do Sal, o que confirma seu prestígio junto aos vilãos, pois os provedores eram sempre escolhidos entre os mais ricos e influentes da localidade. No fim do período em Alcácer do Sal ele conquistou mais um degrau na judicatura, ao ser nomeado juiz do cível em Lisboa, em 1671. Em agosto do ano seguinte o Senado da Câmara na Bahia o elegeu seu procurador, para representar os interesses coloniais dos negócios da vereação e da cidade. Seu cunhado, Domingos Dias, casado com Justa e homem de força política e riqueza pessoal, era vereador na Bahia e provavelmente concorreu para a nomeação, atestando os merecimentos do bacharel. O ordenado vinha somar-se aos seus vencimentos como juiz do cível, e deveria melhorar sua situação financeira.

Mas os anseios baianos eram demasiados e desabou sobre a cabeça do procurador Gregório de Matos um grande volume de requerimentos de toda sorte.[116] Queriam abolir o *tributo aos povos* lançado sobre todas as cartas vindas do Reino, que antes chegavam num saco e eram pregadas nas janelas do palácio para os destinatários recolherem; ajuda para o embarque de freiras que iriam fundar o primeiro convento na Bahia, o de Santa Clara do Desterro; que providenciasse a respeito de uma carta enviada à Bahia sobre uma questão de moeda; acompanhasse uma solicitação feita por jesuítas ao príncipe, a respeito de limites estabelecidos a bens e propriedades dos religiosos; que conseguisse junto ao príncipe a nomeação de dois almotacés da limpeza; conseguisse a elevação, de três para doze mil cruzados, da verba destinada à infantaria; que a Bahia tivesse o mesmo tratamento de Goa, no primeiro banco das Cortes; isso numa primeira carta.

A segunda, menos ansiosa, lhe solicitava que verificasse questões acerca dos parcos recursos da Câmara para sustentar a guarnição; queixavam-se os vereadores dos grandes gastos com o tratado de paz com a Holanda e com o dote da rainha da Inglaterra. A terceira carta tratava da compra de tonéis de vinho da Madeira para ser distribuído aos soldados, que estavam com sete meses de atraso nos soldos; reclamava que não houvera nenhuma resposta do procurador às cartas anteriores, "e ficamos com algum sentimento deste descuido, pois por esta causa nos vem a faltar as notícias do que vossa mercê tem a seu cargo". E uma histórica solicitação: a instalação de uma universidade na Bahia, que havia sido negada pelo príncipe.

> *Representamos a Sua Alteza as conveniências que se seguiam a seu real serviço em haver neste Estado uma universidade a exemplo da de Évora ou ao menos que se servisse confirmar o grau de Licenciado e Mestre em Artes que os reverendos padres da Companhia de Jesus dão por concessão de Sua Santidade, e como ultimamente se serviu Sua Alteza resolver que não havia lugar neste requerimento se retiraram muitos sujeitos dos estudos, deixando aquele exercício tanto do serviço de Sua Alteza como de utilidade e bem comum dos povos e vassalos. Este sentimento foi tão geral em todos que foi necessário ao Juiz do Povo e Misteres deles obrigados deste pezar representar-nos as razões que constam do traslado da Proposta...*[117]

Pediam que rogasse ao príncipe anular a "exorbitante insolência" dos ministros na recusa de uma universidade que já existia de fato, mas não legalmente, no Colégio dos jesuítas da Bahia.

Numa quinta carta solicitavam os vereadores que seu procurador em Lisboa conseguisse junto ao príncipe a punição de desembargadores da Relação — isso fazia parte de uma tradicional luta entre os poderes legislativo e judiciário — que decidiram celebrar na festa do Espírito Santo o *Dia da Justiça*, castigando com multa e prisão os que não comparecessem. A sexta carta confirmava a atuação de Gregório de Matos nas Cortes que iriam se realizar em breve, e lhe pediam os vereadores que verificasse os novos e pesados impostos sobre o tabaco baiano; reclamavam que a ordem à frota para que invernasse na Bahia seria prejudicial por fazer acumular duas safras de açúcar.

Gregório de Matos não respondeu a nenhuma das cartas, e recebeu uma última, demitindo-o.

> *... Nenhuma só palavra nos diz vossa mercê nestas matérias, foi o sentimento geral desta omissão de vossa mercê que atribuímos a suas maiores ocupações e assim nos pareceu, a requerimento do Juiz do Povo, aliviar vossa mercê da nossa que na verdade é grande e pede sujeito mais desocupado...*

A questão, do ponto de vista de Gregório de Matos, era o valor dos ordenados, que ele considerava baixo e contra o que fez requerimento, pois o montante não dava para cobrir gastos com a Requerente e o Papel dos Negócios, o que impossibilitava a sua atuação. Seu requerimento foi ignorado pela Câmara, talvez perdido em algum labirinto da monstruosa burocracia colonial.

*

Mas o bacharel trabalhou pela Bahia. Fez parte das Cortes de 1668, assim como das de 1671, nesta representando a Bahia como seu procurador, sentado nas cadeiras do Povo. As Cortes de 1668 tiveram lugar logo após a conspiração que derrubou dom Afonso VI, e foram reunidas com a finalidade de se proceder ao juramento do infante dom Pedro como regente e sucessor da Coroa. Os procuradores foram divididos em três congressos: o Clero, os Nobres e o Povo, reunindo-se este último no mosteiro de São Francisco. Trataram também dos termos de paz com a Espanha e do casamento do príncipe com a cunhada. Aprovaram uma contribuição para a fortificação das fronteiras, pondo fim a outros tributos que a assinatura da paz com a Espanha tornava inoperantes. Sancionando o fim do estado de guerra contra a Espanha, que ameaçava a independência de Portugal, essa Corte fortaleceu o poder do príncipe dom Pedro, que iniciou de fato sua regência com poderes absolutos. A atuação de Gregório de Matos nas Cortes deve ter sido bem recebida, pois em 1671 ele foi recompensado com o cargo de juiz do cível em Lisboa.

As Cortes de 1674 foram convocadas pelo regente dom Pedro, por ter uma filha mulher, e sem conseguir, quatro anos depois, assegurar sua descendência com o nascimento de um varão. Nas Cortes a princesa foi jurada herdeira do trono. Dom Afonso VI ainda estava vivo, e juridicamente o regente teria de ser coroado para dar suporte legal ao juramento prestado à sua filha. A nobreza propôs ao Povo que se coroasse o príncipe, o que foi aceito; e o congresso do clero também sancionou a proposta, ainda que com reservas. Mas o próprio regente "com louvável modéstia não quis admitir a oferta, conservando-se, enquanto seu irmão viveu, com este título".[118] Outro assunto foi discutido, num ambiente de confusão e desordem: o pedido para que o regente desistisse de dar proteção aos cristãos-novos e dos contratos que pretendia assinar com esses controvertidos cidadãos. Tamanha foi a divisão de opiniões que o príncipe dissolveu as Cortes, já na iminência de uma quase geral sublevação.

*

No período em que Gregório de Matos fazia sua carreira como magistrado, ocorreram grandes mudanças na monarquia portuguesa. Pedro, o filho mais novo do falecido rei dom João IV e dona Maria Luísa de Gusmão, começou a se destacar na política quando o conde de Castelo Melhor passou a ser homem de grande poder na corte. O infante Pedro logo demonstrou oposição ao conde. A questão residia no casamento de seu irmão dom Afonso VI. O planejado era casar-se o rei com a *Grande Mademoiselle*, Ana Maria Luísa, uma irrequieta prima do soberano francês e maior herdeira em toda a Europa; e dom Pedro se casaria com dona Maria Francisca Isabel de Saboia, filha mais velha do duque de Nemours. Mas a princesa de sangue recusou-se a se unir ao "perfeito idiota incapaz para o matrimônio" rei de Portugal, e dom Afonso terminou por casar com a prometida de seu irmão, dona Maria Francisca Isabel.

Quando a noiva chegou a Lisboa, Pedro passou a reunir no seu palácio os adversários de Castelo Melhor em conluios, o que culminou no golpe de Estado de 9 de setembro de 1667. Em atos provavelmente preparados por uma cabala francesa, para derrubar dom Afonso, os melhores colaboradores do rei foram afastados; entre eles, Castelo Melhor, que foi exilado. Talvez orientada pela própria conspiração francesa, a rainha retirou-se para um convento e dali pediu ao cabido da Sé o seu divórcio. Dois dias depois o infante Pedro invadiu com violência o Paço da Ribeira, acompanhado de rebeldes tanto nobres como plebeus, e obrigou o irmão a abdicar do trono, tornando-se regente e jurado herdeiro do trono, a ser coroado apenas após a morte do irmão, rei de direito.

Seu primeiro ato importante como regente foi a assinatura da paz com a Espanha, por imposição popular, dando fim a uma guerra que durava décadas, o que lhe valeu o cognome de *Pacífico*. Logo após um rápido e escandaloso processo de anulação do casamento de dona Maria Francisca com o rei deposto, Pedro casou-se com a cunhada. Dom Afonso foi mandado prisioneiro para a vila de Angra, na ilha Terceira, de onde não se podia comunicar, o que evitava uma possível tentativa de volta ao trono. Passaria todo o resto de sua vida encarcerado, em Angra e depois no Paço de Sintra. A deposição de dom Afonso VI fez cair em desgraça real seus partidários, entre eles o padre Antonio Vieira; e entusiasmou adversários, como Gregório de Matos.

*

Nas ruas de Lisboa, Gregório de Matos ouve conversas de labregos que numa crua ingenuidade riem de dom Afonso e suas tropelias na cama com a rainha, num casamento jamais consumado.

— *Trique trique, zapete zapete!*

Zombam das insuficiências do rei deposto, comentam os casos que teve o rei com mulheres a quem se afeiçoou, mas não elas a ele, um homem inábil para ter ajuntamento com mulher, nem mesmo mulher corrupta, por falta de atividade necessária.

— *Anda já tão desleixado que, inda depois de deitado, não faz senão trique trique!*

Dizem que uma moça de uns vinte anos está recolhida nas Mercês, e que antes disso ela ficou no paço real três noites despida entre os lençóis, querendo Sua Majestade por muitas vezes penetrá-la, e por mais diligências que fizessem, não conseguia, ora se lhe abaixava o membro viril, ora derramava semente extra vas e nunca intra vas, porque a moça estava donzela.

— *E com a força que bate faz trique, zapete, zapete!*

E uma rapariga de quinze anos anda a contar que o membro viril do rei é muito diferente do de outro qualquer homem das centenas com quem ela tratou, muito desigual por ser muito mais delgado na raiz do que na extremidade, porquanto quando derrama semente fica como o de uma criança.

— *E faz trique trique zapete!*

E uma solteira reparou que os grãos do soberano são desiguais, um maior e outro muito mais pequeno, e se riem os maledicentes, ri-se Gregório de Matos. E na cama o rei reclamava, Já sou velho! Já não posso! É grande trabalho ser um homem aleijado! Vai-te, filha, nas boas horas, que és donzela, e não quero contigo nada, e avisar-me-ás quando casares para te mandar alguma esmola! *E uma mocinha de catorze anos, que desgostosa entrou para o convento de Sant'Ana, foi levada por várias noites ao paço, mas a moça já estava prenhe antes disso, e lhe disseram para afirmar que estava prenhe do rei.*

— *Trique, trique, zapete, zapete!*

*

Gregório recebe uma carta de seu irmão Eusébio, com muitas penas. O galeão Sacramento, que saíra do Tejo como capitânia da armada, conduzindo mais de cinquenta navios mercantes, naufragou. Iam oitocentas praças, com muitas pessoas de distinção que, cessadas as campanhas do Reino pela paz, quiseram viajar ao Brasil. Navegavam alegres mais de duzentos passageiros, leigos, religiosos de diversas ordens, ministros de justiça para tomar posse de funções na Bahia, famílias, crianças. A pouca distância da barra, por demasiada confiança ou pouca experiência de seus pilotos, o galeão sofreu a fúnebre tragédia. Náufragos sobre destroços flutuavam nas ondas, sem avistar as luzes que da terra davam sinal para mostrar o rumo.

Nas fortalezas foram disparados tiros de canhões a fim de avisar a cidade. Em plena confusão da noite o governador enviou todas as embarcações ligeiras que se encontravam na costa, levando instrumentos, cabos, amarras, enxárcias, gente, e todo o necessário para acudir os náufragos, mas o socorro só conseguiu chegar ao local pelo amanhecer. A nau estava em pedaços, grande número de corpos flutuava, os sobreviventes foram recolhidos. Uns foram dar mortos na praia, e vivos ainda eram socorridos por pescadores, que com grande piedade nas suas jangadas e canoas os recolhiam. Alguns conseguiam chegar à areia agarrados a pedaços de tábuas. Um menino de oito anos, depois de estar seguro no porto, tinha nas mãos uma pequena tábua com a qual se salvara, dizendo que quando o pai o lançara sobre ela, no mar, lhe dissera que se a largasse havia de morrer. Tão inocente era a criança, e tão profundamente compreendeu as palavras do pai, que não largava mais a tábua. Do pai, não se teve mais notícia. O mestre de campo Antonio Guedes de Brito, com seus oficiais e seu terço, fez muito na caridade com os mortos, mandando dar-lhes sepultura.

Chegam também notícias de assaltos que uma multidão inumerável de índios fazia repetidamente a lugares remotos no recôncavo, rompendo os ares com ecos dos alaridos e instrumentos bárbaros, causando maior dano na povoação do Cairu, onde os irmãos Matos costumavam ir passear, na infância.

Vivo fogo de tormentos

1674, batismo da filha Francisca

AI DE MIM, *pensa o poeta, vivo na intenção e no costume de pecar, serei perdoado após a morte? Frequento tão mau caminho para conta tão estreita, sinto imensa pena quando ouço a afronta: Vai, maldito, a padecer no reino de Lúcifer! Valha-me Deus, que será desta minha triste vida? Ando a perder e malograr minha vida, Senhor, onde é que vou parar? Não sei que conta se fará no fim da minha vida, lá no fim onde se apura o mal que sempre em mim permanece, e o bem que nunca abracei, e os gozos que desprezei em troca de uma eterna amargura. Que desculpas poderei dar, quando no juízo final eu for levado e o demônio me acusar? Como hei de me desculpar, se não tenho mesmo jeito, se não tenho ventura, se eu for para onde existe o eterno tormento para o que morre impenitente sem se confessar, e sem a pureza da fé? Tenho nome de cristão, mas vivo como um bruto; tenho tantos amigos, conheço tantas pessoas, mas não há quem me dê a mão. Deus me chama oferecendo perdão, por auxílios e conselhos. Eu me ajoelho e me mostro arrependido, mas tudo é fingimento e de nada valem as minhas decisões. Sempre que vou me confessar prometo deixar o pecado, porém logo retorno ao estado em que é certo condenar-me. Mas lá está quem há de me dar o pagamento pelo meu proceder, pagarei com um vivo fogo de tormentos repetidos os sacrilégios que cometo contra Deus. Se tenho tempo, agora, e se Deus quer me perdoar, por que hei de esperar? Para quando? Em qual hora? O que será quando a traidora morte me acometer? E então, eu conseguirei deixar a ocasião de pecar? Na extrema condenação me hei de vir a subverter.*

Gregório de Matos teve um romance com uma mulher chamada Lourença Francisca. Supõe-se que manteve outros casos em Lisboa, e amores freiráticos, mas Lourença Francisca ficou registrada, pois deu ao poeta uma filha.

Nada se sabe dessa mulher, a não ser que era solteira. Provavelmente tratava-se de uma mulher do povo, pobre e trabalhadora, pois o batizado da criança foi numa capela dos arrabaldes.

*

Em meados do século 16 já se anotavam cerca de nove mil mulheres a exercer atividades em Lisboa;[119] mulheres pobres, e por esse motivo obrigadas a trabalhar desde meninas, tendo como única alternativa se entregar à prostituição.

Nas suas andanças pelas ruas o bacharel deparava-se com um grande número de moças bem mais acessíveis que as brancas de família. Eram alfaiatas, lavadeiras, vendedoras de couve, regateiras de porta ou que trabalhavam na Ribeira, padeiras, peixeiras, contadeiras de sardinhas...

Algumas dessas atividades não eram permitidas às solteiras, a não ser no caso de doença ou impossibilidade da casada ou viúva, que podia nesses casos ser substituída por alguma moça da família, portanto havia moças solteiras circulando pelas ruas. As cabanas da Ribeira eram repletas de mulheres que vendiam frutas, legumes, peixes e mais mercadorias; também havia uma variedade delas no largo do Rato, onde ficava um convento das trinitárias de Campolide; outras trabalhadeiras faziam ponto na praça do Rocio ou no largo de São Domingos. Diante do hospital do Rocio havia um colorido espetáculo feminino, com as negras que vendiam arroz, milho e guloseimas, os chícharos, com suas crianças em torno a fazer burburinho. Algumas vendiam o comestível de porta em porta, o que era conveniente para as famílias que não tinham criados, mas essas mulheres não podiam ser negras, escravas, nem solteiras, e a proibição arrancava protestos dos moradores: bastava cobrarem o preço justo, não usarem pesos falsos, e não serem ladras nem prostitutas nem delinquentes. As regateiras batiam às casas oferecendo frangos, perdizes, faisão e outras caças, linhos e lençarias, assim como outros gêneros, servindo com presteza aos moradores. As ruas se animavam com essa presença feminina a gritar pregões.

Também havia as vendedoras de pão de ló, e as padeiras, que fabricavam o pão e o vendiam às tendeiras para revenda. As vendedoras de pão de ló e as padeiras eram mulheres casadas que viviam portas adentro, recatadas, cuidando da família e das filhas donzelas, tidas como recolhidas e honestas. Havia mulheres que fabricavam botões de uniformes, no Arsenal, ou faziam desenhos de ornamentos que copiavam de modelos. E as desprezadas pretas a carregar o lixo da cidade. E as judias, a caça perigosa.

*

Eram comuns os gracejos e as brincadeiras de rapazes, dirigidos às mulheres que vendiam nas praças e ruas, ou lavavam nos tanques de Alfama. As afrontas recebiam palavras soltas e debochadas como resposta, e das palavras não raro se passavam às bofetadas. As mulheres agressivas, conhecidas por *colarejas*, palavra de conotação pejorativa, eram submetidas a um "juízo das brabas", e quando condenadas recebiam o castigo da exposição pública no pelourinho, com um freio na boca, o que lhes impunha ainda mais humilhação do que as pilhérias que tinham de escutar.

Na Ribeira das Naus havia uma casa de correção que chamavam de *casa do estopo*, onde eram recolhidas e postas no trabalho mulheres de vida irregular, e onde se cuidava de afugentar maus espíritos dos corpos das possessas. Também era possível encontrar trabalhadeiras nas festividades, que, patrocinadas por uma mordoma, dançavam e se exibiam. As festas de touros consistiam em momento especial dessas apresentações, para as quais as trabalhadeiras colaboravam com dinheiro. Rodavam suas saias em bonitas danças que enfeitiçavam. Passavam pelas ruas com seus tabuleiros ou cântaros, atiçando o desejo masculino.

*

Pode ter sido Lourença Francisca uma criada de casa lisbonense, ou mulher que morava nos termos da cidade, que Gregório de Matos encontrava em suas constantes viagens a Alcácer do Sal. Pode ser que se tenham conhecido nas alegres bicas, onde a população ia buscar a água do consumo caseiro.

Sofriam as mulheres de uma apartação que podia ser vista mesmo no chafariz d'el-rei, o qual possuía bicas diferentes: uma para pretos, forros, cativos, mouros, mulatos, índios; outra para os mouros e pretos e mulatos *galés*, que eram homens sentenciados a trabalhos forçados; uma terceira para homens brancos; uma quarta para mulheres brancas; uma quinta bica para as mulheres pretas, mulatas, índias, forras e cativas; e a última, na banda de Alfama, para moças brancas.

As mulheres dirigiam a vida familiar, muitas vezes negociando alianças e atuando na transmissão dos patrimônios, assim como participando de intrigas que mudavam rumos. Grávidas, continuavam em sua vida de trabalho até o último instante. O parto era realizado por uma parteira habilitada pelo físico-mor, pelo cirurgião ou pela Câmara. A parturiente ficava no meio de mulheres agachadas, entre odores fortes, e a criança era despejada em estofos, coberta de sangue.

*

Alguns pais renegavam e abandonavam seus bastardos, filhos naturais (de pais solteiros) ou de "coito danado" que acabavam muitas vezes na roda dos expostos, uma janela giratória na qual se punham crianças enjeitadas, em asilos ou orfanatos, com o que se esperava evitar os infanticídios. No século 16, a ordenança dos enjeitados recolhia anualmente em Lisboa cerca de quinhentas crianças. Muitas apareciam "no registro da igreja, sob o enigma de *pais incógnitos*".[120] Ou mãe conhecida e pai incógnito.

Mas Gregório de Matos, mesmo casado e obrigado por sua posição a um comportamento reto, assumiu a paternidade da pequena Francisca. Isso mostra quanto estava acima das convenções, mesmo se arriscando a perder privilégios. Batizou a filha em 18 de julho de 1674, numa pequena igreja fora de Lisboa, diante da mãe e de testemunhas, batismo registrado e guardado nos arquivos paroquiais.[121]

As leis determinavam que os filhos ilegítimos e adúlteros, assim como os filhos de pessoas solteiras, podiam ser perfilhados por escritura ou testamento confirmados pelo soberano. Os bastardos eram malvistos. Mas entre famílias reais e nobres a sua existência muitas vezes era uma solução de continuidade da linhagem.

O rei dom João V viria a ter filhos de diversas uniões fora do matrimônio, entre estes os famosos Bastardos da Palhavã: dom Antonio, dom Gaspar e dom José, que habitavam um palácio em Palhavã, antigo arrabalde lisboeta. Foram tidos de três diferentes mulheres: uma francesa de nome ignorado, a religiosa dona Madalena Máxima de Miranda, e a madre Paula de Odivelas. Esses bastardos representavam um tipo de poder que exprimia uma dissipação de significado do casamento, no que se referia à figura masculina, pois para as mulheres casadas ter um filho adulterino era inadmissível e motivo de castigo com a morte.

Não raro, famílias antigas e ilustres davam suas filhas em casamento a bastardos, desde que herdeiros de fortunas ou sucessores de título, e alguns desfrutavam de cargos elevados. Com a separação de casais, o nascimento de filhos ilegítimos era de certa forma aceito. Dignificava-se a figura do filho bastardo por sua assiduidade entre a realeza e a nobreza, e sua existência fortificava-se pelos laços de sangue. O famoso Rei Sol, Luís XIV (1638-1715), teve dezesseis amantes conhecidas, seis filhos legítimos, dezesseis bastardos, e consta que mais de trinta não reconhecidos.

Apesar do sistema opressor, comandado pela Igreja e outras instituições, contra uma solvência generalizada dos costumes, havia grande negligência quando se tratava de pessoas da fina flor. As penalidades atingiam a população de mediana e baixa posições na hierarquia social. A situação da época seria deplorada num severo discurso moralista pronunciado no século 19 pelo poeta Antero de Quental:[122]

Pelo caminho da ignorância, da opressão e da miséria chega-se naturalmente, chega-se fatalmente, à depravação dos costumes. E os costumes depravaram-se com efeito. Nos grandes, a corrupção faustosa da vida de corte, onde os reis são os primeiros a dar o exemplo do vício, da brutalidade, do adultério: Afonso VI, João V, Filipe V, Carlos IV. Nos pequenos, a corrupção hipócrita, a família vendida pela miséria aos vícios dos nobres e dos poderosos. É a época das amásias e dos filhos bastardos. O que era então a mulher do povo, em face das tentações do ouro aristocrático, vê-se bem no escandaloso processo de nulidade de matrimônio de Afonso VI, e nas memórias do Cavaleiro de Oliveira.[123] Ser rufião é um ofício geralmente admitido, e que se pratica com aproveitamento na própria corte. A religião deixa de ser um sentimento vivo; torna-se uma prática ininteligente, formal, mecânica. O que eram os frades, sabemo-lo todos: os costumes picarescos e ignóbeis dessa classe são ainda hoje memorados pelo Decameron da tradição popular. O pior é que esses histriões tonsurados eram ao mesmo tempo sanguinários. A Inquisição pesava sobre as consciências como a abóbada dum cárcere. O espírito público abai-

xava-se gradualmente sob a pressão do terror, enquanto o vício, cada vez mais requintado, se apossava placidamente do lugar vazio que deixava nas almas a dignidade, o sentimento moral e a energia da vontade pessoal, esmagados, destruídos pelo medo. Os casuístas dos séculos XVII e XVIII deixaram-nos um vergonhoso monumento de requinte bestial de todos os vícios, da depravação das imaginações, das misérias íntimas da família, da perdição de costumes, que corria aquelas sociedades deploráveis. Isto por um lado: porque, pelo outro, os casuístas mostram-nos também a que abaixamento moral chegara o espírito do clero, cavando todos os dias esse lodo, revolvendo com afinco, com predileção, quase com amor, aquele montão graveolente de abjeções. Todas essas misérias íntimas refletem-se fielmente na literatura. O que eram no século XVII a moral pública, as intrigas políticas, o nepotismo cortesão, o roubo audaz ou sub-reptício da riqueza pública, vê-se (e com todo o relevo duma pena sarcástica e inexorável) na Arte de Furtar *do Padre António Vieira.*

E vê-se, também, na pena igualmente sarcástica e inexorável de Gregório de Matos, tanto em Portugal quanto no Brasil, quando a situação do colonizador vai explodir com muito mais força e violência na colônia brasileira, contra a qual o poeta se rebelaria, ao mesmo tempo que se entregava, e com a intuição do novo mundo que se desenhava. A dualidade barroca, dilacerada entre virtude e vício, erudito e popular, Deus e diabo, vida e morte, céu e inferno, fé e ateísmo, representava o sentimento mortificado diante de uma inesperada e incontrolável evolução de costumes, em que combatiam forças de opressão e forças de libertação. Também marcava um momento em que a expressão popular adquiria influência diante de uma casta de puristas, e a arquitetura social impunha novidades nas relações humanas, repudiadas pelos conservadores. Tal poesia satírica não teria existido em outra situação.

O rol dos desregrados

1677, expulsão de Eusébio de Matos da Companhia de Jesus

No ANO DE 1677 OCORREU UM FATO que deve ter perturbado a alma do poeta tanto quanto o nascimento da filha bastarda. Seu irmão Eusébio foi expulso da Companhia de Jesus, sob alegação de cunho moral, por "estimar a liberdade do século", conforme Pereira Rabelo. Se por um lado o aliviava o fato de o irmão religioso e tão conceituado ser posto no rol dos desregrados, no qual ele, Gregório de Matos se sentia, por outro manchava a reputação da família, e causava desgostos aos familiares. O primogênito Pedro, tão solidário na travessura e na troça, já havia sido expulso da Companhia anos antes, por escândalos amorosos. Eram as três "sovelas sem cabo" mencionadas pela mãe.

O prestigioso Eusébio de Matos acabava de publicar em Lisboa o conjunto de sermões *Ecce Homo*. Era muito estimado pelo padre Antonio Vieira, seu antigo professor no Colégio dos jesuítas, que o ajuizava com gentilezas que depois o canonizaram, conforme Rabelo. Dotado de uma memória excepcional, "para os atos de maior empenho apenas consultava os livros na hora do combate, para tomar por cifra as autoridades na unha. Desvelava-se o reitor por vê-lo estudar uma só hora nas vésperas da maior ostentação teológica, que se havia de fazer diante dos padres, que de Évora vieram por mandado do geral; e vendo-o na portaria mui alheio de seus cuidados (sendo que havia de ser o Atlante de todo o crédito da casa) o arguiu de remisso com palavras licenciosas por última correção. Mas antes desejava eu neste lugar a Vossa Reverência (respondeu Eusébio) para mostrar-lhe em que consiste a felicidade humana tão disputada, como apetecida de todos; e apontou para um mocetão marinheiro, que estendido sobre as ervas dormia a sono solto rebutido em breus, e exposto à multidão das gentes, que passavam".[124]

Foi Eusébio de Matos um grande pregador, tanto que se dizia na época que, para se constituir um perfeito orador, este devia ser composto de três jesuítas: Eusébio de Matos com o sublime do pensamento, Antonio Vieira com a transparência das provas, e Francisco de Sá com o natural da representação.

Além de grande orador sacro, Eusébio de Matos era poeta, compondo obras líricas e religiosas com a mesma destreza do irmão, faltando-lhe ousadia para escrever poemas profanos ou em celebração a seus amores. E, se os escreveu, não se encontrou rastro. Professor de letras humanas, filosofia e teologia, sua fama de erudito e orador atingiu tão altos píncaros que em 1669 o rei de Portugal quis nomeá-vvvá-lo pregador real, sendo dissuadido pelos superiores da Companhia, que justificavam sua recusa da viagem de Eusébio para Lisboa com duas razões públicas: a falta que faria como professor de teologia, e uma incumbência que o pai lhe dera ao leito de morte, e que só Eusébio poderia levar a cabo. Mas havia uma razão confidencial expressa ao rei, e que deve ter sido a causa da desistência: Eusébio "não possuía os requisitos morais indispensáveis para ocupar com dignidade tão alto emprego e honra".[125]

Padre Vieira desagradou-se da decisão da Companhia em expulsar o insigne jesuíta, afirmando que, "ainda o ser certo o que lhe imputaram os seus inimigos, o devia a Companhia sustentar com filhos e tudo, só por não perder tão grande homem". A questão que afetou Eusébio de Matos foi o nascimento de um, ou mais filhos naturais, fato usado por inimigos para tentar anular a sua vocação.

*

Os jesuítas, chamados de "donzelões intransigentes" por Gilberto Freyre, severos quanto ao comportamento de seus representantes, conseguiram manter uma reputação de integridade moral dentro da Ordem. Não era fácil; segundo vasta documentação da época, o clero, tanto português quanto baiano, tanto feminino quanto masculino, apresentava desregramentos de variada natureza: venda ilícita ou tráfico de objetos sagrados, roubo, embriaguez, comportamento escandaloso, participação nos ritos africanos, pederastia, mas principalmente namoros e concubinatos, com o nascimento de filhos naturais ou adulterinos. "A vizinhança já sabia: quando um clérigo aparecia repetidamente como padrinho de filhos de uma mesma mãe solteira, não havia dúvida de ser ele o pai 'desconhecido' de seus afilhados."[126] Era comum esses padres deixarem em testamento aos filhos naturais os seus bens, que muitas vezes se compunham de boa fortuna em terras, engenho, gado, casas, escravos.

Alguns viajantes comentaram que a população chegava a tomar como natural o comportamento dessa ala do clero, sem estranhar as visitas constantes que sacerdotes faziam a casas de mulheres, ou as visitas de mulheres a suas casas e celas de convento, ou que da escravaria de clérigos nascessem crianças mulatas. Padres andavam armados, saíam de noite a beber em tavernas e festas mundanas, participavam de comédias, danças, cavalhadas, jogavam cartas nas casas de jogos, frequentavam mosteiros de freiras; espancavam, feriam, ou mesmo matavam alguma pessoa, injuriavam com palavras, furtavam. Esses foram delitos e desmandos enumerados nas *Constituições primeiras do arcebispado da Bahia* promulgadas em 1707, numa tentativa de coibir tais comportamentos.

Enchiam os padres suas despensas com vinhos e artigos de luxo, e se entregavam aos prazeres da mesa com alegria. Havia também excessos ao confessionário, no qual alguns tentavam seduzir mulheres casadas ou solteiras, ocorrendo casos, mencionados em documentos das Visitações, de sacerdotes que convenciam suas fiéis a praticar "atos desonestos".[127] O deão jesuíta, André Gomes Caveira, acusado[128] de ser áulico do bispo — pois denunciava vícios de moradores, com pretensão ao bispado —, alcovitava furtos, era um confessor delinquente que fazia pactos com ladrões, vendia o óleo sagrado da crisma, cobrando para crismar, no entanto não sofreu represálias por parte da Companhia de Jesus.

*

O padre Antonio Vieira desabafou, numa carta, contra o desregramento do clero: "O que tem feito grande mal a este estado, são homens religiosos de vida e doutrina pouco ajustada." Muitos sacerdotes eram pessoas sem estudos, não sabiam nem mesmo o latim das missas. Ignoravam a Santíssima Trindade, não sabiam se persignar corretamente, nem dizer se Cristo ressuscitaria.[129] Uns vinham para o Brasil na situação de degredados por já terem cometido delitos ou desregramentos em suas origens, e escolhiam a colônia por saberem da maior impunidade em relação a Portugal. Outros entravam na vida religiosa simplesmente por falta de opção, ou pelo prestígio que poderia representar. Famílias empurravam seus filhos à vida eclesiástica sem levar em conta a vocação religiosa, e muitas vezes apenas para supri-los com um meio de vida. Padres naturais do Brasil também entravam nos registros de desmandos.

*

Mesmo com o protesto indignado de Vieira, o padre Eusébio ficou fora da Companhia de Jesus; ingressou na ordem dos carmelitas, adotando o nome de Eusébio da Soledade, e passou a viver no convento de Nossa Senhora do Monte do Carmo. Apesar desse escândalo, a família mantinha seu prestígio.

O irmão, Pedro de Matos, ainda responsável pelo funcionamento da fazenda na Patatiba, fora eleito vereador na Câmara da Bahia, no pelouro que se abriu em 6 de janeiro de 1676. *As Ordenações afonsinas* determinavam que uma comissão de juízes, vereadores, um procurador e homens bons deveria se reunir para recolher os nomes aptos à eleição. Apurados os votos, os escolhidos tinham seus nomes inscritos nos pelouros, e o sorteio era feito por um menino de até sete anos de idade. Os Regimentos de 1611 e de 1640 alteraram o sistema, que passou a ser feito por pautas de apuramento e nomeação régia. O nome *pelouro* referia-se ao formato das bolas de cera, semelhantes às balas de mosquete que assim eram chamadas.

Os vereadores, como Pedro de Matos, detinham poderes sobre o cotidiano da cidade e seus habitantes, podendo legislar através de posturas (decretos), o que dava margem a diversas manobras políticas e à obtenção de resultados de interesse pessoal. Tinham de ser letrados. Sua atuação se regia pelas *Ordenações filipinas*, sob as mesmas regras ditadas para o funcionamento das câmaras em Portugal.

Eram, desde 1591, seis vereadores em cada cidade, que tinham suas atribuições relacionadas à saúde e administração de hospitais, açougues e carnes, obras, limpeza, execuções e produção agrícola. Coletavam impostos, regulavam profissões e ofícios, assim como o comércio, taxando o trabalho dos artesãos; cuidavam da preservação do patrimônio público, criavam e administravam as cadeias e o aprisionamento. Baixavam posturas que pretendiam disciplinar a vida urbana, e algumas delas curiosas, como a proibição da entrada de ciganos na cidade. Cuidavam de fianças, inquiriam os alcaides (prefeitos) e oficiais de el-rei, eram responsáveis pelas ruas, praças, estradas, servidões, pontes, chafarizes, calçadas, muros, mandando repará-los quando necessário; determinavam a abertura de caminhos, ruas ou estradas, a construção de muros, faziam posturas acerca do trabalho dos oficiais mecânicos, dos criados de servir, davam ordens sobre cerimônias religiosas, obrigavam moradores a fazer doações, regiam os costumes dos habitantes da cidade. Deviam, além disso, manter fiscalização sobre a execução das leis contidas nas *Ordenações*.

Toda a administração da cidade era centralizada na Câmara, que representava uma força de manutenção do poder da Coroa portuguesa sobre a colônia, até mesmo organizando resistências às invasões estrangeiras, como ocorreu na dos holandeses em 1625. Os vereadores recebiam parte de seus vencimentos pelo recolhimento das rendas da cidade e parte pela Coroa. Tinham de comparecer às sessões, às quartas-feiras, mas se estivessem doentes ou impedidos de comparecer deviam avisar com antecedência para não incorrerem em multa. Recebiam diárias para suas viagens oficiais, dentro de um limite estabelecido pela Coroa.

A presença de Pedro de Matos na vereação era mais um sinal do prestígio da família. Gregório de Matos, juiz do cível e juiz dos órfãos em Lisboa, apesar das sátiras e violas, da filha bastarda, das aventuras amorosas, estava nas boas graças do rei dom Pedro e sua corte, "pelo bom e particular conceito que fez de seu retíssimo proceder; e daqui se foi engolfando em merecimentos".[130]

A Musa quando canta

1677, "Mariniculas"; o bacharel cai das graças do príncipe

A MORTE DE FURTADO DE MENDONÇA (1610-1675), na Bahia, ocorreu após longa doença, durante a qual o governador recebia em seu leito altos funcionários, para determinar o prosseguimento do governo, entre intrigas, querelas, ambições, largamente discutidas na cidade. Os funerais foram uma demonstração da maior pompa que se podia empregar numa dessas cerimônias, o corpo posto numa cama de ébano bronzeada de ouro, sobre um estrado coberto de seda nacarada, entre laços e alamares de prata, ricamente vestido, com o foro de cavaleiro, espada na cinta e o manto de Cristo com as insígnias, rosto alinhado, barba feita. Foram armados oito altares, também muito bem ornados. Dispararam peças de artilharia o dia todo, dobraram campanas nas paróquias e conventos, os terços formaram na praça com aparato fúnebre, tocando tambores, para ali foram oficiais militares, confrarias, sacerdotes, ministros de tribunais, nobres e homens bons; a igreja foi ornada luxuosamente para o enterro, ao qual compareceu uma multidão de habitantes da cidade, de todas as camadas, muitos cobertos de luto apesar de não haver ordem da Câmara nesse sentido.

O governador foi enterrado numa sepultura ao lado da pia de água benta, conforme seu desejo, mas logo em seguida seu féretro foi transferido para outro sepulcro no recinto da igreja. O espetáculo da morte, noticiado em Portugal, sensibilizou o povo, Furtado de Mendonça era um herói militar, de honra e coragem, que dispôs da fortuna de seu morgado para financiar lutas pela independência de Portugal em 1640, e combateu bravamente contra os castelhanos em importantes campanhas, sempre à frente de sua cavalaria. Em Lisboa escreveu-lhe o poeta:

> *Pirâmide imortal fez da Bahia,*
> *o sepulcro infeliz do ocidente,*
> *aos ais do Brasil todo tristemente*
> *lhe forma os ecos toda a monarquia.*

*

Com a fama de brilhante advogado, celebrado por seu talento poético, Gregório de Matos atiçava a vaidade de homens ilustres e nobres. O poeta havia escrito versos celebrando o nascimento da infanta Isabel Luísa Josefa; e comovido com a morte do governador do Brasil, dom Afonso Furtado de Mendonça, honrou a autoridade em cinco apologias sentimentais.[131]

E após a morte do marquês de Marialva, em 1675, general das Armas de Portugal, o poeta compôs um soneto, um epitáfio e dois poemas em tom pranteado, louvando a coragem e a lealdade do vassalo real. O marquês foi enterrado em três partes: o corpo em Catanhede, o coração em São Vicente de Fora; e os intestinos em São José de Riba Mar.

*

Além dessa relação com gente nobre, Gregório de Matos desenvolveu uma espécie de correspondência poética com uma ilustre senhora, poetisa cultivada, respeitadíssima nos meios lusitanos, professa e residente no convento da Rosa. Com ousadia, diz Pedro Calmon, "eram súplicas, recados e versos que desaguavam no abstrato. Como aconteceu com os que fez, no adro dominicano da Rosa — aos pés da muralha de São Jorge, vizinho da soberba pedra d'armas do portão senhorial dos Castelo Melhor, a quem? Imagine-se o atrevimento. À freira idosa, Soror Violante do Céu, a mais ilustre letrada dos claustros portugueses".

Soror Violante era autora de *Rimas várias* (1646), *Romance a Cristo Crucificado* (1659), *Solilóquio ao Santíssimo Sacramento* (1662), *Solilóquios para antes e depois da comunhão* (1665), e uma comédia para ser representada durante a visita de Felipe II a Lisboa. É um dos maiores expoentes da poesia barroca portuguesa, celebrada com os epítetos de *Décima Musa*, ou *Fênix dos Engenhos Lusitanos*. E deu-se ao gozo de responder aos versos de Gregório de Matos, nos quais ele dizia palavras como *Viola na Rosa estava, para dar à rosa fragrância*, comparando-a a uma *musa quando canta*, a uma *flor celeste, que era viola, antes da Rosa...*

Na réplica a freira diz, em grande estilo e muito direta:

> *Contradizer um doutor*
> *bem sei que é temeridade:*
> *porém com uma verdade*
> *quero pagar um louvor.*
> *Nem instrumento nem flor*
> *sou; porém, se o posso ser,*
> *ninguém trate de empreender*
> *o que não há de alcançar;*
> *pois nenhum me há de tocar,*
> *pois nenhum me há de colher.*[132]

*

Tentado pelo desejo imoderado de atrair homenagens para si, o poderoso conde de Ericeira, dom Luís de Meneses, pediu louvores ao poeta. Era um dos homens mais cultos de sua época, dominando as línguas francesa, espanhola e italiana, possuidor de uma magnífica biblioteca em seu palácio decorado com pinturas do cultuado artista francês Charles Le Brun, que trabalhou na decoração do palácio de Versalhes. Aos oito anos de idade, Luís de Meneses entrou ao serviço do príncipe herdeiro, dom Teodósio. Tio da primeira escritora portuguesa a pertencer a uma academia, dona Joana Josefa de Meneses, dezenove anos mais nova, com ela se casou a fim de preservar o título de nobreza. Durante a guerra da Restauração foi general de artilharia. Participou das discórdias e intrigas palacianas que derrubaram o rei Afonso VI, e no reinado de Pedro II foi recompensado com o cargo de vedor da Fazenda na repartição de Armazéns e Armadas, função de grande responsabilidade e prestígio. Historiador e escritor, deixou compêndios panegíricos, comédias em versos na língua castelhana, e a famosa obra *História de Portugal Restaurado*, na qual defende a legitimidade da nova dinastia de Bragança, descrevendo o período da independência portuguesa em 1640, até 1668, quando foi assinada a paz com Castela. A primeira parte dessa obra ainda não havia sido publicada em Lisboa, quando o conde de Ericeira pediu que Gregório de Matos lhe dedicasse louvores. O poeta não lhe achou préstimo algum. Escreveu um soneto galhofeiro em que começou a gabar o louvado, e antes do quarto verso chegava ao fim.

Na quinta torce agora a porca o rabo:
A sexta vá também desta maneira,
na sétima entro já com grã canseira,
E saio dos quartetos muito brabo.[133]

Nos tercetos não sabia o que dizer, e disse que o conde o honrava por querer ser gabado, fazendo com que o poeta se sentisse um rei, e no fim do soneto, sentenciou: *Se desta agora escapo, nunca mais; / Louvado seja Deus que o acabei.* Estava já o poeta a atrair inimizades poderosas.

Anos depois, atacado de melancolias, o conde de Ericeira jogou-se da janela de seu palácio, morrendo logo em seguida. Gregório de Matos lhe dedicou mais versos, censurando-o por tal gesto, num tom quase jocoso. Achava que fez bem o conde, ao se arrojar nos jardins, e entre flores expirar.

> *... era valido, e caiu,*
> *que o cair é dos validos:*
> *tão certos são, e sabidos*
> *no monte, no lar, na praça*
> *estes reveses da graça,*
> *que é já dos Palácios lei,*
> *que quem da graça d'El-Rei*
> *cai, cai da sua desgraça.*[134]

Insinuava que o conde matara-se por ter caído das graças do rei, mas seria ele, Gregório de Matos, quem perderia a simpatia e os favores do soberano após recusar um cargo no Rio de Janeiro e escrever um longo poema satírico contra um cortesão, um dos favoritos de Sua Majestade.

*

O cargo recusado era o de ouvidor; por ordem real deveria o bacharel ir para o Rio de Janeiro a fim de devassar os atos do governador Salvador Correia de Sá e Benevides durante uma insurreição ocorrida em 1661; o rei teria prometido ao poeta que, após o retorno, ocuparia um lugar na Casa da Suplicação, o tribunal superior da corte, caminho certo para o almejado cargo de desembargador. "Mercê que fatalmente rejeitou; uns dizem que por temer as investiduras de tão poderoso quão resoluto réu, quando tinha firme o propósito de observar justiça", diz Rabelo, e "outros, que com algum atrevimento indecoroso capitulara com o soberano a mercê antecipada ao serviço, dando a entender que fiava pouco em promessas, inda que reais".[135]

Além disso, a família Matos devia um favor a Sá e Benevides: ele viajara à Bahia em missão específica para resolver a pendência que se arrastava havia décadas, acerca da posse do engenho de Sergipe do Conde, e sua mediação resultou favoravelmente aos herdeiros do velho Pedro de Matos. Tais motivos decerto influenciaram a decisão de Gregório de Matos em se recusar a fazer a devassa.

Salvador Correia de Sá e Benevides era inimizado por dom Pedro II, por haver apoiado dom Afonso VI, e sobre esse governador pesavam uma condenação de degredo, suspeitas sólidas de irregularidades no governo, acusações pelo modo como ocorreu a morte do cabeça da insurreição, e ele sofria perseguições por parte de inúmeros inimigos. Além disso, a promessa real ao poeta tinha boas chances de não ser cumprida, pois a nomeação de qualquer cargo no Tribunal da Corte era disputada e ambicionada por homens poderosos e de grandes famílias. Gregório de Matos queria que antes de ir para o Rio de Janeiro lhe fosse dado o cargo de desembargador da Suplicação, temendo não recebê-lo no retorno.

Talvez, também, ele não quisesse voltar ao Brasil, ainda que provisoriamente, temendo as arriscadas travessias marítimas, a perda de algum secreto amor, a separação de dona Micaela, ou a possibilidade de não retornar a Lisboa, onde estava enraizado e prosseguindo em sua escalada na área jurídica.

*

Em 1677 um longo poema, que se sabia ser escrito por Gregório de Matos, passou a circular de mão em mão, de boca em boca, de riso em riso. O poeta atacava e ridicularizava um protegido do rei, Nicolau de Oliveira, provedor da Casa da Moeda.

Ficou famoso o poema "Mariniculas", cujo título sugere *maricas*, *maricón*, seguido de *niculas*, ou Nicolau, um de seus achados mais brilhantes na arte do batismo zombeteiro. Nele diz o poeta que todos os dias via passar o Mariniculas em sua sege, mostrando-se tão cavalheiro como se estivesse em Londres ou Paris, mas o fidalgo era filho de alfaiate, cujos avós tinham sangue tudesco, e a avó fora uma meretriz; Mariniculas era muchacho rabaceiro (homossexual), que nunca olhava para as toucas femininas, porque preferia as fraldas das calças; o sumilher (reposteiro, encarregado de cerrar e abrir as cortinas) era aprendiz de um alfaiate de quem recebia lições de uma pica viril; conta o poema que Mariniculas foi-se do Reino por não ter lucros, e lá onde esteve, ligou-se a certo mulato sodomita e rufião.

> *Por sinal, que no sítio nefando*
> *Lhe pôs a ramela do olho servil*
> *Um travesso, porque de caveira*
> *A seus cus servisse aquele âmbar gris.*[136]

Enriquecendo na África, o Mariniculas passou a ser pirata, voltando depois disso para Portugal, onde se entregou ao roubo e a outros delitos; alugava rapazes ao povo, abriu uma tenda de punhetas, com a placa "Os ordenhadeiros se alugam aqui", tendo por mestre o pajem Marcos, um fanchono que o seguia pelas ruas e com ele morava; uma tarde, diz a sátira, estava Mariniculas limpando os ouvidos de seu pajem quando bateu à porta uma força policial civil, e ambos fugiram, para não serem colhidos "em mau latim".

Casou-se o Mariniculas na igreja, com uma filha de família rica, conseguida por alcoviteiras, e apresentando documentos falsos; não contribuiu para a festa nupcial, na qual bebeu desbragadamente. Depois de peripécias tornou-se famoso arbitrista, subindo a Excelência, e com dinheiro e às unhadas abriu as portas para si, obtendo grandes rendimentos; vestia-se com topes de seda, usava cabelos de cabra e pós de marfim; o povo se ria dele; chamava-o de Sua Alteza e ele não respondia nem sim nem não; tinha uma prima desvirginada, umas tias galegas e varonis, uma avó paterna com devassas qualidades sexuais, antecedentes que mataram portugueses a encargo do rei da Pérsia, avós tão humildes, de trabalhos mecânicos, de cujo legado o Marinículas soube se livrar. E afinal, depois de ter sido tão vil, era um sujeito qualificado a ponto de ter o importante cargo de provedor da Moeda.

> *É possível que calce tão alto*
> *A baixa vileza de um sujo escarpim,*
> *Para o qual não é água bastante*
> *A grossa corrente do Guadalquebir?*

> *Marinículas é finalmente*
> *Sujeito de prendas de tanto matiz,*
> *Que está hoje batendo moeda,*
> *Sendo ainda ontem um vilão ruim.*

Manuel Pereira Rabelo sugere que o rei apreciou a sátira, chegando a decorar os versos. Mas o doutor Gregório de Matos foi alvo de invejas e indignações, sofreu campanha por parte de Nicolau de Oliveira, e caiu das graças do soberano. "Esta queda do conceito d'el-rei devia ocasionar-lhe certo semivalido, contra quem indignado o poeta soltou os diques à sua Musa, mostrando desde Lisboa ao mundo a mais venenosa sátira, que pudera excogitar o mesmo Apolo. Sempre que leio este ramilhete de víboras me acordo do miserável Bupalo,[137] que desesperado de honra se enforcou, por haver sido assunto de outra menos viva talvez do que esta: cujo herói devia de amar menos a honra, do que a vida. Foi tal esta obra, que o mesmo soberano a decorou, fazendo glorioso apreço de suas figuradas consonâncias, quando o desafogo da Majestade o permitia."[138] A Corte o reconhecera como homem agudo, mas o temia como homem ousado.

A cama fria da solidão

1678, adeus a dona Michaela

Fólio 70 verso (*à margem*) D. Michaela de An / drade. / Aos sete dias do mês de Agosto de mil, e seis centos, / e setenta, e oito anos faleceo com os Sacramentos D. Michaela de Andrade molher de Doutor Gregorio // Fólio 71 de mattos guerra, morador na rua direita, iunto as portas / de Sta. Catherina, não fes testamento, emterouse no / Convento do Carmo.

GREGÓRIO DE MATOS SAI, *arrasado, da igreja do convento do Carmo, após o enterro de dona Michaela. Tão pálida, desmaiada, triste, sem cor, sem louçania, os lábios coloridos de rosa, parecia dormir entre ramos. Ao lado da mãe de sua esposa e dos cunhados e cunhadas ele acolhe as condolências de familiares e amigos, à porta.*

Vai, solitário, no terreiro do Carmo, toma um cavalo e segue pela cidade. Dona Michaela sofreu longamente a moléstia e recebeu sacramento antes de morrer, está no céu. E ele, num inferno. Gregório pensa em tudo o que a fez sofrer, vindo de seus desmandos, por tanta desilusão ela desistiu de viver, entregou-se à morte. Já não era mais jovem, tinha uns trinta e poucos, e a desventura de casar com ele, que se sente perdido. Desde o ano anterior, quando caiu das graças do príncipe, ele parece escorregar à entrada de um abismo, está precisando jogar uns vinténs furados nas cruzes de são Bento.

Não quer voltar para casa, vaga longamente pelas ruas e estradas, distraído, até o entardecer. Quando percebe, está em Cascais, diante de uma dura penha onde alguns se vão arrojar para ir direto ao inferno. Desmonta e vai olhar o abismo.

Repartida em rochas, a penha forma quatro fileiras contra o mar inimigo, pedras que são combatidas pelos mares, escaladas pelas ondas, como incêndios de salitre de imensa força, as pedras diante dessa descomunal força do mar resistem, vitoriosas, carcomidas pela repetição, não há um desengano para fúrias tão loucas das águas, mas o tempo, que dá a todos a memória, há de mostrar-lhe enfim que nas maiores forças não há intento sisudo com esperanças loucas. Ali, aonde o fado o conduz, onde o destino o arroja a escrever desenganos, quer se queixar ao céu, nas cordas numerosas de sua triste lira.

Por que o mundo o fez tão semelhante àquelas pedras? Elas resistem aos ventos e às águas, e ele, aos vaivéns da fortuna. A penha se molha a cada maré, as ondas formam brancos pés, assim como ele, incansável, caminha a cada hora num sucessivo pranto que o inunda e afoga. A luta das ondas tenta prostrar a dureza da rocha, como ele, como sua fortuna tenaz e porfiosa que insiste em vencê-lo na sua firmeza heroica.

Pelo mar de seu tormento, em que se vê padecer, deseja que seu pensamento navegue, enamorado, que seus suspiros formem um vento e o levem para onde se deseja ver, e que sua alma lhe diga:

Parti, coração, parti,
Navegai sem vos deter.

Quer que seu coração vá até onde está seu amor, apesar da separação seu sentimento não perde a constância, nem admite rigor; antes, superior, quer se exceder. Porém, se desfalecer em tantas adversidades...

Ide-vos, minhas saudades
A meu amor socorrer...

Vendo o pouco que duraste,
Da vida foste um nonada,
Nem foste rosa, nem nada,
Se tão depressa acabaste...

Cansado de carregar tanto sofrimento, crê que é injusta a pensão da vida humana a lhe dar tormento sem medida e nem mesmo concede o alívio de um contentamento, crê que nasceu para a oficina do tormento, sua alma está unida aos desgostos, sua alma o possui, aflita, e para mantê-lo sob sua posse lhe dá o alimento dos pesares. Não são as lágrimas bastantes contra os incêndios que ardentes o maltratam, não são as lágrimas bastantes contra seus tormentos. Dentro de si combatem as lágrimas e os incêndios, conspirando contra seu ódio, e tanto, que por o matarem, não o matam. Inspira-se... Solos de mi triste enojo, ojos, podreis dar indicios, pues aquestos desperdicios los tuvisteis siempre de ojo...

*

Num reconcentrado luto, segue em sua vida.

A casa na rua Direita está silenciosa, as criadas murmuram ao fogão, ele nem sabe o que fazer. Vaga, perambula, falta ao trabalho. Escreve poemas inspirados pela dor. Aos poucos volta à boêmia, à sátira, à estroinice, à chalaça, aos jogos de cartas, à viola, aos catres das damas no Mocambo, às mundanas nos arcos do Rocio, às turinas fêmeas, até se extenuar pelas carícias, vai ver bailarem os bonecos no pátio da mouraria, vai às comédias nas quintas-feiras ver as cómicas de Espanha no Pátio das Arcas atirando seu coração como uma flor aos portugueses, acaba nas camas das niñas holgonas com olhos de amêndoas e almas de azougue, aplaude nos barracões as burlescas e os vadios que dialogam, à luz mortiça de grandes candelabros, enfia-se pelos becos e alforjas sem conhecer mais o caminho de casa. Madruga nas ruas, evitando a cama fria da solidão.

"A perda da esposa cindiu-lhe o destino. Para trás ficaram os brios da inteligência culta; para diante, o abismo da graça e da aventura. Fechou o livro, deu-se à sátira, à estroinice, à chalaça, como se das frustrações desembrulhasse a alegria de rapaz, correndo a espiar a tricana nas ribanceiras do Mondego."[139]

Mais aperreado que um cornudo

1679, nomeado desembargador da Sé na Bahia

É CHAMADO AO PAÇO. *Sente uma angústia fina, não pode ser boa coisa. Uma repreensão, decerto. Tenta antecipar os motivos: a recusa sobre devassar o antigo governador do Rio, a filha bastarda, as faltas no trabalho, os papéis acumulados sobre a mesa, sem resposta, a vida desregrada... Uma reclamação de sua freguesia... A sátira ao valido* maricón... *Algum castigo do rei.*

Mais aperreado que um cornudo, prepara-se, tira os chinelos dos pés, a camisa, faz a barba, com ajuda da criada banha-se como os espanhóis, veste uma roupa decente e limpa e vai, com um aperto no coração e um leve tremor nas pernas. Bem dizia dona Maria da Guerra, três filhos como três sovelas sem cabo.

*

Sente repulsa dos fidalguetes, dos que trazem el-rei na barriga, dos que vê no Paço atrás de favores, sem vergonha de pedir um tostão, de rosto pintado, soltando pó, reverentes. Passam os dias a podar roseiras e as noites a rezar nas contas, ou em mesas de jogos proibidos, ou a caçar perdizes às coutadas de Salvaterra, ou a amansar potros nos picadeiros ou às óperas nos teatrinhos doirados a seduzir as moças. Mas o que há de pior nas classes altas é a ausência de mulheres, encobertas de preto nos esconderijos dos palácios.

Ele fica à janela, enquanto espera ser atendido. No terreiro do Paço circulam seges, calejas, estufas, liteiras, coches, pessoas a pé, a cavalo, algumas a acolher-se ao Paço da Ribeira. Aponta ao lado da ca-

pela um prelado, que atravessa o lameiro. Também os prelados o abor-
recem, purpurados, bispos, cardeais, meio cónegos e meio príncipes,
cheios de meias vermelhas e chapéus suntuosos, metidos em negócios,
em políticas, dando e revogando sentenças segundo abraços e jimbo,
alguns dão banca de jogos em casa, alguns andam com damas, alguns
têm livros galantes e caixas de rapé com mulheres nuas. De nada ele
pode se queixar, por suas próprias penitências, mas aborrece a hipocri-
sia. Aquele mundo não é seu, não é mais o seu mundo, e lhe vem de
repente um sentimento esquisito de saudades, serão saudades da Bahia
ou de sua juventude que se esvai? Saudades... É sua vez, e entra na sala.

Lá o espera dom Gaspar Barata, que lhe diz ter sido nomeado bispo
na Bahia e Primaz do Brasil, e está a preencher os cargos de sua prela-
zia. Gregório conhece dom Gaspar do tempo em que se fez o processo
de divórcio de dom Afonso, que o poeta acompanhou com certa distân-
cia e pudor, embora tentado a escrever sátiras sobre os depoimentos das
mulheres que passaram pelo leito real. Dom Gaspar foi signatário da
sentença do processo de anulação do casamento real. Formou-se, como
Gregório, em Coimbra, e como ele foi juiz de fora no começo da car-
reira, mas desencantou-se do magistério e entrou para o seminário. Ho-
mem culto, com fama de bom orador, subiu logo a desembargador da
Relação Eclesiástica, juiz dos casamentos e relator de direito canônico.
É valido do rei, portanto Gregório de Matos não compreende a nomea-
ção: embora seja uma honra o bispado e a primazia do Brasil, ir para a
colônia é um castigo. Ainda mais para dom Gaspar, que tem saúde fraca.

Os cargos que o bispo lhe oferece são de desembargador da Re-
lação Eclesiástica na Bahia e tesoureiro da Sé. Bons salários, bons
provimentos, não poderá ser preso nem processado, terá imunida-
des, as tão almejadas imunidades eclesiásticas. Livre das garras da jus-
tiça, da Inquisição, dos invejosos, dos inimigos que pressente por to-
dos os lados. Cuidar da justiça canônica e do dinheiro sagrado da
Igreja. Cargos de muita confiança, quem não sonharia ser desem-
bargador e tesoureiro? Mas isso significa a volta para sua terra natal.

A decisão o arrasta a pensamentos desencontrados, entre sim e não, entre não e sim. Como estará a Bahia? Tem muitas lembranças, mas em trinta anos tudo deve ter mudado. E para pior. Não tem mais sua casa, não tem mais os avós e pais que o apoiavam. Tem os irmãos, e a irmã Justa é casada com um fidalgo poderoso. Tem seu tio João de Matinhos que se tornou o homem mais rico da Bahia, e continua o mais avarento de todos.

Padre Vieira prepara sua volta ao Brasil, não se sabe se castigado ou desgostoso, mas sempre há de ser homem de poderes e altas letras. Governa a Bahia Roque da Costa Barreto, um general de batalha e conselheiro de guerra, mas dizem estar mais interessado em expedições e índios, em minas, em levar colonos para o interior e em aumentar os plantios, e está numa questão solene nas mãos do papa, pela posse das terras ao rio da Prata. O açúcar ficou pobre, não se vende mais como antes. Eusébio no Carmo... Pedro na Câmara... Gregório vai subir de juiz a desembargador, ainda que mazombo. Uma volta triunfante, de certa forma. Anda mesmo precisado de bonança.

*

O príncipe regente, dom Pedro II, enviou em 1676 uma petição ao papa Inocêncio XI solicitando a elevação da diocese de Salvador da Bahia a arquidiocese, com a conversão da catedral da Bahia a metrópole-primaz, e a nomeação, como primeiro arcebispo, de dom Gaspar Barata de Mendonça, por suas virtudes e qualidades. Foi atendido pelo papa, que emitiu duas bulas, no mesmo ano: a *Inter Pastoralis Oficii* e a *Divina Disponente Clementia*. A primeira elevava a Bahia à qualidade de arquidiocese, criando suas sufragâneas; e a segunda nomeava Gaspar Barata de Mendonça o arcebispo da nova arquidiocese.

Impedido de viajar, devido à sua saúde precária, dom Gaspar tomou posse por procuração em junho de 1677, para exercer a prelazia através de delegação. Dom Gaspar escolhia seus delegados, convidando Gregório de Matos para ocupar um papel importante. Se não foi uma indicação do próprio rei, foi o rei quem assinou a nomeação, em 24 de março de 1679. Por um lado o rei recompensava Gregório de Matos com altas dignidades, mas por outro, livrava-se de uma voz incômoda e a cada dia mais popular. E agradava ao seu valido, Nicolau de Oliveira, agora eternamente apodado de *Mariník̇ulas*.

*

Na década de 1660, quando conseguiu consolidar sua independência, o Império Português estava reduzido a Moçambique, na costa oriental da África, a poucas cidades e fortalezas na Índia, Macau (na China) e Timor (na Indonésia), além do Brasil. ... Portugal voltou-se para o Brasil, já então a parte mais importante do Império, chamado por dom João IV de a "vaca de leite" de Portugal. O príncipe herdeiro passou a ter o título de "príncipe do Brasil". Desde a década de 1640, dada a incerteza dos acontecimentos em Portugal, falava-se na possibilidade de transferência do Reino para o Brasil. O padre Antonio Vieira chegou a ser encarregado de missão junto ao cardeal Mazarino para conseguir apoio francês a uma operação diplomática que envolveria a transferência de dom João IV para o Brasil.[140]

Não se sabe se Gregório de Matos desejou a sua vinda para o Brasil, ou se veio contra a vontade; de toda forma veio "acutilado e ferido", como afirmou o vigário Ribeiro em sua famosa sátira contra o poeta. Num poema, Gregório de Matos disse que deixou a Corte *por um mal, que era futuro*. Ditoso e bem-aventurado aquele que vivia longe das demandas, dos tribunais e apelações que davam à vida fastio e enfado, ele disse, ditoso quem povoava o despovoado a ouvir passarinhos, se estava ele na Corte tão seguro, a deixou por um mal futuro. Parecia cansado, entediado da vida que levava nos tribunais.

Pela segunda vez o rei tentava despachar o poeta para o Brasil. Havia prevenção contra os mazombos, e o satirista, agora viúvo e solto, era uma promessa de novos tumultos.

*

O jovem poeta Tomás Pinto Brandão, amigo de Gregório de Matos em Lisboa, viria a escrever uns versos em que comenta que, ao se conhecerem na viagem para a Bahia, vinha o companheiro "despachado e desgostoso". Rabelo diz que Gregório retirou-se descontente por lhe haverem negado favores, e os favores lhe foram negados por ser ele poeta e por ter fama como jurista. "Daqui infiro que invejas de uma e indignações de outra prenda ocasionaram que o doutor Gregório de Matos se retirasse desgostoso para a pátria daquelas injustiças, que de ordinário padecem na Corte os beneméritos. E com ele mesmo provarei o que digo, que é autor sem suspeita, escrevendo umas décimas a dom João de Alencastre:

> *Mas inda que desterrado*
> *me tem o fado, e a sorte*
> *por um juiz de má morte*
> *de quem não tenho apelado:*
> *é hoje, que sois chegado,*
> *senhor, o tempo em que apele;*
> *Fazei, que a el-rei o desvele*
> *pagar o serviço meu,*
> *pois é bizarro, e só eu*
> *não vim muito pago dele."*[141]

Teria vindo, conforme Rabelo, desgostoso por el-rei não lhe pagar os adiantamentos que julgava merecer; e despachado, ou seja, incumbido de um serviço, por vir com os cargos que lhe foram oferecidos, "desenganado de poder lograr o fruto de suas letras em uma corte, que o reconheceu agudo, para temê-lo ousado".[142] Informa ainda Rabelo que o poeta teve a nomeação facilitada pelo desembargador Cristóvão de Burgos, que teria ordenado o pagamento requerido pelo poeta, uma dívida da Fazenda Real por seu trabalho como procurador da Bahia nas Cortes; e interferindo a favor do poeta nas questões que comprometiam seu comportamento. Pelo poema a João de Lencastre, parece que a dívida real não foi paga.

*

Em suas novas funções, Gregório de Matos deverá cuidar do tesouro da Sé, e na Relação Eclesiástica irá se encarregar de denúncias e práticas que envolvam clérigos ou questões religiosas. Para exercer o cargo, ele precisou tomar ordens menores.

As ordens menores eram ministérios que não consagravam definitivamente como padres quem as recebia; os irmãos menores tornavam-se hostiários (porteiros), acólitos, exorcistas, ou leitores religiosos. Os hostiários eram encarregados de guardar as chaves e portas dos templos, às vezes de tocar os sinos e cuidar da igreja; nas missas eles ficavam encarregados de impedir que pessoas chegassem muito perto do altar e de que nada incomodasse o celebrante. Os acólitos ficavam ao lado do padre na missa, ajudando-o, distribuíam a comunhão e cuidavam do altar. Os exorcistas auxiliavam o sacerdote na função de expulsar demônios e maus espíritos, e também preparavam os objetos da bênção. Os leitores faziam as leituras na missa e em outros atos sagrados, da Bíblia e da *Liturgia das Horas*, mas não do Evangelho; a eles cabia instruir na fé crianças e adultos antes de receberem um sacramento.

Embora as ordens menores funcionassem muitas vezes como um caminho para a ordenação sacerdotal, os irmãos não passavam pelo seminário, eram escolhidos entre pessoas que desejavam unir-se à Igreja sem o compromisso sacerdotal, como o caso de Gregório de

Matos, que as tomou com o intuito de ficar apto a receber um cargo na hierarquia eclesiástica. Eram, todavia, obrigados a usar a indumentária adequada: batina, sobrepeliz e murça, e a tonsura. Murça era uma vestimenta de cônegos, uma grande gola que descia aos peitos, de lã ou seda preta, de onde saía a sobrepeliz, uma veste branca e rendada, posta sobre a batina. Gregório de Matos teve seus cabelos tonsurados, mas continuou trajando o hábito secular, uma impertinência que lhe custaria caro.

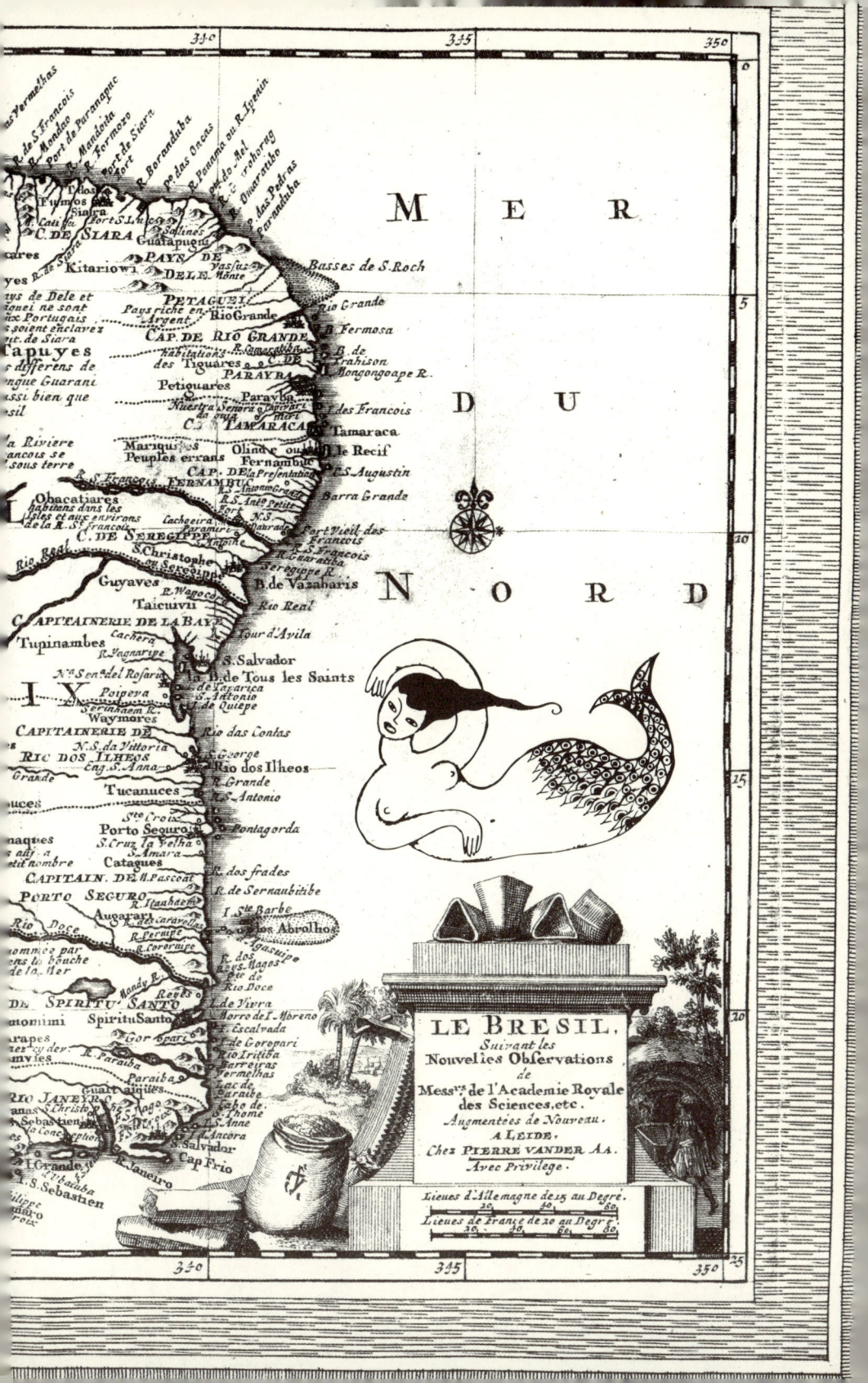

Misericorde.

Monnoye.

aison du Gouverneur.

trapade.

Y E D E

3

Volta à Bahia

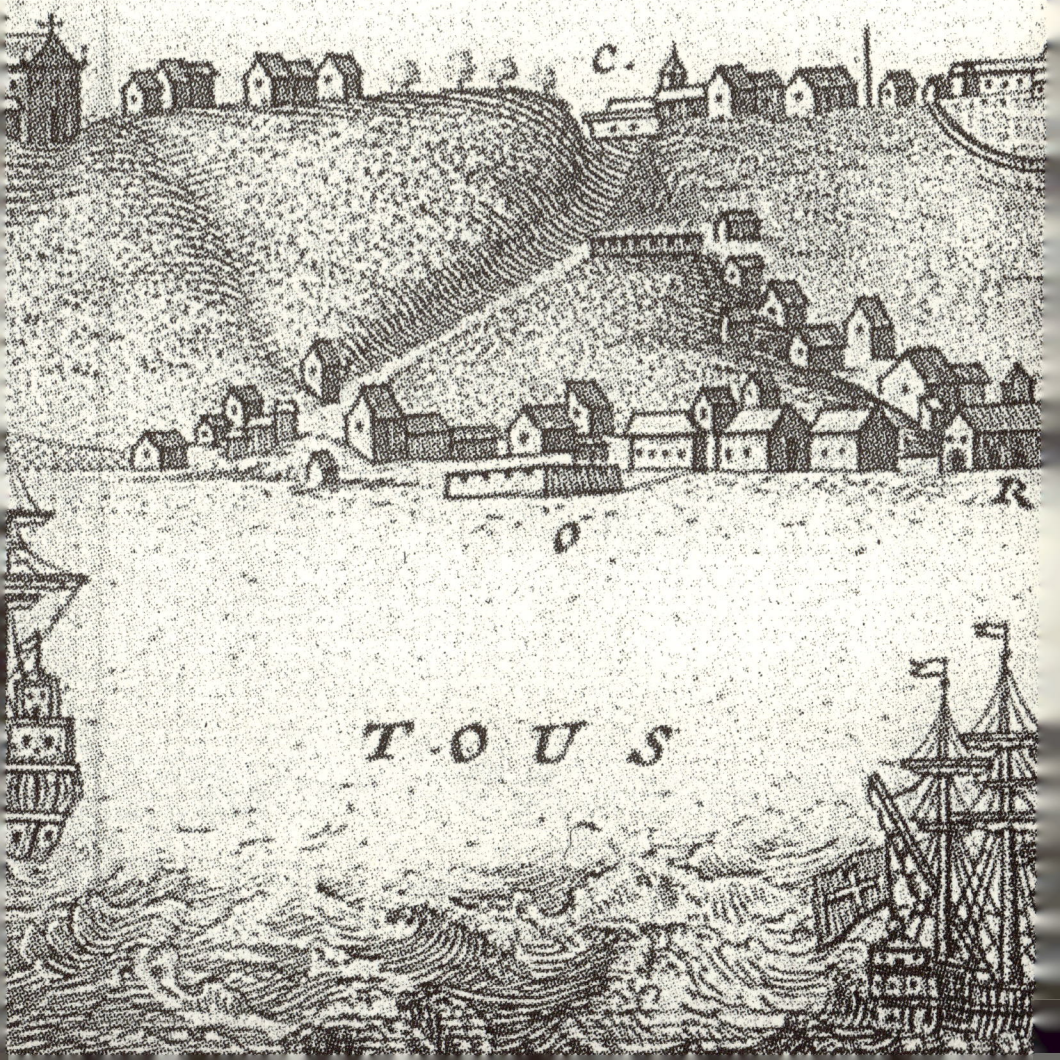

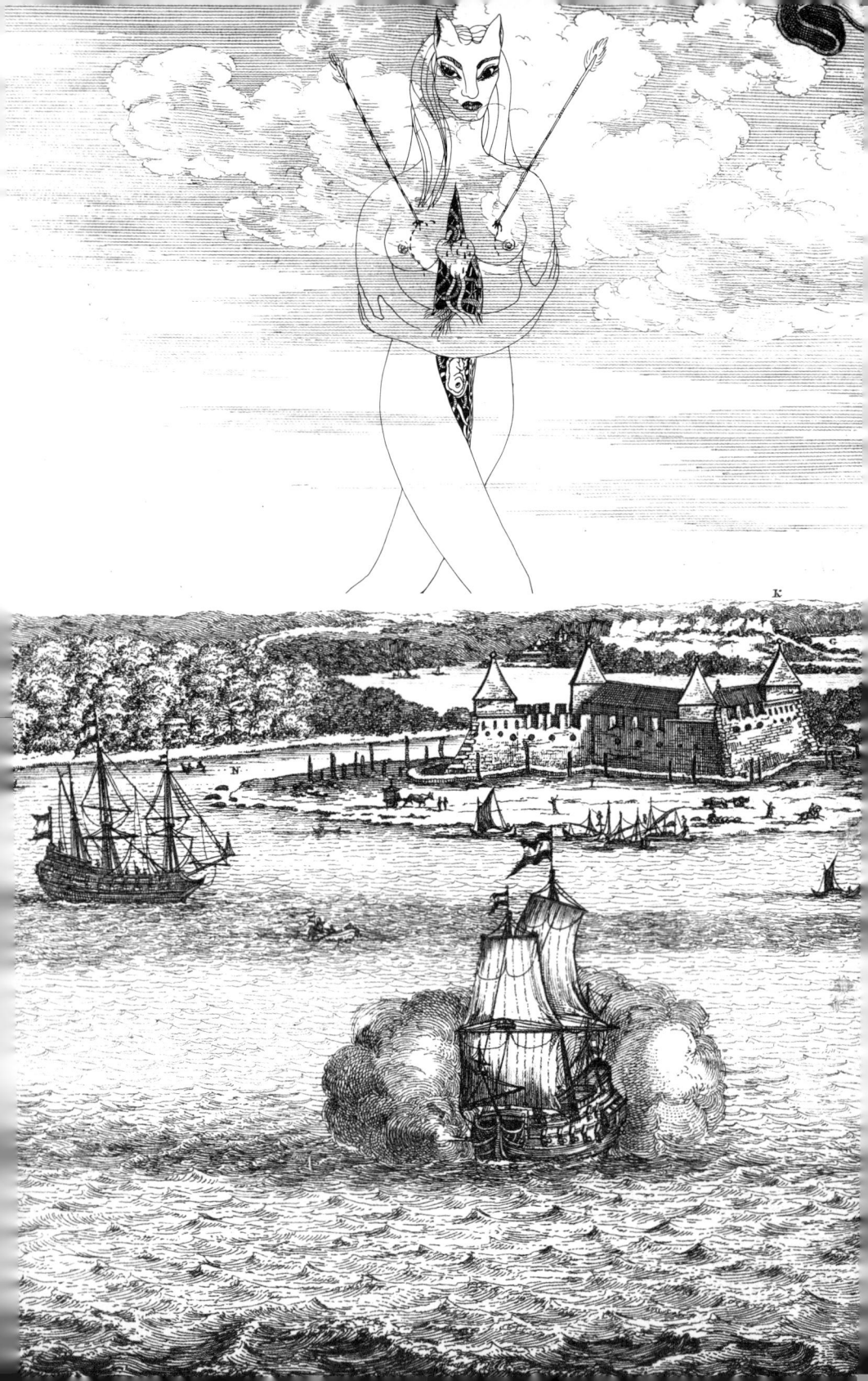

Pelas ondas e ladeiras

1682, viagem com Tomás Pinto Brandão

MÊS DE MARÇO DE SEISCENTOS E OITENTA E DOIS. *No cais de pedra são muitos os amigos e amigas de Gregório de Matos que se despedem. Ele tem, acredita, uns quarenta e dois ou quarenta e três anos de idade, esteve uns trinta de sua vida em Portugal. Trinta anos ricos e belos, cursando várias "universidades", pisando fortes, castelos, e depois de muitos desvelos e trabalhos, é levado para a peste do pátrio chão, a este Brasil onde quer a sorte jogá-lo.*

Com ele vão dois desembargadores: Cristóvão de Burgos, que lhe facilitou a passagem na sua conduta, e volta à terra natal para vender propriedades, e João da Sepúlveda de Matos, filho de um inspetor de mercado. Burgos tinha sido governador do Brasil na junta após a morte de dom Furtado de Mendonça, lá por 1675. Conta ao poeta que fez leitura de bacharel e em dez anos era desembargador. Depois foi convocado a Lisboa, para livrar-se de imposturas com que o capitularam seus inimigos, mas de tal sorte demonstrou a pureza de seu procedimento que o promoveram a desembargador dos agravos da Casa da Suplicação. É amigo do padre Vieira, que lhe serviu de testemunha na sua leitura de bacharel, dizendo ser Burgos bom estudante de quem tudo sabia por ter residido vinte e cinco anos na Bahia e por conhecer e tratar com a família do bacharel.

Burgos lamenta a sorte de tal grande sacerdote, caído das graças de dom Pedro depois de amargar os cárceres da Inquisição, um homem que tanto prestou ao bem do reino. Mas, louco, Vieira queria favorecer aos judeus e índios, não tinha freio na língua e seus argumentos eram de ferro, esta a razão de sua desdita: a força na voz. Burgos é homem de alta esfera, foi provedor da Misericórdia e ostenta a cruz de cavaleiro da Ordem de Cristo. Vai vender um solar no terreiro de Jesus que estava hipotecado à Misericórdia. Tomará posse como ouvidor geral do crime, da Relação no Brasil.

*

Mas os dois desembargadores não são a companhia dileta de Gregório, apesar de servirem para conversas de utilidade. Sua dileta companhia é Tomás Pinto Brandão, que aprende a ser poeta, grande admirador de Matos, de quem decorou as sátiras. Conheceram-se quando Tomás se achava opositor a uma judicatura na sua pátria. A semelhança dos gênios, ambos picantes, apertou tanto os vínculos de amizade que, despachado, Gregório carrega consigo Tomás para o Brasil.

Alegre, jovial, Tomás ainda não completou vinte anos de idade, tem palavra fácil e atrevida, é muito irreverente, acima de tudo no que toca à religião, o que diverte seu amigo. Adora Cervantes e declama, entusiasmado, trechos de Dom Quixote. *Andava por Lisboa desde os catorze anos de idade, a ver se lhe empregavam os talentos, mas nada aproveitou. Passou em Lisboa uns cento e vinte dias de jejum, diferentes tipos de jejum, sem achar nenhum modo de vida.*

Agora vai para o Brasil sem reparar na jornada, andando muito de partida, sem ocupação nem exercício mais que a poesia. Cinzela os rendilhados de uma verve obscena com buril delicado, fazendo rir o Matos. Conta como procedia em Lisboa para seduzir as indiscretas perliquitetas. Um boêmio. Leva uma imensa testa e um furo no queixo. Tomás nasceu no Porto e sempre fala da terra, da vontade de comer umas tripas que a criada lhe fazia. Aprendeu com o pai, rábula da Relação no Porto, sua gramática e seu latim.

Divertem-se a satirizar o "bom" governo de Portugal, improvisam versos contra dom Afonso, o rei menino inocente com seus torpes exercícios, a gente pobre que chega a cardeal, o desacertado Conselho de Estado, os secretários que assolam o mundo, os selvagens no Conselho de Guerra, os chinchilas do Desembargo, os diabos no Conselho de Ultramar, contra os soberbos fidalgos, as donzelas quebradas nas esparrelas, as casadas manchadas, as viúvas apolvilhadas, os vaganaus estrangeiros, os bisbilhoteiros, a vil canalha de mercadores vendilhões, ninguém lhes escapa à troça, ao talento, ao repente, e riem, cantam aos ventos salgados, cercados de gente que também ri da mofa e soluça as nostalgias. Vão fazendo amigos, e também inimigos de prevenção. Dous irmãos de la vida airada...

*

Gregório faz amizade com um grumete da nau, Manuel Fernandes, um gentil-homem, valente e namorado, uma trindade de perfeições, tão corajoso que até a morte o teme, e é venerado pelo fado. Corajoso como Palinuro, o piloto do príncipe troiano Eneias, que se afogou no mar Tirreno, por determinação divina, para salvar a frota de seu senhor. Manuel Fernandes parece pintado por Adônis, a beber os ventos, resolve as contradições e leva o barco tão "seguro" que faz o mar parecer feito de vinho puro. Tem tantas prendas que nenhuma filosofia poderia explicá-lo, e sente tanto amor pelo poeta que lhe diz sempre cortesias, também o poeta lhe deve amizade e retribui as mesuras. Gregório admira aquele homem do mar, formoso, olhos de porcelana preta, que se mantém sempre na fé, valente, fortes pulsos, pernas, até as cavernas do barco o temem. E Gregório o recreia tocando viola, conversando, alegrando-o, diz-lhe que, quando estiver a namorar, levará o grumete como escudeiro. Falam das negras e mulatas e pardas da Bahia, Gregório se delicia com lembranças e prelúdios. Quando percebe terra à vista, o grumete anuncia:
— *Vamos molhar as picas!*
Com ternura Gregório revê o suave relevo da costa, cosendo-se com a Barra, os alvos lençóis de Santo Antonio. O perfil da cidade estendida além dos muros, que antes não havia. As pequeninas naus fundeadas. A ilha de Itaparica com suas alvas areias, alegres praias, frescas e deleitosas,

ricos polvos, lagostas deliciosas, farta de putas, rica de baleias. A entrada da baía, a cuja vista tudo o mais é cisco. Os montes, as nuvens. As aves. Quando o poeta avista coqueiros e bananeiras, comovido, diz para si mesmo: Brasil.

*

Eis o porto da Barra, eis o povo da Bahia. O porto atulhado de trapiches que não havia antes, e sob a bateria do forte do Mar uma numerosa frota de saveiros, que antes não havia, e numerosos barcos de comércio e de tráfico despejando angolas e minas.

O coração de Gregório bate forte, lá está um padre carmelita, é seu irmão Eusébio que o espera, gordo da boa mesa de convento, ao lado de Pedro, que também engordou, na boa vida de vereador. Lá está seu tio João de Matinhos, que não tem filhos e, apesar de ser o homem mais rico da Bahia, veste-se com modéstia; lá está o doutor Manoel de Matos e Vasconcelos, muito amigo de seu defunto pai; lá estão o cunhado Domingos com o filho também Domingos, e outros tios, outros primos, os filhos da defunta Isabel, esqueceu os nomes deles, mas logo relembra, Luís e Henrique, todos orgulhosos do primeiro Matos desembargador, que volta em grande elevação, maltratado das ondas e ventos e sal, a capa rota, o chapéu amassado, os óculos embaçados, mas alegre e altivo. Todos percebem como tem porte e fala culta, de doutor.

E lá está o padre Vieira, envelhecido, barbas e cabelos brancos, uma batina surrada e desbotada, que veio ao cais receber seu amigo, o desembargador Cristóvão de Burgos, para levá-lo ao colégio, toda autoridade chegada à Bahia vai primeiro pisar o chão dos jesuítas. Vieira está de volta ao Brasil já faz um ano, e é sempre acompanhado de seu fiel amigo e escrevente, padre José Soares. Com Vieira está seu irmão, Bernardo Ravasco, e o sobrinho Gonçalo Ravasco, que logo tratam amizade com Gregório. Padre Vieira cumprimenta o desembargador Matos, e lá se vão os chegados, pelas ladeiras árduas da Bahia, o velho padre carregado numa rede. As bagagens sobem içadas no guindaste dos jesuítas. Lá está o guindaste que foi de seu avô Pedro de Matos. Muitas são as lembranças se confundindo na mente de Gregório, que se sente de novo o menino brasileiro. Todas as vistas, todos os cheiros o perturbam.

*

No colégio o desembargador e o jesuíta comem e conversam, padre Vieira conta da Bahia, fala de todos os seus sacrifícios e orações, está retirado num deserto sem ter novas do mundo; pergunta se dizem em Lisboa que está morto, e decerto está, cair das graças do príncipe é o mesmo que morrer.

O desembargador lhe entrega cartas de amigos em Lisboa, que tornam sombrios os olhos do jesuíta. Vieira conta que numa arruaça em Coimbra um bando de estudantes e gente baixa simulou um auto de fé, queimando sua figura em estátua, por sua defesa dos cristãos-novos e suas querelas com a Inquisição. Não merece Antonio Vieira, depois de ter padecido tanto por amor da sua pátria, e arriscado tantas vezes a vida por ela, que portugueses lhe antecipem as cinzas e lhe façam tão "honradas" exéquias.

— Querem muitos amigos meus, diz Vieira, que no primeiro navio eu mande impedir a impressão do livro de meus sermões que chegou a Portugal, querem que eu não escreva mais na língua de uma nação que assim me trata, antes o faça na castelhana, italiana ou outra língua estrangeira, em cuja piedade tenho mais seguro o crédito que na fúria de meus naturais. Eu contudo tenho por mais conforme à vida ou morte que professo não alterar nada do exercício em que me toma este caso, e assim continuarei, escrevendo em nossa língua, enquanto não me constar que o príncipe aprove o contrário.

Falam da mudança de governo. O governador Roque da Costa vai embarcar na mesma hora em que entregar o bastão ao novo governador, e deixará canonizada para sempre sua memória, por sua inteireza, desinteresse e exemplo de vida e constância até o fim. Nunca perderei as saudades, diz Vieira.

O novo governador vem na mesma frota que trouxe Gregório de Matos, a bordo da capitânia. É o velho militar Antonio de Sousa de Meneses, que perdeu um dos braços numa batalha da armada do conde da Torre em Pernambuco, e no lugar usa uma peça de prata.

Não são boas as esperas, dele se diz ser violento e interessado em si mesmo. Vieira o conhece de Portugal, quando de certa feita o militar lhe encomendou um pedido ao duque de Cadaval, amigo íntimo do padre, e confirma o temperamento do novo governador. Mas espera que a velhice lhe tenha amansado a fúria e a ambição. Chamam-no Braço de Prata.

Arquivo das inconstâncias

A Bahia mudou

A BAHIA ESTAVA MUDADA, QUASE IRRECONHECÍVEL. Crescera para além de seus muros, casarios se estendiam pelos altos e pelos vales, muito "enobrecida de casas", como disse Vieira, "mas totalmente despovoada de homens". A paz permitiu melhorias na cidade e no recôncavo, os estreitos sobrados quase em ruínas foram transformados em palácios de cantaria, alguns sólidos como redutos, outros amplos como conventos, outros, ainda, graves como pretórios.[143] O hospital e a igreja da Misericórdia, encostados ao paredão lateral da Sé, estavam erguidos com luxo, em pedraria, feito uma *brasa de ouro*: "Capela-mor, quadro do altar-mor, Arco Toral, Teto do corpo da Igreja com ricas pinturas da vida de Nossa Senhora, Tribunas, paredes de azulejo e coro, com uma torre e Quarto para os enfermos ... um sacrário de Prata para que tivessem os enfermos o viático de casa, remédio para qualquer acidente."[144]

A Sé estava quase concluída; o portão, coroado pelo globo cintado da monarquia, mostrava uma majestade própria de catedral; a fachada de pedras ornadas por trabalho de artesãos, sobre o barranco, sustentava duas torres elevadas. O asilo dos franciscanos, antes tão modesto, havia mudado em fresco ouro apurado em talhas. Na parte norte das falésias, carmelitas descalços erguiam o suntuoso convento de Santa Teresa, na Gameleira, em terras doadas por Bernardo Vieira Ravasco, irmão do padre Vieira. Uma nova casa de pólvora fora construída em lugar mais seguro, fora da cidade.

Em torno do paço Municipal, na rua Direita, entre as portas e a praça de São Bento, mansões tomavam o que antes eram terrenos baldios, aguaçais e mato. E eram muitas as novas casas ao longo das ruas, becos, ruelas sinuosas. Muito mais gente circulava nas ruas, casas modestas se alastravam pelos arrabaldes, muito maior era o número de escravos, e de comerciantes e homens de negócios, brasileiros, portugueses ou estrangeiros que abriam suas casas pela manhã, homens ricos e senhoras faziam garbo de passear em palanquins nas ruas principais, animando "a mais rica e bela cidade dos portugueses no Brasil".[145] Um viajante que por ali passou, em 1714, disse que a quase totalidade das pessoas que circulavam na cidade baixa era de "negros e negras completamente nus, com exceção das partes que o pudor obriga a cobrir, de modo que esta cidade parece uma nova Guiné".[146]

Estava completamente mudado o Largo de São Francisco, onde Gregório de Matos passara a infância, na casa dos pais, vendo o convento ao fundo, e adiante o terreiro de Jesus que ao amanhecer era cruzado por beatas embiocadas e ovelhas de Deus, para a missa dos frades, e onde "reinava a quitanda, jogavam-se as canas, entre o pátio dos estudos e a igreja da Companhia".[147]

Não se sabe onde o poeta passou a residir na Bahia. Seu amigo Tomás Pinto Brandão tentou se hospedar na casa de Eusébio de Matos, mas teve o pedido negado com a alegação de que ali moravam dois sobrinhos do padre carmelita, "dois lindos como o ouro sobrinhos, que tinham ido não sei quando, nem sei como, e talvez fosse essa a causa de não achar nele encosto"; assim, Tomás Pinto Brandão se alistou como praça na milícia, recebendo grande soldo e socorro.[148]

*

Caminha o poeta pelas ruas de sua meninice, ao lado de Gonçalo Ravasco, e comenta Gregório, Como mudou a Bahia! Ele já não conhece as pessoas que passam, ali estão recopiladas gentes de mundos e reinos distinto, persas, ímpios homens de Nação, magores, armênios, gregos, infiéis e outros gentios, os ousados mermidônios, assírios de todas as castas, a todos a cidade dá abrigo, mas que santidade têm mais os portugueses e brasileiros do que um turco ou um moabito?

Falam mal da cidade. Mas são todos idólatras falsos que adoram o dinheiro, a gula, ambição e amoricos. Muitos com a capa cristã professam o judaísmo, são os cristãos-novos, que mostram com hipocrisia devoção à lei de Cristo. Muitos com pele de ovelha são lobos enfurecidos, ladrões, falsos e aleivosos, embusteiros e assassinos, que por seu péssimo e nocivo mau viver acusam a Bahia de lhes causar danos, mesmo sabendo da inocência da cidade, para a difamarem põem escritos pelas praças, nos quais escrevem sem vergonha, e não escrevem apenas brancos, mas também mestiços, que para os bons a cidade é inferno, e para os maus é paraíso.

Velhacos insolentes, ingratos, malprocedidos, se a cidade é assim como dizem, por que não a deixam? Por que habitam em tal terra podendo estar em melhor abrigo? Por acaso a cidade pega, a cidade roga para que fiquem? Por acaso a cidade os mandou chamar por carta, ou por aviso? Não foram todos para a Bahia por seu livre alvedrio? E a todos ela deu entrada, tratando-os como filhos. Por que tanto a difamam, os atrevidos? De quem procedem os males da Bahia, senão dos moradores? Ela não faz mal nenhum, é apenas terra e mato arisco. Se lançaram más sementes, como podem querer frutos limpos? Algum tempo atrás a semente era boa, de bom trigo, e por isso seus campos produziam pomos lindos, de que ainda se conservam remotos indícios. Mas depois que chegaram estes carregados como ouriços de sementes invejosas e legumes de maus vícios, a Bahia tem tido tal retribuição que no lugar de rosas agora produz espinhos. Foram os moradores que ensinaram a cidade a ser um arquivo das inconstâncias, e nem as pedras guardam fé aos edifícios.

Uma cidade tão nobre, com uma gente tão honrada!

Gonçalo lhe mostra alguns moradores "honrados". Ali mora um fidalgo de solar, que fica envergonhado de pedir um tostão emprestado para comer, prefere furtar, para manter sua negra honra, do que passar pela desonra de que alguém lhe negue. *Riem.*

Acolá, uma donzela embiocada, mal trajada e mal comida, que prefere ter roupas do que ter honra, está amancebada com publicidade para manter a sua negra honrinha, mas se a vizinha fica sabendo e se os padres ficam sabendo, a donzela acaba presa.

Adiante mora uma casada que anda com muitos adornos, enquanto o marido, malvestido, só pode ser corno, e tanto faz para manter a honra que vai acabar surrado e degredado, será o vice-rei de Angola. *Riem.*

Além, um letrado que, pela honra dos parentes e dos requerentes, faz do réu o autor, prevaricando.

Mais além mora um clérigo advogado que julga as causas sem pudor, nem repara que erra a lei e erra o doutor, e quando veem uma sentença revogada, uma sentença comprada pelo jimbo e pelo abraço, o tal clérigo juiz diz que sua honra é sua lei.

Ali na rua dos Mercadores mora um avarento, que tira duzentos por cento nas suas compras e nas suas vendas, e ele diz que a honra está em primeiro lugar, não percebe que vai acabar degredado ou preso, mas já comeu o dinheiro, e honra toda lei.

Uma viúva, que mora adiante, não tem um vintém porque o marido deixou a casa empenhada, e a viúva recebe em sua casa a fradalhada, dizendo que ali vão para manter a casa honrada. *Riem mais.*

A irmã em Santa Clara do Desterro manda recadinhos por Cupido toda manhã, e Cupido diz que o faz para conservar a honra, vivendo bem-tratado e bem-vestido, mas vai tão despido que até suas costas se veem.

E aquele dom Abade que passa na rua é cioso ao púlpito, e rouba as rendas do convento para acudir ao sustento de sua puta, assim como da peita que precisa pagar para se livrar da suspeita do geral da ordem e do vice-rei, assim mantém sua honra. Eis a honrada cidade da Bahia. *Riem mais, e mais.*

Desatinos de militar

1682, Braço de Prata desembarca, toma posse

AS FROTAS, COMPOSTAS DE DEZENAS DE EMBARCAÇÕES, vinham sob o comando da capitânia e acompanhadas de uma ou mais naus de guerra encarregadas da segurança durante a navegação. Num desses navios da frota, provavelmente na capitânia, veio o novo governador, trazendo esposa, numerosa família e agregados. Não tinha filhos.

As naus da frota chegavam em dias diferentes, às vezes de duas em duas; algumas, mesmo, perdendo-se, aportavam meses depois. A frota costumava fundear na Bahia em maio e partir em julho, dependendo dos ventos e chuvas.

*

Valente entre os mais bravos, o novo governador e capitão-general do Brasil, Antonio de Sousa de Meneses, filho de um copeiro-mor de três reis, era pessoa ilustre e aparentada com alguns grandes de Portugal. Começou sua carreira nos exércitos de el-rei em 1631, vindo ao Brasil em 35 na armada de Rodrigo Lobo, retornando a Portugal depois de dois anos e meio de pelejas.

Em 1638 voltou à colônia, na armada do conde da Torre, quando, numa batalha contra holandeses defronte à ilha de Itamaracá, em Pernambuco, perdeu seu braço direito, recolhendo-se ao Reino, onde convalesceu por dois anos. Tomou em seguida cargos administrativos, mas em 1655 viajou para a Índia como primeiro capitão-mor de naus da frota do conde de Sarzedas. "Tinha arrogâncias e desatinos de soldado, curto senso político, escasso conhecimento dos homens, apezar da idade provecta, e demasiado amor proprio para completar a obra de paz encetada pello ilustre antecessor."[149] Mostrava mais valor que disposição, não possuía as qualidades necessárias para um governo político na Bahia, "cabeça de um Estado vastíssimo e braço tão distante do corpo da monarquia",[150] onde tanto demoravam a chegar os recursos financeiros e as decisões reais.

*

A Bahia abrigava diversos conflitos, que ameaçavam sua paz interna. Os dois maiores e mais poderosos grupos familiares, os Brito e os Ávila da Casa da Torre, viviam em constantes rusgas. E duas outras facções inimigas se combatiam: os Teles e Menezes contra os Ravasco.

Um amigo do Braço de Prata, Francisco Teles de Menezes, havia sido preso e deportado anos antes por uma conjura, mas em Lisboa fora inocentado. Comprou ali o cargo de prefeito, ou alcaide-mor da Bahia, voltando em 1666, "afetando uma autoridade maior que a que tiveram os seus antecessores no lugar, e pesada aos que o julgavam menos benemérito delas".[151]

Na Bahia o conflito entre as duas facções foi iniciado por uma emboscada que dois irmãos da família Brito, André e Antonio, armaram contra um Menezes, causada por uma "vaga figura feminina, que palpitava na sombra dalguma rotula, no mysterio dalguma serpentina, debaixo do bioco e dos rosarios da piedade, que davam então à belleza uma forte sugestão religiosa".[152]

Padre Vieira saiu em defesa dos Brito, um deles era seu afilhado. Mas logo os Menezes revidaram a emboscada, atirando com bacamartes sobre os irmãos Brito, ferindo um deles. O alcaide Teles de Menezes, com seu ânimo vingativo e sua língua imodesta, prometeu rudes represálias contra os inimigos. O irmão do padre Vieira,

Bernardo Ravasco, cultivava amizade com os Brito e representava uma força adversária, como secretário de Estado. E seu filho Gonçalo Ravasco, com um bando de jovens façanhudos, um rapaz bravo e generoso, mas violento e afoito, era um temido opositor. Foi nessa situação que chegou o governador Antonio de Sousa de Meneses, o Braço de Prata.

Como os outros passageiros velhos, mulheres e crianças, Antonio de Sousa de Meneses desceu içado da embarcação na qual viajara, sendo levado numa fragata até pisar em terra, onde o esperavam autoridades num palanque e gente do povo, contida por ordenanças. Como era de praxe, militares o receberam, formados, com suas armas; canhões lhe deram salvas, sinos repicaram toques festivos. De certo Gregório de Matos assistiu ao desembarque do novo governador, fato sugerido por uma sátira escrita posteriormente:

Quando desembarcaste da fragata,
Meu Dom Braço de Prata,
Cuidei, que a esta cidade tonta, e fátua
Mandava a Inquisição alguma estátua
Vendo tão espremida salvajola
Visão de palha sobre um Mariola.[153]

A sátira descreve a chegada do Braço de Prata à Bahia, carregado por um criado, parecendo um espantalho, e lhe faz um galhofeiro retrato: rosto afogueado, cabelos brancos, corpanzil cheio como um saco de melões, o braço de prata pendendo da garganta, bigode ralo, cabeleira comprada no Arco dos Pregos — onde moravam prostitutas em Lisboa —, óculos grosseiros, nariz largo e quase cobrindo a boca; usava um casaquim sobre o couro, enrugado, parecendo um odre; trazia na mão esquerda uma bengala que por vezes metia no sovaco, a cometer descortesias.

Fundia-se a cidade em gargalhadas, diz a sátira, vendo as duas entradas do governador, desde o mar até o colégio de santo Inácio, e depois do colégio até o palácio do governo. *O rabo erguido em cortesias mudas, / Como quem pelo cu tomava ajudas.* Na presença de desembargadores, religiosos, fidalgos, vereadores, o novo governador tomou posse do cargo na igreja dos jesuítas em 23 de maio de 1682, recebendo o bastão de Roque da Costa que apressadamente embarcou de volta a Lisboa.

*

Gregório de Matos tomou posse de seus cargos. Percebe-se que estava disposto a levar seriamente os novos empregos, e uma vida mais regrada, dentro do mundo oficial. Faria logo amizade com pessoas principais, de espírito liberal e adversárias do sistema colonialista, letrados e amantes da poesia, ricos proprietários de engenhos, que se sentiam oprimidos e despojados pela Coroa, pelos comerciantes, pelos agiotas, como afirmou James Amado.[154]

Para confirmar esse impulso de se ligar às altas esferas, vemos alguns poemas dedicados a pessoas de elevada posição, como a rainha Maria Francisca Isabel de Saboia, Bernardo Ravasco, ou o arcebispo franciscano João da Madre de Deus (1621-1686). Para a rainha, Gregório de Matos comporia um sombrio poema por ocasião de sua morte em 1683, dirigindo-se a quem ontem era divindade soberana e agora, pó, ontem sol e hoje sombra. Para Ravasco escreveu um soneto em língua castelhana, prostrando a seus pés uma musa reverente. Também o louvou numa resposta a um soneto que Ravasco escreveu a um ilustre cidadão. Ao novo arcebispo e primaz do Brasil, João da Madre de Deus Araújo, que chegou à Bahia em 1683 substituindo dom Gaspar Barata, Gregório de Matos escreveu um poema laudatório, respeitoso, reverente ao "sacro pastor da América florida", mas não deixou de fazer uma sutil crítica ao palácio que o arcebispo acabava de comprar, para residir, sugerindo que fosse humilde a casa; nas estrofes finais pedia amparo, prometendo tecer a história do prelado em ouro fino.[155] Porém sua Musa Praguejadora não lhe daria paz.

*

O Braço de Prata logo impôs seu espírito truculento e dominador, num regime militar totalitário, minando os poderes da Relação e da Câmara, agindo para calar os adversários e tentando impor um comportamento condizente com o autoritarismo. Um dos primeiros atos do governador, caracterizado pelo bizantinismo, foi a proibição do uso da capa, alegando ele ser uma medida contra criminosos embuçados que vagavam pelas ruas. Mas a capa era adotada por jovens e estudantes, boêmios e violistas, e a medida causou irritação na Bahia.

Gregório dirigiu sua sátira contra o novo governador, dizendo que ao chegar ele recolheu-se no palácio e ali armou uma casa de jogo, depois deu em fazer parvoíces, de que o povo ria no começo, mas depois a coisa cresceu tanto que se chorava um triste pranto, e o governador era xingado pelo branco, praguejado pelo negro; o Braço de Prata tornava ricos em pobres e pobres em ricos, mas nada dava ao poeta a não ser o malquerer, mantendo-o num infeliz estado; era ladrão da mocidade, já não havia farinha nem açúcar nem tabaco e tudo pela sua intemperança, ninguém o suportava, era o precursor da morte, dizia a sátira, numa espécie de premonição.

Satirizou a prisão que o Braço de Prata fez a seu criado, o Braço Forte, mas, na voz do poeta, o criado gritava do calabouço que quem o chamava de ladrão errava, mandavam-no e obedecia, obrigavam-no a furtar, ele furtava, ele era o ninho que sustentava e mantinha com o suor de suas unhas mais de dez aves rapinas. O povo comprava, o general vendia. Foi tal a desgraça do Braço Forte que, a quem deu cadeias de ouro, lhe retribuiu com grades de ferro.

Logo Gregório tornou-se um dos inimigos do Braço de Prata, aliando-se plenamente à facção dos Ravasco e Brito, e se envolveu numa política de tramas, intrigas, violência e morte.

Mais corredia que a água

O poeta e as mulheres

A VIDA DE GREGÓRIO DE MATOS *corre dentro de certa formalidade, tomou posse em seus cargos e os leva de maneira aceitável, mas sempre irreverente, e recusando-se a usar o hábito a não ser durante os horários de
trabalho. Escreve uns versos sobre o que pensa da Sé, um mapa de festas,
um presépio de bestas, se não for estrebaria. O sino congrega várias bestas
cada dia. O Caveira é mula galega, o deão é burrinha parda, o Pereira,
besta de albarda, tudo de ruim para a Sé se agrega. Um cônego que não
se viu incluído na sátira contra a Sé, o presépio de bestas, prontamente
agradece com palavras humildes, e Gregório lhe diz:*

— Não, senhor padre. Vosmecê está entre as bestas.

*Sabe que está a criar ódios contra si. Difícil viver esta vida reta. Além
disso, está viúvo e solitário, tem as noites livres, os dias de feriados, os domingos, tempo para ir a festas, missas, viagens pela baía num bergantim,
idas ao recôncavo, e, acima de tudo, para sair em busca das mulheres, de
quem tanto necessita.*

*

*O poeta segue para a ilha da Cajaíba, que fica bem em frente à freguesia
de São Francisco do Conde, na foz em que o rio Seregipe desemboca na baía
de Todos os Santos. Vai devagar no barco, numa viagem comprida, a ilha
fica no fundo do recôncavo baiano. Gregório costumava fazer esse passeio
quando era menino, lá ele assistia a cavalhadas no Natal, ou a comédias.*

É linda a ilha, tem uns oito quilômetros de praias, colinas cobertas de vegetação, coqueiros quase deitados sobre as ondas do mar. Na ponta há um engenho rico, um casarão portentoso onde moraram o antigo governador-geral do Brasil, Mem de Sá, e o senhor de engenho Gabriel Soares de Souza. Pertenceu, depois, aos condes de Linhares. Na ilha estão assentados pouco mais de doze habitantes, com suas casas, canaviais e roças de mantimentos. É um passeio agradável para os moradores da cidade da Bahia, que usam o serviço de um esguio e veloz bergantim a vela e remo.

Caminha o poeta pela ilha, quando vê uma formosa mulata na fonte a lavar roupa batendo-a sobre uma pedra. Ali perto está um homem que a acompanha. O poeta se sente atraído pela mulher, acha-a mais corredia que a água, lisa e móvel, mais limpa que a fonte. Chama-se Ana, conhecida como Anica. Cumprimenta-a, ela responde com cortesia. Fala com ela, que é discreta. Enamora-se dela, e ela se endurece, o poeta se queixa, ela de água passa a ser pedra.

Desapontado, Gregório vai dar uma volta na ilha, e quando retorna à fonte, lá ainda está Anica, que agora sorri. Ele não sabe se ela ri dele, ou para ele, mas ele ri, também. Faz uma segunda investida, e Anica o trata com mais clemência. Ela dá umas desculpas ao seu amigo, e se vai com o poeta. Combinam que dali a duas semanas ele volte, na quarta-feira, e fique no barco, não ponha os pés na ilha, Anica irá buscá-lo em segredo, para um encontro amoroso.

Depois de marcado o compromisso, passam o dia juntos. Ele, deitado numa sombra, e ela batendo a roupa na pedra. Ele satiriza:

> *Tanto deu, tanto bateu*
> *co'a barriga e co'as cadeiras,*
> *que me deu a anca fendida*
> *mil tentações de fodê-la.*
> *Quando lhe vi a culatra*
> *tão tremente, e tão tremenda,*
> *punha eu os olhos em alvo,*
> *e dizia, Amor, paciência.*

Fascinado, Gregório vê a espuma do sabão escorrendo pelas coxas de Anica, ela esfrega a roupa na pedra e ele diz para si: "mate-me Deus com puta, que assim se esfrega." Anica torce a roupa, estende-a ao sol, que depressa fica seca, uma traição do sol que o poeta inveja. Ela recolhe a roupa, dobra-a, mete-a na cesta e vai para casa, deixando-o "a la Luna de Valencia".

*

O poeta era louco pelas mulheres. Quando não estava apaixonado por uma, estava apaixonado por todas. Também as mulheres feias o atraíam, ele dizia: *São feias, mas são mulheres.* Das negras, mulatas, pobres, que saíam às ruas desacompanhadas, das prostitutas, negras de ganho, lavadeiras, mulheres das festas, ele se aproximava com desenvoltura, dirigindo-lhes versos sensuais, provocadores, tratando logo de deitar-se com elas, sem nenhum compromisso.

A sociedade de seu tempo — e ele mesmo — fazia uma grande distinção entre moças brancas, presas em casa, e mulheres que andavam nas ruas, quase sempre mulatas ou negras, escravas ou libertas. Um provérbio da época dizia que as mulheres deviam sair de casa apenas três vezes na vida: para serem batizadas, para casar, e para serem enterradas. Sem acesso às brancas, o poeta redescobriu as acessíveis mulatas, pardas e negras da cidade e do recôncavo.

Deixar-se-ia atrair por elas, como, em Portugal do século anterior, poetas e estroinas, que abominaram o preto e cantaram a mulata na guitarra noturna. Namorou-as (veremos) em todas as variantes da trova erótica.

Será, em língua portuguesa, o mais franco apologista de seus encantos. Apaixonado da capitosa morena do seu país, estendeu-lhe aos pés a adulação, pintando, com amor explosivo, a Vênus de jambo como se fosse, de mármore clássico, a deusa grega...[156]

Ah as mulatinhas da Bahia! Mesmo as mais belas damas da cidade não são nada diante das mulatinhas, são bazófias de beldade. Mulatinhas da Bahia que toda a noite correm em holandas nas ruas, e de dia nas quitandas, numa perpétua folia, mas andam numa porfia contra quem zomba de seus amores. Vestidas como as sudanesas, ou seminuas, com requinte e garbo. Quem lhes resiste ao dengo, derriço e ternura?

Ele é fino berrante, ninguém com ele disputa tudo aquilo que são fêmeas e mulheres, seja a dama qualquer, se é dissoluta. Quem goza, com elas, tantos prazeres e é amado e obedecido de tantas ninfas no dourado tapete dos bem-me-queres, merece a zombaria de pobre emigrado, ele se rende ao bom ar das mulatas, mas não tem meios de ser favorecido por elas. O amor dele se vangloria, quando ele está cercado de peixeiras, e anda mais triste do que uma bebedeira; as mulatas na Bahia arrastam mulas e fedem a peixe como o diabo, mas pouco importa serem gritadeiras. Vê as mulatas por acaso, nas tardes, debaixo das urupemas, enquanto o sol o queima.

Gregório se enamora do bom ar de uma crioulinha chamada Cipriana, apelidada Supupema. Escreve para ela um romance. Ela é a crioula de sua vida, Supupema de sua alma, bonita como umas flores e alegre como umas páscoas. Ele não sabe que feitiço é o que ela tem na linda cara, na graça com que ri, na esperteza com que fala, no garbo com que se move, no donaire com que anda, no asseio com que se veste, e na malícia com que se enfeita. Ela o deixa tão enfeitiçado que ao mesmo tempo o mata e cura, assim como na mesma serpente se acha o veneno e o remédio.

O rosto de Cipriana é veneno que enfeitiça a alma do poeta que morre por ela, morre por ela, e nunca se acaba. Não acaba porque é justo que ele a veja zombar de si, e o poeta cai em amargas ânsias. Se ele morresse, ela não zombaria. Ele é uma infelicidade para ela, mas para agradá-la ele seria o Bagre, o negro que tem as pernas inchadas. Claro, ele não é negro, ela sabe, se ele o fosse, ela o buscaria. Ele nunca se arroga a branco. Seu pai nunca lhe ensinou a ser branco de cagucho e cara. Pede a Cipriana que não deixe de querê-lo, só porque é branco de casta, porque, se ela o tiver cativo, ele será seu negro, seu canalha.

Diverte-se o poeta. Vai livremente às casas de jogos, às tabernas de vinho, às casas de alcouce. Escreve suas sátiras e sai a pregar os papéis nas portas de igrejas, declama sobre as mesas da tavolagem, brinda às putas, zomba dos poderosos.

Mas sente-se vigiado. A cada canto há um grande conselheiro que quer governar sua casa, alguém que não sabe governar nem a própria cozinha e quer governar o mundo inteiro. Em cada porta ele vê um fre-quentado olheiro que pesquisa, escuta, espreita e esquadrinha a vida dos vizinhos, para levá-la à praça e ao terreiro. Podem ser simples maledicen-tes, mas também podem ser olheiros do Braço de Prata, querendo seguir seus passos para atingi-lo. Prefere não calar, de que pode servir calar, para quem cala? Nunca se há de falar o que se sente? Sempre se há de sentir o que se fala! Que homem pode haver, tão paciente que, vendo o triste estado da Bahia, não chore, não suspire e não lamente? A ignorância dos homens destas eras faz uns serem sisudos, e outros, prudentes, pois a mudez canoniza bestas feras.

Matéria de justiça e consciência

Vieira contra Braço de Prata; 1683, coroado o rei de Portugal dom Pedro II

O BRAÇO DE PRATA ATUOU DE FORMA AGRESSIVA contra Bernardo Ravasco, revogando o decreto do príncipe que pagava o salário e os provimentos ao secretário e provedor da Fazenda, com o intuito de reduzir os valores, e tirando dele o poder do despacho, além de uma série de outras medidas para prejudicá-lo. Na antevéspera do Natal de 1682 o padre Vieira fez uma visita ao governador, contando com o espírito cristão desses dias, para lhe pedir que cessassem as perseguições a seu irmão. Travaram um ríspido diálogo que foi reproduzido numa carta de Vieira a Roque da Costa Barreto, escrita em junho de 1683.[157]

O diálogo revela como andavam incendiadas as relações entre os grupos de poder na Bahia, assim como o temperamento dos dois inimigos: o intelectual e politizado jesuíta, que agia entre sobranceiro e humilde, e o inflexível governador, que reagiu com destempero, expressando um sentimento de inferioridade diante do seu interlocutor.

Vieira iniciou uma série de cartas aos poderosos no Reino, reclamando contra a atuação do novo Governo. Nesse meio tempo, um dos irmãos Brito, André, ordenou a seus escravos matarem dois criados do alcaide Teles de Menezes, e, na mesma ocasião, Gonçalo Ravasco esfaqueou um meirinho ligado ao alcaide. Os jovens fidalgos fugiram e foram se homiziar no Colégio dos jesuítas, asilo inviolável em relação às justiças seculares. À revelia, André de Brito foi condenado à morte, e Gonçalo Ravasco, ao degredo na África.

Abriu-se uma devassa contra Antonio de Brito, dirigida por um desembargador ligado ao Braço de Prata. Quadrilheiros rondavam o colégio à espera da saída dos homiziados para que cumprissem as penas. Um capitão, protegido do padre Vieira, mostrou-se favorável aos Ravasco, e por isso teve sua patente retirada e foi processado pelo auditor geral do crime, tendo também de se homiziar no colégio para não ser preso. Um aliado dos Ravasco, ao chegar à Bahia para tomar posse em seu cargo de vereador, foi detido sem nenhuma acusação formal, sendo encarcerado na fortaleza do Morro, de onde conseguiu escapar, refugiando-se também no colégio. Dois outros aliados perderam os ofícios, sendo substituídos por agregados do alcaide-mor. Temendo ser preso, um desembargador homiziou-se igualmente no colégio. Os perseguidos acorriam ao colégio jesuítico para se resguardar sob a propriedade do asilo romano. Pessoas do povo diziam que Antonio de Brito estava para ser preso, que o secretário Ravasco seria demitido de seu cargo, e que os jesuítas entregariam os homiziados e o próprio padre Vieira ao governador. A cidade se dividia entre as duas facções.

Triste e humilhado, Vieira foi abrigar-se na quinta do Tanque, uma aprazível roça fora da cidade onde se retiravam os padres velhos. Estava decidido a abandonar a política, entregar-se apenas à escrita de sermões e a cuidar dos plantios de canela e pimenta. Seu irmão Bernardo Ravasco teve de abandonar a provedoria da Misericórdia, deixou de ir à secretaria e, desgostoso, pensava em meter-se num convento. Visitava constantemente o filho Gonçalo Ravasco no colégio, onde encontrava amigos e partidários, homens ilustres e influentes, opositores do Governo. O Braço de Prata irritou-se com as reuniões, imaginando que conspiravam contra sua autoridade. Estava certo, pois, diante de testemunhas, ali Antonio de Brito jurou se vingar em nome do povo e da nobreza, matando à luz do dia o alcaide.

Essas inimizades abriram um período de perseguições que iriam afetar o autor das temidas sátiras contra o Braço de Prata, que circulavam de mão em mão, de boca em boca, entre risadas e mofas. O poeta se sentia pessoalmente prejudicado pelo governador, conforme estas sutilezas com que o satirizou, falando em nome do tempo: encontrava-se num infeliz estado, triste, em infaustas horas, nos tempos deste Governo.

Tu tens dado em mal querer-me,
pois vejo, que dá em faltar-te
tempo só para mudar-te,
se é para favorecer-me:
por conservar-me, e manter-me
no meu infeliz estado,
até em mudar-te hás faltado,
e estás tão constante agora,
que para minha melhora
de mudanças te hás mudado.
...
Se corres tão apressado,
como paraste comigo?
corre outra vez, inimigo,
que o teu curso é meu sagrado:
corre para vir mudado,
não pares por mal de um triste:
porque, se pobre me viste,
paraste há tantas auroras,
bem de tão infausta horas
o teu relógio consiste.[158]

*

O rei deposto, dom Afonso VI, morreu neste ano de 1683 no paço de Sintra, e o regente, seu irmão, foi aclamado rei dom Pedro II de Portugal.

Embora guardando certo ressentimento, Gregório de Matos viu a coroação de Pedro II como motivo de júbilo, e mostrou seus laços com o soberano ao escrever versos sentidos pela morte da rainha dona Maria Francisca Isabel de Saboia, ocorrida no mesmo ano da coroação, sem mencionar, nem mesmo de forma sutil, o polêmico passado da rainha que destronara o esposo e se casara com o cunhado. Ao contrário de Antonio Vieira que, pregando defronte à eça armada na Bahia, tocou numa ferida ainda aberta, ao afirmar que o luto e a eça não eram assim tão fúnebres, e que "das lágrimas do desespero del-rei — que se mettera num quarto onde não entrava a luz, — do pezar público, havia occasião mais para rir que chorar".[159]

Desde o dia em que a Rainha nossa senhora entrou em Portugal, até o dia em que partiu para o Céu, as coisas de maior vulto que sucederam em todo aquele tempo, foram três matrimônios notáveis. Um matrimônio declarado por nulo, um matrimônio contratado, um matrimônio consumado. O matrimônio nulo, foi o do Senhor Rei D. Afonso, que está em glória; o matrimônio contratado, foi o da Alteza Real de Saboia, que não teve efeito; o matrimônio consumado, foi o de el-Rei nosso Senhor, que muitos anos viva. No primeiro esteve o Reino enganado, no segundo esteve arriscado, no terceiro esteve desconfiado. E Deus que tanto ama a Portugal, como desfez este engano, como acudiu a este perigo, e como confiou esta desconfiança? Bendita seja para sempre sua bondade. Assim como os matrimônios foram três, assim os remediou com três divórcios. O primeiro divórcio no matrimônio nulo, fê-lo desenganado; o segundo divórcio no matrimônio contratado, fê-lo a enfermidade; o terceiro divórcio no matrimônio consumado, fê-lo a morte.[160]

Vieira demonstrava um espírito mais conservador, ao apoiar Afonso, herdeiro legal do trono. Mas Gregório de Matos foi tão sentimental com dom Pedro como cruel com dom Afonso. Trata-se, também, de uma adesão política, embora não haja poemas a respeito de nenhum ato real na esfera das finanças, dos costumes, da política colonial, entre outros. Gregório de Matos iniciou uma onda crítica com o poema "Marinículas", mas esse seu ramo foi podado, e, enviado para o Brasil, sua pena se voltou contra questões coloniais.

Dom Pedro II, enquanto era regente, já mostrava o espírito belicoso que exerceu para a usurpação do trono; mesmo tendo recebido o cognome de *Pacífico*, ao assinar a paz com a Espanha, por exigência dos portugueses. Talvez os únicos aspectos construtivos de seu reinado, mencionados por historiadores, sejam a administração dos recursos executada pelo conde de Ericeira, que iniciaria uma tímida indústria em Portugal, e o polêmico Tratado de Methuen, assinado em 1703, que pretendia proteger o Reino da implacável concorrência comercial europeia.

Além das afinidades verdadeiras que podiam existir entre o poeta e a política do antigo regente e novo rei, essa adesão deve ter outros motivos. Um deles é o fato de que, no tempo de dom Afonso VI, Gregório de Matos era jovem, estudante, com maior aptidão para se opor a um monarca, do qual apenas ouvia falar nas ruas de Coimbra e de Lisboa, nos ardentes debates políticos. Mas sua relação com Pedro II foi de maior proximidade, o regente assinou sua nomeação como juiz de fora e juiz do cível, propôs ao poeta uma devassa no Brasil com o cargo de ouvidor, decorou seus versos, fez-lhe promessas de cargos e benesses, e o mandou para o Brasil como desembargador. Em Lisboa Gregório de Matos era recebido no palácio real, via o regente, e se envolvia com a política da Coroa. No tempo de dom Pedro II, Gregório de Matos era um homem que participava do poder. Mas, de acordo com a dualidade barroca, cheio de amor e ódio.

Sangue na rua

1683, assassinato do alcaide

O ALCAIDE FRANCISCO TELES DE MENEZES foi noticiado da ameaça de morte feita por Antonio de Brito, e tratou de notificar o governador sobre o perigo que corria, levando-lhe uma carta que recebera, alertando-o para que não saísse de casa naquele dia, 23 de junho de 1683. Ignorando o aviso, pela manhã o alcaide se dirigiu ao palácio a fim de combinar com o Braço de Prata as providências que deveriam ser tomadas em sua defesa, mas não quis aceitar a escolta oferecida pelo governador.

Por volta das dez horas da manhã o alcaide saiu do palácio num palanquim coberto de cortinas, carregado por dois escravos que levavam as varas ao ombro, e protegido por apenas um escravo armado. Ao chegar à rua de Trás da Sé o palanquim foi cercado por oito homens mascarados, empunhando bacamartes, que atacaram com ímpeto, atirando contra os lacaios, matando um e ferindo os outros dois. O alcaide tentou defender-se, mas não teve tempo: um golpe de catana decepou-lhe a mão direita que tentava sacar a arma. Caindo sobre um dos joelhos foi novamente ferido, na garganta, ficando sua roupa empapada de sangue. Um dos assaltantes retirou o embuço e mostrou o rosto, era Antonio de Brito, que bradou: "Matal-o-ei de frente e com o meu pulso, como cavaleiro!"[161] E golpeou novamente o alcaide, que ficou estendido numa poça de sangue, um dos pés dentro do palanquim, os braços abertos. Retiraram-se os atacantes, indo com grande sossego e vagaroso passo se refugiar no colégio dos jesuítas a pouca distância dali. O corpo foi cercado por pessoas. Algumas haviam testemunhado o crime.

A notícia foi levada de imediato ao governador, que se encontrava numa galeria do palácio, na companhia do arcebispo João da Madre de Deus. Sabendo da participação de Antonio de Brito, o governador deduziu que os demais mascarados eram os homiziados no colégio dos jesuítas. No mesmo dia, 23 de junho de 1683, o Braço de Prata escreveu a dom Pedro culpando "os conselhos que se faziam conhecidamente no Collegio, à vista do padre Antonio Vieira e de seu irmão, o secretario do Estado, e sobrinho, Gonçalo Ravasco, que diziam fora conhecido ser um dos mascarados, e que estava degredado para a Africa por uma cutilada que dera pelo rosto ao meirinho, e assim consta haver-se mandado aviso quinta-feira à noite, vespera do successo, de se haver feito a dita junta no Collegio, com assistencia das pessoas do dito secretario, seu filho e Diogo de Souza, *o padre Antonio Vieira*, na cella que ocupava o torto Diogo de Souza e outros mais que por recatados se não conheceram; pela qual razão se mandara prender o dito secretario, e por as partes requererem que se prendesse em flagrante delicto, e a ir Diogo Piçarro, que tambem se achara na junta..."[162]

Dirigiu-se o governador à secretaria, encontrando ali Bernardo Ravasco, por acaso, pois o secretário andava afastado de seu trabalho desde 12 de maio. E "depois de muitos nomes afrontosos mandou meter o Secretário na enxovia, com a proibição de que ninguém falasse com ele, nem escrevesse", escreveu o padre Vieira em 25 de junho de 1683 ao ex-governador Roque da Costa Barreto;[163] "e para dar alguma cor à injusta e indigna prisão (agora se segue a circunstância escandalosa e verdadeiramente infernal)", continua Vieira, "afirma e publica o Governador que na noite antecedente se resolvera no colégio a dita morte, e que eu fora um dos consultores com outros padres, e meu irmão com outros seculares; sendo que eu estava na quinta, e meu irmão naquele dia não tinha ido ao colégio. O pior é que tudo isto se provará facilmente e com muitas testemunhas; porque hoje na Bahia ninguém se atreve a jurar senão o que quer o Governador. E por isso diz que se tem provado que Gonçalo Ravasco acompanhou a Antonio de Brito no homicídio, estando ele no mesmo tempo no colégio, aonde havia muitos dias se tinha retirado, por o Governador também o mandar prender, e naquela mesma hora conversando com alguns padres e outros seculares". Após receber a extrema-unção, o alcaide faleceu às seis horas da tarde daquele mesmo dia do assalto.

Soldados saíram à caça dos matadores. O governador, enfurecido, comportava-se com excessos, "fazendo ações indignas de seu cargo e de sua pessoa".[164] Tratou indecorosamente os oficiais de guerra que o assistiam em sua sala, acusando-os de infiéis, e proferindo palavras de descortesia contra a cidade à qual atribuía a causa dos males e desgraças. Mandou cercar o colégio e sitiar a casa de André de Brito, que estava refugiado com os jesuítas, prendendo sua mulher e outros familiares, em represália e vingança. Homens faziam rondas em busca de aliados dos matadores, encarcerando pessoas inocentes, sem respeitar títulos ou postos. O Braço de Prata aproveitou a ocasião para mandar prender todos os seus opositores, ainda que não tivessem nenhuma participação no crime. Temerosos da fúria do governador, moradores debandaram para suas fazendas no recôncavo, para os engenhos de parentes ou amigos, ou onde fosse difícil encontrá-los.

Foi nomeado o irmão de Francisco de Teles de Menezes, Antonio de Menezes, no cargo de alcaide-mor da Bahia, em 30 de junho de 1683; ele já ocupava a função de vereador que havia sido usurpada a um aliado dos Ravasco. O novo alcaide prometeu vingar-se da morte do irmão, ainda que para isso precisasse despender toda a sua riqueza, própria ou herdada, e tomou a vindita como obsessão.

Apesar dos álibis dos Ravasco, que podiam ser testemunhados, dois desembargadores comprometidos com o governador abriram processo na Justiça em que o padre Vieira era réu, acusado de ser o mandante do crime, junto a outros acusados. Os procuradores dos réus juraram a suspeição dos desembargadores que promoviam o processo; para desgosto do governador a suspeição foi acolhida pela Relação, e, no lugar dos desembargadores suspeitos, foi nomeado o desembargador João da Rocha Pita, homem de reconhecida idoneidade, integridade e energia.

O Braço de Prata solicitou ao príncipe que desterrasse Antonio Vieira para o aldeamento do Espírito Santo, alegando que as partes estavam "intimidando as testemunhas de dentro do Collegio, e apparecendo às janelas com pouco respeito à justiça, fazendo-o com descompostura, nos quaes termos não era possivel dar satisfação áquellas queixas, por se terem admittido estes e outros homisiados no Collegio...". Mas Rocha Pita não permitiu o desterro de Vieira, e ainda desaprovou a prisão de alguns inocentes, como as esposas e irmãos dos Brito, que lhe parecia mais vingança do que castigo; tais atitudes do governador estavam causando turbulências na Bahia, com movimentos da infantaria e na nobreza da terra. A morte do alcaide, escreveu Rocha Pita, não era razão para que se prendessem arbitrariamente, a título de matadores do alcaide-mor, quantos inimigos tinha o governador, e tudo devia ser feito na forma de direito.

A postura de Rocha Pita foi revidada pelo governador com um pedido de sua suspeição, que não foi aceito, e suspendeu-se a devassa, com a libertação de presos que não tinham culpa formada. Gonçalo Ravasco partiu clandestinamente para Lisboa, a fim de levar cartas de seu tio a amigos e poderosos reinóis, e a alguns desembargadores do Paço, afeições antigas de Vieira. As cartas levavam abraços, recomendações, e os argumentos imbatíveis do jesuíta.

Esta é, senhor, a história. Esta é a terra de que com razão fogem todos quantos podem; e este enfim, sou eu, tão mau sacerdote, tão mau religioso, tão mau cristão e tão mau homem, que deixei Roma e Portugal, em idade de setenta e cinco anos, para vir ao Brasil mandar matar homens. E quem isto cuida ou afirma sem o cuidar é aquele homem, ou meio homem, a quem se entrega este Estado, e de quem se fiam as fazendas, as honras, a liberdade e a vida de tantos e tão leais vassalos, que só pela obediência e respeito de quem tão mal representa a pessoa de S. A. sofrem todas estas injúrias.[165]

*

Rocha Pita foi visitar Bernardo Ravasco na cadeia, comprovou não haver nenhuma acusação formal que justificasse a prisão, e libertou-o. Enfurecido, o novo alcaide decretou a expatriação do secretário, e Bernardo Ravasco refugiou-se com os carmelitas no convento de Santa Teresa, construído em terras que ele havia doado à Ordem, ao lado da sua casa, aquém da Preguiça, a cavaleiro do porto de Baltazar Ferraz, numa ladeira ensombrada por uma espessa gameleira.[166] Dali Ravasco enviou uma queixa ao Conselho Ultramarino historiando a quizila, insistindo na ilegalidade de sua demissão da secretaria. O Conselho acolheria a queixa, e em dezembro de 1683 Bernardo Ravasco teria restituídos seu cargo e seus ordenados. Voltaria honrado e favorecido, para a fúria do Braço de Prata.

A alma danada

1683, Gregório refugiado no Carmo

TEMENDO ALGUMA VINGANÇA o poeta foi se homiziar no convento de Nossa Senhora do Monte do Carmo, onde vivia seu irmão Eusébio de Matos. A Ordem dos Carmelitas Calçados, ou da Antiga Observância, se estabelecera na Bahia em 1586, numa colina conhecida como Monte Calvário, em uma casa fora dos muros. Durante a invasão holandesa de 1624 os carmelitas tiveram de abandonar o convento, sendo alguns deles presos. O edifício foi ocupado por tropas, que usavam a igreja como paiol. Ali se assinou o tratado de paz com os holandeses. Era um prédio antigo, com arcadas, pátio arborizado, celas pequenas e modestas. Boa comida, anunciada pelo toque do sino, bons vinhos, muitas orações, boas conversas, bom humor e brincadeiras; música, belos sermões, egrégios, soberanos, em palavras eruditas; capas escuras e calva sacerdotal; painéis, retábulos, lavabos; luz filtrada que convidava à contemplação do espírito, grades, solidão, silêncio, vida retirada e contemplativa, muito trabalho; circunlóquios com Deus... a noite escura da alma, chama de amor viva... a fé como obra de pedra e cal... Mas o poeta se sentia numa prisão.

*

Já não está namorado da vida religiosa, não lhe agrada, já tem a alma danada, e já perdeu a graça de Deus. No Carmo ele testemunha uma vida medida pela vontade dos Céus, em que os humildes ganham troféus e se desfruta da glória divina, isso ele vê à mesa onde se escuta Deus, e nos coros que O louvam. Essa vida tão sossegada e segura apura as almas boas e afugenta as viciosas.

Está descontente, há coisas mais deliciosas que encontrar prontos o almoço e o jantar, comer sem cuidados e sem receios, tendo sempre o pão quotidiano, sem precisar rezar o padre-nosso. Há coisas melhores que escutar o silêncio que a sineta anuncia, depois da comida, coisas melhores do que calar e ficar solitário na cela, recordando a panela que recende a malvasia. Coisa melhor do que estar vendo só uma religião que como mãe sustenta a tantos irmãos, sejam mais ou menos reverendos. Há coisas melhores do que agradar ao prelado para ser dele estimado, se ao obedecer-lhe alguém se anima a ganhar o Céu.

Dirão os réprobos que a submissão é entediante, que a vontade própria existe para se entregar a Deus, e que quem mais se submete a Deus é mais livre, pois Deus, como ensina a fé, nos deixa a vontade livre, e tudo o mais é falsidade. Mas Jesus fez dele, Gregório, um semelhante parente dos frades mais insatisfeitos. Quem o visse, neste instante, tão sem mulheres, comendo o maná da ordem austera... Ele não acredita que ali chegará uma fresca primavera.

*

Porém ali também se divertem os padres. Num mofino dia de chuva que anda a regar os canaviais, os sinos repicam anunciando, por brincadeira, que frei Miguel Novelos, de alcunha Latino, recebeu patente de prior. Os frades se abalam a lhe prestar obediência, e Gregório o trata então por Vossa Reverência, um vitorioso prior. Mas o poeta fica suspeitoso, vendo que o padre Novelos chegou tão depressa a prior, fica com o queixo caído. Retoma a razão e seu sentido de galhofeiro, diz:

— É cousa patente, e se a patente não mente, é obra de pedra e cal.

Caem todos na risada, num repentino prazer, dando vivas ao padre Latino. É tanta a fradaria no convento do Carmo que não cabe tanto regozijo. Recolhem-se, cada qual em sua cela, e Gregório fica sozinho. Escreve uma celebração à burla da patente falsa.

Ódio veemente, ódio valente

1684, destituído da Sé e da Relação Eclesiástica

O POETA NÃO CONSEGUE SENTIR-SE À VONTADE ENTRE PADRES. *Acha-se justo e cheio de razão. Elogia clérigos virtuosos e ilustres, sua sátira ataca apenas os maus sacerdotes, de diversas ordens religiosas, desde humildes sacristãos à poderosa Sé. O que se pratica ali é simonia, inveja e roubo. Como se calar? O clérigo julgador erra nos seus julgamentos e compra sentenças, pagando com dinheiro ou com abraços. Como não falar? Dom Abade rouba as rendas do convento para sustentar uma prostituta, assim como para subornar. As lidas todas de certo frade são freiras, sermões e putas. O cura da Sé conseguiu seu cargo comprando-o, cobiça qualquer moça mais jeitosa, é velhaco, dissimulado, ladrão, simoníaco. Como se calar? O vigário de São Francisco tem uma pendência com um ourives a respeito de uma mulata amante de ambos. O vigário de uma freguesia é ambicioso a ponto de os fregueses se levantarem em motim; pastor dana-do, tonto e asno, tosquia o gado e sangra toda a comarca; grande velhaco, de natureza saturnina, trata os filhos com crueza, roubando-lhes como uma harpia; é um zote, canalha, michelo de chispo, torpe pecador.*

Outro padre ambicioso, de São Francisco, recebeu herança rica, mas não tem o que comer, anda a pedir fiado; gasta com as pretinhas os bens do pai boticário; tem juízo confuso, é obtuso, burro, metido em tudo, querendo ser eminente; zote supino que anda a pregar geringonças.

O padre Dâmaso da Silva, parente do poeta, e seu opositor, homem desbocado e presunçoso, é um madraço, mentiroso, mentideiro de senho-res burros; pessoas limpas perdem o nome pela amizade com o sujo; papa jantares, hóspede importuno, sustentado por amigos que lhe dão comida, adulador e lisonjeiro para conseguir um jantar, satisfeito o bucho, padre Dâmaso desanda com a taramela; metido a advogado, grande conimbricense que jamais pôs os pés em Coimbra, anoitece um sabe-nada, e amanhece um sabe-tudo; graduado na academia dos burros, que é braba universidade; desaforado, entremetido, abelhudo, filho da puta e alcoviteiro, valentão, escória do mundo, atrevido, temerário, magano, infame, vil, alquimista que converte ouro em pentelhos, corretor de fodas por dois tostões; repica o sino, mas ninguém vai ouvir sua missa, é um pároco boneco feito de trapos imundos.

Padre Baltazar se gaba de ser amante de duas mulheres, uma negra, uma mulata; tem mais defeitos que areias no mar, vive num concubinato imundo, cego do amor, seu podre tresanda pelas contreiras do mundo; dotado de luxúria indiscreta, pesada e violenta; suas mulheres lhe põem cornos. Frei Joanico, preso em Lisboa por crime de sodomia, é furão das tripas, sanguessuga humana. Frei Tomás critica o amigo do poeta, Gonçalo Ravasco, por ter vomitado na presença de sua freira, cobrindo as náuseas com o chapéu; Gonçalo vomitou porque se lembrou do bodum de frei Tomás, aquele frei é um pantufo em zancos, o que mais sabe é estafar uma freira; de trezentos sermões velhos tira um para pregar; é glutão como um capado, como um bode fodinchão. Como se calar? São tantas as histórias... Tão boas para sátiras...

Frei Antonio na vila de São Francisco galanteou uma moça e recebeu como resposta agradecida uma panela de merda. Como não satirizar? O frei Foderibus furtou um cabrito, ao embarcar para fora da Bahia, a cabra berrou e foi atrás do filhote no barco, atrapalhando o roubo, mas o frei furtou outro cabrito, que levou assado. Frei Porraz, na ilha da Madre de Deus, pregando tanta parvoíce de tolo e beberrão, foi apedrejado por rapazes e se fingiu desmaiado para escapar; acordando, furtou do poeta um cajado, e um chapéu ao harpista, retirou-se da festa, mas um mulato foi ao seu encalço; é um mau ladrão, um burro baio com honras de rocim, borracho alvar, bêbado, jeribiteiro. Certo frade foi à casa de uma meretriz e ela lhe pediu emprestados quinze mil-réis para tirar do penhor umas argolas. Um frade franciscano foi flagrado com uma negra e ela levou uma sova do amante que era outro frade; a negra sangrou, e se fingiu manca do pé. Um frade narcisista foi pregar num convento de freiras e estando com uma delas na grade sentiu tal dor de barriga que se sujou, até os distantes índios podiam ouvi-lo e sentir o cheiro, tão longe foi o odor; sendo mau para ouvir, era pior para cheirar.

Frei Sovela trata com uma depravada mulata de nome Vicência que mora junto ao convento, e o frade a vigia, subindo ao campanário, num lascivo exercício; e este padre sai a pedir esmolas na cidade, cantando e arregaçando o hábito para mostrar as pernas como se fosse uma prostituta, presumindo-se gentil-homem, de bom membro e boa voz, mas nem sabe onde nasceu, é magano, sujo alparcate, remendado dos pés até o focinho; deixa à morte as putas todas, ou pela má vista ou pelas fodas, tem um membralhaz aventureiro, fodedor, fodinchão, fodaz, frade vilão, seu membro apressado quer se meter em todo buraco; gaba-se o frade de que as mulatas morrem por ele, pensa que é galã, bonito e pulcro, boa cara, boa voz e bom badalo, mas é todo suor e porcaria, sua boca fede, fede a dentadura, em cada parte há bodum, catinga e lodos, fornica as putas, que querem somente seu dinheiro.

E os desmandos não são apenas no Brasil. Frei Carqueja, magano de religião e mariola de igreja, frei Sarna, frei Brotoeja, frei Impetigo, frei Garanhão, galanteava umas senhoras no convento de Odivelas, e entregou-lhes o hábito para ser usado numa farsa teatral; em alta noite cantou o Miserere, borrando e urinando o parlatório, vindo a abadessa lhe dar seus hábitos e uma lanterna a fim de se retirar para Lisboa; era carvoeiro infernal, deixava pela honra a capa nas mãos da amante senhora, ficou nu o cascarrão, e saiu do Limoeiro a berrar entre as casinhas; metido nos tratos de freiras, trabalhava por trás das grades do convento; magano de campa, magano de esguicho.

Padres chegam à Bahia maltrapilhos, ignorantes, velhacos, e, de simples sacerdotes, passam à grã dignidade, é força que o povo os aclame e os

governos se obriguem, chovem ofícios e lugares, que os padres tudo apa-
nham com sua "humildade", crescem em dinheiro e respeito, compram
terras, vão de uma província a outra comendo como selvagens. Os mario-
las de missal, lacaios missa-cantante, sacerdotes ao burlesco, são contra-
tados para capelães de magnatas, recebem ordenado, dinheiro que o papa
reserva das ceias e dos jantares, e que eles não gastam: embolsam. Para
um cônego, qualquer dinheiro serve a seus subornos. Um frade confessor
inveja os pecados. Um sacerdote só prega a doutrina da lei culatrina. O
vigário Ribeiro é encolhido e ousado, ufano, ignorante, farsante, um Cão
revestido em padre, podengo asneiro, de cu denegrido, de sangue negro es-
condido, perro maltrapilho, prega e ladra num campanário, cachorro, vil
criatura, só tem quatro sermões antigos que lhe dão os amigos, mete unha
e dá dentada, canzarrão insensato, sangue de carrapato, um burro imenso,
miolos de pateta, metido a poeta, mestre na velhacaria, nascido de sêmen
franciscano e mãe meretriz, não se cansa em defender as putas, que que-
rem dinheiro e restos do refeitório; frei Burro, frei Cavalo, frei Monturo.
O poeta sabe que uns desses casos são verdadeiros, outros, falsos, outros
ele altera, e são apimentados pela maledicência do povo. Como se calar?
O deão jesuíta, André Gomes Caveira, anda acusando vícios do poeta,
com um zelo torpe e nefando é um dos que intriga contra ele, na Sé. Uns
lhe fingem amizade, por medo de serem incluídos nas sátiras. Outros lhe
maquinam ódio. Se lhe querem tanto mal, despertam seu ódio valente.

*

Com suas sátiras, Gregório de Matos atraiu a inimizade de muitos de seus pares, na Sé e na Relação Eclesiástica. Havia intrigas e
influência constrangedora junto ao arcebispo João da Madre de Deus
para a demissão do poeta de seus cobiçados cargos. O vate continuava a não usar o hábito, a murça e sobrepeliz obrigados pelo posto,
sentindo-se assim livre do múnus. Gregório de Matos comportava-se
como um secular, o que foi tomado como pretexto para sua ruína
junto às autoridades do arcebispado,

a quem, como homem sem interesse, pagou sempre na mesma espé-
cie, e mais aventejado; porque os erros do hábito nele eram menores
que os do costume naqueles, cuja parcialidade se aumentava por ho-
ras em contraposição da luz; e o Padecente, que conhecia o seu dano
com vista clara, queria reparar a inimizade de todos com a sua. Ele
o pinta magistralmente nestes versos:

Querem-me aqui todos mal,
mas eu quero mal a todos,
eles, e eu por vários modos
nos pagamos tal por qual.

E querendo eu mal a quantos
me têm ódio tão veemente,
o meu ódio é mais valente,
pois sou só, e eles são tantos.

Algum amigo, que tenho,
se é, que tenho algum amigo,
me aconselha, que o digo,
o cale, com todo o empenho.

Este mo diz, diz-me o outro,
que me não fie daquele;
que farei, se me diz dele,
que me não fie aqueloutro?[167]

*

Num clima de desconfianças mútuas, e provavelmente pressionado também pelo governador, o arcebispo João da Madre de Deus
procurou Gregório de Matos no convento do Carmo e amigavelmen-
te lhe propôs que tomasse ordens sacras, a fim de conservar seus
cargos. Gregório de Matos respondeu-lhe "com inteira resolução que

não podia votar a Deus aquilo que era impossível cumprir pela fragilidade de sua natureza: e que a troco de não mentir, a quem devia inteira verdade, perderia todos os tesouros e dignidades do mundo. Que o ser mau secular não era tão culpável e escandaloso, como ser mau sacerdote",[168] dando mostras de sua integridade, mas também indícios de que preferia abandonar a vida clerical que lhe custava a liberdade. Sabia que o prelado poderia conservá-lo nos cargos se quisesse, pois tomar ordens sacras não era condição fundamental para as funções que desempenhava.

O arcebispo recebera uma provisão real, em 23 de dezembro de 1682, que lhe concedia o direito de nomear três desembargadores para a Relação Eclesiástica, devendo ser "clérigos de boa vida e costumes, formados pela Universidade deste Reino."[169] Mesmo os iniciantes nas ordens sacras, que tinham apenas tonsura, eram chamados de *clérigos*. A provisão foi registrada na Bahia em 5 de junho de 1683, no auge dos conflitos entre as facções de poder na Bahia e poucos dias antes do crime contra o alcaide. Gregório de Matos foi destituído dos rendosos empregos antes de 5 de agosto, data da nomeação de seu substituto como tesoureiro-mor. Exerceu os cargos por pouco mais de um ano, entre maio de 1682 e julho de 83. O episódio foi comentado numa sátira contra o poeta:

> *Lembras-te quando o Prelado*
> *pelas tuas parvoíces*
> *decretou, que te despisses*
> *do hábito atonsurado:*
> *não ficaste envergonhado,*
> *porque não há, quem te ponha*
> *na cara alguma vergonha*
> *entre o Povo Baiano:*
> *não te envergonhas, magano?*[170]

*

O próprio Gregório de Matos reconhecia sua situação irregular. Escreveu, num poema, dizendo de si mesmo: *e sendo leigo se finge / cleriguíssimo corona.*[171] Ele não deu mostras de abatimento após a perda de suas rendas e imunidades. Decerto sentiu pesar, mas também a libertação o aliviou. E compôs novas sátiras atacando o deão jesuíta, o Caveira, a quem atribuía sua destituição, assim como a um desembargador, um "certo Beca".[172] André Gomes Caveira nascera na mesma cidade dos avós e do pai de Gregório de Matos, Guimarães; doutorado em cânones, fora enviado à Bahia como desembargador da Relação Eclesiástica, o mesmo cargo de Gregório de Matos; recebeu o título de protonotário apostólico, e posteriormente o de deão, dignitário que presidia aos cônegos. As sátiras usavam palavras duras, como *ladronaço, roubando pedras e paredes,* ou bem-humoradas, *Caveira asnável,* dizem que anda aqui uma caveira falando, e arrancavam mais risadas do povo da Bahia. E mais ódio por parte dos inimigos do poeta. Na cidade já o chamavam pela depreciativa alcunha de Boca do Inferno.

Ele decidiu então livrar-se da vida virtuosa no convento do Carmo, indo se refugiar fora da cidade, acompanhado de Tomás Pinto Brandão. Escolheu a Praia Grande. "Daí por diante, por onze anos, se entrelaçam as musas, palram as guitarras, abraçam-se os destinos dos mais atrevidos poetas de língua portuguesa."[173]

No convento de areias

Refugiado em Praia Grande

CHAMAVA-SE PRAIA GRANDE a um conjunto de fazendas de canaviais e de gado, localizadas ao norte da cidade da Bahia, na boca do rio Pirajá, uma região de praias arenosas, enseadas, áreas alagadiças, imensos e refrescantes pomares.

Pelo rio Pirajá abaixo tudo era povoado de formosas fazendas, tão alegres da vista do mar, "que não cansam os olhos de olhar para elas".[174] A primeira dessas fazendas era propriedade de um antigo alcaide-mor de Vila Velha, onde ficava a ermida de São Brás. Daí, seguindo pela ribeira, se ia até Nossa Senhora da Escada, uma graciosa igreja, com alpendre, mimosa e muito alva, sobre uma colina e voltada para o mar. A pequenina capela rural foi construída em 1536, de taipa e palha. Em 1562 o novo proprietário das terras a reconstruiu em pedra e cal de conchas do mar. Poucos anos depois o lugar serviu de refúgio ao padre Anchieta quando ele precisou tratar de sua saúde. Em 1572 a igreja foi doada pelo proprietário da fazenda à Companhia de Jesus, e ali se homiziou um senhor de engenho, fugindo a uma ordem de prisão decretada pelo rei, por haver marcado com ferro quente a um homem branco. Em abril de 1638 nessa localidade desembarcaram invasores holandeses enviados por Maurício de Nassau, que originalmente planejavam desembarcar ali ao lado, em Praia Grande.

A uma légua acima da capela se encontrava o porto de Paripe. Esse espaço entre a igreja e o porto era chamado de Praia Grande, uma região muito formosa, onde se localizavam um engenho do castelhano Francisco de Aguilar e outro que pertencera a Vasco Rodrigues Lobato, cercados de canaviais, onde se fabricavam muitas arrobas de açúcar.[175]

Da Praia Grande se avistava o movimento constante de caravelões da costa e barcas dos engenhos, transportando o que as fazendas produziam. Havia na região uma famosa fonte que jorrava águas fartas e fresquíssimas. E, adiante, as conhecidas pegadas de são Tomé assinaladas em uma pedra, "que diz o gentio diziam seus antepassados, que andara por ali, havia muito tempo, um santo, que fizera aqueles sinais com os pés. Toda a terra por aqui é mui fresca, povoada de canaviais e pomares de árvores de espinho [laranjeiras, limeiras, limoeiros], e outras frutas da Espanha e da terra, de onde ela se torna a recolher para dentro, fazendo outra praia mui formosa e povoada de mui frescas fazendas, por cima das quais aparece a igreja de Nossa Senhora do Ó, freguesia da povoação de Paripe, que está junto dela, arrumada e povoada de moradores, que é a mais antiga povoação e julgado [território de jurisdição de juízes] da Bahia".[176]

Numa dessas fazendas da Praia Grande o poeta esteve refugiado, habitando uma palhoça avarandada, junto de pedras à beira-mar. Ali ele escreveu um poema, em que dava conta dos motivos que o levaram a se retirar da cidade, e as alegrias com que o lugar lhe presenteava.

*

Na Praia Grande, fugindo da cidade, como se agora estivesse num convento de areias, habita entre os mariscos, em vez de habitar entre padres num convento de pedras. A causa das saudades se empenha para os alívios. Ausenta-se da cidade porque o povo maldito da Bahia o põe em guerra com todos, e agora, na Praia Grande, ele vive em paz consigo. Mas os dias não passam, o tempo fugitivo, ao ver sua solidão, para no meio do caminho.

Dá graças a Deus por não ver em seu doce retiro os hipócritas embusteiros, os velhacos entremetidos. Não entram na sua palhoça visitantes prolixos, políticos enfadonhos, vadios cerimoniosos, uns néscios que o enfadam infinitamente e tiram seu tempo outorgado por Jesus Cristo. Ali ele recebe visitas de lavradores sinceros, simples, lisos, que entram em silêncio e saem com o queixo caído.

Logo que amanhece o poeta acorda, dá de cara com o sol tocando aqui e ali com seus signos. Passeia na varanda, ouve cantar docemente os passarinhos, não entende o que dizem, mas entende as toadas. Vai logo para a praia e vê as pedrinhas alvas das quais as ondas murmuram por serem muito brancas e muito limpas, compara a si mesmo com aquelas pequenas pedras, são um exemplo expresso e vivo de sua desgraça, pois ele, por ser limpo, por ser branco, é tido na Bahia como turbulento e importuno. Que se queime a terra onde o torpe idiotismo chama os néscios de entendidos. Queimada seja a terra onde em casa, e nas reuniões, nos mexericos, os asnos lhe chamam asno. Parece motivo de riso que um clérigo tolo, seu parente, um desses que não sabem letras, ignoram as musas, o grego, o latim, um clérigo famoso em cartas e dados, mais que um ladrão de caminhos, um regatão de piaçabas e grande atravessa-milhos, um ambicioso, avarento, amigo das negras só para se divertir de graça, obtendo o que aos outros custa dinheiro, que esse clérigo, se acaso lhe falam do poeta, torça logo o focinho e diga, Ninguém me fale nesse asno. *Pois agora, pergunta-se o poeta, se Jó fosse ainda vivo, sofreria tanto pelo diabo como o poeta sofre por esse maldito?*

Ele também sabe que um certo Beca, presidindo o tribunal, onde é um selvagem na cadeira, faz do poeta réu no banquinho, chamando-o asno. Por sinal que ele responde a quem lhe traz o aviso, que se fosse asno, não seria ministro. Gregório de Matos era em Portugal um sábio, discreto e entendido, poeta melhor que alguns, e douto como seus vizinhos. Mas chegando à Bahia logo não foi nada disso, porque parece andar torcido entre o direito e o torto, é um herege, um asnote, mau cristão e pior ministro, mal compreendido por todos, e bem entendido por ninguém. Tudo consiste em perigo, porque ele sabe de muitos delitos bem mais graves que os seus próprios, e todos sem castigo. Mas não é um perigo, e, se o disse, ele se desdiz, pois tudo resulta da elevada ignorância daqueles inimigos.

De noite vai tomar fresco e vê a lua em seus ciclos, desfeita em quartos, como um ladrão de caminhos. Passa as noites, as mais negras noites sem lua, as mais escuras, sem dormir, em claro, dormindo um pouco, passo a passo. Faz versos mal-limados a uma moça com brinco, que ontem foi alvo de seus olhos e hoje é negro dos sentidos. Esta é a vida que passa, e o descanso em que vive, rindo-se dos reis de Espanha em seu célebre retiro. Se um gentio chamou beato a quem vive na solidão, ele espera em Deus que há de ser beato, e benquisto.

Mas precisa se esquecer dos desvarios de sua vida, pensar mais na simplicidade daqueles prados, nas avezinhas que voam livres, nas flores... e cantou uns versos...

> *Pois os prados, as aves, as flores*
> *ensinam amores,*
> *carinhos, e afeto:*
> *venham correndo*
> *aos anos felizes*
> *que hoje festejo:*
> *Porque aplausos de amor, e fortuna*
> *celebrem atentos*
> *as aves canoras*
> *as flores fragrantes*
> *e os prados amenos...*

Talentoso, ele fabrica uma viola com uma cabaça, cravelhas de madeira e cordas de tripas de animais. Diverte-se com a brandura de seus sons. É consumado solfista, e modulando as melhores letras de seu tempo, em que a solfa portuguesa avantaja a todas as de Europa, tange-a graciosamente. Em seu retiro compõe canções. Dali vai com Tomás a fazendas, correndo o recôncavo, entregue à sua musa, às mulheres, festas, zombarias sem consequências dramáticas, à música, aos jogos, às danças, às lembranças da infância, ao prazer de surcar os mares.

Torrão mais delicioso

1684, vagando no recôncavo; deposição do Braço de Prata

NUM SONHO BUCÓLICO, entre divertimentos, músicas, poemas e amores, Gregório de Matos aproveitou o recôncavo como hóspede de senhores de engenho e fazendas, "porque, faltando fora da cidade as estalagens, vão necessariamente os passageiros a dar consigo nos engenhos, e todos ordinariamente acham de graça o que em outras terras custa dinheiro".[177] Foi o tempo áureo de sua vida, sem compromissos, sem necessidade de dinheiro. Desse período na Bahia, Tomás escreverá mais tarde que tudo era um paraíso, em terra de melhor agrado, torrão mais delicioso do que qualquer outro no mundo, que ele era sempre querido de todos, "mais buscado que cortinas para a procissão do Corpus". Sem ser senhor, Gregório de Matos tinha o engenho à sua disposição, ali assistia às festas das Onze Mil Virgens, a congos, via a moagem da cana, os cavaleiros fogosos... Levava boa vida, diz Tomás, com fartura e prazer, comia carnes boas e más, mais de cabra que de porco.

*

Composto pelas terras que margeiam a baía de Todos os Santos, o recôncavo foi descrito por Gabriel Soares de Souza[178] no ano de 1587 como um lugar de incomparável beleza natural e riqueza econômica, onde as terras eram as mais férteis e o céu repleto de nuvens coloridas com grande esplendor, em torno da maior e mais bela de todas as baías brasileiras; uma baía de "bons ares, mui delgados e sadios, de muito frescas e delgadas águas, e mui abastada de mantimentos naturais da terra, de muita caça, e muitos e mui saborosos pescados e frutas".[179]

> *... formando-lhe a sua grande enseada, desde a barra de Santo Antonio até a praia de Tapagipe, um dos maiores golfos do mundo e o mais capaz de todas as armadas, com três léguas de boca, doze de diâmetro e trinta e seis de circunferência, limpo e desocupado de ilhas, formando pelo recôncavo os seus braços tantas que não têm número. Neste capacíssimo pélago pagam tributo ao mar seis caudalosos rios, Paraguaçu, Sergipe, Jaguaripe, Matuim, Paranamirim e Pirajá, que de muito longe vêm cortando e dividindo as terras do recôncavo, e dão comodidade a grandes povoações, as quais pelas máquinas dos engenhos, casas dos lavradores, e dos que senhoreiam aquelas propriedades, ou vivem ao benefício delas, parecem vilas; sendo navegáveis e cursados de tantos barcos, que conduzindo mantimentos e todo o gênero de regalos à cidade, se veem nas suas praias cada dia mais de oitocentos, sendo quase dois mil os que cursam a sua carreira, alguns tão possantes que carregam sessenta e mais caixas de açúcar, trezentos e mais rolos de tabaco.*
>
> *O céu que o cobre é o mais alegre; os astros que o alumiam, os mais claros; o clima que lhe assiste, o mais benévolo; os ares que o refrescam, os mais puros; as fontes que o fecundam, as mais cristalinas; os prados que o florescem, os mais amenos; as plantas aprazíveis, as árvores frondosas, os frutos saborosos, as estações temperadas.*[180]

A vida no recôncavo era bem melhor do que na cidade da Bahia, e por esse motivo os senhores ricos residiam com suas famílias nas fazendas, em busca de fartura — enquanto na Bahia se passavam privações —, e de saúde, pois grassavam doenças e epidemias na zona urbana. "Pelo receio das bexigas muitos senhores de engenho morriam de velhos sem que por toda a sua vida pisassem na cidade."[181] No recôncavo muitos senhores também se refugiavam de inquirições, de pretendentes indesejados a suas filhas, ou amizades inconvenientes de seus filhos, da maledicência de vizinhos, do excesso de festas, do calor abafado, do pagamento de dívidas, ou se resguardavam das "obrigações da república". Ali esperavam viver protegidos e em paz.

*

A descrição de Gabriel Soares revela um recôncavo de riquíssima geografia, repleto de ilhas, baías abrigadas à sombra, repletas de barcos fundeados, ou em pura natureza, algumas com águas profundas que permitiam a entrada de naus de qualquer porte. E morros, recifes, promontórios, cabos, esteiros, estuários por onde entravam barcos de até quatrocentas toneladas, rios pelos quais navegavam caravelões da costa e barcas dos engenhos, num constante movimento de transporte de riquezas e passageiros, enseadas em forma de meia-lua, praias onde se ferravam navios durante as marés, quando as águas baixavam até a quilha do barco, permitindo a calafetagem do casco, e rios fartíssimos de pescado e mariscos, alguns coalhados de barcos de pesca lançando redes e linhas, ou jangadas dos moradores do entorno, a terra sempre fugindo para dentro e formando lugares abrigados ou desabrigados, descanso para estrangeiros, esconderijos para invasores, praias de areia branca onde se encontrava a riqueza do âmbar gris.

Nas ilhas e em terra firme encontravam-se fontes de água pura e fresca, quedas de água friíssima desciam por altos penhascos, entre pomares, amplos canaviais, plantios de algodão que, quando em flor, cobriam a paisagem de branco, tapetes de tabaco com seu verde bem escuro, e locais de onde se tiravam conchas marinhas para fazer cal em grande quantidade e de boa qualidade para caiação de casas, e partes despovoadas cobertas de campina alternando-se com bosques dos quais se cortavam madeiras de diversas espécies, onde vivia uma rica fauna que ficava sob a mira de caçadores.

E, por toda a paisagem, povoados, vilarejos, julgados, distritos, vilas, alguns lugares tão ricos de casario que pareciam cidades, e conjuntos de edifícios de fazendas, campos adornados de construções brancas, casinhas no cume de colinas, moradias nobres entre alamedas de laranjeiras, engenhos soberbos, casas de purgar, de cozer mel, imensos currais, um amplo verdejar salpicado de modestas casas de lavradores com seus roçados, criação de porcos, vacas, e grandes olarias sobre terras de bom barro usado para as telhas, cerâmicas, e para se purgar o açúcar. Cada fazenda ou povoado tinha a sua igreja, algumas eram boas capelas abobadadas e ornadas, outras não passavam de pequenas ermidas, com seus curas que davam atendimento aos fiéis, umas sobre colinas, outras ao lado de suntuosas casas, ou à margem de algum rio, nas praias; havia mesmo uma sinagoga clandestina, às margens do rio Matoim.

Moravam na região muitos senhores, lavradores, com suas famílias, escravaria, índios hostis ou pacíficos, e viúvas, alcaides, um deão da Sé, mercadores, padres, capelães, vadios, e decerto as negras, mulatas, donzelas ou prostitutas, brancas de família muito bem resguardadas, mulheres que apaixonavam os poetas. Por essa descrição vemos como o recôncavo representava um exemplo de êxito na sofrida colonização.

*

Mas a vida no recôncavo não era o paraíso que sugeria sua paisagem. Havia violentos assaltos de índios que, além da destruição de propriedades e das perdas humanas, mantinham os moradores das fazendas num grande desassossego; em 1671 as terras de Maragogipe e Jaguaripe estavam quase despovoadas pelos constantes ataques, assim como a vila de Cairu, ameaçadas de parar os serviços na lavoura e nos engenhos, e isso custava grandes somas a senhores, que precisavam preparar a defesa de suas propriedades. O mesmo ocorria quando da presença de invasores europeus, franceses ou holandeses que, além de destruir bens e causar mortes, bloqueavam a passagem das embarcações pela barra, isolando o recôncavo.

Os senhores de engenho eram comumente convocados a colaborar com centenas de cabeças de gado para alimentar tropas de defesa da Bahia, ou com dinheiro para pagamento de soldo. Ordens reais caíam fulminantes sobre a economia do recôncavo, como a proibição do rendoso plantio de tabaco, para que se cultivasse a mandioca necessária ao fabrico da farinha de mantimento, ou a proibição de se criar gado em até dez léguas a partir do mar e das margens de rios. A qualquer emergência os senhores do recôncavo eram obrigados a socorrer a Bahia e outras cidades da colônia, como São Vicente e o Rio de Janeiro, fornecendo carne salgada, hortaliças, aves, ovos, aguardente, panos, armas, e outros produtos necessários.

A complexidade e as extremas dificuldades para se manter um engenho em funcionamento no Brasil colonial foram muito bem registradas no relato escrito por Antonil,[182] no qual relaciona as riquezas necessárias ao senhor para instalar e administrar um engenho real, as dificuldades e cuidados na compra, arrendamento e conservação das terras, os cuidados com os lavradores e outros vizinhos, com a eleição de oficiais e pessoas admitidas ao seu serviço, cautelas na escolha do capelão, as obrigações e problemas referentes aos feitores, mestres de açúcar, soto-mestres, ajuda-banqueiros, purgadores de açúcar, caixeiros, escravos — para os quais eram necessários três P: pau, pão e pano — o governo da família, dos gastos, e o recebimento de hóspedes.

*

A hospitalidade fazia parte da vida nos engenhos, era tida como uma virtude cristã e um gesto de cortesia, demonstrando elevação, riqueza e ostentando a fartura da fazenda.

Os senhores de engenho recebiam numerosos padres esmoleiros que por ali passavam, também missionários a caminho de um serviço, e viajantes seculares, autoridades, homens que por um motivo qualquer buscavam refúgio — como o caso de Gregório de Matos —, famílias que iam a passeio, caçadores, parentes, jovens aprendizes, convidados para as festas, e tantos outros visitantes. Quase sempre havia uma casa de hóspedes separada da vivenda senhorial, para preservar a intimidade da família e "sem prejuízo do recolhimento que hão de guardar as mulheres e as filhas e as moças de serviço interior, ocupadas no aparelho do jantar e da ceia".[183]

Antonil aconselhava que os senhores não gastassem demasiado com os hóspedes, pois no decorrer do ano eram muitos, bastava que lhes servissem da criação miúda, de galinhas, cabritos, porcos, e algum peixe ou marisco conseguido nas redondezas, produtos da roça e doces e aguardente do próprio engenho em vez de vinho, até mesmo para poder continuar recebendo visitantes. Em algumas situações justificava-se um gasto maior, como a hospedagem de uma pessoa principal. A esmola era uma obrigação de caridade cristã, para a qual devia ser separada uma porcentagem das rendas do engenho; dar donativos garantia a proteção divina e um lugar no céu. Os missionários deviam ser recebidos com benevolência, qualquer desdém pesava sobre o senhor, cobrindo-o de interpretações negativas, como se pouco afeiçoado às coisas de Deus, mesquinho, inclemente, impiedoso. Era preciso reconhecer que o trabalho missionário exercia grande influência no cotidiano das fazendas, pelo fato de que pacificava tribos indígenas e as afastava em aldeamentos controlados, entre outros benefícios.

No caso de aparecerem vadios na fazenda, ainda assim se dava abrigo, mas o feitor era instruído a lhes oferecer trabalho, como uma forma de afastar os que desejavam levar uma vida ociosa. Os empregados mais importantes do engenho, como o mestre de açúcar, os feitores, os caixeiros, podiam receber visitas da cidade, parentes ou amigos, mas por pouco tempo. Os rapazes solteiros eram indesejados, a fim de não "desinquietar as escravas do engenho, que facilmente se deixam levar do seu pouco moderado apetite a obrar mal".[184] E essa advertência devia ser feita aos empregados antes da chegada de algum solteiro, para que não convidassem sobrinhos ou primos ou cunhados que pudessem, com seu comportamento jovial e descompromissado, acarretar pesados desgostos.

"As entradas, as tropas de mulas, o serviço militar, o gosto andejo herdado do índio, e a desocupação criaram a figura boêmia do vagabundo, nalguns casos inconveniente pelo seu parasitismo, mas quase sempre pernicioso e atrabiliário. ... Tantos eram os desocupados que perambulavam pelo recôncavo e pelos sertões que a Igreja, em sua legislação, lhes dedicava uma expressiva atenção."[185] *As Constituições do Arcebispado da Bahia*, proclamadas em 1707, dedicavam três artigos à questão dos perambulantes, caracterizados como aqueles que deixavam "totalmente de fato, e no ânimo o lugar de sua origem, e andam de uma parte para outra, e em nem um lugar têm domicílio permanente".[186] Determinava que os párocos não se descuidassem deles, informando-se de todos os que vagavam nas freguesias, obrigando-os aos sacramentos da confissão e comunhão e proibindo-lhes pedir esmolas, admoestando os moradores a não lhes fazer doações ou tomá-los a seu serviço, e chamando a atenção para o fato de que muitos se fingiam de casados "para mais licenciosamente viverem no vício da concupiscência, e amancebamento".[187] Os vadios eram equiparados aos mascates, tratistas, peregrinos e caminhantes.

*

Gregório de Matos morava em Praia Grande numa palhoça à beira-mar, como ele mesmo contou em versos, que era provavelmente uma casa de hóspedes numa fazenda. Dali percorria o recôncavo, tomando algum lanchão ou caravelão de carga, ou canoas de pescadores, ou remando ele mesmo pequenos barcos. Recebia a visita de amigos, sendo Tomás Pinto Brandão o mais assíduo. Assistia aos folguedos dos escravos "a criarem seus reis, cantar e bailar por algumas horas honestamente em alguns dias do ano, e o alegrarem-se inocentemente à tarde depois de terem feito pela manhã suas festas de Nossa Senhora do Rosário, de São Benedito e do orago da capela do engenho".[188] Bebia, jogava, cantava, dançava, satirizava, apreciava e amava as mulheres, o que o tornaria indesejado numa fazenda senhorial. No entanto sua posição lhe abria portas: era neto e filho de senhores de engenho e fazendas de plantio, irmão de um vereador e proprietário de terras, assim como do prestigiado orador carmelita; doutor em leis, fora desembargador eclesiástico e tesoureiro da Sé, com amizades entre os Vieira Ravasco, os Brito, e outras famílias poderosas. Homem da alta esfera, além de tudo poeta, alegre, agradável, espirituoso, animava as festas e fascinava com sua viola e seus repentes. Mas decerto era grande o cuidado para com a sua aproximação das moças.

*

Ele se diverte com as aventuras amorosas no recôncavo. Vive um episódio com uma negra, protegida de um clérigo em Maré, que engana o poeta marcando um encontro e não comparecendo; ela o deixa, diz ele num longo versejar, esquentado, embaraçado, desesperado, preso de amor em sobejos infernos, querendo se enforcar, e ele a compara à primeira mulher bíblica, que fez pecar outro Adão.

Consola uma mulher que dança quadrilha. Enamora-se de outra, que o deixa rendido, vassalo do amor, a adorá-la, absorto com sua beleza, morto por amar, prometendo-lhe afeição por toda a vida, algo jamais sentido; ela não o quer admitir, e ele compõe um soneto chamando-a de lazarenta, empestada, mirrada e carcomida, por estar a moça com a perna chagada, e presunçosa, miserável, num gume de versos a dona Lazéria.

Agrada-se dos donaires da Cabra de Cajaíba, uma mulata do padre Simão Ferreira, moça que se finge de virgem, mas quando fode se desmaia.

Numa festa na igreja em São Francisco vê três moças e entra em questão com amigos acerca de qual será a mais formosa, elegendo a mais singular, almirante entre as rosas, mais bela que as estrelas luminosas, a galharda moça com cabelos de ouro, olhos claros, dentes de prata, língua bem entendida, boquinha pequenina, mãos sempre lavadas, peitinhos que dão figas, cintura muito delgada, a mostrar os pés pequenos e nada firmes, e lhe escreve poemas, louvando-a, e a sua saia verde.

O poeta galanteia outra moça, escandalizando-se com as respostas sem som, pede que consinta ao menos que ele lhe tenha amor, convida-a para ir a Catala, por anos esperaria seu favor, pede um carinho só à mulata que zomba de todo mundo, e que manda para o poeta um passarinho, motivo de mais uma sátira maliciosa. Isso ao mesmo tempo que Gregório se remexe com outra.

Em Pernameri o poeta quer divertir seus amorosos incêndios com uma moça que o assiste a cantar, mas ela lhe pede dinheiro antecipadamente, e ele responde com décimas confessando há trinta dias não ver dinheiro.

Encontra-se em Catala com uma mulata que o ama sem conhecê-lo, ele pergunta-lhe onde mora, de quem ela é, a quem serve e se anda amancebada. O poeta agradece-lhe os favores, dizendo algumas pataratas, chega-se a ela e levanta suas fraldas e põe a palma da mão no seu monte de Vênus, que é montanha, e deita-lhe a gala, ela pede outra e ele promete que lhe haverá de galar mais vezes. Depois a moça aparece com mal-gálico, e ele desiste de lograr seus amores.

*

Hospeda-se o poeta numa casa senhorial perto de Pernameri, e ali vê, entre os serventes, uma mulher a dedilhar rendas: é Catona. E ele se enamora. Mas jura, pela alma da almofada, que está arrependido de ter ido para ali, porque fica sabendo que Catona é amancebada, e ele não sabe mais que fazer senão a idolatrar. Ela o tem prisioneiro e em tal embaraço que apenas por um pedaço dela ele se daria inteiro. Sente-se num doce cativeiro, e deseja que o senhor de Catona o tome por escravo, para que ele possa ficar ao lado dela, sempre a vê-la.

A cara de Catona lhe agrada as vistas, o sorriso o enfeitiça, e suas ancas o enguiçam, só uma coisa o aborrece: ela é amante do vassalo Fernando Rodrigues. Basta um olhar de Fernandinho e ela abandona bilros e rendas, se levanta, deixando triste o bilrinho do poeta. Ele descartaria tudo pelo amor que sente por Catona, quer que ela deixe Fernando, que já está farto, para se dar ao poeta, que está faminto. Ele a quer para seu descanso, quer a barriga de Catona, e escreve, muito claramente: Façamos, Catona, uma criança.

O poeta provoca Fernando, que é violista das putas daquele distrito, e lhe escreve uma sátira dizendo que, ao dançar com algumas negras, saiu o membro do violista por entre os trapos da braguilha. Aconselha as negras a se guardarem dele, pois Fernando é homem que espreita as mulheres e, bailando ou não, excita nelas o apetite venéreo. O poeta o convida a bailar, e Fernando vai, vistoso, pomposo, airoso, mas baila com seu "fariseu" para fora. O diabo do pênis sai pelo trapo rasgado da braguilha, como um faminto percevejo, o poeta quer ver bailar o rapaz, enquanto o seu pênis soluça, e sentindo a falta de respeito de Fernandinho, escreve: por que não o mete no cu? Não sabe Catona que uma negra chamada Vermelha corre por conta e risco de Fernando para quem todas se ajoelham? Não sabe da história velha, que corre por todo o povoado de Cachoeira do Paraguaçu? Pois, se sabe, cometeu uma asneira, sendo vigiada por uma pica vigiadeira. Então, que Fernando ou costure o rasgo da braguilha, ou corte o seu xesmeninês, ou deixe de bailar. Porque o senhor da casa desconfia, ao ver essa aleivosia, que Fernando quer mesmo se mostrar dos maiores, se exibindo para Catona.

Comete o poeta tantos excessos para conquistar Catona que Tomás Pinto e outros amigos lhe dizem que estranham seu comportamento, e o poeta os repreende com um poema sobre os tolos apaixonados. Pouco sabe do amor quem viu a formosa Catona, a maior estrela cintilante a iluminar uma zona celeste. A violeta é a mais negra flor, e se Tomás pode estimar uma flor negra, também ele, Gregório, pode adorar um negro planeta. Catona é moça vistosa, sempre limpa, e que se acha feia, mas todos a consideram bonita, e ela se escusa aos elogios, comedida, envergonhada. Mas como não é uma mulher livre, nega ao poeta esperanças, e enquanto ele não a consegue ela não se sente desesperada porque tem Fernando. Catona caminha com graça e decoro, compassada, é lindo vê-la calçar o sapato, andar com o pé folgado. Ela conversa sem cuidados, espontânea, quando ri é com recato, moderada, sabe escutar com atenção, mas responde ao poeta com desdém; ainda assim, sabe responder. É parda de tanto talento que a mais bela das brancas trocaria com ela a alvura pela inteligência. Catona é um prodígio, um portento, e se Tomás e seus amigos se espantam ao ver que o poeta está perdido por ela, ele se desculpa com o amor, que é anjo vestido de cores, ou sol que se finge mulher.

Todos os dotes de Catona são coroados pela constância, ela é fiel a seu amante Fernando, coisa rara, e a fidelidade de Catona ao amante deixa o poeta desesperado. Ela o torna desanimado, confuso, sem esperança, sem fé. A parda fez uma promessa de nunca ofender o amante, então, o que há de fazer o poeta? Jogar-se no mar, morrer, enforcar-se morrendo como infiel e ir direto para o inferno onde será condenado pelo pecado de amar? Querer bem não é pecado, e a culpa desse amor é de Catona, se adorasse um bronze o poeta seria um idólatra. Ele deseja perder a vida e a alma, e vai folgar de ver perdida uma alma a quem quer bem. Se sua vida já é um inferno, pelo desdém de Catona, depois da morte será outro inferno, pelos pecados que ele cometeu. O poeta não tem mais medo da morte, não se importa de morrer, mesmo porque, desde que viu Catona, está morrendo um pouco a cada dia, e isso faz mais de um mês, e seja no inferno da vida ou no inferno da morte, tudo é morrer. Na vida, morrer pelos pecados que não cometeu. Seu inferno está em que não goza do corpo de Catona, pois que arda no fogo do inferno quem não tem culpa nenhuma. Ele "morre", e não pode fazer seu testamento porque Catona lhe tira a fala, deixa-o mudo, e *ele, com acenos e gestos, não lhe deixa os seus bens, porque se os deixar, ele também a estará deixando. Mas Catona o desdenha.*

*

O poeta não desiste da moça, empenha-se em conquistá-la, e ela, já sem desculpas a inventar, diz que está menstruada. Triste pelo baque de mais uma negativa, ele escreve uns versos dizendo que a menstruação é um mal comum, como uma festa religiosa de oito dias. Que o mal faz bem à mulher, só a ele é prejudicial, pois quando chegam os meses de Catona para ela é coisa normal, mas isso corre contra ele. Que o mês maltrate Catona, vá lá, mas que tem o poeta com isso? Ele é cortês e merece que ela se dê a ele, com sangue, sem sangue, dê a sua parte preciosa. E a parte que Catona lhe der ele vai levar ao mangue, vai cozinhar, vai queimar o sangue. Quando eles soltarem os gemidos do amor, deve ele limpar-se com a camisa, ou na ponta de uma pedra?

Insiste o poeta, agora tentando por meios desonestos, que talvez seja o melhor modo de seduzir tais mulheres. Nos ricos e belos anos de sua vida o poeta cursou a universidade, e várias outras escolas, andou em fortalezas, viu castelos, vivia no Reino, mas seus desvelos o trouxeram para a peste deste Brasil, e se ele via castelos, agora vê muralhas que são os peitos de Catona, que ele não consegue nem por força nem por jeito vencer, em trégua ou batalha. A soldadesca canalha que ele tinha, perdeu. Trabalhou em Portugal, gasta por aqui. Com cuidado, manha e arte, tenta ganhar Catona, e tudo o que tem a ela dedica. São as pensões de quem guerreia. As leis da guerra tudo causam, desterram o sossego, perde-se o jantar, a ceia, e na guerra há fome, peste, e grande sofrimento lhe causa o seu pudor de conseguir os favores de Catona, assim ele suporta tudo, por amor. Se foi um mau general até agora, é porque faz guerra em terreno alheio, o terreno de Fernando, onde ela é senhora.

E o poeta decide ir embora para o povoado de Pernameri, que fica ali perto, vai armado, e há de tocar a trombeta, e só voltará se triunfar sobre sua amada.

*

Nem só de amores são os dias de Gregório de Matos na Praia Grande. A uma mulher que vive na Cajaíba, e que mandou matar uma rês, pede-lhe o poeta uma arroba de carne. A senhora manda dizer-lhe que a vá tirar do olho do cu, e ele a satiriza com um breve poema obsceno, dizendo que ofereça essa carne a Belzebu, pois ele, o poeta, não se atreve a escolher nem seu cu pelo feder, nem pelo podre o seu có. Com essa mulher vive um cabra da Índia que costuma se passar por feiticeiro, enganando as escravas e outras pessoas. Diz o cabra que às mulheres pode dar felicidade e aos homens, aumentar o tamanho do pênis. Muitos vão se tratar, obtendo sucesso, e o poeta não estranha que escravas deem suas saias e suas vasquinhas para pagar as curas. O cabra aumentou sua própria peça a ponto de uma mulher lhe poder chupar por detrás, e ele é pleiteado pelas escravas. Um padre intercede, a dizer que somente ele pode fazer curas, atemorizando as negras e acabando com a feitiçaria. O cabra acaba morrendo de uma doença, e as negrinhas, mal curadas, perdem o dinheiro que gastavam com mezinhas. A moça que denunciou a trama foge, e as mulatinhas entram em rixas, discutindo a respeito de uma cópula.

Em São Francisco, o povoado que fica diante do engenho de Sergipe do Conde, mora uma moça que deu uns pontos no vaso para se fazer passar por donzela; a jovem esposa o guapo do lugar, que na noite de núpcias não consuma o casamento, por haver suspeitado da tramoia, e ocorre um debate entre os recém-casados; o noivo retira-se, deixando-a aos prantos, e se teme que um dos cunhados mande um pleito a Roma para anulação do casamento. O poeta satiriza. E todos riem.

Uma dama nascida em Cachoeira borra-se sobre a alcatifa da igreja, numa quinta-feira das Endoenças, bom motivo para mais uma sátira. Sem poder se lavar, a mulher manda uma negra retirar o tapete sujo; a seu redor estão umas mocinhas conhecidas de todos, que socorrem a mulher, enquanto uma camarada comenta que é melhor ser limpa e doente do que suja e purgada. A triste senhora se levanta, quando uma amiga lhe grita:

Inda agora se purgou, já sai pela porta fora? Na noite anterior a dama jantou apenas um caldinho de feijões de Pericoara, e confessa que numa cavalgada até Cairu borrou sua fralda. Uma ocasião temerária, ela, cheia de dores extraordinárias, fica em desacerto, dentro da igreja, a afirmar que é água pura o que sujou seus calções, pois os feijões não têm nem dez réis de adubos. Com medo de ser esbofeteada ou rejeitada ela se vai para o mangue, com a fralda molhada, temendo ser vista pelo amigo que zombará dela, e para evitar desavenças a dama promete que não irá mais aos sermões, onde os frades dão as trevas e lhe fazem dar trovões.

Escreve Gregório de Matos um romance a uma parda, também moradora de São Francisco, que se desvia do poeta temendo sua língua, faz carrancas sempre que o vê, e ele se mostra desejoso de conversar, mas desconfia de não o poder; ele reclama do desdém desta mulata tão linda que da cabeça até os pés é uma estampa de Vênus debuxadinha ao pincel, tratando-a como putinha, gafa de mulatos, de cujo fedor se queixa até Sergipe d'El-Rei, entre outras injúrias, e ele confessa seu pensamento de cavalgá-la.

Receosa das cutiladas do poeta, certa mulher lhe pede que não a satirize, e por esse mesmo motivo ele lhe escreve umas décimas, revelando que ela lhe confessou ser tão quente mulher, mas estava com as regras para chegar; e ele reclama de ela lhe negar o que não nega a ninguém.

*

O poeta vai aos campos tomar fresco, olhar as negras que passam, a dizer palavras burlescas para elas e a querer fretar a todas, caindo todas nas suas iscas. Faz apreço particular da viola de cabaça que ele mesmo fabricou, frequentando divertimentos de seus trabalhos, levando-a nas funções a que o convidam. Olha os barcos que chegam da Bahia com as novidades, conversa e diz chistes, terminando o dia ao lusco-fusco, a encontrar seu pão na natureza. Nas manhãs de inverno passa frio, o vento sul lhe deixa a cara azul, e o nariz mais roxo que um mangará. Quebra duas costelas e uma omoplata, Zabel lhe traz o cachimbo para ele fumar e adormecer, lhe traz as brasas.

Por diferenças que teve com André Barboza, vai para Ilha Grande, com saudades invejosas da vida regalada em Cajaíba; passa uma vida descansada, sem ter à vista São Francisco com seu povo ilustre, metrópole dos montes, agora não tem para olhar mais que horizontes.

— Melhor é ver daqui a ilha das Fontes!

Sente amargas saudades de Cajaíba, das moças prendadas, Nerência, Chica, amargas saudades dos amigos um por um, e dez por dez das amigas. Quando faz seu largo e fresco passeio se lembra da varandinha onde se representavam as comédias do Faísca, e onde ia o feitor Azevedo emprestar faquinhas aos gaioleiros, onde iam em tamancos os Domingos e as Domingas a contar mentiras, onde Silvestre ia a virar tudo de pernas acima e a moer dona Marta e a andar de vigia pelas noites no quintal, Cajaíba onde ouvia com malícia todos os murmúrios, onde Marana ia se fartar de rir, onde iam as mariscadeiras do mangue carregadinhas de cestas. Quando se lembra dessas coisas, deseja e luta para ir à Cajaíba, mas logo é tomado de temor, e foge da perseguição do amigo invejoso e inimigo malicioso. O poeta não quer se emendar, faz versos em rimas para as unhadas do sujeito. A Musa está a seus pés, prostrada, exposta e rendida.

*

Na Praia Grande, Gregório de Matos recebeu a notícia de que o Braço de Prata estava destituído do cargo de governador. A nova chegou na frota em abril ou maio de 1684. Numa carta lacônica, o rei determinou o retorno de Antonio de Sousa de Meneses a Portugal, antes de terminado o seu mandato.

Eu El-Rei vos envio muito saudar. Attendendo aos vossos annos, e aos muitos que tendes de serviço desta Coroa, parecendo-me que desejaes ver-vos fora do Brasil, para vir descansar ao Reino, fui servido nomear ao Marquez das Minas que vos houvesse de ir succeder.

De que vos mando avisar para que o tenhaes entendido. Escrita em Lisboa a 9 de março de 1684. Rey.

Como se arrependido pela ingratidão contra Antonio Vieira, o rei retirava do Brasil o inimigo do jesuíta, apesar de estar o Braço de Prata coberto pela razão, tendo em vista o crime contra o alcaide. Era grande a força de Vieira, "no fundo do leito, em que padecia, no retiro do Tanque, entre árvores, demitia governadores, como outrora quando D. João IV lhe punha nas mãos os destinos de Portugal".[189] E se poderia dizer também que Vieira *nomeava* governadores, pois o sucessor do Braço de Prata, o marquês das Minas, era seu amigo desde a infância, e filho e neto de amigos, e com quem ele se correspondia assiduamente desde 1672.

O Braço de Prata partiu na mesma frota que trouxera o novo governador. Gregório de Matos escreveu-lhe uma última sátira, um soneto de adeus:

Senhor Antão de Sousa de Meneses
Quem sobe a alto lugar, que não merece,
Homem sobe, asno vai, burro parece,
Que o subir é desgraça muitas vezes.

A fortunilha autora de entremezes
Transpõe em burro o Herói, que indigno cresce,
Desanda a roda, e logo o homem desce,
Que é discreta a fortuna em seus reveses.

Homem (sei eu) que foi Vossenhoria,
Quando o pisava da fortuna a Roda,
Burro foi ao subir tão alto clima.

Pois vá descendo do alto, onde jazia,
Verá, quanto melhor se lhe acomoda
Ser home em baixo, do que burro em cima.[190]

Castellum Marinum

O Prado esmaltado de flores

1684, novo governador, marquês das Minas

DOM ANTONIO LUÍS DE SOUSA TELO DE MENESES (1644-1721), segundo marquês das Minas e quarto conde do Prado, veio na frota de 1684 para tomar posse do cargo de governador. Trazia seu filho dom Francisco de Sousa, quinto conde do Prado, jovem de pouco menos de vinte anos de idade. O marquês era um militar exaltado por grandes feitos em guerras e campanhas, e pertencia a uma das maiores casas do Reino. Conhecido como generoso e correto, com hábitos de fartura, bom trato, justiça rigorosa, caridoso e respeitado, vinha contrastar com governos coloniais, que "não fazem mais que adquirir, ajuntar, encher-se por meios ocultos, mas sábios, e no cabo de três ou quatro anos, em vez de fertilizarem a nossa terra com a água que era nossa, abrem as asas ao vento e vão chover a Lisboa, esperdiçar a Madri".[191]

No mesmo dia da chegada, o novo governador, logo após a visita cerimonial de praxe ao colégio dos jesuítas, foi ter com padre Vieira em sua cela, num gesto de fraterna consideração, mas também de alcance político. Convidou o jesuíta a ser o pregador das exéquias da rainha dona Maria Francisca Isabel de Saboia, na Bahia; padre Vieira alegou seus achaques da velhice, mas acabou aceitando a honrosa incumbência. E o marquês das Minas encomendou ao secretário Bernardo Ravasco a fabricação de um monumento fúnebre a ser erguido em memória da rainha morta aos trinta e oito anos, em dezembro de 1683, para que fosse feito com toda a magnificência, conforme o desenho apresentado. "Provavelmente Bernardo Vieira Ravasco incumbiu Gregório de Matos de realçar com a nênia o espetáculo — juntando à decoração e à oratória o soluço da poesia."[192]

*

O marquês das Minas tomou posse numa cerimônia na Sé, em 4 de junho de 1684 e governaria o Brasil por três anos. Desfez todas as "más obras" do governo anterior, "mandando vir os principaes da Bahia do desterro, em que andavão, pela morte, que outros deram ao alcayde môr Francisco Telles",[193] conforme didascália num poema de Gregório de Matos saudando a chegada do novo governante e revelando sentimentos de esperança e confiança no novo período. O poeta tornou-se amigo próximo do filho do governador, o jovem conde dom Francisco de Sousa, que o tinha em grande estima.

*

Com a primavera chega uma alegre serenidade, acabando a tempestade do inverno. Saturno declina nas operações malignas com influências benignas, Júpiter predomina e promete ano de abundância, de flores e pedras finas. Julgando-se o novo tempo por esses aspectos, haverá grande fartura, não há de haver mais fome, há mostras e sinais de um tempo abastado, e considerando-se o efeito, já se vê que o estado floresce e enriquece. A causa da riqueza e florescer do estado está no planeta Júpiter, porque pode ser visto com nitidez, e se não floresce o estado por outros motivos, floresce pela chegada do conde do Prado.

Pelo Prado, flor a flor, vai a terra se esmaltando, e mesmo o clima está melhor. Pelas influências dignas do luminar superior, sendo as pedras e as boninas os únicos primores da terra, tudo se esmalta pelas flores e enriquece pelas Minas. Já se experimentam na terra virações tão temperadas que as aves, determinadas, tentam voltar aos ninhos, já não sentem nem lamentam as tempestuosas ruínas. E com salvas matutinas se mostram tão prazenteiras que mais parecem aves caseiras do que aves peregrinas. A sua peregrinação foi influenciada por Saturno, um planeta sempre noturno e muito importuno. E nessa conjunção saturnina as aves deixaram seus doces ninhos e com medo do nocivo temporal se retiraram aos montes. Mas assim que sentem uma mudança no tempo, voltam sem tardar e sem receio ao ninho, e encontram outros ares, outra clemência, mostrados pelos movimentos dos astros, e já cantam de manhã com festivos sons. Cantam para mostrar, em cadências ritmadas, as singulares excelências de um planeta singular, cantam com tal doçura que nunca se ouviu na Bahia, ouve-se a harmonia com modulações suaves, de um modo como nunca cantaram as aves, com tão doce melodia. Cada qual, com voz sonora, explicando a melhora do estado. A cada instante a música mais se ouve, no Prado resplandece de modo maravilhoso um lustre tão luminoso que a noite se torna dia. Essas aves modulantes que tem nosso país, todas cantam o bem de que participam. Dos males de antes, se queixam. Assim, mostram com alegrias notórias que as glórias começam e as dores se acabam.

*

Foram "trinta e seis meses de flores",[194] disse Gregório de Matos sobre o tempo de governo do marquês das Minas. O poeta voltou à cidade da Bahia, livre das perseguições, podia ir pelos arrabaldes e retornar sem receios, podia andar nas ruas e levar sua vida como desejava. Um tempo de festas, alegrias, júbilo, paz e segurança.

Devem ser desse período os poemas alegres e sem tensões, separados no capítulo "Pança farta e pé dormente".[195] Nesses poemas descreve uma festa de Entrudo, o antigo Carnaval. Uma festa na Água Brusca em que mulatas bailavam o paturi ao som de uma guitarrilha tocada por um curumim, atadas pelas virilhas e com cinta vermelha nas grandes barrigas, e tremiam os quadris, as saias se levantavam para descobrir os pés, servindo de ponteiros às discípulas aprendizes. Ou uma jornada que fez ao Rio Vermelho na companhia de seus amigos, Gonçalo Ravasco, Freitas, Gil, Guedes, Domingos Borges, indo uns a cavalo e outros em redes levadas por escravos; Gregório, "da viola empossado cantava como um quebrado, tangia como um crioulo, conversava como um tolo, e ria como um danado".[196] Para Caijus viajou o poeta num velha embarcação, a fim de divertir-se com Custódio Nunes Daltro e outros amigos, a colher cajus, enchendo um balaio. Descreveu uma viagem de bergantim que fez da Cajaíba para a ilha de Gonçalo Dias, aonde foi com Silvestre e Miguel Ferreira, e Silvestre escreveu na areia: "O senhor da Ilha é um asno", saindo muito contente. E outras tantas farras, num tempo só de risos e alegria. Divertimentos inocentes, joviais, quase de meninos.

*

O poeta vai com alguns sujeitos a uma roça de um amigo, que fica junto ao dique. Ali encontra o celebrado alferes Temudo, e seu irmão, o doutor Pedro de Matos, que anda doente de sarnas. O segundo dia de comédias é o melhor, há muita comida, copioso vinho, cornucópia de ovos. Pedro o espera, com a culatra tão sarnenta que parece um cação preso na rede. O tema pede versos, e o poeta os compõe: "me disse a sua lazéria, e se os faço com miséria, não se espante, quem os lê, de que tanta sarna dê, (se é podre) tanta matéria", os amigos riem. Cantam galhardamente as sátiras em solos, o poeta pensa que canta um pássaro, e os outros gritam. Tocam um som de arromba e sai o Temudo a bailar. Doente, Pedro não pode se levantar da rede, mas é folgazão e baila com o pé, com a mão, e o cu sempre no lugar. O poeta fica pasmo com a habilidade tão nova e tão elegante do irmão, porque o cu sempre é dançante nos bailes da cidade. Mas em tal calamidade tem Pedro o cu sarnudo, que dando de olho ao Temudo diz, descuidado: "assim tivera o cu são, como tenho o cu sisudo." Negras servem à mesa e aos escabelos, seguem-se os pratos, gratos e belos, e Pedro se põe a lambê-los. Não quer beber o licor, com a negra Jelu, para não se entorpecer, porque o que acontece na cabeça, teme que se dê no cu. Não quer o cu inflamar, por isso bebe só água, e magoados os amigos ficam a chorar. No fim, com gosto, a exemplo de vida breve, diz o poeta que "quem rindo o vinho bebe, chorando desbebe o vinho". Todos riem.

*

Em outra ocasião Gregório vai com amigos a São Francisco. Amanhece a quarta-feira com face serena, airosa, e na companhia dos amigos se encontra com o famoso André Barbosa. Vão por uma e outra ladeira, desde o mar até a praça. Procuram o lindo Afonso Barbosa, da nobre família Franca, filho de rama ilustre e generosa.

Ao chegar ao campo frondoso, em matos escondidos, o poeta e seus amigos são assaltados pelo alvoroço do latido de cães e, desarmados, correm. Logo sai das matas da serra um porco, e é tal a confusão que parece uma guerra. Depois de correr pelas terras, os amigos vão à estância, com passos desalentados, seguidos pelos cães muito cansados. Vem também o porco rebelde. E aparece uma vara de porcos.

Gregório olha de longe a caçada, seu amigo Lourenço se põe intrepidamente diante de uma porca, tenta agarrá-la e cai aos pés do animal. Lourenço tira a espada da cinta, mas a espada nua cai na estrada, com a investida da fera valente. Lourenço fica mamado, ainda não se decide se está ferido ou beijado pela porca.

— Má porca te beije! — grita o poeta, e todos riem. Beijo de porca é fado muito mau de se passar, e se foram rogar um beijo à porca, só a Lourenço ela quer beijar.

Lourenço jaz na terra, sente o perigo que corre e dá a mão à porca, para fazer as pazes. Mas a porca, contumaz, e enfadada do caçador, não quer nenhuma paz, e bota-lhe uma ronca que por milagre não o destronca, ainda assim chega à sua pele.

Vai Inácio Pissarro na quadrilha, e diz que a porca fanchona o investiu pela braguilha. Inácio entra num barco e a porca vira a quilha, fazendo-o quase naufragar. Inácio dá tantos gritos que o piloto, infeliz, tenta com uma vara afastar o barco, enquanto um porco o lanceia. Inácio tem tanto medo que dá sinal aos narizes dos amigos, de um mau cheiro nos calções. Traz na meia uns pontões tão grandes, e em tal maneira, como se fosse à guerra com uma bandeira, armado de um escudo de lama contra uma porca costureira. Miguel de Oliveira vai com a dianteira alentada, à caça dos porcos, e faz porcaria. Quando o bruto o investe, ele com o pé, diligente, se afasta, incontinente, e vê-se como é ligeiro de pés e prudente de mãos. Pissarro, sobre um penedo, olha a batalha bizarra, na piçarra ele vale medo sobre medo. Gregório nunca viu homem tão quedo em batalha tão campal, porém, como Pissarro é figadal amigo, há de desculpá-lo, sem que se abale de seu posto um general. Frei Manuel espanta o poeta, que o demo o tenta, e o poeta vê que o frei toma a espada e se desatenta, incontinente a larga, pois sabe ponderar, fica mal matar o animal sem a licença do mestre-escola. O vigário faz uma tramoia, finge ter dor de dente, temendo os dentes do javali. Mas folga, zomba, e ri, ouvindo a história tão rara que lhe confidenciam os amigos, o que o vigário quer é comer um quarto do porco.

Cosme de Moura bota as chinelas de fora, tudo vê e nada faz, tudo conta, escarnece, com o que o prazer cresce, quando ele remeda Lourenço, a quem fez poeta um amor que o endoidece.

O amigo Silvestre, nesse dia, fica metido num nicho, achando que a porca é sapo, mas agora, ouvindo as histórias da caçada que os amigos contam, a desgraça dos derrubados, mostra os bofes, morto de puras risadas, porque um torto gosta de ver corcovados.

O valentão Bento, que tudo derruba, agora foge para a Cajaíba, não quer se arriscar nas filas de javalis. E não caça os animais, diz que tem filhos e mulher. Que mau é dar caça aos filhos. Gregório e o Morais tomam outra via de corridas, chegam aos porcos ao atar das feridas. Outros sujeitos mataram os porcos. Eles contam algumas mentiras de donzelas, tagarelando. O poeta e Morais se calam, só dizem:

— Se em taverna não bebemos, ao menos folgamos delas.

Também fica o poeta em risadas na ilha da Madre de Deus, quando uma vaca furiosa chamada Camisa o põe em perigo, no dia em que ele vai se divertir no campo com um irmão do vigário. Lourenço tem boa vergasta, e eles vão tourear ao pasto, mas depois de muito trabalho o touro que aparece é uma vaca. À sombra opaca de um limoeiro está Lourenço, e a vaca sente o seu cheiro, e ele, para não morrer preso, derruba o limoeiro. Corre para a praia, porque é melhor morrer na reponta da maré do que na ponta de um corno.

O poeta, que poderia estar numa casa notável, está numa capoeira, e indo olhar como vai o caso, a vaca o trata como a um ratinho, com seu focinho, miando como um gato. Ele teme logo a malquerença da vaca tão marralheira, se toma de medo, tem vontade de se urinar. Rompe pela mata densa e dá com um vale onde acha que pode ter sossego, sobe num monte comprido, pois quando teme uma vaca, sobe mais do que um valido.

Vai para a casa, espavorido, encontra Lourenço pasmado, mudo e de-sassisado, e o poeta lhe diz:

— Se escapo, vaya, que quem fugiu pela praia, força é que seja areado.

Falam muito os dois amigos, é dia de comer peixe, mas todos querem comer carne de vaca. O padre afia a faca e afeiçoa um bordão, diz ao poeta que o convidou, enfim, para dar na vaca um bofetão. Mas Gregório não retorna ao mato, e ao padre, que o chama, responde que não gosta de vaca, senão no prato:

— E terei por insensato, a quem com pau, ou com faca, brigar com rês tão velhaca a quem razão não convence, nem terá prêmio quem vence um touro, se o touro é vaca.

O Custódio, amigo prudente, pacífico, sossegado, topa na praia com o gado, e com a vaca inocente. A vaca se põe frente a frente e aguarda Custódio, e não tarda a dar uma carreira, dispara como uma seta, assustando -o mais que uma espingarda. Custódio sobe um monte, pula, vai dar num vale, ninguém a ele se iguala em ligeireza, nem um mulo, o mestiço fulo do poeta o emparelha, a correr, e Custódio torce um pé.

A vaca é o terror da aldeia, faz armada, faz do monte uma praça de armas, e da praça uma várzea de areia. Todo mundo tem medo de inimiga tão comum, porque armada a meia-lua parece uma Fátima de Argel, ou gazua de Salé. O poeta nunca viu vaca tão ousada, de tanto brio e fantasia, pois traz toda a freguesia corrida e envergonhada. As pessoas murmuram, pasmadas, que uma vaca parideira ponha as pessoas em tal fraqueira, e o poeta dela tem tanto medo que, quando lhe bebe o leite, se dá logo em caganeira.

O senhor Estêvão, que é o dono da vaca, quer que fique mansa como um sono. Que não a matem. E em alto tom, quando a vaca ataca, o poeta dirá, morto ao pé de um mangue, que se trata de mantê-la para beber seu leite, mas assim, bebendo o sangue do poeta e seus amigos. O senhor Domingos Borges, um sujeito de feição, se seu irmão resistir, responda-lhe logo:

— Tu, vaca, não me forjes outra traição mais precisa, a passada passe em risa, mas se vens noutra ocasião a furar-me o casacão, hei de rasgar-te a camisa.

*

Também desse tempo parece ser o poema em que descreve comédias realizadas na Cajaíba, representadas por Inácio Pissarro, Cardoso, o gracioso Carvalho no tablado, vestido num saco, o divino Azevedo, que falava de modo incompreensível, o grande estudante Inácio, bom farsante, apesar de principiante, e Gonçalo Ravasco, que a todos excedia.

E descreveu outra comédia na Cidade dos Pardos, em que atuava o imitador Sousa, diante de damas em chamas, enciumando o poeta pela afeição que sentia uma delas por Viriato, enquanto Inácio o fazia arrebentar de riso. Nessa mesma ocasião estavam presentes as juízas e mordomas, mulheres trabalhadeiras que, por seu oficio, eram obrigadas pela Câmara a patrocinar tais festividades. As mulheres bailavam ao som do pandeiro, e estavam tão bêbadas que a alegria se tornou em briga de punhos, punhadas e bofetes; beberam, choraram, vomitaram, desmaiaram, se acutilaram, até que a festa se acabou e elas saíram com seus amantes.

Igualmente na festa de Guadalupe as mulheres se embriagaram: uma bebeu um almude e vomitou mares de vinho; outra vomitou em vaivéns; uma parecia parir, mas era de vinho; outra bebia muito mais que as mais borrachas dessa folia; mas uma excedia a todas no beber, que de seis frasqueiras bebeu cinco; outra, uma asmática gorda, se ensopou na açorda de vinho e alho e vomitou, dando um triste trabalho; uma sapata, nada recatada, bebia depressa aos sorvos; outra levou tantas umbigadas que vomitou vinho; mas ninguém como uma que, a trocar odre por odre, bebia copos de vinho aos pares; uma caía no licor; outra não quis ser bacharel na vinhaça moscatel, e se retirou; uma, chamada Ilhoa, bebeu vinho de Lisboa, das Canárias, do Porto, entre sopas de pão e broa; uma Surda, que era gaga, se converteu pelo licor.

No final da comemoração, já em seu juízo, "se de seu juízo têm", as mulheres prometeram que no ano seguinte a festa seria mais sisuda. Tudo era farra.

Alçado em anos, abatido em bens

1685, cavalhadas; dona Ângela Paredes,
primeira tentativa de casamento

É UM DIA SERENO, *o céu anilado, a água estanhada, um vento brando e lisonjeiro. O poeta é cronista das festas de cavalo que se fazem no terreiro, em louvor das Onze Mil Virgens, alegrias realçadas pela presença do Tomás Pinto Brandão, que ainda acaba cavaleiro, se resfolegar muito. A festa tem como escrivão o Eusébio Costa Reimão, filho da Reimoa; preparou com suma graça um jardim de plumas no ar e na terra um mar de flores. O conde do Prado assiste, com a nobreza, e na companhia de padres.*

Logo na primeira entrada há o jogo de manilha: quatro cavaleiros bem ornados cavalgam desabalados de encontro ao alvo no fim da pista, fisgam as argolas, e sem tardar vão à dama eleita, levando na ponta da lança a prenda para oferecê-la de presente. Gonçalo Ravasco, um dos cavaleiros, se aproveita desse regalo e conquista a sua moça dileta. Ao Marinho, o airoso Adônis da quadrilha, cabe a primeira sorte no cravo e a segunda na argolinha. Barreto, sem temer os feitos dos dois cavaleiros anteriores, rapaz luzido, de bom ar, sem afetação, perde a destreza e cai. Eusébio corre mais que ninguém, corre sempre bem, sem se assentar na sela.

Vêm outros cavaleiros. O valoroso Muniz, em gala, cavalo e arreio, sendo muito adestrado corre com tanta vantagem que levanta a voz do povo que assiste, depois deixa as pessoas mudas e pasmadas. O outro Muniz, da família Paredes, um valentão, cavalga tão perfeitamente que deixa lembrança de sua glória. O povo comenta que Bolantim é o gracioso da festa, porém é mais o badalo, pois corre montado na Rucina, com as pernas meio abertas para o ar, parecendo um sino que se empina. O famoso

Araújo parte, e seu cavalo fica furioso, cego, arrojado e fogoso, derruba o cavaleiro entre gente do povo, e quem está sentado se levanta, mas vem o cavalo bravo, rápido como um vento, se mete por entre os bancos e desaparece; Araújo fica ali caído, infeliz, enquanto o povo grita e faz alarde, mas eis que o jovem se levanta tão ágil e ledo que causa admiração.

Um patifão ousado, sobrinho do Frisão, com a rédea presa a um arpão e trazendo dois ganchos nos estribos, faz lembrar um louva-deus, a perna dobradiça lembra a rua dos Cotovelos; trabalha a meio trote, parecendo Sancho Pança que com a cara confiante montava seu jumento; anda tão desastrado que parece mais desavergonhado que o cavalo, deixa o tio pasmado. O menino Ascânio, filho de Enéas, deveria ir num burro e não num cavalo, o cavaleiro cai, quebra um braço e sai carregado numa maca de palha, o povo zomba. Lá vem o Chico às carreiras dando esporadas cruéis no animal, quase cai, mas logo se agarra à sela. Os entremezes não empalidecem as festas, todos fazem sua obrigação. O escrivão Eusébio da Costa Reimão assombra com seus excedimentos, fazendo mais do que se costuma. Tem mão de rei.

*

Conta uma lenda que Úrsula, filha de um rei britânico cristão, foi obrigada pelo pai a casar-se com um príncipe pagão. Ela suplicou ao rei para peregrinar pela Europa, antes de se casar, acompanhada de dez virgens e mais mil virgens para cada uma dessas virgens. A caminho de Colônia, na Alemanha, as moças foram capturadas pelos hunos, que as decapitaram. Apenas Úrsula foi poupada, pois sua beleza conquistou o rei dos hunos, que quis esposá-la. Diante da recusa de Úrsula, o rei huno a matou. No local onde foram martirizadas as jovens, entre os séculos 4 e 5, encontraram posteriormente algumas ossadas femininas que se tornaram as relíquias das Onze Mil Virgens. Dois crânios dessas mulheres foram levados para a Bahia no século 16, recebidos com grandes festejos e encenações teatrais organizadas por jesuítas. Desde então a festa das Onze Mil Virgens ocorria a cada mês de outubro.

Durante a suntuosa celebração de 1685 esteve o poeta a observar e anotar os torneios, os jogos e toda a cerimônia, escrevendo a crônica. Destacaram-se nos jogos os cavaleiros Gonçalo Ravasco, Marinho, Barreto, e um jovem valentão, Francisco Moniz de Sousa Paredes, "amigo capitão forte, e guerreiro", a quem o poeta pediu licença para visitar no engenho de sua família, no vale do Caípe. Gregório de Matos havia visto pouco antes, durante uma festa na ilha da Madre de Deus, o capitão Moniz com suas três irmãs, sendo uma delas um portento maior da formosura: dona Ângela Paredes.

*

Honrado com a função de cronista das cavalhadas, circulando à vista de todos, amigo do filho do governador, Gregório de Matos se sentia novamente integrado à vida da elite baiana; mas sua condição de laico e solteiro era incômoda, além de impedir-lhe a fruição de certos cargos ou privilégios. "Livre e amoroso, compreende-se que procurasse noiva por algum dos sobrados da cidade alta, o andar térreo cheio de pretas, no pavimento superior a moça atrás da gelosia mourisca, a grande porta fechada aos rapazes ousados, lá em cima sussurro e reza ao pé do nicho doméstico."[197] Sentia-se "alcançado em anos, e abatido em bens",[198] mas seguiu para o Caípe com a intenção de se introduzir na casa da família Paredes por meio da amizade com o capitão Francisco Moniz.

*

Na manhã de Natal, Gregório de Matos revê as filhas do senhor Vasco de Souza Paredes, três irmãs, todas formosas. Como pode caber tanta luz numa esfera tão pequena?, ele pensa. Fica em dúvida sobre qual é a mais

bela. Sendo estrelas tão majestosas, cresce a dificuldade diante das três mo-
ças. Tanta luz o faz cegar. As jovens são um desenho único, uma pintura
em que a natureza imita a arte, a quem a beleza empresta cores, a quem
a formosura infunde alma. E ele compõe versos sonhadores:

> *Esfera breve: aonde por ventura*
> *O Amor, com assombro, e com fineza*
> *Reduz incompreensível gentileza,*
> *E em pouca sombra, muita luz apura.*

Está entre incertezas quanto às três irmãs, qual delas prefere, as três
são enigmas de amor, mais que as três cidras da paixão. Pondera, então,
com mais atenção a formosura de dona Ângela. Vê naquele momento a
arquitetura da beleza, seu rosto, seu bom ar, sua galhardia, vê uma mu-
lher mentida em anjo, um sol transformado em criatura, e deseja morrer,
de tão abrasado. A visão da beleza o deixa cego, mas antes ficar cego a per-
der-se. Olhar aquela mulher, querer retratar sua beleza, acha impossível.
Dona Ângela se assemelha a neves e rosas, a zéfiros, mas ele teme honrar as
flores, e abater assim a moça tentando descrevê-la com a sua tinta impró-
pria, será melhor deixar esse desenho para o espelho em que dona Ângela
se mira, porque no espelho a luz, a cor serão ao mesmo tempo o pintor, a
pintura, original e cópia. Sentindo-se incapaz de escrever à altura do que
sente, Gregório de Matos traduz um soneto que, dizem, o rei dom Filipe
IV fez a uma dama. Mas não o envia à senhora.

Está amorosamente perdido, é um amor quase sem solução, pois im-
possível de lograr. Ele se sente velho e inferior diante daquela moça e sua
família. Aproveita o dia de aniversário de dona Ângela, vai visitá-la, e
celebra-a com uma primorosa e obsequiosa canção. Toma de sua viola de
cabaça e canta:

> *Pois os prados, as aves, as flores*
> *ensinam amores,*
> *carinhos, e afetos...*

Dona Ângela não demonstra nenhum sentimento ao escutar a canção, para a decepção do cantador. Os dias passam. Ele vai ficando impaciente, está obcecado pelo que sente, quer se declarar à sua amada, mas teme perdê-la, com essa ousadia. Ela é um anjo no nome, tem o rosto angelical, uma angélica flor, um anjo florente, quem veria uma flor que a não cortara do verde pé, de rama florescente? Sendo anjo de seus altares, seu custódio e sua guarda, talvez ela o livre dos diabólicos azares. Mas ele sabe, embora os anjos nunca lhe deem desgostos, ela é um anjo que lhe causa tentações, e não o protege disso.

Ele procura sempre um pretexto para retornar à casa da família de dona Ângela apenas para revê-la. Cresce seu desejo, seu sofrimento, o poeta pena por todos os lugares aonde vai, em todas as partes de si. Não consegue aliviar seu tormento. Fica acovardado em declarar seus pensamentos, melhor morrer calando-se do que confiar num atrevimento insensato. Melhor é esperar, calado, ele não deve ser temerário, melhor morrer sem falar, do que, falando, perder toda a esperança. A esperança se reduz a um desengano, a morte o convida a penar. Ele percebe quanto adora um desdém. Não consegue retornar à casa, na rica fazenda às margens do Caípe.

*

Recebe a notícia de que dona Teresa, uma das três beldades, morreu. Manda os pêsames a Vasco de Souza Paredes, o pai, em forma de um soneto: "Astro do prado, estrela nacarada te viu nascer nas margens do Caípe..." Escreve um epitáfio à moça morta, depois escreve, em nome de Vasco Paredes, uma nênia à morta, e escreve um soneto em nome de dona Vitória, a mãe, lamentando a morte da filha. "Não sei, como tão cedo te partiste..." Lisonjeia o irmão de dona Teresa, Francisco Moniz, escrevendo em seu nome um soneto. "Flor em botão nascida, e já cortada..." A morte é atrevida.

O pai está grandemente sentimental com a morte de Teresa, e Gregório de Matos escreve outro soneto, tentando consolá-lo. E mais um soneto. O verdadeiro amor não cessa quando cessa a sua causa. Está sensível o poeta diante de tanto sofrimento na família de sua amada. Mas o que o faz tanto sofrer é o desdém de dona Ângela. Sofre, mas fica inspirado, talvez precise desses pesares para dar fôlego à sua alma lírica. Finalmente, lisonjeia as duas irmãs, em castelhano, elevando assim a fala ao avivar os motivos da dor. Passa diversas vezes na casa da família, entregando as homenagens escritas, sempre sem se demorar.

Em uma dessas passagens, deixa-se ficar na casa, esperando a ocasião de se declarar para dona Ângela, porém mais uma vez se acovarda ao ver a moça. Disfarça de toda maneira sua paixão. Ele está num conflito entre o amor e o respeito que sente pela jovem. E o medo de ser rejeitado.

Escreve sobre sua paixão, ainda em castelhano, sempre a morrer de amor, fala dos arpões que o ferem, de seu triste silêncio, de sua dor mortal, do que lhe é impossível, de seu azar, tédio. Sua paixão se encerra em silêncio, e escreve, escreve, entre labirintos de dúvidas, sufocando sua voz, não chegam à boca os tiros do combate que se trava em seu peito. Mais uma vez está impaciente pelos desfavores da senhora, acha-a cruel, ingrata, pede num soneto licença para lhe perguntar por que motivo tanto ela se nega, por que não paga os zelos que ele lhe dedica, talvez ela acredite que a ingratidão a faz ainda mais formosa. A ingratidão envilece os nobres e torna feia uma beleza, ele agora acha a moça torpe, uma flor fenecendo em ingratidão. Mas não envia o soneto à sua musa. Fica perdido, vagando pelo Caípe, sem esperança de rever sua amada. Ela viaja para a Bahia. O tempo o fere. Cada dia é mais uma ânsia.

*

O poeta está nas margens do rio Caípe, ansioso, como um pescador numa tempestade, à espera da bonança. Vê de repente um vulto a se divisar, como se flutuasse nas ondas, e ele mesmo se sente flutuando. Chega dona Ângela num barco. No peito da moça mora uma ingrata, e só com um olhar ela é capaz de matar o poeta.

Ela desembarca, galharda, fazendo-o recordar uma Vênus nascida no mar. A ninfa pisa na areia branca, novamente ele está cego, vê apenas aquela concha a despejar pérolas, sob o sol. Novamente é assaltado por pensamentos de declarar-se, e pelo temor de fazê-lo. Assim manda o respeito. Ela desaparece, levada por quatro escravos que a carregam numa cadeirinha.

Desesperado ele vai à Fonte do Paraíso, que verte águas muito frias, da altura de um penhasco. Reflete, escreve um soneto inspirado, suspira, faz uma pausa, resolve prosseguir em seu silêncio, pretendendo assim demonstrar a nobreza de seus sentimentos. Por que suspira tanto? Pensa, escreve mais um poema, seu coração está louco, mas não vai buscar alívio rompendo o segredo, seria a perdição, perderia o respeito da dama, não vai publicar sua tristeza para não tornar inútil toda a sua fineza, mas sabe que guardando segredo ele apenas agrava a dor. Seu sentimento é profundo, não vai correr perigo com os suspiros, o vento acende ainda mais o fogo interior, ele sabe o quanto continuará triste. Escreve um novo poema em castelhano, e mais outros, sofredores. Escreve agora um soneto em que conversa com um regato, cujas águas correm, precipitadas, soberbas, por que não voltam atrás? Por que ele deixa correr o seu desvelo pela moça? Melhor seria se o amor voltasse atrás, mas ele é como aquelas águas que seguem apressadas o caminho, e o retratam, ao vivo. É tão triste um pensamento sem ventura!

Em seu quarto, sob a luz de um candeeiro, continua seu suplício de amor, quando vê uma mariposa a circundar a luz, e a ela se compara, a se consumir nas chamas, a se perder por amor, a mariposa a deixar a vida, e ele a implorar a morte, são iguais nas chamas, mas a mariposa é mais feliz, pois se entrega ao fogo e se consome, enquanto ele morre sem chegar à luz que adora. Continua firme na decisão de guardar segredo de seu amor. Escreve dois sonetos, comparando esse amor à atração da mariposa pelo fogo.

*

E subitamente tudo desmorona. Ele recebe a notícia de que dona Ân-
gela vai se casar com outro sujeito, seguindo a vontade dos pais. Ainda
mais, o sujeito é sobrinho do alcaide morto e inimigo, Francisco de Teles
de Meneses.

O poeta caminha às margens do rio Caípe. Escreve um soneto conver-
sando com o rio. Nenhum divertimento, nenhum esquecimento tira-o de
seu sofrimento amoroso. Precisa acomodar-se com as desgraças, está num
extremo amoroso, suas palavras são todas de mágoas, seus sentimentos, de
fogo.

Terá em algum momento ofendido sua senhora? Critica a si mesmo,
amou excessivamente e não se permitiu gozar o amor, entregou-se apenas
à esperança, queixa-se da estrela que por influência o deixou assim, não
pode reclamar das divindades, nasceu mesmo para amar, mas agora ele
está livre, depois de tanto assombro, e dona Ângela, noiva de um inimigo.
Como poderá conquistá-la? Ela é uma pedra dura, e a família sempre
vigilante o mantém afastado, era a família dela que tornava seu amor
impossível, mas das esperanças mortas talvez ressurja algum milagre.

Ele percorre num longo poema as mãos de dona Ângela, sua face de
jasmim, seu corpo garboso, seus pés, seus olhos atrevidos; agora, só um
milagre a faria se entregar a ele. Ela o hospedou, cortês, em sua casa,
mas não guardou as leis da hospitalidade, porque matou-o, traidoramente
suave, e ele sempre calado, sem querer compreender o decoro da moça, e
seu próprio medo. Agora terá paciência até que o amor tire seus disfarces,
o mesmo amor que lhe ensinou a vendar-se. Se ela soubesse penetrar na
alma do poeta, e ela decerto o conjecturou; mas escolheu, ingrata, não
acreditar nele e não lhe retribuir os sentimentos. A juventude da moça
terá sido um empecilho.

Perdidas totalmente as esperanças, o poeta escreve mais e mais versos à
sua musa, vaga pelos retiros, filosofando em sua desdita, sem conseguir se
desapegar das garras do sentimento; um novo soneto, desdita, maltratado,
martírio, estar vivo é cruel, já não há confiança. Ao pé do penhasco, enga-
nado por sua própria fantasia, decide afinal que as saudades não o aliviam:

Que é tirana oficina para as mágoas
Ouvir nas folhas combater os ventos,
Por entre as pedras murmurar as águas.

*

Batizada em 1662, era dona Ângela Paredes passada da idade de casar, pois tinha, quando o poeta a conheceu, por volta de vinte e três anos. Ele cultivou a esperança de ser aceito pela moça e pela família Paredes, mesmo destituído dos cargos, em decadência financeira, e bem mais velho, beirando os cinquenta anos. Havia a amizade do poeta com o irmão da amada, havia a história de sua própria família, ele ainda tinha a posse de terras herdadas, e a sua fama de vate, que o cercava de inimigos, mas também de admiradores. Era já uma celebridade na Bahia, a ponto de pessoas curiosas o irem ver passar na rua, ou surcar os mares. A sua situação decerto melhorava com a chegada de um tão favorável novo governador.

No entanto, a família Paredes manteve a jovem sob um resguardo ciumento, destinando-a a se casar com um rapaz mais jovem e de família influente. Gregório de Matos desconfiou que fora o tio de dona Ângela, padre João de Paredes de Barros, cura da igreja do Socorro, quem convencera a moça a repeli-lo e a se casar com Tomé Pereira de Meneses, sobrinho do inimigo alcaide-mor, para uma ainda maior decepção do poeta. Mas, pelos poemas, sente-se que a própria dona Ângela o recusava. A paixão pela moça consumiu dois anos da vida do poeta, desde as cavalhadas de 1685, até o casamento da jovem, em fevereiro de 1687.

*

Parecendo um revide, o poeta, logo em seguida às bodas de sua musa, tentou seduzir uma prima de dona Ângela, a jovem Inácia,

confessando-lhe sua total desesperação, pedindo à moça que o reme-
diasse nas malhas de suas redes, e deprimido se desconsiderou: *Má
pesca devo eu ser...*

Tomou-se também de encantos por certa Teresa, o mesmo nome
da irmã morta de dona Ângela, despejando alguns versos que demonstravam ressentimento, talvez ódio, pela figura feminina que o
dominava e fazia sofrer: *Mas vós sois uma traidora, / falsa, fingida, infiel, / aleivosa, fementida; / sobretudo sois mulher.*

Mas não desistiu de buscar uma esposa, e apaixonou-se pela bela
e branca Brites, entregando-se ao amor que tinha "comércio com o
vento":

> *Huma Dama bem parecida de negros olhos, e formosos, com negros
> cabellos sobre uma notável alvura. Foy Dama, a quem agradaram
> muyto os requebros do Poeta: mas nunca se resolveo a agradecê-los,
> temendo-o pela fama, que delle davão outras de menos meritos, de
> quem era havido por inconstante: porque as vezes satyrizava aquillo
> mesmo, que encarecia.*[199]

Comércio com o vento

Brites, outra tentativa de casamento

A GALHARDA BRITES *é alvo de muitos peditórios, e rogos sem efeito. Sai melindrada, para beber uma aguardente de cereais com bagas de zimbro maceradas, quando é vista pelo poeta. Ela atravessa toda a sala, segurando o copo de genebra, chega, toma cadeira, e diz que sente vergonha, mostrando timidez, mas o poeta não lhe dá fé, porque a coisa mais oculta e secreta em Brites é a vergonha. Ele vê aquele prodígio de graça e gentileza, absorto a admira, sobre uma pedra outra pedra, até que volta a si e recompensando a cortesia da moça, que lhe dirigiu a palavra, ele lhe diz uma arenga:*

— Permitiu minha ventura, não sei se a minha desgraça, que não cegasse com ver-te, para padecer mais ânsias. Que sempre em ódio de um triste faz natureza mudanças, pois cheguei a ver um sol, sem ter as potências d'águia.

Diante dessas mentiras ela ri. Ele se ressente. Como pode pagar o amor com um riso? Um amor se paga com outro amor, e ela lhe paga seu amor a rendê-lo e cativá-lo. Ele, firme amante, com acasos de inconstante fortuna, não se contém. A fama de seu amor é ter comércio com o vento mudável, nuvem aparente, exalação, fortuna variável, um peito incontrastável onde o fim está indeciso, não faz finca-pé, não tem siso, ele é visto como um hieróglifo errante, como a fortuna, vária, inconstante, e muda de improviso.

Movido pelas mãos do amor, por fim dá a seus suspiros uma tumba ardente. E por ser curta a vitória para beleza tamanha, acha que é pouco excesso entregar a Brites toda uma alma. De novo ele não se rende diante da fineza de ter de render-lhe a alma, que vencida estava. Mas, para obrar as finezas, respondendo às causas, o poeta fica contando as prendas e holocaustos da alma da moça. De tão rendido ele se enfada, pois amor sem ventura entedia, mas ele não se emenda de amar a bela Brites. Entram na casa, e ele canta ao som de sua guitarra:

> *ay, verdades, que en amor*
> *siempre fuistes desdichadas...*

> *E Brites lhe responde, tão doce como tirana:*
> *en vano llama la puerta,*
> *quien no ha llamado en el alma...*

Inclina-se Brites a um sujeito de mais esperanças que mérito, mas o poeta continua seu galanteio. Manda-lhe um poema, no qual escreve que quer lhe falar, mas se a vir vai acabar de morrer; ele se vê e se deseja com penas que ela lhe causa, se ela o vir, o mata, mas ele morre se não a vir, pede remédio para sua flama, mesmo que seja para matá-lo, pois, se ele quis se enamorar, sabe que só a morte cura a quem ama; ele procura o favor de Brites mas não acerta o caminho, porque lhe dana o carinho e não aproveita o amor. Tudo consiste em ventura, ele espera, todavia, merecer o agrado da moça, é suspeitoso o cuidado daquele que de si desconfia. Todos os seus desejos confiam na benevolência de Brites, mas seu amor fica tíbio pela falta de correspondência. Ele quer vê-la a cada dia, por toda a vida, mas Brites está escondida, ele não vê aquela que o faz ficar cego. Vê tão somente a casa onde ela mora, como a concha, e não se contenta de não ver a pérola. Nada vale para Brites, nem a fineza, nem a verdade, não sabe como agradá-la nem como merecê-la. Ele lhe desenha um retrato:

O rosto pode desafiar a aurora, pois Brites é senhora do sol e luz do dia, se a aurora foi luz, por uma estrela, Brites tem em si duas estrelas, cada qual mais bela.

Os cabelos de um negro gentil, tanto que o sol lhe daria seu tesouro em troca daquela escuridão. Brites é bela, e rica, sem ter ouro, o sol é celebrado por ter ouro, e os cabelos de Brites, mesmo sem ouro, são adorados.

Os olhos são um portento de toda a admiração, a admiração do sol, e contentam o poeta, que se sente consolado, um consolo que mata o desejo, um desejo que o mata, quando vê os olhos de Brites.

A boca, pequenina para cravo, será rubi, mas o rubi não tem a cor tão peregrina, boca divina, ele julga, mas não será divina, ele não crê, mas crê que não quer, aquela boca, ser trocada nem por cravo nem por rubi. Os dentes de aljôfar nevado que desata a aurora sobre a gala do rosal, são rasgos de nácar e tersa prata, são pérolas em concha de coral, diamantes em golpe de escarlata, em picos de rubi, puro cristal, dentes de marfim por entre belos lábios de carmim.

No peito desatina o amor cego pelo amor do peito, peito em que o cego amor não tem sossego, cego por não ver-lhe amor perfeito, perfeito e puro amor em tal emprego, emprego assemelhando à causa o efeito, efeito que é malfeito ao dizer mais quando chega o amor a tão extremos ais.

Não se aventura de falar nas mãos, pois a ventura daquelas mãos a tudo mata, tudo aquelas mãos lavadas desbarata a cuja neve, cristal puro, se apurou o cristal, a neve apurou a prata, mãos que formam belíssimas pirâmides nas quais o amor vai sepultando as almas.

A cintura, tão breve, tão sucinta, que ao vê-la o poeta se suspende e se enleva, jamais viu melhor cinta, cinta tão distinta que o céu se faz azul de formosura para ser cinto de tal cintura.

— Vamos já para o pé, mas tate-tate, descrever um pé tão peregrino ou é loucura ou é desbarate que ultrapassa o desatino. Pé que o cerca, desatina, picante pé tão pequenino que o poeta não pode tomar pé em tal pegada, pois é tal o pé que em pontos nada.

Brites não reage ao retrato, e o poeta finge que se arrepende de tê-la amado, mas tudo são piques para ser querido. Moça ingrata, a musa que o arrebata é falsa traidora e traidoramente mata. Para a ingratidão, não sabe se põe a pena da lei, que a condena, pois numa certa pena ele *encontra a mesma lei que a condena. Está agravado de culpa por julgar a moça torpe, não alcança a pena chegar aonde a ingratidão chega. A maior condenação, a mais terrível e forte é quando é pena de morte, porém uma ingratidão não se paga nem com a morte. A ingrata não paga com a morte as vidas que desbarata, vive ufana a sua sorte e vivendo, o mata. Mata-o não a ingratidão com que Brites trata o seu amor, mas mata-o a satisfação, a glória, com que o rigor lhe dá, como galardão. É crueldade, é rigor que nenhum peito suporta, convém recatar esse furor, nem sempre o amor há de estar atrás da porta. Ele perdoaria Brites o que ela lhe deve, seu ardor, sua fineza, e essa quitação tão breve lhe pesa, de querer.*

*

Casualmente ele encontra Brites no seu retiro em uma roça. Ele vai à fonte, como vão outras pessoas para se refrescar, mas ele se vai abrasar. Porque na fonte encontra Brites, que ali está a se banhar, a visão de Brites na água é a de um cristal sobre outro cristal. A fonte corre, noutras horas, mas ali com Brites vai corrida, diante de tanta brancura.

Brites o pressente, de longe. Está vestida com uma anágua, parece um narciso no campo. Ele chega um pouco perplexo, entre crer e duvidar, pensa que Brites não foi se lavar na fonte, mas foi a fonte lavar, tão líquida, transparente, a água corre às mãos de Brites e sai prateada. Brites convida o poeta a beber da fonte, neve em seu manancial, neve que abrasa e ateará incêndio. Ele bebe, e não mata a sede, sente-se no inferno, um Tântalo condenado a passar sede eterna. Deseja que Brites não morra na fonte como Narciso, o cristal é seu perigo, ela mata o poeta na fonte, por gosto, como despique de um cego e vingança de um rapaz.

*

Brites não o quer admitir, mostra desapegos, e o poeta insiste para ser correspondido em seu amor. Argumenta rijamente cautelosos silogismos, mas tudo em vão. Ele lhe tem escrito, e torna a escrever para ver se o tempo faz o que não pode fazer a razão. Quem sabe, importunada, mais do que rendida, a vontade obstinada possa ceder, mais que à razão de adorada do que à força de perseguida. Ela não corresponde ao poeta porque tem medo de amar, ele diz, e esses riscos que ela teme são falsos, ela pode agradecer sem pagar. Ele a desobriga de ser idolatrada, ela o empenha com leves sinais. A gratidão escusa grandes despesas, gastando pouca afeição ela poderá ganhar muitas finezas. Ele propõe um acerto de amor, ela entra com cem por cento de agradecimento, e ele, com a afeição.

Não sabe por que motivo ela está mal com o bem-querer do poeta, que a lua se veja, tudo o que quer bem deseja muitos bens de quem se quer bem. Isso é o que significa querer bem, quem se dedica ao amor, quer bem e deseja bem. Os que quiserem mal a Brites, o que ela lhes dará, em sua condição tão rara? Se àqueles que lhe querem bem ela mostra a cara desabrida.

Ele está para se arrepender de adorar a quem o mata, porque, se ela maltrata a ambos, que tenha mau fim o bem-querer que a faz ser tão ingrata. Ele tem averiguado que perde o cuidado de Brites porque ela é moça bela e ele, velho, mas estreado. Que ela se apiede do poeta triste e sem ventura, pois quem pretende adorá-la não faz mal, nem procura o mal. Ele quer somente amar por amar, sem outro gênero de galardão, ou interesse. Só pretende adorar isento, e independente, o querer do pretendente é muito diferente do amar. Ele pode amar sem ser amado, porque o amor sempre melhora o fino, tornando-o desgraçado. O afeto maior está no impossível, quem aspira ao favor de Brites, em sua dor importuna, faz lisonjas à fortuna e não serviços ao amor. Que maior agradecimento quer uma amante paixão, a não ser amar, e amar com razão? O amar correspondido não é o mais perfeito amar, não vão se equivocar amor e agradecimento.

Todo amante que procura ser ditoso em seu amor ambiciona a pessoa, e não a sua formosura. Quem idolatra a luz pura da beleza rigorosa com fineza generosa anda sempre desprezado. Ele é, então, desgraçado, mas não lhe tira a formosura. Não ser admitido por Brites, e ser desprezado...

Ele deveria estar agradecido. Não pede clemência nem piedade, pede rigores, porque é inútil a vontade que deixa em sua fineza, pelos logros da beleza, respeitos da divindade.

*

Ele vê Brites a comer um caju vermelho, que o vigário lhe mandou de presente, Brites come mais gulosa do que Eva, pois não dá uma parte ao seu Adão. Brites é uma Eva segunda num novo paraíso, se ela fosse menos imunda que Eva... Mas ela é mais moribunda, mais fraca e mais delicada, come o pomo e lhe mete o dente. Não foge da serpente, mas foge do poeta. Ele sente amarguissimamente que há de sair condenado pelo pecado de Brites, como se ele fosse a serpente. Também o poeta deveria comer um caju, o do meio, e com razão receia que vá sair a se arrastar como a serpente. Ele não persuadiu Brites a comer o caju, ela foi quem o viu, rubi, e gulosa, arremessada, logo foi dar a dentada. E diz a lei, como foi gulosa, há de ser arrastada.

Brites dá algumas esperanças ao poeta, mas um sujeito de poucos anos se apresenta à moça, pretendendo tomá-la como esposa. Ela vem desculpar-se, diz ao poeta que não o quer por ser ele já velho. O poeta lhe manda umas décimas, Brites não entende de amor, deixa o muito por nada, não lhe faz mercê pelos cabelos brancos, e se falta com respeito ao homem velho, o que dirá com o moço? Não entra no miolo da moça que um velho tem maior valor, sendo experiente da vida, que um menino tolo. Mais homem será o homem que é o mais sagaz, o mais capaz, o mais racional; e o rapaz, mais animal e mais bruto, por ser novo.

Brites se resolve totalmente a deixar os galanteios do poeta, para lograr seus próprios interesses. Está para se casar com o jovem. O poeta se desespera, enraivecido, sente que seu amor por Brites foi o demônio, quer purgar de si o negro casamento. Parece à moça que ele se sente honrado por lhe ter sido negada a clausura do casamento, por ser velho? Menos mal estaria por ser capado.

Mas o poeta promete a si mesmo, não sofrerá os reveses da ventura, antes, prosseguindo o começado, haverá de pôr a chave na fechadura. E ele canta, sentidíssimo, frustrado, ao som de seu instrumento.

Tá tá,
não me mateis tá,
que inda que sou velho,
não hei de cansar.

*

A irmã de Brites, Teresa, vê o poeta passando pela rua, compadecida. E lhe dá um papel no qual está escrito um mote para que ele desenvolva. "Campos bem-aventurados, tornai-vos agora tristes, que os dias, em que vos vistes alegres, já são passados." O poeta glosa. Não é maravilha não durar no campo tal flor, cultivada pelo amor sempre terá duração, assim a paixão não pode deixá-la, que, postos aos olhos tristes do poeta que não mais logram aquela beleza, ele está mais firme na fineza, não há rigor que possa abalar sua fé, pois, nela, ele só tem amor; não merecer o favor de Brites não basta para os cuidados, pois acrisolados das penas, requintando idolatrias, vendo do amor as porfias alegres já são passados.

Horas de contentamento sempre são poucas, e breves, e os gostos, como são leves, voam como pensamentos.

Seu prazer se tornou tormento. O mal sempre é substituto do bem, um do outro é flor, e fruto. Mas ele não se espanta, da fonte do amor nasce a compaixão, e ele não sente em sua paixão ver, que Brites não sentiu, apenas urdiu aquela paixão. Ele sabe que os bens não duram nas pessoas tristes. O poeta se entrega a iras de namorado, escreve versos em castelhano a condenar a mulher, apenas por ser mulher, é néscio quem nela confia. Os amigos do poeta zombam dele, por haver deixado covardemente que o rapaz lhe tomasse Brites. Ele escreve respostas, e volta a tanger seu instrumento, a cantar o pesar das tiranias da dama.

Desenganado de todo, vê se efetuarem as bodas de Brites com o moço licenciado, e escreve uma raivosa sátira. Brites vai ser agora costureira para coser aquilo que vai enganar o esposado, ela deveria logo confessar ao esposo que é moça usada, mas fica numa honrinha falsa...

*

Porém Brites é infeliz no casamento, e procura o poeta, lhe faz convites que ele recusa, generoso, e aconselha a moça a sofrer seu esposo, seus galanteios não foram para uma pessoa proibida.

> *Vós casada, e eu vingado,*
> *todo o meu coração sente,*
> *mas a vingança presente*
> *mais que o agravo passado:*
> *o agravo já perdoado*
> *pelas desculpas que dais*
> *menos dor me ocasionais*
> *por ser contra meu respeito*
> *que, o que contra vós é feito,*
> *força é, que doa mais.*
> *...*
> *Levai, prudente e sagaz*
> *esse cargo, essa pensão,*
> *porque o erro da eleição*
> *consigo outros erros traz:*
> *se é de remédio incapaz*
> *o erro do casamento,*
> *dissimule o sofrimento*
> *esse erro: porque maior*
> *não faça o erro de amor*
> *erros do arrependimento.*

A resposta do poeta aviva na dama os incêndios de amor, e no poeta se avivam os quilates da honra. Tal mudança de fado ou inclina o desdém, ou move o trato. Ele ainda sente impresso na lembrança o amor por Brites, vive em sua alma estampado o retrato da moça, mas os efeitos combatem em sua vontade um amoroso desdém, produzindo grande variedade de sentimentos. O amor de Brites, que o obriga, a condena. Ela não tem livre a liberdade e não pode prender o amor. Além disso tudo, ele queria Brites para casar.

E ele se esquiva.

A muda boca esfaimada

1685, a fome na Bahia

NEM SÓ DE INTRIGAS POLÍTICAS e tramas amorosas vivia Gregório de Matos. Seus poemas são pontuados de menções a comidas, banquetes, ceias, refeições, petiscos, pratos, orgias de vinho, comilança. Comia-se "ao grave", sem cansar o paladar, até romper-se; e bebia-se "ao tudesco", como se dizia na época ser na Alemanha "ato de galantaria, singeleza, amizade e boa lei, beberem os homens tanto, que perdem seu juízo".[200] E muitos colonos comiam e bebiam fartamente.

Andava o poeta sempre a falar de cajus colhidos em Caijus, melancias, araçás, refrescos. E matalotagem de bom presunto cozido, paio, queijo e salsichão. Postas de cação, cabritos assados. No capítulo "Pança farta e pé dormente" enumerou os ingredientes da festa de Entrudo. Sobre um passeio que fez com amigos ao Rio Vermelho, falou em pouco vinho, e na casa de Domingos Borges ficaram todos com as panças inchadas, almoçaram sopa de leite, pão e leite, arroz de leite num jantar imperial, e vontade garrafal, a pança impando que nem podiam levantar, a goela entupida e presa de tanto comerem. Depois, numa roça junto ao dique, em meio a cantorias, puseram a mesa e foram se seguindo os pratos, e se serviu licor.

Numa viagem de argonautas, da Cajaíba à ilha de Gonçalo Dias, veio um negro trazendo ao poeta uma serpe de bananas e farinha, e dobrando o mangue os viajantes encontraram um banquete, enquanto passava um saveiro vendendo azeite; tomaram melado quente, e acabaram encontrando maracujás. No Natal, durante umas cavalhadas burlescas, houve uma festa garrafal, e após umas comédias na Cajaíba o poeta descreveu um banquete promovido por juízas e mordomas, com fartura de bebida, cópia de jeribita, vinho, pratos de caldo e de carne; uma mulher, com cara de lagosta, trocava com muita graça o vinho, taça por taça, e a carne, posta por posta.

E o poeta falava em repolho, manjuba, vinhaça, cabidela, frasqueiras muito cheias, açorda de vinho e alho, azeitonas, vinhaça moscatel, canjirão de sopa de pão e broa, e vinho de Lisboa, do Porto, das Canárias, e de Beja. Dos pecados dos padres, comentou a gula com que comiam as merendas nos conventos, a engordar as panças, e falava de grades de doces, ambrosias suaves, puras, os doces de um armário, o peixe vermelho que uma freira lhe mandou, e um cará que uma freira mandou a seu amante, e outra, ao poeta, um chouriço de sangue; falou em tripa de porco, linguiça de alho, num livreiro que comeu um canteiro de alfaces, caldos mornos para a mulher parida, ou na "olha-podrida", que era um caldo de perdizes, galinhas, carne de porco, chouriço, lombo, misturado com hortaliças. E na ilha Grande, escondido de um rival, escreveu aos amigos suas saudades das comidas: arraia chata, curimã ovada, bom peixe, fruta sazonada. E na Cajaíba: *tenho os meus gostos na mesa, / na cama não tenho gosto.*

*

Era o Brasil "mais abastado de mantimentos que quantas terras há no mundo, porque nele se dão os mantimentos de todas as outras".[201] Gabriel Soares de Souza falou na fertilidade da Bahia,[202] enumerando riquíssimas fontes de alimento. Vacas gordas que davam muito leite, de que se fazia manteiga e os demais derivados ao modo da Espanha; ovelhas e cabras cuja carne era sempre gorda, sadia e saborosa, e quanto mais velha, melhor, e que davam um bom leite para se fazerem queijos e manteigas; cordeiros gordos e saborosos; carne de bode, gorda e muito dura; de carneiros, magra enquanto eram novos, e, velhos, a carne não tinha preço; porcas e leitões tenros e saborosos, a carne dos porcos era considerada deleitosa e sadia para se dar a doentes, assim como galinha, e comia-se todo o ano; mas não se faziam toucinhos gordos como em Portugal. Galinhas maiores que as de Portugal, e mais gordas, saborosas e poedeiras; galos e frangões tenros, deliciosos e gordos; galipavos de carne boa e gorda; patos e gansos de Espanha, de carne gorda e saborosa; carne de capivara, de anta, no sabor e na fêvera como de vaca, e coelhos, tatus, cotias, pacas mais gordas e saborosas que lebres; e uma variedade de peixes, cavala, bejupirá, pescada, vermelho, caranha, mero, garoupa, pampano, albacora que era uma espécie de atum, dourado, olho-de-boi, cação, arraia, xaréu, carne de baleia; e camarões do mar, dos rios e lagoas, lagostas e lagostins dos recifes de águas vivas, polvos, mariscos, ostras que se criavam nos mangues, no lodo, nas pedras, restingas, e briguigões, amêijoas, mexilhões, búzios como caracóis e castas de caranguejos na água do mar, nos mangues, entre os matos na terra, uns azuis chamados de guaiamuns.

E as canas-de-açúcar, com seus meles, melados, rapaduras, aguardentes e açúcares; e uvas maduras muito doces e saborosas, frutificando até nos jardins, que se vindimavam duas vezes ao ano, uvas ferrais e uvas pretas; figos de figueiras pretas, saborosos e grandes, e figos bêbaras; romãs, frutos maravilhosos no gosto e de bom tamanho; laranjas as mais formosas e grandes das que havia no mundo — as doces tinham suave sabor, e era o seu doce mui doce, e a camisa branca com que vestiam os gomos também doces; as laranjeiras velhas davam laranjas com uma ponta de azedo muito galante; limas quase nunca azedas, limas doces, grandes, formosas, saborosas; e melões arrazoados em todo o verão e tão bons como os de Abrantes; e melancias maiores e melhores de todas as de Espanha; maracujás plantados em latadas nos pátios e quintais, uns maiores, uns menores, uns amarelos, uns roxos, cheirosos e gostosos; ananases de formosura, cheiro e sabor que excedia a todas as frutas do mundo;

marmelos; cidras grandíssimas e saborosas para se fazer conserva, algumas tinham o amargo doce, outras, azedo; limões-franceses mui saborosos, e limões-de-perdiz e os galegos; e cocos maiores que os das outras partes; e tâmaras, comidas só pelos netos dos plantadores; e gengibre, e arroz de brejo e de terra enxuta, tão grado e formoso como o de Valência, e inhames de São Tomé e Cabo Verde, carás os mais saborosos, e pepinos melhores que os das hortas de Lisboa, e abóboras maiores que as de Alvalade, das quais se fazia conserva; abóboras-de-quaresma façanhosas de grandes e mui gostosas.

E toda a hortaliça de Portugal: mostarda, nabos e rábanos melhores do que os de Entre-Douro-e-Minho, os rábanos queimavam e eram mais grossos que a perna de um homem; couves tronchudas e murcianas, plantadas de couvinha, alfaces grandes e doces, coentros de tamanho que cobriam um homem, endros que pareciam funchos, salsa muito formosa, hortelã, cebolinha, alhos do tamanho da cebola, berinjelas maiores e melhores de todas em toda parte, tanchagem, borragens, poejos, agriões que nasciam como mato nas ruas, manjericão que enchia um jardim com um só pé, alfavaca, beldros naturais da terra, chicórias e mastruços, cenouras, celgas, espinafres, e a universal mandioca.

Da mandioca se fazia leite da folha com pimenta da terra em tempo de necessidade; a farinha que se comia; filhós chamados beijus, e beijus e tapiocas, beiju com leite, quente, com açúcar clarificado, e farinha fresca, e raízes descascadas, e farinha azeda, e farinha alva e doce, e farinha dura, e bolos delgados; e carimã, caldinho de pó de carimã, caldinho com mel ou açúcar, e farinha de guerra, e pão de carimã, e cuscuz de carimã, papas de carimã com açúcar usadas como tisana, carimã com farinha de milho e de arroz, carimã com caldo de peixe ou de carne, e bolos amassados com gemas e leite, e beilhós de carimã com abóbora, e frutas doces com massa de carimã, a alvíssima farinha, que até as portuguesas preferiam ao trigo que chegava do Reino. E aipins assados, cozidos, e jerimuns. E pão de trigo do mar, pão de milho, de centeio, de cevada, pão de mandioca, de inhame, de arroz e de coco. E batatas, e carás brancos ou roxos, raízes de mangarás ou taiobas cozidas com peixe; ou cozidas na água e sal, servidas com tremoços e molhadas em azeite e vinagre, muito gostosas; com açúcar se faziam mil manjares; e taiá, uma maçaroca que se comia cozida na água, ou cozida com peixe, servida com favas verdes, ou adicionada com pimenta. E milho, milho-zaburro, assado ou cozido, e vinho de milho, que embebedava, e milho branco, e pão de milho com ovos e açúcar, ou milho pilado, com caldo de carne, pescado, ou galinha; e favas verdes saborosas, e feijões, brancos, pretos, vermelhos, pintados de branco e preto; e abóboras assadas ou cozidas; e amendoins, assados ou cozidos, com a casca, ou torrados fora da casca, doces de amendoins, cortados e cobertos de açúcar, de mistura com confeitos, ou curados em peças delgadas e compridas, pinhoadas de amendoins; e muitos tipos de pimenta; cajus como fruta, bebida ou regalo, para vinho de caju, e castanhas de caju que serviam de pão, e óleo de castanha, e doces de castanhas com muita graça e suavidade, maçapães de castanhas, e alcorce de açúcar de resina de cajueiro, e os pequeninos cajuís, como grandes cerejas.

E pacobas assadas, em marmelada, ou cozidas no açúcar com canela, ou passadas ao sol, parecendo pêssegos; bananas de roça, mamão, e jaracatiá, e mangaba, ingá, cajá com suas flores brancas e formosas, de sabor precioso, dadas para os doentes de febre por serem frias, e bacuripari, e pequi em castanhas alvíssimas, e umbu, sapucaia, jenipapo que se comia depois de maduro sem botar dele nada fora, guti talhado em vinho, ubucaba, mondururu, comichã, mandiba, cambuí azedinha, curuanha de extremado sabor, marmelada de curuanha envolta em açúcar, cheirando a almíscar, com o mesmo sabor de perada almiscarada, e araçá, marmelada de araçá, e araticu que se comia em quartos, e o miolo alvíssimo do pino, e ameixas de abajeru, e amoras azedas de apé, e murici que cheirava e sabia a queijo do Alentejo, e uvas de cupiúba, o sumo doce e pegajoso de maçarandiba, ambaíbas como figos mui doces, o perfumado mucuri de maravilhoso sabor, e o doce cumbucá; e variados tipos de cocos e palmitos, para se beber a água, fazer azeite, ou comer cru, ou cozer em alguidar, ou para farinhas.

Da abundância de frutas e açúcar surgiu um fabrico de doces que eram vendidos nas ruas, com rebuçados, confeitos, assim como beberagens refrescantes de frutas. De cada casa saíam todos os dias oito a dez negros a vender iguarias diversas, como "mocotós, isto é, mãos de vacas, carurus, vatapás, mingaus, pamonhas, canjicas, isto é, papas de milho, acaçás, abarás, arroz de coco, feijão de coco, angus, pão de ló de arroz, o mesmo de milho, roletes de cana, queimados, isto é, rebuçados a oito por um vintém, e doces de infinitas qualidades, ótimos muitos deles pelo seu asseio".[203]

> *Não vedes vós que o Brasil produz tanta quantidade de carnes domésticas e selváticas, que abunda de tantas aves mansas, que se criam em casa, de toda sorte, e outras infinitas, que se acham pelos campos; tão grande abundância de pescado excelentíssimo, e de diferentes castas e nomes; tantos mariscos e caranguejos que se colhem à tona à custa de pouco trabalho; tanto leite que se tira dos gados; tanto mel que se acha nas árvore agrestes, ovos sem conta, frutas maravilhosas, cultivadas com pouco trabalho, e outras sem nenhum, que os campos e matos dão liberalmente; tanto legume de diversas castas, tanto mantimento de mandioca e arroz com outras infinidades de coisas salutíferas e de muito nutrimento para a natureza...[204]*

*

Apesar de toda essa fartura e variedade, a fome esteve dentre as mais importantes causas de morte na Bahia colonial, dizimando índios aldeados e gente pobre da cidade, favorecendo o surgimento de males, influenciando a fecundidade dos habitantes, nos tempos de escassez.

Houve uma fome geral na Bahia em 1685, causada pelo "desgoverno da Republica, como estranhos nella".[205] O preço do açúcar estava em queda franca, desde meados do século, chegando à metade do valor; as terras perdiam sua fertilidade, lavadas por enxurradas, agredidas por incêndios e coivaras, ressequidas pela derrubada das matas, e o plantio de canaviais ocupava cada vez maiores áreas, substituindo a lavoura de subsistência. Os alimentos se tornavam mais raros e caros, especialmente a farinha, apesar de tentativas do Governo em obrigar fazendeiros ao plantio de mandioca.

Um dos cuidados da Corte para com a alimentação da colônia era o envio de gêneros tanto de Portugal como das ilhas, e vinham naus especialmente para esse fim, carregadas com vinho, azeite, cebolas, sardinhas, bacalhau, chouriço, toucinho, queijos, vinagre, sal, azeitonas e outros molhados para suprir o gosto tradicional do colono português; retornando com açúcar e farinha de mandioca, entre outros produtos locais. Pelo menos um navio a cada mês aportava na baía trazendo mantimentos encomendados pela Câmara. Vinham do Porto, de Lisboa, de Viana, da Madeira e outras ilhas. Prevalecia a noção de que a terra era ruim para plantio que não fosse de cana e tabaco, ideia atrelada a interesses mercantis internacionais; e o plantio da cana dominava as partes férteis de massapê. O fato de a população depender da safra açucareira foi sempre motivo de desequilíbrio no mantimento da cidade.

A adaptação alimentar do colono se deu mais na troca da farinha de trigo pela de mandioca, do vinho pela aguardente, do bacalhau pelos pescados locais, e isso ocorria mais em momentos de falta dos produtos reinóis. Os principais alimentos dos colonos portugueses na Bahia eram vindos do Reino, e qualquer problema na frota causava o desabastecimento. Os preços não variavam de acordo com oferta e procura, apenas, mas devido a manobras e abusos destinados a forçar a alta e burlar os contratos.

Outros alimentos considerados fundamentais para a Bahia eram a carne de gado, o peixe, o sal e a farinha, além do azeite e do vinho.

Este era rigorosamente fiscalizado no desembarque, para que todas as pipas fossem computadas no pagamento dos impostos, e o porto vivia em clima de guerra. As naus, ao chegarem, eram logo cercadas por barcos repletos de homens armados, e iam a bordo fiscais para anotar a quantidade de pipas. Apesar disso havia uma intensa atividade de atravessadores que negociavam o vinho e outros produtos. Em 1650 chegaram na frota cerca de mil e quinhentas pipas e poucos meses depois já não havia vinho para consumo, a não ser pouquíssimo e a um preço extorsivo, oito patacas a canada, o triplo do permitido. Faltou vinho até para a celebração da missa. Eram consumidas normalmente três mil pipas. Sem o vinho do reino não se "sustenta bem a natureza por a terra ser desleixada e os mantimentos fracos".[206] A venda de vinho era controlada, apenas doze tavernas podiam fazê-lo, duas no bairro de São Bento, duas no Carmo, três na Praia, e cinco na cidade, de porta a porta.

O azeite era vendido apenas por mercadores que o traziam de Portugal, e proibido de ser vendido em botija, mas somente em barris, para não haver engano nas quantidades. Muita farinha de trigo chegava do Reino misturada, suja, de má qualidade, e foi ordenado que só se vendessem as que vinham em barris da Companhia Geral do Comércio. O pão de trigo era um artigo de consumo popular — em 1644 a lista dos que amassavam o pão na Bahia contava com dezesseis nomes, sendo três mulheres padeiras, e alguns pasteleiros. O sal, que era uma das maiores riquezas de Portugal, dava apenas para as necessidades do Reino, e na colônia era mantido em estanco, a preços altos, uma vez que a produção de sal brasileiro nas salinas de Cabo Frio e do Rio Grande do Norte fora proibida.

A carne era vendida em regime de açougues públicos, e havia apenas dois matadouros, às portas da cidade. Também era comercializada sob um rígido controle, e em apenas dois açougues públicos. Em 1644 foi feita uma lista de currais que seriam responsáveis para suprimento anual à cidade, recebendo preço fixo por cada arroba de carne, e eram presos os criadores que se recusassem a contribuir. Em 1659 o rei franqueou o corte a todos os que trouxessem gado e o abatessem, desde que pagassem taxas ou doassem as vísceras para a Câmara. Todos os que chegassem à cidade trazendo gado eram obrigados a ir à casa do escrivão da Câmara para regularizar seu comércio.

O pescado, o mais abundante dos gêneros, era controlado por um monopólio de vendas, e todos os pescadores que quisessem vender o peixe eram obrigados a cortá-lo na peixaria dos arrematadores do contrato, o que causava alta no seu preço. Alguns vendeiros estabelecidos na Praia adquiriam ilegalmente o peixe trazido nos barcos de pesca, em troca de pão e vinho, causando também elevação dos preços. Havia uma constante diminuição do pescado, atribuída às baleias e tubarões que visitavam a baía, e à pesca com redes de arrasto muito miúdas. Posturas de 1646 proibiam a venda de peixe pelas ruas, em pratos preparados, feita comumente por escravos.

A farinha de mandioca andava em falta, desde que se passou a usar as terras também para o lucrativo plantio de tabaco, e em 1656 já se previa uma fome geral, em consequência igualmente de secas repetidas, das visitas devastadoras das frotas, e das prevenções para a guerra. Era necessário se plantar mais mandioca, a fim de evitar que "se chegue a maior ruína da fome que se teme, de que é bom exemplo Pernambuco, donde tudo perece por falta de mantimentos, ocasionado do mesmo dano do tabaco".[207] Mas a fome chegou, trazendo maiores sofrimentos ao povo.

*

Toda a cidade sofre de uma universal fome, diz o poeta. Uns atribuem a culpa à Câmara, outros à frota, que tudo abarrota dentro nos escotilhões, a carne, o peixe, os feijões, e a Câmara apenas olha, ri, porque está farta, e não lhe toca a fome. Dizem que o marinheiro precede a toda a lei, porque está a serviço de el-rei. Certo, mas deve repartir com mãos iguais e igual arte para todos, jantar e ceia. A frota com a tripa cheia, e o povo com a pança oca. A fome já faz os moradores mudos, pois é muda a boca esfaimada. Se a frota não traz nada, por que leva tudo? Traz areia de lastro, e troca areia por açúcar. Vem para a Bahia sem trazer nenhum frete, volta com caixas de açúcar, perde a caixa e paga o frete. O povo ceia um caldo morno de má vaca, por falta de pescado. Eles, em seu abrigo, e o povo faminto chora.

Quem faz as farinhas tardas? Guardas. Quem as têm nos aposentos? Sargentos. E a terra fica esfaimando, porque as vão atravessando guardas e sargentos. Na cidade correu um tempo velhaco, com o Braço de Prata, ladrão de mocidades, por isso não se alcançava farinha, açúcar, tabaco. Com a chegada do marquês das Minas ainda haverá grande fartura, não há de haver fome mais: mostras existem, e sinais de um tempo muito abastado.

*

Segundo o historiador Sebastião da Rocha Pita (1660-1738), a escassez de 1685 foi consequência também de uma política do governo do Braço de Prata, cuja severidade, tirania, em meio a desentendimentos e desordens políticas, afastava os comerciantes marítimos. O marquês das Minas tratou de "conduzir à cidade mantimentos, de que padecia muita falta, porque no tempo do governo de Antonio de Sousa, não querendo expor-se a experimentar injustiças os condutores dos gêneros comestíveis, se abstiveram de os conduzir a uma Babilônia onde tudo eram confusões; mas com a mudança de governador acudiram logo em tal abundância os víveres, que se compravam por muito inferior preço".[208]

Caído nas garnachas negras

1685, denunciado à Inquisição

NESTA CIDADE VIVE UM BACHAREL *chamado Gregório de Matos e Guerra, natural desta Cidade que nesta Corte foi Juiz do Cível, homem solto sem modo de cristão, e nas coisas pertencentes a esse Tribunal fala com notável desprezo e notório escândalo e sendo Tesoureiro-mor da Santa Sé desta Cidade e Desembargador Eclesiástico disse que era tão grande letrado que se atrevia a mostrar como Jesus Cristo fora Nefando por outra palavra mais torpe, e execranda, estando presente um Clérigo chamado Antonio da Costa que na Ilha Terceira foi vigário de uma Igreja daquele Bispado e nas conversações também o dissera, tem notícia desta Blasfêmia também o Doutor Manoel Antunes Cura da Santa Sé desta Cidade e o padre Sub-Chantre Solano de Lima, e em outras ocasiões disse que tomara morrer subitamente por não ouvir estar onde lhe dissesse um padre da Companhia Jesus que o enfastiava; e outras Muitas coisas escandalosas. E passando pela sua porta a procissão dos Passos de Cristo, passando o Andor do Senhor com a Cruz as costas se deixou estar com um barrete branco na cabeça sem fazer nenhuma inclinação ao Senhor e por o povo murmurar apenas fez acatamento com a cabeça ao* Sagrado Lignum Crucis *com que por seus nunca jamais vistos costumes foi privado do ofício, em esta terra é havido por um ateísta, geralmente de todos. ... Prostrado a sombra do Respeito de Vossas Senhorias Ilustríssimas, Antonio Rodrigues da Costa.*[209]

A delação acima, escrita em 10 de maio de 1685, entre uma lista de cinco denúncias, foi enviada à Inquisição em Lisboa. Tratava inicialmente de indispor os inquisidores contra Gregório de Matos, afirmando que o poeta falava com "notável desprezo e notório escândalo" sobre as coisas pertencentes ao tribunal do Santo Ofício. Disparou em seguida a mais específica das acusações, a blasfêmia do denunciado que se atrevia a prometer mostrar de que modo Jesus fora nefando, ou seja, praticante do "pecado nefando", ou sodomia.

A expressão da vontade de morrer subitamente, para não se entediar com algum padre da Companhia de Jesus, significava também o desejo de morrer sem sacramentos, o que corroborava a denúncia de ateísmo do poeta, condição conhecida "geralmente de todos", uma grave acusação. O poeta guardava ressentimentos contra o deão, o jesuíta André Gomes Caveira, que intrigara contra ele na Sé. A irreverência de Gregório de Matos, que manteve a cabeça coberta por um barrete durante a passagem da figura de Cristo na procissão dos Passos, atenuada por uma inclinação da cabeça, após o murmúrio do povo escandalizado, foi incluída para mostrar que o acusado era realmente um "homem solto sem modo de cristão".

Usou-se contra ele o fato de ter sido destituído de seus cargos, por "seus nunca jamais vistos costumes", hipocrisia que depõe contra o acusador, pois eram bem conhecidos os desmandos entre clérigos na Bahia, e todas as acusações se referiam a usos frequentes e bem vistos. O uso da batina era irregular, em geral, "andar vestido de padre sem ter ordens sacras era muito comum... e frequente também encontrar clérigos em trajes civis, o que era mais explicável pela circunstância de serem recentes as disposições canônicas a respeito".[210]

A vida boêmia que levava o poeta também não era algo estranho aos costumes de clérigos coloniais ou reinóis. Blasfêmias contra Jesus Cristo e santos eram igualmente usuais, dando motivo a condenações em processos do Santo Ofício. Numa casa "em que se reuniam muitos fanchonos", disse uma pessoa presente que "Cristo era afeiçoado a São João e dormiam ambos". Toda uma corrente de interpretações sobre a homossexualidade de Jesus se baseava numa passagem da Bíblia,[211] em que "[v]oltando Pedro, viu que o seguia aquele discípulo que Jesus amava, que ao tempo da ceia estivera até reclinado sobre o seu peito..."; assim como o fato de não haver nenhuma passagem bíblica condenando a homossexualidade, embora se condenem tantos outros vícios; e o fato de Jesus estar solteiro na idade de 33 anos. A blasfêmia seria definida, nas Constituições de 1707, como crime que "se commete, impondo a Deos nosso Senhor cõ palavras injuriosas ... Por esta razão he muy grave, & abominavel o crime blasfemia, pois não póde haver mayor maldade..."[212]

Quanto à afirmação de ser o poeta ateu, as diversas poesias de cunho religioso que escreveu comprovavam sua crença na existência de Deus, com quem conversava na intimidade. Louvou a Virgem Santíssima, o Menino Jesus, santos e a Deus. Escreveu versos dizendo, "Ofendivos, meu Deus, bem é verdade", "Pequei, Senhor", "Tremendo chego, meu Deus", "Meu amado Redentor, Jesus Cristo soberano", "Ai meu Deus, quem merecera", e assim por diante. Era um cristão tomado por dúvidas filosóficas, que questionava certos rituais e dogmas da Igreja, mas acreditava em Deus, uma divindade criadora, única, perfeita, que devia ser conhecida e adorada por sua própria natureza. Sem escapar à dualidade barroca, ele conjugava o divino com o mundano, fazendo interpretações bem características de sua visão de mundo em tempos de exuberância.

> *Há cousa como falar,*
> *como o Pai Adão falava,*
> *pão por pão, vinho por vinho,*
> *e caralho por caralha.*
> *Quem pôs o nome de crica*
> *à crica, que se esparralha,*
> *senão nosso Pai Adão*
> *quando com Eva brincava?*[213]

O obsceno era intrínseco, estava presente "em festividades religiosas — danças lúbricas, canções grosseiras, pantomimas carregadas de simbologia erótica..."[214] E enraizado na linguagem, tanto nos gestos como nas palavras. Muitas das canções eram como as francesas, "cheias de maledicências e das calúnias mais atrozes... sátiras sangrentas nas quais não se poupam nem a pessoa sagrada dos soberanos, nem os magistrados, nem as pessoas mais inocentes e mais piedosas", exprimindo "paixões desregradas", e "cheias de equívocos desonestos," como dizia o educador Alexandre-Louis Varet, em 1666.[215]

Pessoas despejavam seus sentimentos com imagens chulas. A chuva era mijo de Deus, *bendito sea el carajo de mi señor Jesu Christo que agora mija sobre mi*; se Deus não desse de comer, o cristão "lhe havia de tirar as tripas com uma faca"; e dizia um licenciado, "Boto a Cristo muita merda, e pela hóstia muita merda, pela Virgem Maria muita merda"; e um cristão-novo, "merda para a escola de Jesus, e a mesma sujidade para Jesus"; uns amarravam um crucifixo numa árvore e o açoitavam, outros botavam-no no mesmo vaso onde despejavam suas fezes, ou debaixo da negra com que copulavam, urinavam sobre ele, tido como um símbolo não apenas do poder divino sobre a terra, como da tirania da metrópole sobre a colônia. Nossa Senhora pariu duas vezes, não era virgem antes do parto, durante o parto, nem depois do parto, Cristo fora feito "na porra e na merda, fodendo no vaivém, quer dizer, pelo coito do homem e da mulher, como todos nós".

Donzelas de boas famílias, diante de oratórios caseiros, pediam casamento a santo Antonio metendo a imagem num vaso d'água, de cabeça para baixo como um refém torturado, até o atendimento do desejo; estéreis esfregavam a imagem de um santo em suas partes suplicando por um filho; ou diziam a são João Batista, como se ele fosse um rapazinho namorador, pecador como qualquer homem, "[d]onde vindes, São João, que vindes tão molhadinho?"[216] São Pedro se embriagava, e bêbado estava santo Antonio, como diz uma pequena sátira de Gregório de Matos que rimou, por mais de uma vez, *Jesus* com *cus*, e *Jesu* com *cu*. Toda a rebeldia colonial era dirigida aos céus. Como Deus era o grande criador, protetor, provedor onipresente, cada insatisfação lhe era dirigida, ou em preces, súplicas, pedidos, ou em imprecações indignadas, iradas, contra a distração, o abandono, a maldade, os castigos divinos, numa espécie de contrato de "toma-lá-dá-cá".[217] Portanto, as acusações contra Gregório de Matos consistiam em costumes e usos *sempre vistos*.

A grande diferença era o fato de que Gregório de Matos registrava em poemas esses costumes, esses pecados, e, acima de tudo, entregava à boca do povo os desvarios de membros da Santa Sé, embora não assinasse as sátiras. E que dirigira sátiras venenosas contra o homem que o acusava diante da Inquisição: o advogado Antonio Rodrigues da Costa, promotor do eclesiástico, solicitador da Câmara, almotacé, atuante junto ao Tribunal da Relação Eclesiástica, e cavalheiro da honrosa Ordem de Cristo. Logo à sua chegada de Portugal, quando desembarcou na Bahia usando uma vestimenta verde flamante, o poeta lhe dedicou uma longa sátira, zombando de suas roupas de lacaio, verde cor de papagaio, com a capa arrastando ao chão.

> *Ó lacaio alatinado,*
> *ó macarrônico ilustre,*
> *ó Jurista balaústre*
> *ao machado torneado!*
> *pois sois tão grande Letrado,*
> *vede, que dizem doutores,*
> *que os rábulas ladradores*
> *por isso cães se chamavam,*
> *porque aos ouvidos ladravam*
> *dos míseros pleiteadores.*[218]

As galhofas foram se tornando ofensas. Gregório de Matos escreveu outra sátira virulenta ao mesmo promotor, "que havendo articulado contra huma parte em total perjuizo de huma herança, esta huma noyte lhe meteo na cabeça huma panella de merda, dizendo que eram camarões".[219]

Com crueldade o poeta chamava Rodrigues da Costa de Gilvaz, sinônimo de cicatriz, ou de Cutilada, porque o promotor tinha a marca de uma facada no rosto. Estava o Gilvaz à porta de uma livraria, "estudando o que não faz", quando recebeu um bofete de pessoa prejudicada numa ação judicial, que em seguida lhe arremessou uma panela com fezes. O promotor logo pediu água para se lavar, lavou-se, mas ao chegar em casa a mulher percebeu o ocorrido, pelo cheiro. E Gregório de Matos compôs uma nova sátira contra o promotor, que *mordendo e aboccanhando as letras do poeta* o ameaçava por seus atrevimentos, chamando o promotor de homem sem lei, metido a legista, que deitava *pleitos a perder a puros gritos, e zurros*, merecendo a forca, *a vós, mais a vossos burros.*

*

A denúncia enviada ao inquisidor dom Veríssimo de Lencastre veio como "uma vingança contra o poeta, instrumentada pelos seus desafetos, ex-colegas de clericato... É certo que essa denúncia cristalizou todos os ressentimentos e ódios em direção ao poeta, seguramente de clérigos e freiras contra os quais ele cunhou os apodos (frei Foderibus, frei Garrafa, frei Porraz, frei Sovela, frei Fodaz, frei Fustiga, frei Sarna, frei Pirtigo, frei Bertoeja, frei Jumento, frei Joanico, frei Fedor, soror Urtiga, soror Florencinha, soror Madama de Jesus, entre outros) e aos quais ele endereçou poemas (apógrafos) relatando os seus 'amores freiráticos' e os ridicularizando — frades principalmente da Ordem de S. Francisco — como fornicários, fodinchões, ladrões, e colocando-os sempre em situações ridículas e escatológicas (frades apedrejados, que se borram e se urinam, que recebem panela de 'merda', etc.)..."[220] A população dedicava grande fervor religioso e submissão em relação aos padres e era, ao menos nas manifestações aparentes, extremamente religiosa. Quando os sinos das igrejas anunciavam as seis horas da tarde, todos se ajoelhavam nas ruas, a rezar, e não havia homem respeitável que não levasse um rosário na cinta junto à espada e outro na mão. Portanto, muitos deviam ser os que se escandalizavam com os ataques do poeta aos clérigos. Porque havia uma casta de padres virtuosos, em todas as ordens.

A denúncia foi acolhida e passada comissão ao frei Domingos das Chagas, carmelita na Bahia, para que localizasse e inquirisse as três testemunhas arroladas na denúncia, em segredo, sendo escrivão um padre da mesma Ordem. Os carmelitas eram, podia-se dizer, amigos do poeta. Diversos vínculos os aproximavam, como o fato de o poeta ser irmão do insigne carmelita Eusébio de Matos, e entre os quais esteve Gregório refugiado, numa estada sem conflitos com a Ordem, ao que transparece dos poemas da época.

A primeira testemunha, o padre João de Lima, foi ouvida em 21 de junho de 1686. Era mestre da Capela e subchantre da Sé. Das duas outras testemunhas sabia-se que uma havia falecido, e a outra, embarcado para o reino. Padre Antonio da Costa partira para Portugal havia mais de seis anos, e não foi procurado pela Inquisição em Lisboa para testemunhar contra o poeta. Nem mesmo Gregório de Matos foi convocado a depor. O processo caiu no esquecimento, sem delongas.

*

Uma das explicações para terem ignorado a denúncia é o fato de o poeta ser de família "rica e honrada", tendo sido seu avô familiar da Inquisição, e por ter sua limpeza de sangue comprovada nos processos de habilitação por que passara, em Lisboa, para se formar e para tomar posse do cargo de juiz de fora de Alcácer do Sal. Ao participar das Cortes, em Lisboa, subscrevera um veto aos negócios de cristãos-novos, alvo predileto da Inquisição.

Era, ele mesmo, canonista, magistrado, juiz, doutor, e ligado a pessoas poderosas, como o novo governador, o marquês das Minas, e seu filho, o conde do Prado, estimado pelo arcebispo João da Madre de Deus, aliado de Bernardo Ravasco e companheiro de boêmia do seu filho Gonçalo, e aliado do próprio padre Vieira, num momento em que esses se encontravam favorecidos pelo Poder. Além do mais, havia quem considerasse suas sátiras como uma condenação aos maus costumes e convocação à moralidade virtuosa, mesmo pelo padre Vieira que afirmou, como se citasse o provérbio latino, *ridendo castigat mores*, com o riso se consertam os costumes, que "maior fruito faziam as sátiras de Matos, que as missões do Vieira",[221] ao que respondeu o poeta: *Para o Santo da Bahia, / que murmura do meu verso, / sendo ele tão perverso, / que a saber fazer faria...*[222] Vieira havia sido processado e preso pela Inquisição, ficando por mais de dois anos incomunicável num cubículo sem janelas e sem luz, sem livros, sem agasalho, no "sertão frigidíssimo" de Coimbra.

Supõe-se, por palavras do próprio Gregório de Matos, que teria sido o conde do Prado, filho do governador, ou o próprio marquês das Minas, quem teria livrado o poeta da denúncia. O mistério sobre a impunidade de Gregório de Matos, sobre quem teria "atalhado" o processo, ficou registrado numa das sátiras que lhe escreveu o vigário Lourenço Ribeiro:

De Cristo não é, senão
de herege, tudo, o que obra,
pois nele a heresia sobra,
e lhe falta o ser cristão:
remetê-lo à Inquisição
já uma vez se intentou,
mas bem veis, quem atalhou,
senhores, tão grande bem:
mas não o saiba ninguém.[223]

A ciática de Gregório

Dores do poeta e da cidade

ESTÁ GREGÓRIO DE MATOS *na cama, em casa do vigário da ilha da Madre de Deus, cercado por escravas que cuidam dele. Padece de uma dor ciática. Entra Custódio Nunes Daltro com três facas quentes, para tratar dos males do poeta.*

— *Ah, senhor cirurgião, esta dor de que eu padeço é uma grande heresia, e vós sois a sua inquisição!* — *diz o poeta.*

A dor no quadril o deixa tão cansado como o deixa preocupado com o que dirão dele no Brasil, mais de mil bocas em falsos, ele computa, mas já não se importa tanto com a gente faladora que, vendo lhe queimarem a traseira, digam que a queimam por ser puto.

— *Saiba este povo louco, que por trás não me carcomem, pois eu não peco por Sodoma, nem por Gomorra, tampouco. Ganhei o céu, que invoco por juiz neste achaque tão iníquo, um céu deste tamanico.*

Há médicos que tratam só de jogos e de amores, são como caçadores, vivem só do que matam. Chegam com uma pressa esquisita, vãose embora, e está feita a visita. Há outros que se prezam de basbaques, e diante de um enfermo que se abrasa em febre e dores mortais, não sabem como curar, pois só estudam na própria maleta de frascos.

O cirurgião o queima com três facas em brasa, para livrá-lo da mazela, e com muita cautela unta as partes com sebo. O poeta grita de dor.

— *Uma dor em condições tão más, que sendo-lhe dado o fogo, deixou-me descansado, pois o fogo a curou, que o meu cu hereticou, e com razão foi queimado! E como a quilha ensebou, me manda pôr logo a vela! Se me queixo de uma dor, abro a porta a meu tormento e não perco um sentimento porquanto gastos dá Amor: vencer a pena é melhor que render-se a uma dorzinha: e quando a Parca mesquinha da vida os fios me corte, passarei por minha morte, se bem, que por vida minha. Por que à morte hei de temer, dada pelas mãos da vida?*

*

Parece curado o poeta, já caminha, mas suspeita de que sofre do mal-francês. Agora o cirurgião lhe aplica ventosas, usadas para a cura do mal-gálico, achaque que faria dizerem muito mal dele, em bom português. Está engalicado?

Suspeita que adoeceu de Esperança, a mulata com quem ele esteve no sítio da Catala. É pior ter o humor do mal-francês do que os narizes à francesa. E Esperança está tão afrancesada que, provocando a lascívia de um beijo na boca, se deve dar um beijo na queixada. Ela tem tão trocada a paz de seu país por um álamo de Paris, que traduz o bom português num mau francês, e até os beijos traduz.

Ele deseja que ela se livre do mal, e fique muda ou em bom português ou em mau francês, e se cure, ainda que pese com cuidado e sem demora a gálica doença, ou a embriaguez de gente miserável e malvestida, pois é pouca a diferença entre borracho e gavacho. Esperança parece que andou peregrinando por toda a França que chega nos navios, depois deitou com a Dinamarca naval, voltando com a digna marca, a doença, que será curada com puras raízes de pau-da-china, e todos irão clamar que ela foi se deitar com os galos gauleses a fim de galicar os brasileiros. Dizem que em cada osso desse corpo podre anda impresso e esculpido um repertório por ano: matemáticos tiranos são os olhos de Esperança, e, se estando tão fritos e aflitos tudo adivinham, é triste a adivinhação em que se faz o prognóstico aos gritos.

Não quisera eu, meus amores,
aprender noite, nem dia
essa vossa astrologia

à custa de minhas dores:
saber do tempo os rigores,
do ar a serenidade
será ciência em verdade
dessa vossa pestilência,
mas tomai vós a ciência,
e dai-me a simplicidade.[224]

*

Também Mariana fica enferma. É humana, padece de males quem em si têm tantos bens. Ela é um extremo de formosura cruel que mata a quantos vê, e hoje se vê prostrada, triunfa o achaque, o mal a leva à cama.

Dizem que Mariana adoeceu por lhe faltar algo, mas o que pode faltar a quem é tão perfeita? A doença faz mover dúvidas, e se houver faltas em Mariana, delas pode morrer. Mariana não se deixa sangrar nos braços, senão nos pés; soberana, não dá o braço a torcer, mostra seu pé ao barbeiro que, com cortesia, tenso, não o pode tomar, ele pede água fria, depressa, porque com água quente a brancura de neve da pele de Mariana pode se derreter. O barbeiro lhe pica os pés e Mariana desmaia, dando a perceber que a sangria lhe custa gotas de sangue. Metem-lhe sal na boca, mas não faz efeito, pois quem é luz do mundo sal da terra há de ser. De um jaspe, o sangrador faz o sangue correr. Gotas de sangue como rubis num mar de neve matizada. Todos que têm amor a Mariana, parece que lhe têm ódio, parecem desejar beber seu sangue. Mas todos ficam pálidos quando a veem convalescer de seu desmaio, e da doença, também.

*

A morte anda de ronda, a vida trota, aproveite-se o tempo e ferva o Baco, haja galhofa e tome-se tabaco, venha rodando a pipa de vinho, e ande a bota. Ande o licor de mão em mão, esgote-se o tonel, movam-se molemente os panos, toque-se, tará tará, que o vento berra. Anda de ronda a morte, aproveite-se o tempo.

Emudecem as folias

1686, peste em Salvador; casamento do rei; partida do marquês

É UM CASTIGO FATAL, NÃO SE VEEM OUTROS QUE O IGUALEM. *O poeta será Mercúrio das penas e cronista dos males. Que a fama tome esta notícia e voe, não pare, leve lamentáveis ecos numa e noutra parte.*

É o ano de 1686 e chega a morte à Bahia. Não esperavam que chegasse, aqueles que não temem seus singulares golpes. A morte representa uma batalha, rebuçada em seu disfarce, facilita a peleja para garantir o saque. Toca a degolar, leva tudo a ferro e sangue, deixa tonta a medicina, variando os achaques. Faz um estrago violento, tanto em discretos e ignorantes, em pobres, em ricos, soberbos, que ninguém pode queixar-se.

Já não valem mais aos discretos seus conceitos elegantes. Ao néscio não vale mais ignorar quais ofensas tem a pagar. Ao rico, a morte não repara a vantagem de seu poder. Nem teme ao soberbo. Nem deixa de humilhar ao pobre. Não repara na ostentação do galante, nem no brilho do polido, nem no descuido do rústico. A vida há de se acabar.

Se alguém quer de manhã ostentar rosa brilhante, a morte chega, e se vê funesta pompa de tarde. Emudecem as folias, os bailes se tornam lamentos. A morte cobre as galas de luto, enche de pranto os lugares. Tudo é castigo para todos, nesta parte, naquela, e, se falta remédio aos pobres, aos ricos sobram males. Para o sexo feminino vem a morte de passagem, deixando-lhe exemplo para que se emende. Nos inocentes a morte é relevante, tanto livra a inocência quanto condena o culpável. Passa pela caterva etiópia tocando rebate, corpos pagam culpas, bens que à vida faltam.

Já se vê pelas ruas, de porta em porta, chegar um padre intimando as pessoas a se confessar. Quem deixa para a morte cuidar de assunto tão importante, se esquece das lembranças da vida. Os campanários se ouvem de hora em hora a dobrar, despertadores da morte, para lembrar aos vivos. São abertos cemitérios a cada instante, para receber corpos em todos os lugares. Uma tragédia lastimosa, em que se pode ponderar que a terra, sobrando a muitos, se vê ali que falta. Os que na terra não cabiam, quando vivos, hoje cabem a três numa sepultura, quer dizer, três pares. As enfermarias se enchem de corpos, tão abundantes que sobram os cuidados a fim de que cheguem para todos. É impossível achar-se o remédio, o número de contaminados e mortos cresce a cada instante. Galeno titubeia com a persistência dos males, Deus manda que os vivos paguem seus tributos.

O governador marquês das Minas, cristão zeloso, liberal como Alexandre, previne a saúde. Para tudo se acertar, dividem-se os enfermos em casas particulares, e todos, por vontade, se mostram amorosos. Há um novo hospital onde se admira o notável zelo de uma senhora, dona Francisca de Sande, que mostra seu amor como enfermeira, em toda parte, administra a mezinha a quem precisa, consola a quem geme, anima os circunstantes, tolera o sentimento. Não repara nos gastos que faz, e são grandes, repara apenas nas vidas, que são importantes. O marquês das Minas em tudo se adianta, abre para a pobreza os tesouros da vontade, reparte pelos pobres esmolas importantes, não quer que nada falte. Manda publicar que os pobres o procurem, pois tem remédio para todos. Mas Deus está queixoso, envia esse castigo de culpas pela inclemência dos ares.

A Bahia chega finalmente a um extremo tão grande que aos vivos parece que o mundo se acaba. A morte põe um cruel cerco às vidas, exorbitante, em três meses sepulta a maior parte da Bahia. Ah, Bahia! Bem pudera de hoje em diante emendar-se, pois na cidade assiste a causa de Deus a castigar. Mostra-se Deus ofendido, e o povo, sem desculpas a dar. Se emendarem seus erros, Deus porá termo aos males.

*

A Bahia padeceu de uma deplorável peste no ano de 1686.[225] Era chamada de *mal da bicha*, devido ao fato de que os médicos receitavam uma mezinha feita de erva-do-bicho, esperando que os contaminados vomitassem e evacuassem lombrigas peludas que estariam no seu organismo. Ocorreu após um eclipse do Sol chamado de *Aranha do Sol* pelo astrônomo jesuíta Valentim Estancel, que vivia em Pernambuco, de onde observou assustado o fenômeno; seguido por um eclipse da Lua, visto com horror pelo povo da Bahia. Acreditava-se que os eclipses exerciam malignas influências sobre a terra, anunciando males devastadores, contágios ou desgraças.

A peste, julgou-se na época, veio numas barricas de carne trazidas da ilha de São Tomé para Recife. Foram abertas por um tanoeiro que logo caiu doente e morreu, contagiando pessoas de sua casa que também enfermaram e morreram. O mal se espalhou pelo Recife, por Olinda e arrabaldes, matando mais de duas mil pessoas. Os sintomas eram diferentes em cada enfermo, deixando os médicos desorientados. Dispunham de uma magra literatura acerca das pestes ocorridas na Europa, como os escritos de Faloppio, Dodomeo, Zacuto ou Foresto sobre as calamidades de 1530, 1602 e 1656; ou a breve "Recopilação das cousas que convem guardar-se no modo de preservar a cidade de Lisboa", além de seus velhos pergaminhos de Coimbra. Recomendavam tratamento com ervas aromáticas, como alecrim, benjoim, arruda, tomilho, alfazema ou bagos de zimbro, além de orações piedosas. Uns indicavam sangrias e ventosas, outros alertavam sobre "os pavorosos efeitos de tais aplicações anacrônicas, que, em tempo de peste, significavam a morte!"[226]

Logo o flagelo chegou à Bahia. As primeiras vítimas foram dois homens que jantavam à casa de uma meretriz, e morreram um dia depois. A mulher foi acusada de servir-lhes um prato de mel que disfarçava o azíbar do veneno, e fugiu; mas, pelos sintomas, logo se viu que se tratava do mal da bicha, pois contagiava outros moradores das vizinhanças. A peste espalhou-se primeiro no bairro raso dos mercadores, onde os brigues negreiros despejavam escravos.

Roíam os escravos boçais ruins mazelas, que se não curavam, as suas febres do país natal e outras que o desasseio, os castigos, a promiscuidade, a corrupção ambiente, agravavam e perpetuavam. Por outro lado, o sol não enxugava as ruas esconsas que serpeavam para a praia. Moravam de cambulhada os negros nos sumidouros e socavãos dos sobrados, onde nunca entrara a luz, e ali adoeciam, saravam ou morriam, comidos de parasitas e estiolados como plantas sem umidade. Casas nobres havia, que alotavam nos porões dezenas de serviçais, como reses em curral, e os traficantes amontoavam a sua mercadoria nos barracões imundos da Jequitaia, onde vagamente lhes sorria a perspectiva de algum engenho de açúcar entre árvores de sombra, quando não era para os saveiros do Recôncavo, para os carretos dos fardos ou para as pedreiras da cidade que os compravam indivíduos ou corporações. Mercê da afluência de africanos, era a capital, em boa extensão, um mosaico de raças e um xadrez de costumes, quais mais bárbaros e remotos. O cirurgião nada tinha a fazer nesses alvéolos de apodrecimento social; o físico não passava do solar da alta ou do galeão da frota; e os médicos do Hospital da Misericórdia tratavam principalmente as tripulações estrangeiras e os viajantes europeus.[227]

Apesar das condições em que viviam os negros e os pobres da cidade, a maior parte das vítimas da peste era da população branca, mesmo entre os mais robustos, e acima de tudo entre os que estavam na cidade. Morreram logo dois desembargadores, João do Couto, e Negrão. Na quinta do Tanque, onde vivia Antonio Vieira, apenas ele e seu assistente, padre Soares, escaparam de adoecer. Vieira contou, numa carta ao conde de Castanheira, que entre as pessoas conhecidas na Corte morreram o tenente-general e cinco ou seis desembargadores, entre eles o Palma e o Góis, envolvidos no episódio do assassinato do alcaide como aliados do Braço de Prata; também o arcebispo João da Madre de Deus, no dia de Corpus Christi, motivo de grandes lamentações e desespero. Nos colégios jesuíticos da Bahia e de Recife morreram doze religiosos da Companhia, "e os demais todos caíram uma e mais vezes, com o excessivo trabalho de assistir aos enfermos e moribundos de dia e de noite."[228]

E a peste se espalhou

com alguma pausa, mas com tal intenção e força, que era o mesmo adoecer que em breves dias acabar, lançando pela boca copioso sangue. ... Foram logo adoecendo e acabando tantas pessoas, que se contavam os mortos pelos enfermos. Houve dia em que caíram duzentos e não escaparam dois; os sintomas do mal eram os próprios na Bahia que em Pernambuco, mas entre si tão diferentes e vários que não mostravam sinal certo. Era em uns o calor tépido e o pulso sossegado, noutros inquieto e grande a febre. Uns tinham ânsias e delírios, outros ânimo quieto e discurso desembaraçado. Uns com dores de cabeça, outros sem elas, e finalmente desiguais até na crise mortal do contágio, porque acabavam ao terceiro, ao quinto, ao sexto, ao sétimo e ao nono dia; alguns poucos ao primeiro e ao segundo. Estavam cheias as casas de moribundos, as igrejas de cadáveres, as ruas de tumbas.[229]

Muitos homens do mar e passageiros da frota contraíram a doença, morrendo um conhecido fidalgo que vinha homiziado. Os marítimos se tomaram de pavor, navios partiam arrebatadamente. Moradores da cidade foram se abrigar no recôncavo, aterrorizados, tinham notícia de que na região o mal não era tão rigoroso, contagiando e matando bem menos do que na cidade. As ruas, disse Vieira, chegaram a ficar despovoadas, morrendo de vinte a trinta todos os dias, e não havia casa em que não caíssem muitos enfermos, ou todos os moradores. Tanto Bernardo Ravasco como seu filho, Gonçalo, adoeceram, mas se livraram com vida. Os hospitais ficaram lotados, doentes eram mandados para os conventos ou para residências de pessoas que se dispunham a acolhê-los. As igrejas viviam repletas de fiéis em lágrimas e súplicas, pregadores nos púlpitos acusavam os costumes corrompidos e a falta de fé do povo, causas da ira divina; e se tornaram obrigatórias as penitências públicas. Sacerdotes saíam de casa em casa confessando, absolvendo e abençoando moribundos. Nas ruas passavam sem cessar litanias e cortejos fúnebres, prantos e gritos se ouviam por toda a cidade, dentro ou fora das casas. Não havia mais onde se enterrar tanta gente, e sepultavam seis corpos num mesmo túmulo, conforme Gregório de Matos. A vida na Bahia estava "suspensa entre o horror da agonia sem o perdão dos pecados e a dor da desdita geral";[230] não apenas os padres, mas a população em geral atribuía a peste a um castigo mandado por Deus para punir os grandes pecados da colônia, as doenças do corpo não eram mais do que uma alma enferma de vícios, havia então uma tortura espiritual, com arrependimentos e culpas pelas transgressões dos preceitos religiosos.

Autoridades e eclesiásticos se desdobravam para socorrer os doentes. O governador, marquês das Minas, repassou grande quantia de seu próprio dinheiro a um boticário para que fornecesse remédios aos enfermos pobres. Mesmo tendo perdido para a peste o tenente-general, o capelão e alguns criados de sua comitiva, o marquês não temeu o mal e ia pessoalmente visitar as enfermarias acompanhando Nosso Senhor no viático; andava entre as camas, e aos doentes mais distintos demonstrava como se sentia penalizado com o perigo que corriam; consolava os mais pobres deixando debaixo de seus travesseiros boas esmolas, e comparecia aos enterros. Enviou ao recôncavo altos valores destinados à compra de galinhas e frangões para alimento dos enfermos, distribuídos entre os mais necessitados.

Destacou-se na cidade a senhora Francisca de Sande, viúva piedosa que transformou sua casa em hospital, acolhendo os doentes que não conseguiam se internar na Misericórdia; ela contratou médicos e por suas mãos ministrava os remédios receitados, que comprava com seus próprios recursos, gastando também vultosas somas na aquisição de alimento, camas, lençóis, roupas e tudo o mais, salvando muitas vidas com seu precioso cuidado. Morreram cirurgiões insignes; outros por não conhecerem a doença se retiravam, e já não havia médicos para cuidar de tantos enfermos.

*

Mal é esse, que padeces, terno irmão,
tão forte, tão fatal e tão ímpio,
que ameaça a uma flor ardente estio,
alça contra a vida cruel mão.

Pedro de Matos e Vasconcelos, irmão do poeta, contraiu o mal. "Convalescendo de uma universal peste, a que chamaram bicha no ano de 1686, morreu às mãos de sua mesma honra de um veneno caseiro, que conheceu o doutor Ventura da Cruz Arrais, médico assistente. Jaz em seu mesmo jazigo, que na igreja de São Francisco (hoje portaria da nova casa) instituíram seus avoengos", afirmou Pereira Rabelo. A expressão morrer "às mãos de sua mesma honra" indica que Pedro se suicidou, ingerindo um veneno reconhecido pelo médico que o assistia.

Nos documentos, o vereador Pedro de Matos sempre foi tratado como *licenciado*. Representara Gregório junto à Câmara que elegera o poeta como procurador da Bahia em Portugal. Em 1677 convocou os ricos e nobres moradores à Câmara, onde lhes propôs a instalação do primeiro convento feminino na Bahia, no Desterro, estabelecendo impostos sobre o azeite e o peixe, a fim de levantar a quantia necessária ao término da construção do edifício da clausura. Os dois irmãos tinham sido bons amigos, companheiros de travessuras na infância e na juventude, ambos de viola em punho.

Gregório de Matos padeceu as dores da perda de Pedro, do arcebispo, e outras mortes, da doença de seus amigos Ravasco, do grande mal que atingia o povo, escrevendo um longo e melancólico poema.[231] Escreveu, também, no tempo da peste, versos em que celebrava a algazarra que fizeram uns belgas comemorando o nascimento de uma menina chamada Quitota. A festa foi atrapalhada por uma forte chuva que desabou, e pela bebedeira a que se entregaram os flamengos. Também dessa época são as oitavas escritas a pedido do secretário Bernardo Ravasco, em seu aniversário, quando convalescia do contágio da peste, e mais uma vez o poeta louvou as excelências do amigo, homem da graça e da ciência tão fecundo. *Como posso afinar no canto tanto, / Que me atreva a cantar vossa ciência, / Sem que falte ao compasso na cadência.*[232]

A série de poesias aos flamengos e a Bernardo Ravasco, e o longo poema à peste, indicam que Gregório de Matos estava na cidade, quando da epidemia, testemunhando os sofrimentos do povo. Esteve decerto na Bahia para o enterro de seu irmão Pedro, no mesmo sepulcro onde jaziam seus pais e avós.

*

Orientados por Antonio Vieira, os moradores da Bahia buscaram a imagem de são Francisco Xavier no colégio dos jesuítas, uma relíquia de prata damasquinada, em forma de busto, o rosto com barbas encaracoladas e um olhar oblíquo.[233] Saíram em procissão solene percorrendo as principais ruas da cidade, levando o taumaturgo jesuíta e missionário do Oriente.

Não tardou a que amainasse a epidemia, diminuindo o número de infectados e de mortes, para grande alívio dos sobreviventes. São Francisco Xavier foi então eleito pela Câmara, com aplauso do povo, padroeiro principal da cidade, e dom Pedro II determinou que todos os anos se realizasse uma procissão no décimo dia de maio, e uma festa com o Santíssimo Sacramento exposto.

Foi assunto de muitas especulações o fato de que não enfermaram tantos negros, mulatos, índios, nem mestiços, na Bahia como em Pernambuco; "parece que para aqueles viventes compostos humanos não trouxera forças ou jurisdições o mal; poderia haver neles qualidade secreta, se não foi decreto superior".[234]

*

O mal da bicha era a hoje chamada *febre amarela*, doença infecciosa transmitida por um mosquito contaminado pelo vírus. Nas cidades o vetor da febre amarela é o *Aedes aegypti*, que transmite o vírus, detectado entre nove a doze dias após a picada na pessoa infectada. Prolifera em qualquer recipiente que contenha água limpa, e pica durante o dia.

A enfermidade não é transmitida por contágio direto entre pessoas. Normalmente o ciclo de transmissão é iniciado nas matas, através da picada do mosquito num animal infectado, em especial macacos, que são o reservatório natural do vírus. O indivíduo contaminado e ainda sem sintomas vai para a cidade, onde se inicia novo ciclo de transmissão. A doença se dissemina pelo sangue, com sintomas inespecíficos. O mais comum é os doentes terem febre moderada, náuseas, pulsação baixa, prostração e vômito de sangue; mas uns têm dores de cabeça, cansaço, febre, mal-estar, dores musculares; alguns casos não apresentam sintomas, ainda assim pode ocorrer a morte. Pacientes mostram melhora, mas então costumam aparecer sintomas mais graves, como convulsões, delírios, hemorragias internas, melenas negras, vômito de sangue digerido, enfarto de órgãos, sangramento no nariz e gengivas, manchas azuis ou verdes sob a pele.

Comumente o infectado tem icterícia, ficando com a pele e os olhos amarelados, o que deu o nome à febre. Na Bahia, a peste continuou a matar principalmente navegadores, até que em 1692 o padre Vieira deu conta da sua extinção: "... e também os nossos mareantes chegavam e voltavam livres da chamada *bicha*, cujo veneno deixava cá sepultados tantos pais e filhos, ou tantos mestres e discípulos daquela arte, de que tanto necessita a monarquia de um rei que se intitula — da navegação e comércio."[235]

Atendendo o rei às justas súplicas de seus vassalos, para que lhes desse uma rainha e continuasse a linhagem real com mais descendentes, pois havia apenas a princesinha Isabel Luísa Josefa, de saúde delicada, dom Pedro II decidiu se casar novamente. Foi escolhida a senhora dona Maria Sofia Isabel de Neuburgo, princesa europeia das mais virtuosas e excelsas, bondosa, caridosa e devota. Ela nascera no ducado de Jülich-Berg, na Baviera, e tinha vinte anos quando sua mão foi pedida ao pai, o sereníssimo duque de Neuburgo, eleitor palatino do Reno, que a concedeu com júbilos, diante das vantagens políticas que tal união representava.

O contrato de casamento foi assinado em maio de 1687, quando a princesa recebeu um dote em florins, enviado pelo noivo. A 11 de agosto de 1687 a rainha chegou a Lisboa num navio inglês ofertado por Jaime II, cunhado de seu esposo, e escoltada por uma esquadra na qual viajavam príncipes e lordes. Fundearam no Tejo ao meio-dia, recebidos por uma forte armada de naus de guerra enfeitadas com bandeiras, ao som de salvas dadas nos castelos e nas fortalezas e dos sinos das igrejas, dos vivas da multidão que esperava em terra, enquanto espocavam girândolas de foguetes. Pouco depois dom Pedro tomou o bergantim real, na companhia de oficiais e presidentes dos tribunais e, seguido de vinte e quatro barcos enfeitados com toldos, onde iam os fidalgos, rumou para o navio no qual se encontrava a rainha. Entrou na câmara onde dona Sofia o esperava, cumprimentou-a, e ambos foram levados, sob salvas inglesas e portuguesas, até um pavilhão levantado na ponte da Casa da Índia, e dali à Capela Real do Paço, pelas ruas enfeitadas e repletas de gente. Ali receberam as bênçãos nupciais do arcebispo. Foram muitos os dias de júbilo na cidade iluminada, com queima de fogos, missas, procissões, festas que foram repetidas nas colônias.

Os trinta e seis meses de flores na Bahia terminaram com a partida do governador e capitão-general do Brasil, o marquês das Minas, que deixava excelentes memórias pelos notáveis serviços prestados, pacificando a cidade, reorganizando a economia, coibindo impetuosos arrebatamentos do governador de Pernambuco, sufocando uma revolta no Maranhão provocada pela proibição do tráfico de escravos. "Do melhor governo os mais heroicos ensaios."[236] O governador embarcou na frota de 1687, levando o filho, o conde do Prado, e toda a família.

Saudoso, Gregório de Matos escreveu um longo poema de despedida ao jovem conde, afirmando que, na falta do presente, se conhecia melhor o passado; a terra ficava como que escura com a ausência desse amigo, sentia-se cego, sem o Prado alegre no palácio, sem abrigo para a tormenta e tábua para o naufrágio. *Vossa saudade gememos / nossa solidão choramos / se na solidão chorosos, / na saudade solitários.*[237] Seus sentimentos se agravaram quando recebeu a notícia da morte do jovem amigo, ocorrida durante a travessia para Lisboa, colhido ainda pela febre que continuava a matar, especialmente homens embarcados. O quinto conde do Prado foi sepultado no mar em meio a tristes solenidades; *teve seu fim nas águas destinado.* Gregório de Matos escreveu então quatro sonetos melancólicos, louvando o jovem amigo.

Visível graça e inteligência

1687 a 1690, advogado na Bahia

NECESSITANDO DE RENDIMENTOS, Gregório de Matos abriu uma banca de advogado na cidade, onde recebia os clientes com suas demandas. Lá estava ele no escritório, fazendo mofa e versos em defesa de seus constituintes e usando métodos insólitos. Falava "pouco para merecer o menos, dizia muito para conseguir o mais",[238] ganhando sempre aplausos pelo modo como examinava as minúcias de cada caso, e vencia as causas. Diz Pereira Rabelo que o doutor tinha poucos defendidos, porque em sua integridade seguia apenas um pensamento acerca de matérias cíveis, e não admitia o uso do direito com fins meramente lucrativos, e desonestos, condenando os advogados que para "juntarem cabedais enredam as partes no labirinto de incertas opiniões".[239]

> *Se algumas vezes defendeu contra o que entendia, eram as causas crimes, onde a suma justiça se reputa por suma iniquidade. Ninguém se acorda que lhe rejeitassem embargos; e toda matéria deles se corporizava em quatro palavras daquele espírito lacônico, que, sem ofender gigantes formas, conseguia a diminuição plausível das matérias, logrando na curta esfera de qualquer laconismo alma substancial, visível graça, e inteligência comua como ninguém.*[240]

Os casos recolhidos por Pereira Rabelo dão a ideia do que era o cotidiano no "escritório de vocacia" do poeta. Num deles, certo senhor pleiteava junto ao genro a devolução do dote que dera à filha, morta logo após o casamento. O viúvo adornou a defunta esposa com palma e grinalda, deixando público que ela falecera virgem. O doutor Gregório foi contratado para representar o autor da ação, e, após discorrer legalmente sobre a matéria, arrazoou o feito com os versos: *"Gaita de foles não quis tanger, / olhe o diabo, o que foi fazer."* O réu "banhou-se em água de flores, acusando de ridicularia indecente este arrezoado", mas a Câmara e a Relação confirmaram a sentença favorável ao autor.

A pedido de seu amigo João Rodrigues dos Reis, mordomo dos presos, doutor Gregório de Matos representou um condenado por um furto ocorrido à noite. Defendeu-o alegando que as testemunhas tinham feito o depoimento afirmando que viram o crime, o que não era possível, pois o fato tinha ocorrido numa noite escura. Usou, como prova, a Folhinha do Ano, que mostrava ter sido noite sem luar.

Outro laconismo poético se passou no caso da defesa de um sentenciado à morte natural, que era a extremamente desonrosa morte pela forca, em que o condenado morria "naturalmente" e ficava pendente até cair podre sobre o solo. A acusação era do furto de uma naveta da sacristia numa igreja. O tio do acusado, um daqueles frades que não podiam ser chamados de religiosos, se dirigiu ao escritório do poeta e lhe pediu que fizesse a defesa do sobrinho. Aborrecido com aquele tipo de frade, Gregório de Matos negou seus trabalhos, não estava "em hora de o servir". O frade quis saber o motivo, e lhe disse o poeta, segundo Pereira Rabelo: "É (disse ele) que neste instante se foi daqui Maria de São Bento muito agastada, e fez aquela cruz na minha porta em juramento de não entrar mais por ela."

Apesar do estranho motivo alegado, o frade se ofereceu para ir buscar a mulata, e o fez, convencendo-a a quebrar o juramento, diante de tão grave necessidade. A moça era caprichosa, mas caridosa, e resolveu quebrar sua promessa, para acudir o religioso, voltando ao escritório de Gregório de Matos. E ela ouviu o poeta dizer: — "Não eras tu, ridícula, quem fez aquela cruz de aqui não tornar? Bem se vê que morrias por esta introdução; ora vai, que agora te mando eu."

A mulata se foi, exalando veneno pelos olhos. E o doutor tomou o caso proposto pelo frade, escrevendo uma ligeira trova, para embargar a sentença:

> *A naveta, de que se trata,*
> *Era de latão, e não de prata.*[241]

*

Desde quando se estabeleceu a Relação na Bahia, em 1609, a cidade foi tomada por um número enorme de letrados bacharéis. No rastro dos desembargadores nomeados para a Relação vinham advogados, doutores em leis e cânones, assim como rábulas, para uma cidade em que havia "tanto trocar, tanto mentir, tanta trapaça, que as novas delas não fazem senão acarretar bacharéis à pobre província", segundo Varnhagen. Desde 1678 todos os advogados eram obrigados a obter o reconhecimento pela Relação, antes de iniciar o exercício de sua profissão, ficando desde então sujeitos às influências do poder dos desembargadores. Também não deixava de ser uma profissão arriscada, especialmente quando o advogado enfrentava pessoas ou facções poderosas. Eram comuns ataques de capangas contra bacharéis inconvenientes, como no caso de um processo de Francisco de Estrada contra o desembargador Rodrigues Banha, em 1692.

Doutor em direito canônico, estudioso das leis, experiente como juiz e desembargador, amigo ou inimigo de diversos desembargadores da Relação, o poeta tinha as melhores condições de traçar um painel da Justiça colonial, e de fazer o retrato das injustiças. Desde Portugal acompanhava de perto as questões jurídicas, e sua sentença final foi que andava na praça da Bahia uma Justiça bastarda, vendida e injusta. Desembargadores, juízes, letrados, licenciados, escrivães, advogados, tabeliães, todos lhe pareciam cortados do mesmo pano. No entanto, moravam na Bahia alguns magistrados íntegros, cultos, dedicados, experientes, respeitáveis, competentes, ou conscienciosos, e renomados advogados que cumpriam com seriedade suas funções.

A crítica de Gregório de Matos ao direito na Bahia se fundou nos abusos de poder e na corrupção. Os desembargadores, cuja autoridade raramente era contestada, "agiam como orgulhosos vilões com 'coração de ferro'", enquanto "os juízes recebiam suborno tanto do acusador quanto do réu, em processos judiciais tão demorados que a morte e o juízo final chegam antes da sentença final da corte."[242] Tinham poder para destruir uma vida, sentenciando réus a penas que excediam a gravidade do crime cometido, ou enredando inimigos nas teias da Justiça, e muitos não hesitavam em se exceder ou exorbitar no exercício de sua profissão. "Abusar do cargo para atingir objetivos pessoais era uma violação das obrigações profissionais de um juiz que, do ponto de vista social, tinha muito menor impacto que outras formas de corrupção que envolvessem a troca de favores e recompensas entre um magistrado e um outro membro da sociedade."[243]

A classe de magistrados foi retratada pelo poeta em suas sátiras, por participar de desmandos com consequências bem mais severas do que as causadas, por exemplo, pelos desvios dos clérigos. A Relação era mostrada como subserviente aos interesses dos poderosos:

Quem cá quiser viver, seja um Gatão,
infeste toda a terra, invada os mares;
seja um Chegai, ou um Gaspar Soares,[244]
e por si terá toda a Relação.[245]

Gregório de Matos retratou os desembargadores "não como funcionários sem rosto, isolados da sociedade na qual trabalhavam, mas como homens de carne e ossos cujo heroísmo e fraqueza interessavam ao povo que tecia comentários. Tratava cada magistrado diferentemente, de acordo com o relacionamento pessoal que mantivesse com ele. Alguns eram elogiados, outros amaldiçoados".[246] Teceu loas ao desembargador dos Agravos, Belchior da Cunha Brochado, o Senhor Doutor, cuja chegada era muito bem-vinda, por sua justiça, equidade e suas letras, com que a todos causava inveja, bem-vindo para que, presente, pudesse assistir à iniquidade nos tribunais. Ademais, apenas críticas ácidas.

Deplorou o ouvidor geral do crime, ministro "tão pouco visto" em leis, e "previsto em trampas e maranhas". Uma besta crua, que, ao partir da Bahia, recebeu os melindrados e hostis adeuses do poeta: *Lobo cerval, fantasma pecadora, / alimária cristã, salvage humana, / Que eras com vara pescador de cana, / Quando devias ser burro de nora. // Leva-te Berzabu, vai-te em má hora...*[247] Nora era um aparelho para tirar água dos poços, às vezes movido por mulas.

*

Compôs o poeta uns versos severos ao provedor dos ausentes e da Santa Casa, o conhecido desembargador Pedro de Unhão Castelo Branco, que tomara assento na Relação em 1686. Ironizou o poder de Unhão, sua empáfia, disse ser ele um homem de boa lábia, mas que não se sabia se seria "de douto, ou de cortesão". O desembargador fez uma viagem, ausentando-se da Bahia sob alegação de trabalho, e disse o poeta que o desembargador saíra apenas para espairecer, criticando-o. Chamou-o de Julgador Orate, ignorante e fanfarrão, Marquês do Unhate, ou seja, ladrão, que assolava a torto e a direito a cidade e seus contornos.

Mencionou escrivães que mal sabiam ler as letras e mal soletravam, contudo escreviam muito bem as alvíssaras pedidas e despedindo uma ficção consolatória. Alguém que trabalhasse sem proveito pessoal, e fizesse uma demanda, estava arriscado a perder a fazenda e a vida, consumidas nas trapaças de quem os pagava. Andavam muitos em conjuros a cometer vícios, com cartas de seguro, documentos que isentavam o portador de punição criminal em certas situações. Sabiam roubar com uma astúcia notória.

Aos juízes acusava ainda não examinarem os feitos, para forrar a consciência, e insolentes, descuidados, ou por preguiça, não reformavam as injustiças das sentenças. Juízes mentecaptos que, mesmo sabendo da jurisprudência, castigavam inocentes, mas em certos contratos absolviam a culpa de réus e suspendiam a pena através de uma interlocutória. Levados pela vil cobiça, vendiam a justiça, dando sentenças trapaceiras, e por muito bom dinheiro. O ministro, segundo o satirista, dava suporte a essas trapaças, em sua alçada, criando dilações, delongando em eternas compulsórias os processos, sem uma sentença final.

Registrou o poeta com revolta e ironia o caso de três mulatos que, por terem tirado as espadas contra uns desembargadores, ao perderem grandes quantias de dinheiro num jogo de espadilhas, foram enforcados, atenazados e esquartejados. O poeta demonstrou sua censura contra a severidade da pena, alertando os moradores, e os pardos da cidade, de que a Justiça sempre ganha, *que os três paus da Relação / sempre é carta de ganhar.*[248]

*

A rotina do advogado poeta era não apenas receber as causas e escrever as defesas lacônicas em versos. Havia as estafantes audiências públicas, em que doutor Gregório de Matos devia comparecer diante do juiz presidente, junto a seus representados, para submeter seus apelos. Precisava seguir um severo protocolo que determinava os deveres e o comportamento das partes, dos advogados e dos juízes. As audiências eram intermináveis, e ali o poeta recolhia matéria para suas críticas à sociedade colonial. Depunham primeiro os clérigos, fazendeiros, prisioneiros, as mulheres, e os que moravam em lugares distantes, sendo obrigados a longas viagens até o local da audiência, conforme ditavam as *Ordenações filipinas*.

O sistema de recursos era motivo de grandes delongas nos processos, pois previa um tempo para o acusado preparar sua defesa, e, se nova acusação fosse apresentada contra o réu, este tinha direito a novos prazos para compor a resposta. Durante a audiência os juízes podiam questionar as partes e convocar testemunhas aptas, ou seja, aquelas que não tivessem interesse em uma das partes, e que não fossem inimigas reconhecidas. Os escravos não eram reconhecidos como testemunhas. Ocorria, posteriormente, a audiência final, com a proclamação da sentença por parte do juiz, que determinava os custos do processo. Se houvesse recurso, a demanda era enviada a uma comissão de desembargadores determinada, a cada caso, pelo chanceler.

O Tribunal da Apelação devia contar com número ímpar de juízes para não haver a ocorrência de empate na votação da sentença, exceto nas causas que julgavam a pena de morte, nas quais eram seis os juízes, para forçar uma decisão final por maioria de votos. Não havendo o mínimo de quatro votos, eram necessários novos juízes, até a obtenção da maioria. Isso tornava as causas intermináveis, pois havia poucos juízes na Bahia em proporção à demanda, e muitos deles passavam parte do tempo a viajar em missões jurídicas. Havia casos de réus ou advogados morrerem antes de obter a sentença, e de prisioneiros esquecidos nas enxovias da cidade, até a morte.

As causas julgadas eram, segundo lista de demandas apresentadas à Relação entre 1690 e 1692, quase metade, referentes a delitos leves ou processos cíveis de primeira instância; outra quase metade, a disputas cíveis, problemas de testamentos ou negócios do tesouro; e um pequeno percentual de causas criminais. A maioria dos réus sentenciados em casos criminais era de negros e mulatos. "Esses homens obviamente eram marginais da sociedade e forçados pelas várias formas de discriminação e pressão social a um comportamento fora dos limites aceitáveis. Ainda por cima, os escravos muitas vezes eram usados para praticar as vinganças de seus donos e, quando pegos, tinham que aguentar o peso da culpa."[249]

As injustiças cometidas, a extensa e complicada trama de leis, posturas, decretos, as formalidades, até mesmo nos trajes, a exigência de uma infinidade de documentos reconhecidos, a arrogância de tabeliães e administradores da Justiça, de juízes e desembargadores, de escrivães, a incompetência de muitos dos membros desse sistema, como tabeliães que não sabiam nem mesmo assinar o nome, os custos exorbitantes das taxas, dos documentos e processos, a má fama que acompanhava os advogados coloniais, que cobravam excessivamente por seus serviços e poderes e se aproveitavam das decisões intermediárias da corte e das demoras para arrancar mais honorários, os rábulas que enganavam a população, as horas intermináveis de espera nas salas, tudo isso causava desgosto ao poeta e um crescente desinteresse pela advocacia. Não se sentia atraído pelas possibilidades de fama e enriquecimento que poderia obter se perseverasse no estreito meio judiciário da Bahia. A Musa da poesia o convocava com uma cada vez mais irresistível sedução.

Ditoso aquele, e bem-aventurado,
Que longe, e apartado das demandas
Não vê nos tribunais as apelandas,
Que à vida dão fastio, e dão enfado.

Ditoso, quem povoa o despovoado,
E dormindo o seu sono entre as holandas [tecido de linho finíssimo]
Acorda ao doce som, e às vozes brandas
Do tenro passarinho enamorado.

Se estando eu lá na Corte tão seguro
Do néscio impertinente, que porfia,
A deixei por um mal, que era futuro;

Como estaria vendo na Bahia,
Que das cortes do mudo é vil monturo,
O roubo, a injustiça, a tirania.[250]

*

Veio governar o Brasil, nesse tempo, Matias da Cunha, homem "esclarecido por nascimento e por valor".[251] Ele havia sido comissário-geral da cavalaria do Alentejo, mestre-de-campo do terço da armada, governador da província do Rio de Janeiro e comandante das armas de Entre-Douro-e-Minho, de onde veio para o Brasil. Mesmo sendo de carreira militar, Matias da Cunha tinha natureza bem diversa do tirânico Braço de Prata, convocando ao palácio teólogos, missionários e homens principais para votarem em junta sobre assuntos do Governo, como a aprovação de um extermínio de indígenas. A relação de Gregório de Matos com esse governador foi serena e amigável, pois em três sonetos o poeta lhe dirigiu elogios, chamando-o de homem de forte valor, sujeito grave e entendido, valente como nenhum outro, merecedor de prêmios, aos quais desprezava; alimentava a luz do dia, ilustrava de esplendor a nobreza, dava lições de gentileza a toda a gentileza da Bahia.

Não durou um ano o governo de Matias da Cunha. A peste ainda contaminava pessoas vindas de fora, e muitas das que chegaram na frota com o novo governador haviam enfermado e morrido, entre as quais dois desembargadores e diversos marítimos. Na frota do ano seguinte, 1688, faleceram do mesmo mal outros homens de distinção, e mais marinheiros. A febre contagiou o governador, manifestando-se de maneira branda, mas retornando com a força da fatalidade. Percebendo sua morte próxima, Matias da Cunha fez grandes gestos de caridade, e deu mostras de desprezo pelas vaidades. Um dia antes de falecer, convocou o senado da Câmara, a nobreza e os comandantes, pedindo que elegessem um substituto, e foi escolhido para o governo militar e político o arcebispo dom frei Manuel da Ressurreição, que havia pouco chegara à Bahia como prelado e "empregava todo o seu talento (verdadeiramente apostólico) em missões, pregando por todas as paróquias da Bahia com grande fruto das suas ovelhas, e praticando mui diferentes exercícios dos que lhe sobrevinham com o governo do Estado";[252] e para o governo das justiças foi votado o desembargador Manuel Carneiro de Sá, chanceler da Relação. Em outubro de 1688, Matias da Cunha foi sepultado no mosteiro de São Bento, num jazigo que ficava na capela-mor.

O anúncio das lágrimas

*1688 ou 1689? Casamento com Maria de Povos;
filhos; morte do filho; traições*

DIVERTE-SE O DOUTOR GREGÓRIO DE MATOS *tentando esquecer as tristes memórias, em casa de Vicente da Costa Cordeiro, senhor de engenho em Marapé, homem poderoso e amigo. Casualmente o poeta vê, para perder-se, outra engraçada formosura. É Maria de Povos, sobrinha do senhor daquele engenho, viúva honesta e pobre. Mais uma vez apaixonado, ele resolve pedi-la a seu tio por esposa, logo depois que a moça convalesce de uma enfermidade. Como homem de bem, embaraçando o caminho às venturas da sobrinha, Vicente Cordeiro tenta persuadir o poeta de que não caia na desgraça ou ruína de sofrer maior abatimento de pobreza. Mas não consegue demover o enamorado, e se dilatam os esponsais. Data marcada para o casamento, Gregório de Matos se sente no direito de receber favores antecipados da noiva, que sendo viúva já conhece o amor. Maria de Povos nega, que se espere o casamento. O poeta sofre.*

*

Os dias se vão, os tempos se esgotam, e para todos trotam, só para ele, não. Quem há de curtir tanta demora? O tempo a não chegar, e ele sempre a esperar o que tanto lhe foge.

— Casemo-nos hoje, que amanhã vem longe!

O tempo sagrado chega com tal vagar que parece andar manco ou aleijado, e o poeta, morto para ver Maria, e o tempo a detê-lo, e espera. Por uma mera hora sente-se como Píramo, que marcou encontro com sua amada Tisbe, numa fonte. Tisbe chegou antes e se deparou com um leão, fugiu, deixando cair seu manto, sobre o qual se arrojou o leão. Ao chegar, Píramo acreditou que a amada fora devorada pela fera, e se matou com sua espada. Como no soneto de Quevedo "Amor constante más allá de la muerte". O poeta tem pressa de casar, está velho, e a noiva, prestes a perder a mocidade. Hoje, ele pode casar com Maria de Povos, e hoje consumar o casamento. Amanhã, não sabe, porque perderá sua saúde, talvez perca a potência, pode morrer e ser enterrado, e Maria vai vestir luto.

Discreta, formosíssima Maria!, ele vê em sua face a qualquer hora a rosada aurora, e em seus olhos e boca o sol e o dia, enquanto, com gentil descortesia, o ar fresco espalha a rica trança voadora, quando Maria passeia ao amanhecer. O tempo trota com ligeireza e imprime em cada flor a sua pisada, Maria não deve aguardar que a idade madura converta essa flor de beleza em cinza, em pó, em sombra, em nada. Discreta e formosíssima Maria, no cabelo o metal mais reluzente e na boca a mais fina pedraria, goza da flor da formosura antes que o frio do tempo deixe despido o tronco de sua verdura, pois passado o zênite da juventude, cada dia é o ocaso da beldade.

Maria de Povos se recata com prudência das demasias de seu futuro esposo, ele avalia esse desdém por tirania, e vai aos montes escarmentar, punir seu sentimento. Fala com os montes, tenta se aliviar, pede perdão por seus ais e por interromper o silêncio da paisagem, os montes já sabem que ele ama, estima, quer, adora. Mas de que serve cansá-los? Os montes já sabem que o poeta morre por conta daqueles olhos irosos que lhe parecem raios. O poeta pensa nos ricos cabelos que, na oficina dos ombros, se reformam em meninas de anéis preciosos. Lembra o rosto gentil onde se vê um não sei quê, escondido, que o matou, não sabe como. Lembra logo a muita alma com que Maria move o corpo airoso e o assombra. Ele deseja poder mostrar as partes que esconde, em recato, quando as poderia dizer, vanglorioso. Lembra, enfim, Marfida, a musa poética de Montemayor, mas... O que diz? O que conta aos montes? Porque se de Maria jamais se esquece, como se recorda!

Planta mil ânsias e nada recolhe. Maria limita certos favores com fingidos pressupostos. Se não vai de estorvo alheio, vai de desapego próprio. Maria faz retroceder as vontades, e esbulha da posse os logros, o que resulta em arrependimento, ou ódio. Desiguala as ações e a cada hora altera os modos, talvez por acinte, ou por exame, e o poeta não gaba, não louva. Maria desdenha de seus carinhos, enquanto é afável para com todos, como se dissesse ao noivo, na cara, que é aborrecido. Ela falta nos prometimentos e é pontual nos desgostos, curta nas satisfações e larguíssima nos opróbios. Executa tiranias, a Maria, endurece aos rogos, se preza de isenções, enfim, quer matá-lo por gosto. E quanto mais fino ele se mostra, mais se malquista.

Que haverá de ser quando ele apontar as setas de amor e as setas retornarem e o ferirem com seu próprio amor? O amor que sente lhe faz mal, sempre sabendo que adora, e é tarde para esconder esse amor aos olhos e ao juízo de Maria. Quer chamá-la de ingrata, mas não deve, não ousa dizer mal do que quer, desacreditando seu gosto. Que os montes guardem segredo e seus contornos não saibam quem é a ingrata Marfida de quem o poeta fala. Recorda e murmura o poema de Montemayor: "Marfida sus ovejas repastava..."

Vive num caos, num horrendo labirinto escuro, vive na casa da morte, em vez de penar a glória. Sua mente está confusa, ouve uma Babel de vozes, e tudo o que toca lhe parece sonho e não entende nem a própria voz. Gregório de Matos não penetra o bem, nem o dano, em sua mente que é sempre certeza e nunca desengano. O ciúme martiriza sua vontade, é atormentado por enganos e pela cega presunção para a verdade. Ele passa horas contando, enumerando os instantes, com os sentidos atentos à dor e à glória; cobra cuidados, acusa pensamentos: ligeiros à esperança, e ao mal, constantes. Quem juntou essas duas partes, tão dissonantes? Quem sustentou sentimentos tão variados? Para a glória, os tormentos excedem. Para o martírio, são semelhantes ao bem. A pena se embaraça com o prazer, mas, quando ambos se porfiam, o gosto corre, a dor passa.

Com o tempo a fantasia vai se alterando, mas são muito maiores as horas de inferno que os instantes de alegria. O Cupido, rapaz travesso e zorro, cego, formigueiro, ladrão, mal doutrinado, como pode achar que um homem honrado haja de andar atrás dele como um cachorro? Há muitos dias o poeta morre para colher o amor um tanto descuidado, e Cupido dele zomba, fazendo-o cativo, sendo livre. O poeta ergue o dedo e desata a voz, mas não recebe carta de alforria, tem medo de que o jovenzinho Cupido jamais pague por sua travessura jovial.

E se os meus zelos te enfadam,
dá-me licença, meus olhos,
para me ter por mofino,
pois perco por amoroso.
Se das potências desta alma
te dei o domínio todo,
por que em minha alma consentes
estas ideias, que formo?

Desiludido, o poeta decide embarcar para a cidade, e antecipa a notícia a Maria. Nos últimos instantes da partida ela executa com rigor o golpe: se derrete em mostras de sentimento e verdadeiras lágrimas de amor. Um ardor nascido tão firme no coração! Os belos olhos derramando pranto! Um incêndio disfarçado em mares de água! Um rio de neve convertido em fogo!

O peito de Maria esconde as brasas, e em seu rosto corre um cristal derretido em chamas. Se Maria é fogo, como passa tão brandamente? Se ela é neve, como queima com tanta porfia? Nela o amor anda prudente, pois, para temperar a tirania, quer, permite que a neve ardente pareça a chama fria. Lágrimas afetuosas, brandamente derretidas: o mesmo que têm de aflição, têm de poderosas. Tão carinhosas, parecem tão tristes pela ausência do poeta, que o abrandam, saindo a lhe cobrar e indo a correr em sua busca, tão descontentes, apressadas; se eram recatadas, por que agora saem assim, correntes? Sendo essas enchentes formosíssimo embaraço, ao descompasso de um ciúme enfurecido, nessa corrente detido, logo, não perdem o passo?

Ao ver Maria tão triste e aflita o poeta fica orgulhoso, seu coração se alegra e seus olhos exultam, ela o persuade, formando um novo encanto em seu chorar, pois a fé com que ele a adora se alegra com o choro e se banha no pranto de Maria. Ele vê que essas lágrimas são o desafogo de uma mágoa, e o que é água nos olhos é no peito o fogo, como acontece a um tronco, ali arde, cá umedece, lágrimas que, à custa de uma pena, compram a alegria, redimem a melancolia do poeta que esteve em tão tristes horas, e são as lágrimas de Maria senhoras de seu gosto. Lágrimas aljofaradas, eternamente lembradas pelos olhos alegres do poeta, se por ele se derramam, e Maria o vai buscar; lágrimas que em suas dores emudecidas dizem finezas jamais ouvidas dos jamais vistos amores, lágrimas eternamente aplaudidas, formosas, deixam de ser ditosas se por ele, o poeta, são vertidas; lágrimas de matizes gratos contra as notas infelizes, e choradas, fazem rir, sendo no mundo as mais felizes. O poeta se sente tão inspirado que escreve sonetos e sonetos e décimas e arrufos às enchentes gentis de prata fina, que correm dos olhos de Maria.

> Não sei, quando caís precipitada
> As flores, que regais, tão parecida,
> Se sois neves por rosa derretida,
> Ou se a rosa por neve desfolhada...

*

Despede-se o poeta de sua senhora. Já na cidade, não esquece as lágrimas da noiva, e lhe remete um soneto, chovendo prêmios àquela demonstração de amor. Não esquece a força da despedida, os incêndios de uma alma piedosa, uma dor que se mostra convertida em água, e, ao partir, nem a água do mar lhe deixou tão forçosa dor. Maria lhe paga, de antemão, o que ele merece. E ele conhece em seus olhos o amor.

Padece a falta de Maria, sofre a ausência de sua vista, a saudade lhe promete a morte, sem dúvida pretende ir dilatando sua dor, e ele vai penando, seu contínuo suspirar é um perpétuo morrer, ele vê Maria distante, na lembrança, e tem receios, sustos, abonos do amante, a tirana saudade tem como instrumento a memória, que é verdugo do entendimento e flagelo da vontade. A saudade faz o poeta se retirar da realidade e respirar nas aparências, mas o rigor da saudade o abala cruelmente, e ele, atingido em sua alma, é afligido em três potências. Oh, para dor tão imensa já não há mais sofrimento que baste, o coração desalentado parece sem razão, e lhe ordena que viva, que pene, e para ter vida, não.

*

Tantas obras dedicadas às lágrimas de Maria de Povos foram um prenúncio do que ocorreria. Eles se casaram, mesmo sendo Maria pobre — apesar de seus pais constarem em documento como membros da Misericórdia.[253] Maria de Povos, ou de Póvoa, era filha de Mariana e Antonio da Costa Cordeiro, português de Viana de Lima, almotacé na Bahia e capitão de ordenanças na ilha dos Frades, cargos de certo prestígio e bem remunerados. Talvez os pais estivessem mortos na época do casamento, o que justificaria a alegada pobreza da viúva. Talvez a pobreza de Maria de Povos fosse apenas a impossibilidade de seus pais lhe darem um dote. Ou não quererem lhe dar um novo dote, por ser viúva. Como órfã de um membro da Misericórdia, Maria de Povos poderia ser dotada por essa instituição, o que não ocorreu. O dote de Maria de Povos foi concedido por seu tio Vicente Cordeiro, rico senhor de engenho em Marapé e familiar do Santo Ofício, que administrava a igreja de Nossa Senhora da Oliveira em Sergipe do Conde. Vicente Cordeiro tirou de sua própria riqueza um donativo para que a sobrinha não se casasse totalmente destituída.

Não se sabe a data do casamento, mas foi possivelmente entre 1688 e 1689. Não se tem notícia, igualmente, de que bens constituiu o dote de Maria de Povos; talvez uma casa, como era costume, e uma propriedade em terras. Presume-se que o poeta comprou, com dinheiro do dote, ou recebeu a chácara nas imediações do Dique. Parecia disposto a controlar a "fragilidade de sua natureza". Deu férias à viola, às andanças, e continuou a advogar, para sustentar casa e esposa.

Sua visão do compromisso da mulher diante do casamento se expressou no poema "Regra de bem viver, que a persuasões de alguns amigos deo a huns noyvos, que se casavam".[254] Aí ele dizia jocosamente que a mulher devia se manter calada, jamais romper fechaduras de gavetas, salvo se quisesse dali tirar prata ou ouro, por algum pressentimento; devia ensaboar suas partes e não se descuidar de remendar a roupa, para parecer moderada nos gastos; a mulher iria poucas vezes à janela, mas todo o tempo estaria na cozinha, e na almofada a fazer rendas, até a hora do jantar, e devia saber tanto assar como cozer; fazer ao marido uma comida bem caseira, mas comer primeiro, e ainda que fosse pouca a comida, não desse de comer ao marido como a um menino; quando ele chegasse da rua ela devia se aproximar, para se unirem pele com pele, mas, sentindo alguma "doencinha", ela fosse correndo para a cozinha; e mandasse a Madalena pedir à sua mãe água de flor.

Nem mesmo o casamento, que o poeta parecia almejar desde sua chegada à Bahia, fruto de uma paixão por uma mulher formosíssima, realizado sem muitas hesitações e passando por cima de dificuldades, enfrentando a oposição inicial do tio da escolhida, deixava de ser objeto de uma ironia e galhofa que retiravam qualquer solenidade da união de um casal. Brincava com a estruturação da família, à qual ele precisava se sujeitar.

O fato de se unir a uma mulher pobre e viúva sugere que o casamento do poeta não fazia parte de nenhum projeto de elevação do status social; era pressionado a casar, estava com vontade de casar, e casou por amor. A paixão por uma mulher branca e de família interpunha o casamento como forma de obter a satisfação do desejo sexual. O casamento com Maria de Povos não representava o mesmo desafio, de que o poeta tanto gostava, da conquista de dona Ângela Paredes, moça em situação social bem mais elevada, e defendida por uma poderosa família. Por seu lado, Maria de Povos decerto era aconselhada a casar novamente, e sentia-se solitária, desamparada. Tinha seguramente a consciência de sua beleza e sedução, junto com esperanças de um novo matrimônio. Conhecer o poeta deve tê-la fascinado, e ela relevou o amor, deixando de lado a fama do noivo que cumpria pelo menos três dos "quatro costados da doidice: a música, a poesia, a valentia e o amor".[255] O homem que andava abraçado com a viola, que, "sendo um excelente instrumento, bastava saberem-no tanger os negros e patifes, para que nenhum honrado o pusesse nos peitos".[256] Um daqueles homens "enfeitiçados com amigos; seguem com eles caçadas, folguedos, banquetes, viagens e todas as mais ações que traz consigo a ociosidade".[257] E Maria não deu importância à complicada situação financeira de seu pretendente.

*

Gregório de Matos canta o repouso que sente no primeiro amanhecer após os esponsais, no sítio da Maré, ao ver a esposa dormindo no despertar do dia, mais colorida que os horizontes do céu, num silêncio que domina sobre as flores e cala o mar e o rio, e quando a esposa abre os olhos, como dois diamantes, tudo festeja esta mulher, tudo a adora, aves cheirosas e flores ressonantes. E lisonjeia a esposa, no que ela excede a toda a natureza, mostrando-se feliz, pacificado, como se entre a doce lira dos pássaros cantores; a esposa é uma tocha fugidia que preside a sua noite, e nada, nem as pérolas choradas pela aurora, nem a voraz corrente do mar que destila aljôfares, nem a pompa florescente do prado, a pompa altiva do jasmim, a rosa que em púrpuras se aviva, nada disso significa para ele tanto quanto o rosto de sua amada.

*

Os primeiros tempos do casamento mostravam, além da felicidade e da paz, que houve uma nova tentativa de Gregório de Matos fazer jus à sua história familiar e à sua condição, galgando degraus da sociedade. Em 1691 ele entrou, talvez por influência de Maria, na irmandade da Misericórdia, seguindo os passos de seu pai, seu sogro, e daqueles que desejavam adquirir prestígio. Havia um cerimonial, uma preparação, toda uma postura para quem se propusesse a participar das irmandades, e uma série de obrigações, como doações, visitas às prisões e a casas de pobres, para assistência aos necessitados. E em seu caso, decerto esperava-se uma assistência jurídica à instituição, para atender às demandas constantes por conflitos de propriedade e herança, que obrigava a Casa da Santa Misericórdia a ter procuradores e pessoa judicial, assim como o acompanhamento jurídico de casos referentes a prisioneiros das enxovias.

Pertencer ao grupo dos nobres da irmandade da Casa da Santa Misericórdia era um modo de se diferenciar das outras pessoas na colônia. O cargo exigia inúmeros requisitos, e era recompensado principalmente com honra e prestígio. O *Compromisso* de 1618 que regia a irmandade determinava, para a admissão, que o pretendente fosse "limpo de sangue sem alguma raça de mouro ou judeu não somente sua pessoa, mas também sua mulher se for casado".[258] Era preciso possuir bens, principalmente terras, ser letrado, de cor branca, cristão-velho, e figura de influência na cidade. O pretendente precisava ser apresentado por um padrinho.

Os membros da irmandade podiam contar com auxílio da organização em algum momento de dificuldades financeiras, recebiam créditos para investimentos ou empreendimentos que apresentassem segurança, como a compra de terras ou a construção de edifícios, empréstimos muitas vezes superiores às garantias dadas;[259] usavam de seu poder em benefício próprio e de amigos e correligionários, podendo até mesmo se livrar de dívidas; e tinham a garantia de um funeral cristão, em solo sagrado da igreja, para si e seus familiares.

A irmandade da Casa da Santa Misericórdia na Bahia teve sua origem em 1549, com a construção de um hospital durante o primeiro governo geral, de Tomé de Souza. O terceiro governador-geral, Mem de Sá, foi um dos provedores e benfeitores dessa irmandade, promovendo melhoramentos no hospital e construindo a primeira igreja da Misericórdia. A Casa, com a participação de homens ricos, era muito próspera, mas passou por momentos difíceis, como durante a ocupação holandesa da Bahia, quando o hospital foi invadido e utilizado para abrigar os feridos neerlandeses, e outras de suas casas se tornaram depósitos de pólvora. A irmandade possuía vinte e seis propriedades nas vizinhanças do hospital, cinco oficinas, um açougue, e diversas lojas e moradias que alugava.

Antes de serem expulsos, em 1625, os holandeses queimaram os arquivos que registravam toda a história da Misericórdia. Houve, então, um esforço de reconstituição, e os homens principais da Bahia foram convocados a integrar os quadros da irmandade. Em 1629 a instituição chegou a recusar a entrada de novos membros, tamanho o interesse dos colonos em usufruir do prestígio que representava essa participação. Os membros fizeram vultosas doações à entidade para a renovação do hospital e a construção de uma nova igreja. A intenção era demonstrar à população seu propósito de "expoente da filantropia social e como congregação de fiéis".[260]

A Misericórdia veio incluída no ideário da colonização, e trazia questões lusitanas em seu bojo, já que representava interesses da Coroa e fazia parte de seu procedimento político. A filantropia social era muito difundida no Reino, e se ligava à ideia de salvação da alma após a morte. Os cristãos eram ensinados a dedicar-se a obras de caridade, fazer doações, promover missas, construir igrejas, tudo para garantir a própria salvação eterna. A doação aos pobres tinha também o sentido de legitimar a riqueza, aplacando a consciência cristã.

Mas a Coroa perseguia planos mais políticos do que puramente religiosos: através de decretos que constituíam irmandades leigas, reduzia o poder eclesiástico sobre as instituições de caridade. Nesse espírito foi criada a Misericórdia, para retirar dos religiosos o monopólio da beneficência social. Foram entregues nas mãos de leigos os direitos e deveres relativos à administração de hospitais, aos funerais, e ao acolhimento material e espiritual de viúvas e órfãs brancas, enfermos, e condenados da justiça que penavam nos calabouços.

Os *Compromissos* — ou estatutos — de todas as Casas determinavam como regra de conduta catorze obras de misericórdia. As espirituais compreendiam ensinar aos ignorantes, dar bons conselhos, punir os faltosos com compreensão, consolar os sofredores, perdoar as injúrias, suportar as deficiências alheias, pedir a Deus pelos vivos e pelos mortos. As materiais: tratar os doentes, visitar os presos e resgatar cativos, vestir os nus, dar comida a quem tem fome, dar de beber ao sedento, abrigar os pobres e peregrinos e sepultar os mortos.

A estrutura da Misericórdia compunha-se das classes de irmãos maiores, nobres, irmãos menores, mercadores e artesãos, além dos capelães que celebravam missas às centenas. Para cumprir suas funções, a Misericórdia funcionava como uma complexa máquina administrativa e financeira, empregando um elevado número de pessoas que prestavam serviço remunerado: médicos, cirurgiões, enfermeiros, serventes, cozinheiros, gente de serviço de limpeza, lavadeiras; os serviços administrativos necessitavam de escreventes, secretários, amanuenses, arquivistas, em número crescente; as diversas propriedades compradas ou herdadas, que precisavam ser geridas, ocupavam todo um conjunto de funcionários. A igreja necessitava de padres, sacristãos, gente para organização, conservação e uso. E havia uma intensa relação com fornecedores de tudo o que era necessário, desde o vinho das missas até a mezinha do doente ou uma roupa para um prisioneiro. Servia também a Misericórdia como ligação entre portugueses moradores da colônia e seus parentes que viviam em Portugal, como no caso da transmissão de heranças, realizada pela irmandade.

*

Após o casamento, Gregório de Matos tomou também as ordens terceiras de São Francisco, na mais prestigiada irmandade depois da Misericórdia, da qual faziam parte apenas pessoas principais, que cumpriam os mesmos requisitos: limpeza de sangue, nenhum antepassado artesão ou trabalhador mecânico, e tudo o mais. Os membros da irmandade cumpriam os mesmos ritos, que representavam uma reverência ao sistema de vida esperado de um homem respeitável: reuniões no consistório, conversas elevadas, visitas a notáveis, trajes adequados, palavras adequadas, comportamento adequado. Em 1692 o poeta pagou uma dívida em dinheiro, contraída junto à Santa Casa de Lisboa, provavelmente usando parte do dote recebido no casamento com Maria de Povos, ou herança familiar.

*

Nem mesmo a poesia era algo uno e indivisível dentro dele. Gregório de Matos vivia sempre espedaçado. Agora, casado, se esforçava para voltar à vida reta, mas sem deixar a boêmia; queria advogar e o fazia de modo fascinante e divertido, mas se enfadava com as formalidades e se revoltava com as injustiças; convivia com a nata baiana, mas se sentia bem no meio do povo; em contato com o povo, sentia falta do mundo intrincado da política; odiava e amava a Bahia; escrevia poemas elevados e os de mais mundana expressão; amava a esposa, mas também a todas as mulheres; desprezava as riquezas, a celebridade e os privilégios, mas sofria com a situação de uma penúria crescente e buscava reconhecimento e ascensão social. Esse dilaceramento entre os modos de vida, os virtuosos e os viciosos, logo afetaria seu casamento. "Pode-se rastrear na sua poesia o amuo frequente. Nem motivos faltariam à desencantada Maria de Povos para queixar-se de suas fugas, do namoro à porta da mulata, da tropelia, com os amigos, pela rua escura, sobretudo da indigência, sem remédio."[261]

Ele vendeu terras recebidas em dote ou herança, já necessitado, pela pequena fortuna de três mil cruzados, e tratou o lucro sem nenhum cuidado: "recebendo em um saco aquele dinheiro o mandou vazarem a um canto da casa, donde se distribuía para os gastos, sem regra nem vigilância".[262] O dinheiro era pilhado por amigos e escravos, "sem que cuidasse ele de proteger o seu tesouro".[263] Era o mesmo homem que num poema satirizou os perdulários que, padecendo vaivéns, gastavam tudo como tolos, e em doces e bolinholos despejavam sua algibeira.[264]

Logo surgiram os arrufos da esposa, por motivos que o poeta lhe dava, em seus descuidos. Ele mandou para Maria de Povos um ramo de flores, e uns versos insinuando maledicências feitas por pessoas inimigas, ficando precisado de amuletos da sorte para se defender. As flores em buquê sugeriam o costume do poeta de ter não apenas uma, mas muitas mulheres. Maria rejeitou as flores. O poeta se magoou: *Não me negueis os favores, / quando desejo acertar, / e se eu erro em vos amar, / Perdoai-me, meus amores.* Num segundo arrufo, quando a esposa teve notícia de certo desvio do poeta, ele se desculpou dizendo que homem pobre não tem vícios. Impaciente com o rigor da esposa, tentou abrandar seus sentimentos enviando-lhe palavras delicadas.

*

Vão-se as horas, cresce o dia, o tormento do poeta não se acaba; a noite chega a seus olhos, mas o alívio sempre tarda. Seu coração, aflito, não suporta tanta demora, e a cada instante ele suspira, porque o rigor da mulher o mata. Seus sentidos elevados já não elevam nada, ela se nega a aparecer ao poeta, e ele, sem Maria, não sabe o que fazer. O pranto dura todo o dia, ele não sossega, nem descansa, triste, as meninas de seus olhos já não vivem de esperança, enquanto o coração de Maria não se move, nem se abranda. Que crueldade, a alma dele padece, e Maria maltrata a quem lhe quer, e não quer a quem a ama. Pois basta, ele não suporta mais que ela seja tão ingrata, não suporta viver morrendo por Maria e ela a fazer nada por ele. Não quer dizer nada, pede perdão, que Maria perdoe a sua alma.

Era a esposa um pouco impaciente talvez pelo pouco pão que via em casa, e tal pelo distraimento de seu marido, cujas desenvolturas claro se patenteiam destas obras; posto que nem a todas se deva inteiro crédito, como veremos pelas rubricas de cada uma; e enfadada de uma e outra desesperação saiu de casa, e entrou pela de seu tio, que depois de a repreender asperamente, veio rogar ao poeta com razões de amigo, que a fosse buscar, ou consentisse, ao menos, que ele lha trouxesse; e foi respondido que de nenhum modo admitiria sua mulher em casa, sem vir atada em cordas por um capitão de mato, como escrava fugitiva. Assim se fez pelo mais decoroso modo: e ele a recebeu, pagando a tomadia do regimento, e protestando chamar Gonçalo a aqueles filhos, que nascessem de tal matrimônio: porque a sua casa se poderia dizer de Gonçalo, com mulher tão resoluta.[265]

*

O casal teve dois filhos, e o primeiro se chamou, como previsto, Gonçalo, talvez não como uma referência ao dito de que na casa que tem homem, canta o galo, onde canta o galo não canta a galinha, onde o galo canta, canta, almoça e janta; mas como homenagem aos amigos Gonçalo Ravasco, o generoso Gonçalo Dias, dono da "ilha rica", e o jovem poeta Gonçalo Soares de Franca, o Sol dos Estudantes.

Gregório amou esse filho, é o que se percebe em passagens de poemas, como quando descreveu um passeio ao Rio Vermelho, e levantou-se da cama quente e aconchegante, tendo consigo Gonçalo e sua ama; jurou em nome da criança e por sua vida, como o que lhe havia de mais precioso. Queria a felicidade do filho, e talvez tenha sido ele quem fez Maria de Povos prometer que não deixaria Gonçalinho ser poeta nem célebre, e ela lançou uma maldição contra o menino caso ele decidisse seguir os passos do pai. Mas testemunhas afirmaram que Gonçalo era poeta por natureza, de temperamento rebelde e muito parecido com o de Gregório de Matos, compondo versos como "relâmpagos da esfera do fogo".

*

Muito sofrimento passa Maria de Povos. O poeta é flagrado pela esposa com uma dama, Fulana de Mendonça Furtado. Comendo uma e outra nata que o amor cobiça, o demo, que tudo atiça, descobre tudo, e o que faz? Dá-lhe Maria tal revés, em repúdio, diz tantos impropérios ao saber da traição, como é de se esperar de uma dama que encontra o marido em outra cama com o mesmo furto na mão. O esposo flagrado não tem o que alegar, nem como dar desculpas, pois quem sente gosto na culpa perde o gozo ao se desculpar. Não consiste o pesar do poeta no fato de perder a amante, mas sente muito perder a afeição da esposa, e, junto, perder a ocasião de tornar a ofendê-la. Mas se deixa uma ocasião de trair, não deixa de sentir outros amores. Promete à esposa que não vai mais traí-la, será fiel nos seus gozos; se até então ele desfrutou dela, causando-lhe sobressaltos e receios, isso se acabou, agora logrará o amor sem susto e cuidado, e quando não for privado de seu prazer, irá novamente pecar com a Mendonça.

*

Ao mesmo tempo em que Gregório de Matos era dominado e se rendia ao encanto das mulheres, ele as tinha como inferiores, seres que deviam ser submissos até quase a escravidão. Especialmente Maria, que se dobrou a ele, ao demonstrar a fraqueza das lágrimas e dos ciúmes. E o conflito, nascido desses ciúmes, da tentativa desesperada de a mulher tirar a liberdade e as recreações do marido, controlar suas traições, as humilhações que o poeta obrigava a sensível e meiga mulher a suportar, tudo isso foi aprofundando a separação entre o casal.

A popular *Carta de guia dos casados* ensinava que a mulher ciumenta ocasionava uma vida sem contentamentos.

Contra as ciosas [ciumentas] *sem razão, o melhor remédio é que elas a não tenham; porque assim se segura a consciência e a honra. Contra as ciosas com razão, curando-se o marido da leviandade, fica a mulher curada do ciúme. Para desconfianças leves, que um discreto chamava sarna do amor, que faz doer e gostar juntamente, digo eu, que como se satisfizeram as damas, se satisfarão as esposas. Aquele amor desordenado, mais furioso é, e assim mais veementes seus ciúmes (como é do melhor vinho o melhor vinagre). Quem soube (que todos souberam) desmentir os ciúmes de sua dama, quando a teve, por esse mesmo modo desminta os de sua mulher, quando a tenha.*[266]

Gregório de Matos não se preocupou em desmentir os ciúmes de sua mulher, ao contrário, ameaçava-a com crueldade e zombaria de continuar em suas traições. Não estava disposto a manter o casamento, apesar de amar a esposa e os filhos. Maria de Povos teve uma segunda criança, um menino de quem não se conhece o nome, sabe-se apenas, pela leitura de três poemas, que esse filho mais novo morreu bem pequenino, quando o pai se encontrava ausente de casa e já separado da mulher, na ilha da Madre de Deus, e a criança foi enterrada miseravelmente, deixando o poeta em profundo sentimento de dor misturado a arrependimentos por não prover a família, por seu comportamento indiferente à previdência, seu descaso para com os bens, por ser, enfim, quem era, e incapaz de mudar a própria natureza.

Morreu a criança "do achaque de um sol, do mal de um dia". Diz Gilberto Freyre que "perder um filho pequeno nunca foi para a família patriarcal a mesma dor profunda que para uma família de hoje",[267] a criança pequena virava anjo e ia para o céu, para junto de Nosso Senhor, e logo nasceria outro filho. Comumente se ouvia dos pais que era uma felicidade a morte de crianças, enterradas em caixõezinhos azuis ou encarnados, com o rostinho pintado de carmim, ou, os filhos dos mais pobres, em tabuleiros com flores. Imperava o entendimento de que se faziam muitos filhos para se conservar apenas alguns, pois era demasiado o número de crianças que morriam. No entanto, vemos a grande dor do pai que amortalhou o filho em "dois sonetos lacerantes".[268]

*

— Ah, Senhor! — o poeta suplica, despojado de seu sangue sucessivo.

Quanto lhe pesa ofendê-Lo, de sorte que, sendo o crime de morte, o castiga com a pobreza. Sua antiga fraqueza quebrou o primeiro trato com Deus e merece pena mortal, que a soçobre, ele suportará. Como o livra de morrer e o condena a ser pobre? Prefere morrer a ser uma pobre ovelha sem lã. Deus dirá, indignado, que lhe dá pobreza, e vida, para que sinta mais a sua pena e aflição. Os mortos não sentem, e assim, para que o poeta sinta mais a dor, para viver uma vida mais amarga é que lhe dá vida tão larga. Porque a morte é sucinta.

Seja verdade ou mentira o que diz, que se faça a vontade de Deus, e que o pobre pai tenha a vida como castigo; e quando o tempo inimigo o condenar a carícias, que tanto viva e tanto pene, tanto padeça, desejará se aliviar com a morte, mas nem mesmo a morte o aliviará. Tem a vida como castigo pesado e pena muito crescida, mas maior é seu pecado: Deus o tem julgado e atribuído a ele tantas culpas, que sendo a morte nos outros um castigo tão condigno, ele nem da morte é digno, e por isso Deus lhe nega o morrer. Está mais sentido do que admirado por Deus haver levantado um braço tão forte contra um nonada.

Os altos decretos de Deus e os juízos escondidos não alcançam os sentidos do poeta, tanto rasteiros como discretos, mas se lhe bastam os afetos, se lhe basta a triste memória com que refere esta história de estar pobre por desgraça, então pede ao Senhor que lhe dê os bens de Sua graça, para que possa adquirir os bens da glória.

Havia uma diferença entre ser enterrado e ser sepultado. A criança de Gregório de Matos e Maria de Povos, conforme comenta a didascália de Rabelo, foi enterrada miseravelmente, ou seja, seu corpo não foi posto numa sepultura dentro de uma igreja, mas numa cova e depois coberto de terra, como o filho de um escravo, de um indigente, o filho pobre de um nonada. A pobreza, então, foi tomada como um castigo divino a um crime de morte, como se o poeta se sentisse culpado pela flor acabada em dócil infância.

Assim como em outras ocasiões da vida, como o batizado ou o casamento, o funeral na Bahia era a dramatização de uma situação social, um espetáculo para manter representações que reproduziam a hierarquia. A Casa da Santa Misericórdia, da qual Gregório de Matos era membro, detinha o monopólio dos funerais. Conduzia os mortos da Bahia em esquifes, desde a casa até a igreja, e todo o ritual incluía missa solene, às vezes cantada, corpo amortalhado, encomenda de missas pela alma, epitáfio, construção de suntuosos monumentos em alguns casos. Os irmãos da Misericórdia e seus familiares eram enterrados no recinto da igreja, e depois, transferidos para os carneiros da irmandade, no subsolo da sacristia, como se vê nos livros das tumbas.

O morto pobre era levado numa esteira de palha trançada, seu corpo posto numa cova rasa em lugar distante. Para onde decerto foi levado o corpinho frio do filho do poeta. Talvez vestido de frade, santo ou anjo, com os elementos sacros: uma pena numa das mãos e um livro na outra, caso vestido como são João; um bordão coroado de flores se de são José, com um cajado florido como o de Aarão. Se tivesse nome de Francisco ou Antonio, como os santos, amortalhava-se a criança com hábito de monge e capuz; e as crianças maiores eram vestidas como são Miguel Arcanjo, uma túnica, uma saia curta presa por um cinto, um capacete feito de papel dourado, botas vermelhas, a mão direita apoiada no punho de uma pequena espada. Em alguns casos, apenas amortalhada com um pano alvo ou toalha de rendas brancas, feito as crianças negras. O pai não estava presente no momento da morte do filho. Não pôde providenciar o enterro digno, nem consolar a mãe e o irmãozinho. Nem ser consolado.

O casamento de Gregório de Matos com Maria de Povos parece ter durado ao menos oito anos, pois num poema ele dirá: *"Oito anos há, que fiel, / estou servindo a um amor..."*[269]

*

Ele conhece então uma graciosa mulata, que se chama Custódia, filha de Maricota com quem o poeta já se divertiu. Formosa e linda, uma menina-moça, ou menina, Custódia lhe dá um abalo, e quando ele a vê ou com ela conversa, sente grande pesar pelo impedimento que os separa, porque prefere ser pai dos filhos de Custódia do que ser seu padrasto. Por não conseguir resistir à tentação, peca novamente com Maricota, para não pecar com a filha. Está para se enforcar, desesperado, e só não o faz porque isso seria morrer no ar, e ele prefere morrer em terra firme.

Custódia brinca, diz que o filho do poeta, Gonçalinho, será seu marido. Mas Gregório não a quer como nora, e sim como amante. Porém guarda as leis de parentesco, sempre sentindo a provocação daquela boca, a quase se esquecer da parentela. Custódia faz pouco caso de ser filha, ou enteada. Ele finge uma adoração, ocultando o sacrilégio, e sonha com a enteada menina, receoso até de revelar o sonho, mas revelando-o.

— Sonhei que entre meus braços vos gozava. Gostaria que o sonho fosse verdade, mas pede que o Amor não lhe permita alcançar o intento de seus sentidos. — Anda com esses cuidados, cansado, a alma apartada no teatro da noite. O caso o envergonha. Trabalho tem quem ama e se desvela, e muito mais quem dorme, e em falso sonha.

Em noite de nevoeiro

1690, novo cometa, morte da princesa, sebastianismo

Apareceu nos céus da Bahia um cometa em 6 de dezembro de 1689, "muito maior que o grandíssimo que lá vimos no ano de oitenta, em figura de palma, que se estendia desde o horizonte até o zênite, e levava o curso para a parte austral tão arrebatado qual nunca se viu em outro", segundo padre Vieira.[270] Como se acreditava, o cometa trazia novamente maus augúrios, talvez esterilidade, fomes, mortes. Mas, talvez, o desaparecimento dos poderes corruptos. Os sebastianistas acreditaram que era o aviso de que dom Sebastião, o Encoberto, o Desejado, voltaria, depois de desaparecido no deserto africano. Sua morte em 1578 na batalha de Alcácer Quibir, sem deixar descendentes e levando consigo grande parte da nobreza lusitana, foi uma das principais causas da perda da independência de Portugal para a Espanha, ocorrida dois anos depois. Assim se gerou a profecia que fundamentava o sebastianismo, de que nos anos 1690 o rei retornaria vivo, numa noite de nevoeiro. O poeta pretendeu desenganar os sebastianistas, julgando tal aparição impossível. Zombou, chamando-os de *bestianistas*, e ironizou a aparição do cometa.

*

Ao cometa atribuem os problemas da França, Inglaterra, Holanda, Espanha, Itália, de Portugal, da Europa inquieta, todos querendo se meter numa cova, problemas na Índia e em Angola são causados pelo co-

meta, problemas econômicos são efeito do cometa, as maldades são efeito do cometa, a pataca feita em tostão e o tostão feito em vintém é efeito do cometa, não haver pão e não haver dinheiro é efeito do cometa, fome, falta de lenha, falta de onde guardar a carroça, efeitos do cometa, oficiais vestidos como fidalgos são efeito do cometa, mulheres feitas homens e homens feitos mulheres, efeitos do cometa, capitão sem gineta e ignorante profeta, efeitos do cometa, o pobre se rindo, alegre, e o rico chorando, triste, efeitos do cometa; e mesmo o pobre poeta se metendo nessas coisas, sem licença de Apolo, como um tolo: efeito do cometa. Por mais de vinte dias o fúnebre, horroroso e ensanguentado cometa flutua no céu, aterrorizando os moradores da Bahia.

*

Em outubro de 1690 morreu a princesa dona Isabel Luísa Josefa, a Sempre Noiva, filha de dom Pedro II de Portugal em seu primeiro casamento. Tinha apenas vinte e um anos de idade, exultava a flor de sua beleza. As pinturas mostram um rosto longo, boca pequena e estreita, nariz comprido, olhos grandes e melancólicos, sobrancelhas bem desenhadas em arco, formando um conjunto agradável e harmonioso, de expressão meiga, mansa, sobre um porte elegante. Nascera no Dia de Reis, 6 de janeiro, no ano de 1669, inspirando a Gregório de Matos, que ainda vivia na Corte, versos líricos que falavam da beleza, ventura, graça singular daquela filha da aurora, que para nascer precisara "vencer o poder da natureza". Muito bem instruída, a princesa falava francês, italiano, espanhol, e conhecia o latim, dedicando-se a estudos históricos.

Quando completou onze anos de idade, a Sereníssima infanta estava apta para casar. A família real, seu pai e sua mãe, dona Maria Francisca, não tinham outros filhos, e Isabel era a herdeira presuntiva do trono. Tentaram para ela uniões diversas, com Luís XIV, com Carlos II de Espanha, com o grão-duque de Toscana, com o duque de Parma, ou com o príncipe palatino Carlos. Afinal foi escolhido um primo de Isabel, Vítor Amadeu, duque de Saboia, filho de uma irmã de dona Maria Francisca. O noivo era apenas três anos mais velho do que sua prima, e vivia no Ducado de Saboia, ao norte da Itália.

O noivado se deu em 1680, e um ano depois chegou a Lisboa um embaixador de Saboia para a primeira cerimônia dos esponsais, em nome do duque, realizada no salão dos Embaixadores do Paço. Ali a princesinha recebeu um presente enviado pelo jovem duque. E após um ano de preparativos, partiu o embaixador português para buscar o noivo. "A conduzi-lo saiu do Tejo no ano de mil e seiscentos e oitenta e três a mais rica armada que sulcara as ondas do Mediterrâneo, em que se embarcou a maior nobreza do reino."[271]

Numa esquadra composta de oito navios, o duque de Cadaval chegou a Turim, onde encontrou o noivo com febre, ou simulando a doença. O partido contrário à rainha regente, mãe do jovem, usou a enfermidade como pretexto para adiar a viagem que era muito desejada pela rainha com o intuito de assegurar uma coroa ao filho. Vendo que o próprio duque de Saboia apoiava os adversários de tal casamento, e não se restabelecia de sua doença, Cadaval partiu sem ao menos invernar nos portos de Piemonte. O episódio deu ocasião a chamarem a princesinha de *Sempre Noiva*. Sua mãe morreu em 1688, seu pai se casou novamente, nasceu um herdeiro que viveu apenas alguns dias, até que a princesa perdeu o direito ao trono pelo nascimento de outra criança de seu pai e sua madrasta, dona Maria Sofia de Neuburgo; seria o rei dom João V de Portugal.

A linda princesa da Beira adoeceu de varíola, que chamavam de bexigas, "doce mal", "formosa enfermidade". Sem esperanças, preparou-se para morrer com toda a piedade cristã e acompanhamento religioso. Morreu no palácio de Palhavã, sem nunca se casar, e foi sepultada ao lado da mãe na igreja do convento que dona Maria Francisca fundara, do Santo Crucifixo, ou Convento das Francesinhas.

O pai a adorava, e sofreu profundamente, assim como o povo do reino e das colônias, que se cobriu de luto. Encantado com a princesinha desde seu nascimento, Gregório de Matos dedicou-lhe dois sonetos bonitos, e um soneto e uma longa glosa aos sofrimentos do pai diante de um sentimento que o poeta conhecia: a dilacerante dor da perda de um filho. Lembrava talvez o poeta as saudades de sua filha Francisca, deixada em Portugal e nunca mais vista. A glosa falava na primeira pessoa do soberano, desejando morrer em vez da filha, ou lhe dando ao menos metade de sua vida, ou querendo segui-la rumo à estrela do Norte.

> *Ásia filha maior do mar profundo,*
> *A África do mar soberania,*
> *Europa exemplar luz de todo o mundo*
> *E a América do ouro monarquia,*
> *veriam, como quão ledo, e quão jucundo*
> *Rosto por ti minha alma despedia,*
> *Se o calor da minha alma à vida tua*
> *Substituir pudera com a sua.*[272]

Castigos da bigamia

Babu, mais uma tentativa de casamento

SEPARADO DA MULHER, mas não livre dos laços do casamento, Gregório de Matos prosseguia em suas aventuras amorosas na cidade da Bahia, sempre arrebatado pelo coração. Desta vez era Bárbara, ou Babu, "dama muy caprichosa e bela: rematada de notável genio com engraçada viveza". Mais uma vez o poeta despejou versos de paixão, atiçada ainda mais pelo desdém da geniosa moça. Estava disposto a casar com Babu, se Maria de Povos morresse, ou até mesmo arriscando-se aos castigos pela bigamia, o mais perseguido de todos os crimes morais, condenando os réus de antemão. "... luxúrias e amores eram belas razões para fornicações e amancebamentos, que deles gostava o Demônio, mas não para zombar do matrimônio eclesiástico. Gratidão, obrigações, carências, tudo isso podia ser muito bonito ou lamentável, mas não justificava, aos olhos do inquisidor, a terrível bigamia, crime de fé."[273] Até mesmo deste grave crime de fé Gregório de Matos zombava.

*

O poeta encontra Eugênia e Macota, as duas irmãs de Babu, e lhes pede notícias da moça. Escutou que naquela noite a Babu se foi meter e ninguém a viu em casa, até o amanhecer. Pergunta se Babu está arranhada, porque isso seria sinal de que andou Carmo aquém, e Carmo além. Ele não se ressente disso, só se queixa de que correu a cidade toda atrás de Babu, e não chegou a esse vergel. Se com ela estivesse, poderia acompanhá-la por todo o Iararipe, e embruxar todas as mulheres. A primeira delas seria sua esposa, Maria de Povos, e se morresse Maria então ele se casaria com Babu, para ter três cunhadas que o engordariam como a um conde, fazendo mil regalos e mil mercês.

Mas Babu lhe tem tal ódio que foge até de ser madrasta do Gonçalinho, que lindo enteado é. O poeta pede às duas moças que vigiem Babu, que é bruxa e tem se embruxado da cabeça aos pés. E, ou ela há de se resolver a querer que ele a queira, ou ele lhe há de tirar o sangue e ela há de perder o fadário. Não quer que Babu seja a bruxa para acompanhar de noite, e de dia a recolher; ele há de acusá-la a seu pai, quando ele vier, para que, se em prisões Babu o mata, em prisões morra também.

*

Uma tarde entra o poeta na casa de Babu, que está de luto pela morte da mãe, e, como ele é um homem divertido, tange numa viola que acaso encontra, cantando os sentimentos da moça. Ela aparece na sala tão fera e tão raivosinha que ele sente medo, mesmo sendo um homem e ela uma menina. É bonita, não precisa andar sempre raivosa para ser linda. A pele alva como neve se cobre de escarlate, deve ser de vergonha que o rosto tem, de ser visto por quem o adora. Os olhos da ingrata vibram raios como céu incendido em fogo, ou encapotado em ira. Ela se agasta, deveras sentida, vendo que o poeta toca viola, numa casa em luto. Ele pensa, Deus não salve a minha alma se eu então vos conhecia! Porque Babu não é a doença da magreira, e é ajuizada.

O poeta se levanta da cadeira, sem saber o que fazer, diante da súbita aparição que o deixa perturbado. Babu lhe dá quatro razões, quatro mil faíscas do fogo de raiva, abrasadas no erro do poeta. Ainda assim ele lhe responde com dois verbos em cortesia, que a beleza é respeito, e a fraqueza, comedida. Babu vai para fora, vagarosamente altiva, parando de quando em quando e olhando de través o poeta. Ele também sai da casa, e entende, então, que Babu usa como pretexto o cantar do poeta, mas seu problema é de estar sendo olhada por ele. Não vai cantar mais, nem que Babu mande, vai chorar sua dureza e chorar a própria infelicidade.

*

O poeta adoece de tanto amor, faz seu testamento, como se fosse morrer de verdade, pede perdão por seus pecados, pede que Babu não mande sua alma para o inferno, em que já está, deixará para Babu todos os bens que não tem, e os que tem, que são seu amor, suas virtudes, seu jejum, suas novenas apaixonadas; pede que Babu perdoe seu pecado de persegui-la e desagradá-la. Está enfermo na alma, mas apenas vê novamente a dama e ressurge para novas finezas. Isso é ser lázaro de amor.

Ele diz que há de se casar com Babu, e em consciência pode fazê-lo, porque morreu, ressuscitou, e quem morre e ressuscita não está mais comprometido com o primeiro matrimônio. Vendo a moça, nele ressurge o gosto de servi-la, quer persuadi-la de que ele, com todo o primor, merece seus favores porque, casando-se tão extasiado, todos sabem no Brasil que ele está morto para negócios de amor. Se ele não serve para Babu, por ser casado, disso ele infere que ela quer casar-se com ele; pois que se casem, o perigo que ele corre é ser açoitado por haver duas vezes casado, e que tenha de pagar a multa por entrar em certas propriedades aí fazendo coisas proibidas, não se importa, nem o açoite importará, depois de ter se aproveitado da moça.

Macota, a irmã de Babu, toda estratagemas, vendo que a irmãzinha algoz está limpando o espinhaço do poeta, há de rir como doida, e repetindo amém, amém, vai dizer, alegre:

— Ainda bem que Deus me dá um cunhado que é homem de bem, limpo de sangue, mas com costas de condenado que leva chicotadas.

Já se cansa o poeta de esperar, Babu precisa ter pressa em chamá-lo, e que não seja a desoras. Para quem se enamora de vários aventureiros, se os quer ter prazenteiros há de os ter sempre chamados, ao meio-dia os casados, à meia-noite os solteiros. Morre, morre o poeta, viver não pode, quem ama! Ele não quer esquecer Babu e há de morrer, morrer de tanto adorar, um formoso tormento, suave agonia, pesar lisonjeiro.

Vai novamente à casa de Babu e, havendo em si os sentidos combatidos, dá uma queda, cai ao chão. Cai aos pés de Babu e nenhum resguardo sente, porque são os sapatos da moça poucos para cobri-lo. Ele pensa reverente em beijar os pés de Babu, mas sobra boca, e falta o pé, e assim ele perde os beijos. Um pé tão pequenino, tão abreviado e sutil, e uma boca desmedida prometem uma má vida de casados.

Ele tenta se levantar, para melhorar a situação, mas não consegue: assim como os pés lhe fogem, Babu lhe foge com os braços, não o ajuda a ficar em pé. Ele se sente envergonhado desse caso tão infeliz, mas não se arrepende. Está machucado pela queda, sangra, mas, se seu sangue e seus rogos não podem persuadir a amada, que se verta o sangue em dilúvios e os rogos em frenesi. Desde o primeiro instante em que a viu, seu sangue rebenta para se unir ao sangue de Babu. Para queimar o sangue do poeta, para o matar e afligir, não são necessários rogos, mas, para o admitir, sim. Rogar a quem não ama é tão mau como pedir. Por isso ele nunca lhe pede, ela não é como Beatriz da Divina *comédia, ele não há de receber a sua graça em ninharias. Sabe que lhe dá desenganos, como os dá a si mesmo, mas ela precisa saber que ele vai sempre amá-la, como desde que a viu pela primeira vez. O rosto de neve de Babu, seus dedos de jasmim, esse maio florescente da boca, que derrama abril, essa demora, mês após mês, o aconselham a continuar querendo Babu, como sempre a quis, e que sofra por ela, pois a ama, e que a procure, porque a perdeu.*

Vendo-se finalmente, numa ocasião, tão perseguida pelo poeta, Babu consente o prêmio para tanta fineza; com a condição, porém, de que quer primeiro se lavar. Mas ela pode se lavar depois, porque ele está em águas frias, noite e dia batendo à sua porta. Depois que um homem aporta e faz força para entrar e há de achar o postigo fechado com a frialdade, antes quer a sujeira, onde irá se atochar. Babu não deve ouvir o falar de outra gente, ele quer que Babu se dê a ele, mesmo suja, e se ela acha que esses são os senões do poeta, não fiquem os gostos dele vãos, e ela não se sinta amuada, pois, lavada, ou não lavada, ele há de levar as mãos. O poeta vence a mulher, muda o tratamento reverente e respeitoso.

> *Lavai-vos, minha Babu,*
> *cada vez que vós quiseres,*
> *já que aqui são as mulheres*
> *lavandeiras do seu cu:*
> *juro-vos por Berzabu,*
> *que me dava algum pesar*
> *vosso contínuo lavar,*
> *e agora estou nisso lhano,*
> *pois nunca se lava o pano,*
> *senão para se esfregar.*

*

Há um último poema a Babu, ou Bárbara, que Rabelo chama de "mulata meretriz". Mas Babu, pelos versos do poeta, era alva como a neve, e não parecia ser meretriz. O derradeiro poema a Babu foi escrito quando certos frades lhe "passaram um geral", talvez se referindo a um sermão, pois *geral* era o chefe de certas ordens religiosas, no caso, jesuíta. E Bárbara ficou se sentindo tanto em perigo que foi se confessar e comungar; como se conspurcada por haver deitado com o poeta, o que o ofendeu fundamente e o deixou agressivo. E Babu enfermou do útero.

A irmã de Babu, Macota, e mais Jelu, Luísa e Inácia levaram o padre para dar o sacramento a Babu, parece que por ela estar enferma de haver perdido a virgindade; mas diz o poeta que não tinha sido a primeira vez da moça, e que, na cama, Babu fez "mil velhacarias", como mulher experiente. E ela deveria ter recebido, em vez da hóstia do Senhor, a bestialidade de Belzebu, pois *que quem o pecado mortal / comete, e dele en-*

fermou, / logo o diabo o levou, / e quem se serve do demo, / navegando a vela, e remo / nos infernos ancorou.[274] Há no poema uma sugestão de que Babu tenha tido relações sexuais com o "interno", o padre que a atendeu, talvez palavras de revide por parte do poeta. Assim, em tanta ira e crueza, terminou a aventura com a moça com quem ele queria se casar.

*

A impressão é que Gregório de Matos perdia o interesse e o respeito pela mulher que não se negasse. E em alguns versos ele comprova essa sensação: *De vós mesma me dai novas; / dai-mas de vossas durezas, / pois quanto mais me acrisolam, / tanto mais o amor as preza.*[275] Ou nos versos a uma amada:

> *E suposta esta advertência*
> *vos peço, Teresa, que,*
> *quando zelos vos pedir,*
> *mais que os peça, mos não deis.*
> *Porque eu peço, o que não quero,*
> *e este pedir, é querer,*
> *não que vós mos concedais*
> *senão sim que mos negueis.*[276]

Obviamente isso foi dito em tom de provocação, mas havia o desejo consciente de que lhe fosse negado o favor, talvez porque o poeta valorizasse apenas a mulher recatada, inatingível, ou desafiadora, talvez porque, aceitando-o, se curvasse, perdendo a altivez, ou talvez por ele se achar indigno de alguma mulher virtuosa. Aquela que se entregasse se conspurcava diante dos próprios sentimentos do poeta, de um ser vicioso e impuro, como se ouvisse: se eu te aceito, também sou viciosa e impura. Talvez fosse apenas uma questão poética.

Decerto o sofrimento causado pela rejeição inspirava o poeta, pois a maioria de seus versos a mulheres nasceu do duelo da sedução e do sentimento do irrealizável. Talvez a necessidade da rejeição fosse resultado das lembranças do fracasso em seu segundo casamento, e a experiência recente do casamento como uma prisão; talvez anterior a isso. Era preciso amar mulheres impossíveis, enfim, para se inspirar e para não ter de se casar novamente. Segundo Pedro Calmon, foi nessa época da separação de Maria de Povos que o poeta voltou a seus ardores pelas mulheres mais interditas: as freiras.

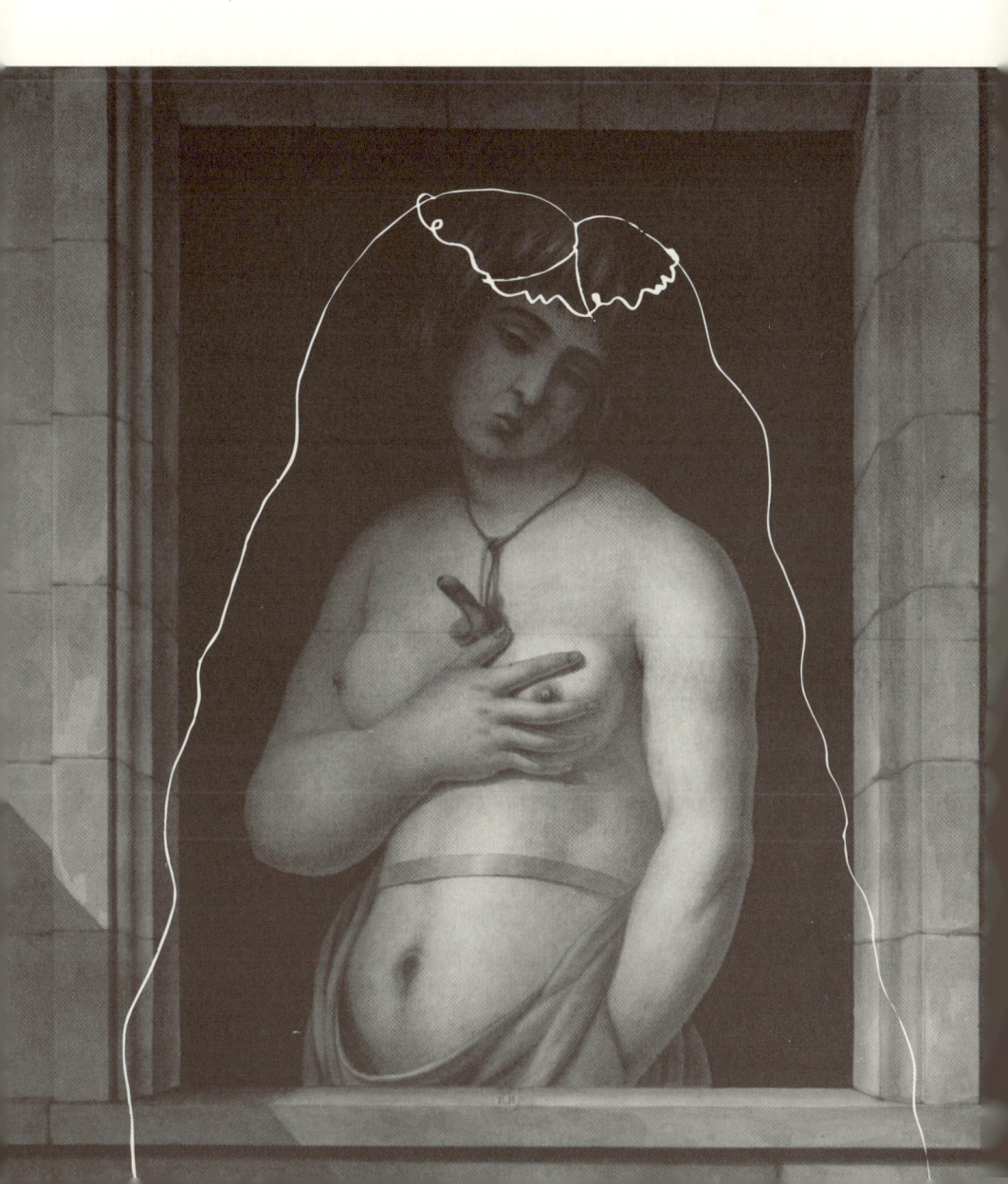

As flores do Desterro

Novos amores freiráticos

DURANTE ANOS HOUVE TENTATIVAS DE SE FUNDAR UM CONVENTO feminino na Bahia. Famílias importantes queriam resguardar as filhas que não possuíssem dote suficiente para um casamento à altura esperada, assim como "satisfazer aos suspiros de outras, que pretendendo conservarem o estado virginal e florescerem em santas virtudes, desejavam servir a Deus nos votos e claustros da religião".[277] Os que eram contrários à ideia de um convento alegavam que a colônia necessitava aumentar a sua população, e o confinamento de mulheres cristãs faria diminuir os casamentos e o nascimento de novos habitantes.

Alguns membros da Câmara e moradores nobres trabalhavam pela instalação de um convento, visando mais aos aspectos religiosos, e suas próprias questões familiares. Acabaram por convencer o rei, que autorizou a fundação da instituição religiosa, limitando a cinquenta o número de professas. Famílias ricas se uniram para financiar a construção do edifício no ameno sítio de Nossa Senhora do Desterro, em terras doadas por um devoto, onde havia sido erguida uma igreja em 1627; e ao lado da igreja já se tinham construído algumas celas.

*

Foram encarregadas da administração do Desterro quatro "religiosas virtuosíssimas no convento de Santa Clara de Évora que se sacrificaram a fazer este serviço a Deus, e este bem à Bahia e a todo o Estado".[278] Eram a abadessa madre soror Margarida da Coluna, e as madres Maria de São Raimundo, Jerônima do Presépio e Luísa de São José, acompanhadas de duas servas, Catarina de São Bento e Ana da Apresentação. Chegaram na frota de 1677, com as despesas pagas pela Câmara. Enquanto as freiras aguardavam o desembarque, a Câmara e o Governo convocaram todos os mestres e oficiais pedreiros e carpinteiros que havia na cidade, e em três dias puseram em ordem uma clausura, as celas e demais aposentos.

As religiosas foram recebidas com grandes festas e júbilo. Naquelas instalações pequenas e improvisadas, com poucos cômodos, as pioneiras foram dando forma à comunidade, recebendo ali as primeiras "principais senhoras que a vocação levou à clausura e profissão religiosa, deixando muitas esperanças com que as convidava o mundo".[279]

A entrada de uma moça de família no convento dava oportunidade a grandes ostentações, como foi o caso da filha de um rico comerciante que embandeirou seu navio surto no porto, a irromper salvas de tiros, e se sucederam festas com feira e bandas de música tocando o dia todo, havendo à noite uma espetacular queima de fogos durante duas horas seguidas.[280] Com muitas doações, dotes e esmolas se ampliaram as obras do convento, com suntuosos quartos. Moças eram internadas por motivos econômicos, por exemplo, para se beneficiar um filho homem; ou para se cumprir a tradição portuguesa de que toda boa linhagem devia ter pelo menos uma freira. Isso aliviava a família de problemas diversos, dava-lhe prestígio e se presumia que protegesse a moça da perdição e preservasse suas virtudes e pureza, livrando-a das tentações que nasciam do contato com homens.

Muitas dessas jovens levavam seus costumes para dentro dos conventos, comportando-se como sinhazinhas, sem admitir perder os mimos aos quais estavam acostumadas. Uma carta pastoral de 1764[281] dirigida às freiras do Desterro dá ideia do que se passava dentro do convento. Havia apego à vaidade em muitas dessas religiosas, que não observavam seu voto de pobreza. Usavam um touado que lhes deixava descoberta parte da cabeça e o pescoço. Freiras idosas tingiam seus cabelos de preto e usavam de artifícios para aparecerem em público com toucados. Os hábitos e mantos levavam uma cauda como a dos vestidos das moças casadouras, além de fitas coloridas, e largas aberturas nas partes de trás e da frente. Por baixo do hábito as freirinhas vestiam camisas bordadas, saias finíssimas, e calçavam meias de seda, presas com ligas afiveladas por peças de ouro cravado de diamantes. Os sapatos levavam fivelas do mesmo modo, às vezes com recortes para que, nas festas, pudessem mostrar uma nova meia em seda cor de pérola. Nas celas havia papeleiras, contadores, guardanapos, ouros, pratas, e outros adornos e mobiliário, mesmo contra a vontade dos prelados, e até do papa, como fora o caso dos espelhos no convento de Odivelas. O já mencionado padre Manuel Bernardes, autor de *Luz e calor* (1696) e *Armas da castidade* (1737), fez uma curiosa lista do que existia nos conventos do Reino:

> *Lâminas, oratórios, cortinas, sanefas, rodapés tomados a trechos com rosas de maravilhas, banquinhas de damasco franjadas de seda ou de ouro, pias de cristal, guarda-roupas de Holanda, caçoulas, espelhos, craveiros, manjericões ou naturais ou contrafeitos, passarinhos, cachorrinhos de manga que, se adoecem, de puro mimo se chama o mais perito na arte de os curar, jarras, ramalhetes, porcelanas, brinquinhos de sangria, figuras de alabastro ou de gesso, frutas escolhidas para coroar as molduras da alcofa ou dos contadores, perfumes, alambiques, todo o gênero de arames para a fábrica de doces, almarios* [armários] *para os recolher, criadas para o ministério da casa, teto da cela com tais paisagens, relevos e pinturas que passam para as mãos dos oficiais* [artesãos] *as bolsas dos parentes e devotos mais ricos.*[282]

*

As festas religiosas no Desterro eram comemoradas com requinte e ostentação. A procissão de Passos se fazia armando-se três episódios no dormitório de cima, com um excesso de espelhos e placas, muita cera para velas, e armações caras. Nos Passos da Quaresma se armavam "figuras, países, varandas, palácios". Na cantilena de são João as freiras exibiam riquíssimos véus, e se apresentavam no coro de baixo, para serem vistas e apreciadas pelos convidados. Nas matinas dedicadas a são Francisco e a santa Clara, pediam emprestados aos leigos seus castiçais de prata; faziam lava-pés na Semana Santa e festas de alegria na Páscoa. O Natal era comemorado com adufes e pandeiros, o estalido alegre das castanholas, fogos, tiros de pistola, e muitas risadas. Nos coros, em vez de apenas música sacra, entoavam-se sarabandas lascivas, cantos de chulas, e mais toadas rústicas. Tudo isso era "argumento *claro* de viver *desterrado* deste convento o amor da santa pobreza e o desprezo da vaidade",[283] trocadilho jocoso de um arcebispo.

As freiras de véu preto não trabalhavam, viviam numa atmosfera ociosa, sem educação, sem emprego e sem trabalho em que se ocupassem, sem sossego, modéstia, regularidade e disciplina interior, conforme instrução de 1779 enviada ao governador da Bahia, falando de Santa Clara do Desterro. Mesmo assim as vagas para as cinquenta freiras de véu preto eram muito disputadas, havendo sempre uma lista de espera. Mas ninguém queria ver a filha entre as vinte e cinco noviças de véu branco, encarregadas dos serviços no convento, como limpeza, cozinha, e outras tarefas da mesma natureza. No século seguinte à sua fundação, em 1770, havia cerca de quatrocentas escravas trabalhando em Santa Clara do Desterro, numa proporção de cinco para cada freira.

Esse convento era conhecido, mesmo fora da Bahia, pela liberdade com que as moças ali viviam, visitadas por enamorados, principalmente padres franciscanos, entre célebres festas, ostentação de riqueza e mundanismo, e um ou outro escândalo. Os estrangeiros que deixaram relatos, em geral, faziam comparações dentro de modelos de suas origens culturais, e não compreendiam um modo de sentir o mundo tão diferente do seu, com uma alegria e soltura que costumava deixá-los escandalizados, ou com vontade de rir. Le Gentil de La Barbinais descreveu uma festa de Natal a que assistiu na igreja do convento de Santa Clara do Desterro, assombrado com o desembaraço das freiras, chamando de comédia ou farsa o que ele via ali.

Essas senhoras estavam em um estrado aberto e elevado, cada uma com seu instrumento, violas, harpas, tamboris, banzas, etc. Seu diretor deu o sinal entoando o salmo Venite exultemus. *Aí todas as religiosas se viram a cantar as canções que haviam estudado com tanto desvelo; cada uma cantava a sua, e tal diversidade de canções e de vozes formava uma algazarra que, junto aos instrumentos tão discordes como as vozes, dava justa vontade de rir. Elas pulavam e dançavam com tão grande bulha que, à semelhança do lundu, cheguei a pensar estivessem possuídas de algum espírito extravagante ou de um duende de humor alegre e jovial.*

Mas ainda viria uma surpresa maior. O silêncio sucedeu à algazarra e em vez das lições que se costuma ler nos noturnos de matinas, uma religiosa ergueu-se e, indo sentar-se gravemente numa poltrona, proferiu um longo discurso em português estropiado, tal como o falam os escravos. Esse discurso era um relato satírico das intrigas galantes dos funcionários da corte do vice-rei; ela nomeou a amante de cada um e referiu-se em detalhe às suas boas e más qualidades.[284]

*

Mas havia quem afirmasse o contrário. O convento era, segundo o historiador Rocha Pita, um ambiente de pureza e santidade, com grande amor a Deus, onde "resplandeciam prodígios" numa grande "esfera de virtudes".[285] Decerto ali dentro conviviam costumes mundanos e religiosos, moças realmente devotadas e outras sem vocação, e nada há que comprove desmandos por parte das freiras de Évora nos primeiros anos de funcionamento do recinto religioso, sugeridos pelos poemas de Gregório de Matos.

Em 1686, após nove anos trabalhando arduamente no estabelecimento dos aspectos materiais e espirituais, apesar das correntes de lágrimas de suas pupilas e das súplicas dos moradores da cidade, as freiras retornaram a Portugal, com uma despedida saudada por honras
militares, políticas e religiosas. A direção do convento passou à abadessa soror Marta de Cristo, freira "mui linda", conforme Gregório
de Matos, de "grande talento e religioso exemplo", conforme Rocha
Pita, madre que ocupou essa função repetidas vezes, e sofreu investidas do poeta: "dai qualquer favor por carta", sem resultado. A atividade de Gregório de Matos como freirático encontrava obstáculos
no período anterior à saída das madres portuguesas. E parece que,
também, depois. Ele aproveitava histórias, situações, para provocar
as freiras, que por sua vez desafiavam a verve ferina do satirista, enviando-lhe presentes ou mensagens como provocação.

Ali o poeta cultivou um desejo enamorado por soror dona Mariana, que o fez produzir uma série de poemas num esforço de sedu-
zi-la. Reclamou o poeta, primeiro, das fundadoras do convento por
impedirem que ele conseguisse algum favor naquela casa, no entanto
admitindo frades franciscanos. Propôs que deixassem entrar os secu
lares, e tentou convencê-las falando em seu próprio garbo, asseio, primor, galanteio, boa graça, bom ar; pediu que as freiras lhe pudessem
falar ao pátio, à grade, ao terreiro, ele estaria limpo e perfumado,
ao contrário dos frades, sempre fedidos. Afirmou que os frades chegavam às freiras sem carinho, sem graça, arregaçando o braço para
além da grade, famintos, a machucá-las, grosseiros e depravados. Já
o leigo era mais comedido, afirmava ele, mais encolhido e mesurado,
mais cortês; declarava sua afeição, chamava a freira de sua senhora,
e lhe pedia perdão.

Dirigiu com ousadia um galanteio à abadessa do Desterro, dizendo-lhe que nunca a vira, mas conhecia sua fama de bela, bem-nascida
e bem-criada; com desaforo pediu que o deixasse querê-la, ofertando
suas próprias qualidades. Repetiu suas queixas denunciando frei To-

más d'Apresentação, chamando-o de Frei Burro de Almister, que se intrometia sofregamente no convento de Santa Clara, onde o poeta tentava se aproximar de dona Mariana, freira que apelidava a si mesma de *Urtiga*.

*

Nenhuma freira o quer, de quantas tem o Desterro. Todas são dominadas pelo ferro do frei Burro de Almister. Mas Gregório também a nenhuma quer, das que pertencem ao frade. Apenas o rostinho severo de dona Mariana, a soror Madama Urtiga, ele venera, porque há de o fadigar. Pobres freirinhas, tão belas, nunca têm a sorte de cair com seculares, só lhes lançando azares. Aquele fradalhão vem de algum escorpião peçonhento dentre as estrelas do céu, para dominar as freirinhas e o convento.

O poeta imagina se meter a frade, entrar na ordem de frei Tomás, assim será lambaz perpétuo do ralo, da roda e da grade, investido de paternidade, e apenas ele será ouvido a caminhar de tamanco, fazendo estrondo, e dona Mariana vai esperá-lo no banco, atrás do ralo. Daí, imagina, eles vão para a grade, ele vai arregaçar o braço e se porão aos trabalhos do amor; mas, distantes pela grade interposta, os corações irão de mão em mão, na barca das coxas. O poeta escreve: Pela pá irá o meu zás, e o seu pela pá virá...

Todavia, dona Mariana não lhe retribui o amor, não lhe realiza as fantasias, e ele se há de vingar fingindo amar a sua irmã, dona Florença, para lhe fazer ciúmes. Quer abrandar a dureza de dona Mariana, satiriza seu apelido, diz que vai açoitá-la com um ramo de urtigas. Ele morre de querer dona Mariana, ficaria feliz apenas por vê-la. Mas morre com prazer. Queixa-se de suas ingratidões, de seus ciúmes, diz-lhe num soneto, parafraseando um soneto de frei Tomás, que nunca lhe pôs cornos, mas sabe que ela lhe pôs mais de três. Não imagina quem tentou a freira, quem a fez tão cruel e rigorosa. Se ele cometeu algum delito, ela não pode ser ao mesmo tempo parte e juiz.

Mas, moderada de seus arrufos, dona Mariana parece enfim corresponder ao amor do poeta. E ele a ouve cantar, ardoroso; pede desculpas por seus excessos, sua ousadia, declara que ficou sem ar ao ouvi-la, sem pensamentos, e tem a alma e o corpo prisioneiros, em laços doces, pede-lhe um pouco de paz, porto seguro e sereno, pois a esperança de servi-la é âncora de querê-la. Firme como um penhasco, está pronto a qualquer aceno, ele será obediente, seguirá a direção que dona Mariana lhe indicar, promete-lhe que não fará tormentos, jamais mudará seu rumo, nem seus sentimentos, quer apenas navegar no oceano de suas ternuras. E dona Mariana cede, mandando-lhe um presente de doces.

Mas é pouco, ele quer trocar os doces pela doçura da dama, quer a doçura de suas mãos, e quem é tão sabichão, destro no ré mi fá sol, mal pode errar, pois a doçura, se se come, é naturalmente mais doce. Se ela se negar a comer das doçuras do poeta, ele não há de fazer nenhuma zombaria, promete que não vai satirizar a freira, vai ter sempre a boca doce. Pede que dona Mariana deixe de ser tão seca, e com seus secos favores cure o mal tão grave, com aquela ambrosia suave com a qual foi criado o amor. Ele come os doces, quer mais, pede mais, espera do amor outras venturas.

*

Não deixava as freiras em paz, satirizando as histórias em que estavam envolvidas, tomando por base murmúrios da cidade: a uma freira que no Dia de Todos os Santos mandou a seu amante, graciosamente, por pão, um cará; a religiosas que numa festa soltaram passarinhos; a uma freira a quem colegas travessas molharam o toucado antes do encontro com o amante; a uma freira que estranhou o poeta satirizar ao padre Dâmaso da Silva, dizendo-lhe que era um clérigo tão benemérito que ela havia emprenhado e parido um filho dele; a uma freira que impediu outra de mandar ao poeta um vermelho (peixe), dizendo que ele a haveria de satirizar; a uma freira que mandou ao poeta um chouriço de sangue. Até aqui, poemas brincalhões, ousados, mas com certa reserva.

Porém há dois obscenos: um poema na voz de uma freira, contando a suas irmãs que após entrar para o convento teve nas mãos tantos membros masculinos que era capaz de classificá-los; e a umas freiras que mandaram perguntar ao poeta, por ociosidade, a definição de priapo:

Este, Senhora, a quem sigo,
de tão raras condições
é caralho de culhões
das mulheres muito amigo:
se o tomais na mão, vos digo,
que haveis de achá-lo sisudo;
mas sorumbático, e mudo,
sem que vos diga, o que quer,
vos haveis de oferecer
a seu serviço contudo.

*

Não apenas as freirinhas do convento ocuparam os lazeres e solturas de Gregório de Matos; para ele, "toda parda, branca e negra tinha sua hora de folia". E ficaram poemas consagrando essas moças, que seriam anônimas, esquecidas, caso não tivessem despertado o amor ou a luxúria do poeta, sobrevivendo em pequenas biografias; muitas delas negras, pardas ou mulatas. São, como diz Pedro Calmon, as antepassadas das baianas que andam com "tabuleiro à cabeça e saia rodada, sobre oito anáguas que lhes arredondam os quadris, blusa rendada, mais revelando do que escondendo o seio farto, ao ombro nu o listado *pano da Costa*, *libongo* das angolanas, braços tomados por pulseiras de ouro, o pescoço embrulhado no colar de concha miúda, à ilharga o balangandã lembrando o molho de chaves da despensa, chinela cantando na ponta do pé".[286] A maioria das mulheres, Gregório de Matos encontrava por acaso, em suas andanças na cidade e no recôncavo, ocorrendo conquistas e fracassos. Algumas dessas mulheres foram personagens de diversas poesias, e outras, apenas mencionadas num verso. Gregório de Matos foi generoso em seu acervo de personagens femininas, deixando um variado "ramilhete de flores".

Sem pé nem cabeça

O poeta noticioso; 1690, novo governador, o Tucano

ALÉM DAS MULHERES, os governadores desse período em que Gregório de Matos viveu na Bahia foram personagens recorrentes em seus poemas, o que reforça sua proximidade com as esferas do poder baiano e com assuntos da política. Ele era o poeta da cidade, o grande e verdadeiro poeta da Bahia, a ele cabiam os comentários em versos sobre os acontecimentos que afetavam a população, comovendo, indignando, rebelando, como os cantos a um nascimento, os fúnebres, cantos a grandes feitos, versos sobre peste, fome, heróis, ou a chegada de um novo governador, entre outros episódios. Propriamente como se fosse a imprensa da época, a poesia de Gregório de Matos era crônica e notícia, fazendo a respiga e a montagem dos fatos, comentando-os. Há, mesmo, quem afirme que ele foi o primeiro jornalista de nossa história. A imprensa era indesejada pelos governantes, mas no século 17 surgia com força em países europeus, como Holanda e França.

Em Portugal nasciam as primeiras formas de jornais, com a publicação de dois números das *Relações*, em 1626 e 1628, sob forma de anuários noticiosos, redigidos por um cônego e chantre da Sé de Évora. Continham as "'cartas de novidades', missivas que alimentavam redes de correspondentes que os eruditos estabeleciam um pouco por toda a Europa",[287] e coletâneas dos acontecimentos do período. As notícias passavam por censura prévia, e a tiragem era vendida a um alto preço para gente da elite, ou para ambulantes que saíam de aldeia em aldeia fazendo a leitura pública em troca de dinheiro. As

Relações davam notícias sobre a vida religiosa e social, mas também política, sobre administração e diplomacia, economia, guerras, catástrofes, pestes, fomes, naufrágios, entre outros temas.

Entre 1641 e 1647 foram editados trinta e sete números da *Gazeta* "da Restauração", o primeiro periódico lusitano, tendo como editor um padre e poeta, Manuel de Galhegos, por licença régia. Parou de circular em 1642, após a imposição de uma lei que proibia gazetas "com notícias do reino ou de fora, em razão da pouca verdade de muitas e do mau estilo de todas elas",[288] provavelmente por alguma insatisfação real quanto à opinião do editor. Retomou-se a publicação da *Gazeta* alguns meses depois, apregoando-se que noticiava novas de fora do reino, mas as edições incluíam artigos locais, como a diplomacia portuguesa, ou batalhas ocorridas na guerra pela independência, assuntos cuja divulgação não interessava à monarquia católica espanhola. A maior parte das notícias era mesmo sobre outros países, em traduções de artigos europeus, principalmente da *Gazette* francesa, feitas por outro padre, e historiador, João Franco Barreto, que se presume foi o editor substituto de Galhegos. Além dessa publicação, havia folhas volantes e ocasionais, a maioria contendo discursos apoiando a independência de Portugal.

E afinal foi publicado o *Mercúrio Português*, entre 1663 e 1667, editado por um diplomata afinado com os interesses dos Bragança na retomada de Portugal aos espanhóis, mas que foi afastado da função após desentendimento com a rainha. Os quarenta e oito números do *Mercúrio* cobriram intrigas palacianas, e as novidades da guerra entre Portugal e Castela, visando a granjear auxílio para os esforços bélicos. Formavam uma opinião pública, entre seus nobres leitores, partidária das sofridas batalhas, ainda que muitas delas precisassem ser financiadas pelos próprios fidalgos. Também noticiavam a vida religiosa e econômica, com ênfase nas relações comerciais entre o reino e a colônia brasileira. Esses jornais portugueses chegavam ao Brasil nas frotas e em navios mercantes, e eram avidamente lidos por homens principais da Bahia. Quando Gregório de Matos voltou para o Brasil, em 1682, não havia mais nenhum jornal circulando no reino nem na colônia, e ele foi tomando para si a tarefa de noticiar, a ponto de um amigo lhe pedir especificamente novas de Lisboa, ao que ele respondeu com versos:

> *Europa anda de humores mal regida.*
> *Na América arribaram muitos pobres.*
> *Estas as novas são, que há de Lisboa.*[289]

*

Sobre Manuel da Ressurreição, o prelado que até 1690 substituiu o governador morto, o poeta escreveu três sonetos. O primeiro deles louvava o ilustríssimo senhor, pastor zeloso para com o seu redil de cristãos, serafim que subira a cumes de esclarecimento, em cuja capa remendada as sombras se tornavam purpúreos esplendores. Um ano após deixar o governo geral, frei Manuel da Ressurreição contraiu uma febre maligna, quando em pastorais pelo recôncavo, e foi enterrado em Belém, vila que ficava próxima de Cachoeira, num seminário fundado pelo escritor jesuíta, Alexandre Gusmão.[290] Gregório de Matos dedicou a esse governador um soneto por ocasião da sua morte; outro, ao enterro, em forma de epitáfio. Acostumado com uma série de governos que lhe eram favoráveis, receberia confiante o governador seguinte, Antonio Luís da Câmara Coutinho (1638-1702). Mas este será a causa da maior desgraça na vida do poeta.

*

Câmara Coutinho havia herdado a capitania do Espírito Santo, vendendo-a em 1674.[291] Passara rapidamente pelo governo de Pernambuco, substituindo o governador morto durante a peste. Ali, Câmara Coutinho conseguiu oprimir os ânimos exaltados da população na época, levantando forcas e polés e guerreando contra tapuias, além de fiscalizar severamente a atuação dos vereadores. Era almotacé-mor do reino, o que lhe dava uma posição entre os primeiros nobres da corte; também aposentador-mor da Casa Real, comendador pela Ordem de Cristo, e capitão de mar e guerra. Casou-se com a filha do conde de Aveiros, com quem teve três filhos homens, que também seguiram a carreira militar.

Pela descrição do poeta, o novo governador tinha cabelos negros e grossos de índio menino, sobrancelhas fartas, corcova nas costas, e um nariz longo e bicudo, que lhe valeu o apelido de Tucano. Câmara Coutinho não aceitava presentes, nem mesmo dos jesuítas, e não elegia validos, conquistando a fama de homem inflexível, temido até pelos amigos. O discreto fidalgo, num canto da casa, apesar de não ser feroz nem agigantado de corpo, infundia temor à população. Presume-se que por seu temperamento disciplinador tenha sido escolhido para implantar na colônia uma política severa da Coroa.

Chegou à Bahia em 7 de outubro de 1690 para tomar posse do cargo de governador-geral do Brasil. Já vinha, de certa forma, sem muito prestígio, pois fora nomeado para Pernambuco como substituto, "sem consulta nem decreto".[292] Cumpriu a visita de praxe ao colégio dos jesuítas, apresentou a patente real e a carta de herança que desobrigava os dois antecessores das funções (o arcebispo e o chanceler), e quatro dias depois instalou-se no palácio do governo, após cerimônia assistida pelos homens importantes da cidade.

À sombra de seu primo João de Lencastre (1646-1707), o ilustre governador de Angola, Câmara Coutinho tinha uma imagem ambígua. Vinha de Pernambuco com a fama de pacificador, mas também de haver promovido grande número de enforcamentos e castigos pesados. Assinou um conjunto de cartas que esclareciam importantes aspectos do período de seu governo-geral no Brasil, entre 1690 e 1694; seus principais instrumentos de governo foram a pena, a tinta e o papel. As cartas tinham na época um peso extraordinário, eram capazes de substituir a presença real, ou a de algum governante, junto ao interlocutor. Provavelmente Gregório de Matos tinha conhecimento do teor das cartas de Câmara Coutinho, pois eram redigidas pelo secretário de Estado, seu amigo Bernardo Vieira Ravasco. E ouvia muitas intrigas.

*

Encontrou o novo governador a cidade sem governo, sem pé nem cabeça, decorrência do tempo em que passara regida por substitutos; cada qual fazia o que queria: uns prendiam, outros soltavam, os soldados entravam de guarda quando desejavam, viviam em suas fazendas; estava a Bahia quase como Pernambuco, segundo carta do recém-chegado governador. Ocorriam muitas violências na cidade e nos sertões, como por exemplo, em Porto Seguro, onde cinco homens "naturais da mesma capitania, que sendo nobres por nascimento, se tinham feito vis por exercício".[293] Esses cinco indivíduos reuniram foragidos da justiça e formaram um bando, para cometer roubos, assassinatos, estupros e toda espécie de crimes e delitos, deixando em pânico os habitantes da região. Nem mesmo os parentes dos bandoleiros eram poupados; "andavam os moradores tão temerosos, por se acharem os cabos da milícia, os juízes e os oficiais de justiça com tão poucas forças para os sujeitar que apenas se podiam defender, vivendo todos no temor de um perigo contínuo, que por instantes lhes ameaçava a última ruína", conforme Rocha Pita.

Câmara Coutinho encontrou a Bahia, também, fortemente abalada por problemas decorrentes da falta de moeda, da queda do preço do açúcar, e por um rombo na balança de pagamentos e na entrada de divisas. Com a baixa cotação no mercado internacional e as altas taxas cobradas nos fretes, comboios e impostos na colônia, os comerciantes não conseguiam recuperar o investimento feito na compra do açúcar, e passaram a preferir trazer para o Brasil produtos importados, levando o dinheiro corrente no país. Caixas e mais caixas de açúcar se empilhavam nos trapiches, não havia quem as comprasse; os senhores da cana ficavam, a cada dia, mais endividados, sem ter como pagar suas despesas de produção. O porto na Bahia, na chegada do novo governador, contava com embarcações que vinham comerciar, mas logo depois eram como as armadas de inimigos e piratas que vinham para saquear o Brasil levando as drogas e o dinheiro, segundo Vieira. A esse período se refere o poema de Gregório de Matos, "Triste Bahia", contra a presença das máquinas mercantes que entravam na larga barra, deixando a terra empenhada. Noutro poema, ele comentou a precariedade da situação em 1690.

Tratam de diminuir
o dinheiro a meu pesar,
que para a cousa baixar
o melhor meio é subir;
quem via tão alto ir,
como eu vi ir a moeda,
lhe pronosticou a queda,
como eu lha pronostiquei:
dizem, que o mandou El-Rei,
quer creiais, quer não creiais.
Não vos espanteis, que inda lá vem mais.[294]

*

O governador Câmara Coutinho não perdeu tempo, escreveu ao rei noticiando "a miséria e a penúria a que todo este Estado do Brasil se vai, ou esteja reduzido". Propôs a criação de uma moeda provincial, como existia na Índia, privativa do Estado, e que a Coroa lavrasse dois milhões dessa moeda provincial, em prata e em ouro.

Também o padre Vieira, já bem idoso e abatido, se envolveu na questão, admitindo que não era matéria de sua profissão, mas, como nos incêndios, em que todos têm a obrigação de acudir, sentia-se obrigado a socorrer; escreveu uma carta ao conde de Castelo Melhor, contando da partida da frota "com perto de quarenta grandes vasos, sendo tanta a abundância dos frutos que ainda pudera carregar outros tantos; e o pior é que levam o levíssimo preço por que foram vendidos. Ouço que na baixa da moeda perde esta praça mais de quinhentos mil cruzados, e que ainda a pouca que lhe havia de ficar se leva para Portugal, porque lá tem mais conta";[295] e uma carta ao duque de Cadaval:

A ruína mais sensível e quase extrema que este Estado padece, e sobre que se pede pronto remédio a S. M., é a total extinção da moeda, que sempre temeram os interessados mais zelosos, e prognosticaram os prudentes, e o tem mostrado finalmente a experiência, de que podem ser testemunhas oculares quantos vão embarcados nesta frota, a que falta pouco para ser a deste ano a última, sendo a causa as mesmas frotas, em que os mercadores acham mais conta mandando dois cruzados em prata, que não pagam fretes nem direitos, que mil-réis em açúcar, ficando logo o dito dinheiro livre para negociarem com ele, e não estar esperando pelas descargas, vendas, cobranças, etc.; achando a mesma conta os que não são mercadores, ao dinheiro que necessariamente mandam ao Reino para o gasto dos negócios políticos, apelações, demandas, pretensões de ofícios eclesiásticos e seculares, dotes de freiras, mudança para Portugal de mercadores depois de enriquecidos, e ministros que sempre levam mais do que trouxeram; não havendo, pela causa sobredita, como antes da alteração da moeda, quem passe letras.

Assim que, com estas duas sangrias tão continuadas se tem debilitado de sorte este grande corpo, que por falta de dinheiro nem os naturais têm quem lhes compre os seus gêneros, nem com que comprar as fábricas tão custosas necessárias para eles: e será força que não só se diminua mas pare e cesse totalmente a cultura; e que sejam estas terras tão opulentas e tão férteis para si e para o Reino, as mais estéreis, sem falar no caso da guerra, de que o dinheiro é o nervo."[296]

E Vieira propôs na mesma carta, com a lucidez que o caracterizava: "O remédio que a S. M. se representa, e não pode haver outro, é o da moeda provincial, com tal preço extrínseco que nem para os de fora, nem para os de dentro tenha conta a saca [o saque] dela." A criação da moeda provincial foi inicialmente uma ideia de Vieira, transmitida ao governador pelo secretário de Estado e Guerra, Bernardo Ravasco. Vemos como havia engajamento por parte dos colonos na solução dos problemas brasileiros, diante do rei de Portugal.

*

O governador Câmara Coutinho sempre mostrou o quanto era fiel à Coroa, cumprindo o regimento, fiscalizando as atividades dos desembargadores — a quem todavia agradava fazendo-lhes elogios endereçados ao rei —, e sindicando os atos da Câmara, acima de tudo as finanças, nas quais encontrou dívidas jamais cobradas pelos vereadores, por serem os devedores seus parentes ou amigos.

Recebeu de herança a necessidade de um castigo para a revolta dos militares da infantaria, chamada de Revolta do Terço Velho, ocorrida em 1688, e motivada pelo atraso de nove meses do soldo. Naquele ano os soldados se reuniram no campo do Desterro, cercaram a Casa da Pólvora, ameaçando: se não recebessem o pagamento dentro de um dia, tomariam a cidade, saqueariam as casas dos moradores e ocupariam as residências dos vereadores, responsáveis pelo pagamento. Exigiam, além do pagamento, o perdão pela revolta. Não conseguindo conter a sedição, os vereadores levaram o dinheiro, e o governador da época, Matias da Cunha, pouco antes de morrer, assinou a carta de perdão. Por ordem real, Câmara Coutinho prendeu os anistiados, degredando uns para Angola, outros para Pernambuco. Restou na enxovia baiana apenas um soldado dessa sedição.

Como bom militar, ao receber o aviso dos bandoleiros que atuavam em Porto Seguro, Câmara Coutinho preparou uma armada com cinquenta soldados entre os melhores dos terços do presídio, dois sargentos e um cabo "prático e alentado", que embarcou sob o comando de Dionísio de Ávila Vareiro. Chegando à capitania de Porto Seguro, antes de entrar no porto, Vareiro mandou um aviso ao capitão-mor, que foi até a embarcação acompanhado do juiz ordinário, e planejaram o ataque aos delinquentes. À noite desembarcaram e "marchando pelos espessos matos daqueles distritos, encaminhados por guia fiel e fortuna favorável, deram na estância dos culpados e prenderam logo aos cinco, que não puderam resistir, posto que o intentaram com grande valor, à custa de muitas feridas que deram e receberam". Os outros bandidos estavam fora, em ações criminosas, quando souberam do ocorrido, e "penetraram a aspereza daqueles sertões e nunca mais apareceram".

> *Desta execução resultou tanto exemplo e terror a todos os facinorosos, como satisfação aos habitadores do Brasil, em cujas vastíssimas províncias não faltavam daqueles insultores, que fiados na extensão delas cometiam as próprias maldades com melhor fortuna, porque as distâncias lhes dilatavam ou totalmente os absolviam dos castigos.*[297]

Mas o desempenho de Câmara Coutinho não se restringiu a combates e castigos. Fez um governo reformador; conseguiu alguns frutos com sua política financeira, obtendo discretos resultados que começaram a aparecer dois anos após sua chegada. Mantinha interesses no tráfico de africanos pelo Atlântico e combateu os quilombos, sem resultados. Estimulou o cultivo mais generalizado de especiarias, como canela e pimenta da Índia. Elevou povoados à categoria de vilas e obteve os primeiros descobrimentos de salitre no sertão da Bahia. Atuou na questão do pagamento dos dízimos cobrados dos contratadores, tentando suprir a falta de recursos para pagamento de dívidas dos governos passados, e da folha de funcionários. Familiar do Santo Ofício, mantinha boas relações com o clero, especialmente com os jesuítas, tendo antigos laços de amizade com padre Vieira, que se estreitaram durante o período de seu governo. Vieira escrevera ao rei de Portugal dizendo que esperava Antonio Luís da Câmara Coutinho para governar, homem "cujo zelo é mais eficaz e suas ordens mais temidas".[298]

*

A relação de Gregório de Matos com o novo governador começou com sonetos amigáveis. Diante da situação de penúria na Bahia, e como resultado do próprio comportamento, o poeta passava por severas privações em sua vida pessoal. Acompanhava de perto o desespero dos produtores de açúcar, com quem mantinha amizades muito próximas, em suas andanças pelo recôncavo, e que atingiam também o assíduo hóspede das fazendas. Sabia dos laços entre os Vieira Ravasco e Câmara Coutinho, o que lhe deve ter inspirado um sentimento de proximidade com o novo governador. Que era, além do mais, primo de dom João de Lencastre, homem do círculo de amizades do poeta. Tudo indicava que Câmara Coutinho podia ser considerado um amigo.

E no Dia de Reis, pouco mais de dois meses após a chegada do governante, Gregório de Matos solicitou, em versos, "huma daquellas esmollas que sua Magestade consigna do Real Tesouro cada hum anno para os homens de bem, a que chamão mercê ordinaria".[299]

A mercê ordinária era um reconhecimento real por serviços prestados, um prêmio em dinheiro, concedido a cada ano pela Fazenda Real. A distribuição de privilégios era um dos fundamentos daquela sociedade; e os serviços realizados para a Coroa, uma espécie de investimento, a fim de se receber a recompensa. Acreditava-se que "... dando, & recebendo; se faz o circulo do perpetuo movimento."[300]

Tendo sido sempre favorável ao rei, desde antes da regência, tendo escrito diversos poemas em louvor à família real, afinando-se com sentimentos de dom Pedro, acreditando que suas sátiras era um libelo à moralização dos costumes, sentindo-se injustiçado por sofrer tantas adversidades, e sabendo de sua importância como maior poeta colonial baiano, julgou-se merecedor da mercê naquele ano. O fato de haver doado algo de sua alma, de sua ideia, de seus sentimentos, esforços, de sua liberdade, inteligência e talento, havia de lhe despertar uma expectativa de receber a liberalidade real, a mesma que tantas vezes movia homens principais em suas requisições.

O poeta confessou humildemente nos versos que foi obrigado a pedir a mercê, pelas calamidades que sofria, sempre sujeito ao seu triste destino. O Dia de Reis era de benesses, perfeito para o peditório. E Gregório de Matos enviou ao governador o soneto, provavelmente pelas mãos de seu amigo João Rodrigues dos Reis, mencionado nos versos: *"Num dia próprio de liberalidades, / No qual o Rei dos Reis aos Reis aceita..."*[301] Mandou, também, um poema com o mesmo intuito ao secretário particular do governador, o capitão da guarda, Luís Ferreira de Noronha, a quem o poeta já conhecia desde os tempos em que morava na cidade de Lisboa: *Na Corte em era oportuna / vistes a minha abastança, / hoje vereis a mudança / da minha infausta fortuna...* Elegeu o capitão seu anjo da guarda, descrevendo-o como homem sábio, prudente, de nobre coração, presença galharda, dócil natureza, capaz de gentilezas. Prometeu sua gratidão, e comentou novamente a sua situação em Lisboa, agora afirmando que lá deixara desgraça e "infortúnios mil", encontrando na Bahia "ditas sem conto". Solicitou ainda dois favores ao governador, não para si. O primeiro era uma licença para que os juízes negros da Irmandade de Nossa Senhora do Rosário saíssem mascarados numa ostentação militar chamada de *alarde*, pois as máscaras estavam proibidas pela polícia — provavelmente compôs o pedido em versos por solicitação de um membro da Irmandade; e o outro, para que um seu sobrinho, acusado por um padre de ser furado do miolo, doido, doidinho, fosse aceito como soldado da infantaria.

*

O poeta comprou uma chácara afastada das ruas da Bahia, nas margens do dique, pensando em viver retirado. Ali está morando. A casa fica num monte, é espaçosa, com varanda, coberta e retelhada com telha antiga de primeiro mundo, cercada de palha seca e frondosa um tanto refolhada. Encostado às taraíras frias, peixes de dorso negro, dentes muito cortantes, e carnívoros. A quem a gula quer que se dedique.

Está ali, na sua quintinha, ora comendo bananas, ora jogando laranjinhas, não tem vizinhos nem vizinhas, cansado de tudo ver e nada alcançar, e gosta desse retiro, pois na cidade são raros os olhos de vizinhos que saibam ver com clareza. Avista a chegada das negras lavadeiras que vêm lavar roupas à beira do dique, com trouxas enroladas em um cobertor de lã grosseira, sobre a cabeça. E pensa uns inspirados versos:

> *Não serão as mais belas*
> *Mas hão de ser por força as mais lavadas;*
> *E eu namorado desta, e aqueloutra*
> *De um a lavar me rende o torcer doutra.*

Os que são mesmo seus amigos vão visitá-lo. Uns nunca ali aparecem, porque irão aborrecê-lo sem deixar nada que se aproveite. Outros vão para fazer chacotas a dar risadas na varanda, coisas bem desnecessárias, supérfluas. A alegria não corre nos tabuleiros, o riso não está na mercadoria, mas percorre do caráter à qualidade. Ali ele fica a julgar suas amizades, quem marca a prata com o cunho; pensa que a amizade sem cunho, sem marca em relevo, é uma mentira, uma patarata.

O torrão ali é fecundo para o tabaco com suas propriedades amargas e sumidades floridas e tóxicas e pesar e mágoa e amargura, ervas santas que são vício imundo, porque a terra negra, errando em suas produções, cria venenos mais que a boa planta. Ele mesmo, Gregório de Matos, se sente veneno criado pela terra negra:

> *Comigo a prova ordeno,*
> *Que me criou para mortal veneno.*

*

A cena acima partiu do poema "Elege para viver o retiro de huma chácara, que comprou nas margens do dique",[302] em que Gregório de Matos conta o que passava naquele remanso. Há nesses versos o poeta por completo: seu conflito de misturar-se com o povo intimamente; as consequências de seu caráter audacioso que o faziam desejar e precisar retirar-se; sua sensibilidade para com o feminino, sempre a lhe dar a ideia de guerra, rendição e morte, morrer por tanto amar; a presença de seu lirismo e sensualidade sem limites, e seu sentimento de inquietação poética, como autor, talvez por impulso incontrolável e mais antigo do que ele mesmo, de todo um painel crítico de sua época.

*

Demorando a resposta de seus pedidos a Câmara Coutinho, Gregório de Matos enviou novo soneto ao governador no dia de seu aniversário, "com os olhos sempre postos na [mercê] Ordinária", num tom sutilmente ameaçador. E esperou o efeito de seu pedido. Mas o governador se descuidou da "honrada súplica" do poeta, e concedeu a mercê ordinária a um "soldado ridiculo chamado o Faria, por quem naquelle tempo cantavão os chulos 'A mulher do Faria vay para Angola'". Gregório de Matos criticou a decisão, sempre em versos, afirmando que a mulher do Faria era mais merecedora que o marido de receber aquela mercê. Câmara Coutinho não se agradava do vate, evidentemente; os temperamentos eram opostos, e apesar da presença de Ravasco no cotidiano do governador, devia haver muita maledicência contra o Boca do Inferno aos ouvidos do capitão-general.

*

Quando o governador de Angola, dom João de Lencastre, chegou à Bahia em 1692, estranhou não ser visitado pelo amigo poeta, e lhe solicitou o obséquio de uma sátira. Gregório de Matos a escreveu, em louvor. Pedia perdão por não ter ido beijar-lhe a mão e dar-lhe as boas-vindas no palácio, porque ali ainda não tinha sido introduzido. Ali, onde os fidalgos e senhores tudo faziam e tudo davam aos amigos e servidores. E quando se encontrasse com Lencastre, na rua, ou na igreja, faria os cumprimentos. Deu notícia de que estava na sua quinta, como se sugerisse ao amigo visitá-lo, e terminou o poema apelando mais uma vez pela mercê ordinária, justificando agora o motivo de seu pedido: *fazei, que El-Rei o desvele / pagar o serviço meu, / pois é bizarro, e só eu / não vim muito pago dele.* Referia-se talvez à antiga dívida da Fazenda Real, de que era credor, quando da sua vinda para o Brasil.

Terminando seu governo em Angola, João de Lencastre estava de passagem pela Bahia, na viagem entre Luanda e Lisboa, quando se deu a posse de seu sobrinho, o filho mais velho do governador, em cerimônia que ocorreria no dia de são João Batista. João Gonçalves da Câmara Coutinho ia completar dezessete anos quando foi designado capitão de infantaria, uma patente expedida pelo rei. Iria receber o soldo e "gozar de todas as honras privilégios liberdades, isenções e franquezas que em razão delle lhe tocarem".[303] O poeta cantou a festa de posse em tom laudatório no que se referia a Lencastre, e também ao filho do governador.

Antonio Luís da Câmara Coutinho estava radiante com a presença do primo, que o honrou hospedando-se em sua casa. "Tenho em minha companhia a meu primo", escreveu numa carta o governador, "o Sr. D. João de Alencastro que espera a frota para partir para esse Reino. Deus o leve a salvamento para descansar e lograr o prêmio de tão bom governo, que como fez em Angola, mas depois ficar-me-ão as saudades do pouco tempo que aqui assistiu, ainda que eu espere que me venha a suceder neste governo".[304]

*

As relações com o governador ainda não haviam caído em total discrepância quando Gregório de Matos escreveu poemas laudatórios e camonianos ao desembargador Vareiro, homem de "altas prendas". Fora por ordem do governador que Dionísio de Ávila Vareiro, ouvidor-geral do cível, com ousadia e coragem saíra para prender o bando de facínoras que aterrorizava a povoação de Porto Seguro. Acompanhado de uns cinquenta soldados e índios, o desembargador executou uma ação feliz e venturosa, segundo o poema. Os presos foram conduzidos à Bahia, juntamente com as devassas de suas culpas, e sentenciados pela Relação à morte por enforcamento, esquartejamento, tendo suas cabeças enviadas para serem expostas nos principais lugares onde haviam cometido os crimes. O feito desse desembargador foi tomado pelo Governo como uma marca de sua bem-sucedida política de mão de ferro.

*

Um fato abalou a relação do poeta com o novo Governo: a morte do sobrinho do arcebispo João Franco de Oliveira. O prelado era um homem culto e grande pregador, a quem o poeta muito admirava, cantando suas qualidades em alguns versos. Chegara à Bahia vindo de Angola, com a bandeira içada no topo do mastro, como se costumava fazer quando chegava um príncipe para assumir o poder nos seus territórios. Foi recebido com uma magnífica festa, fogos de artifício em terra e no mar, saudado por uma multidão de cleros e seculares, e muitos repararam na bandeira içada no topo do mastro. O governador sentiu-se ultrajado, e aí se iniciou mais um conflito entre Governo e Igreja, já tradicional na Bahia. O prelado se recolheu a Santo Antonio da Barra. "Gerou-se talvez nesse ambiente de rancor a briga de Luís Ferreira de Noronha com José de Melo, sobrinho do arcebispo. Questão de honra, diz vagamente a crônica. O fato é que desembainharam as espadas, e o capitão da guarda acertou no rapaz um golpe mortal."[305] Sentidíssimo e magoado, o arcebispo retirou-se para mais longe, em Belém. E, num poema que contou esse episódio, Gregório de Matos chamou o governador Câmara Coutinho de Calígula tirano, que com seu desumano amigo, capitão "de cama e lado", e nefando de Sodoma, havia atentado contra um ministro da Igreja.

Mas, segundo Pedro Calmon, a gota d'água foi a falência, ou quase, do contratador João Rodrigues dos Reis, o amigo do poeta que teria levado o primeiro pedido de mercê às mãos do governador. Tratando dos débitos que os contratadores tinham para com o Governo, Câmara Coutinho fez a cobrança geral, incluindo aí o amigo de Gregório de Matos, que foi executado pelos fiadores e quebrou. Antonio de Brito, outro amigo do poeta, sofria com a severidade do Governo contra sua atuação. Brito havia sido encarregado da descoberta de minas de salitre, o que não pudera realizar.

Tudo isso deve ter aumentado o ressentimento de Gregório de Matos contra Câmara Coutinho e seu criado Noronha, e as sátiras carregaram no tom, fazendo um terrível painel do governador colonial.

*

Um pobretão escudeiro veio da ilha da Madeira para o Espírito Santo, e topando com uma tapuia do lugar, grossa como uma jiboia, que dormia em rede e comia de cuia, tirou a culumbrina e se encaixou em suas vias da urina.

Pariu ela um cuco, um monstro inumano, com bico de tucano e sangue mameluco, cujo batizado foi assistido por um troço de fidalguia toda de beiço furado. O curumim mamou tanto e tomou tais forças, que antes de se pôr em pé já falava o português, mas dizia o seu cobé, a língua indígena.

Cansado de ver a mãe com as cuias dependuradas, embarcou numa canoa e aportou em Lisboa; presumindo-se de fidalguia pensou que Lisboa era outra Bahia, onde basta a presunção para se fazer muita cortesia a um cristão.

Casou com uma rascoa, meretriz criada das damas da rainha de Portugal, e nasceu desse matrimônio um marmanjo, que era no simples um anjo, e no maligno um demônio, chamado de Antonio, sujando o nome do santo. Este veio reger a Bahia, mas como pode fazer um bom governo quem não sabe se governar? Se ele quisesse se enforcar como a tantos enforcava, daria um bom dia aos moradores da Bahia. Um governador há de ser são, justo, e não desobrigado, há de ter ódio ao pecado e compaixão pelo pecador. Mas se tem má propensão, faz justiça com vício, e pode condenar um poeta.

O poeta pode ser enforcado por furtar o que come, mas não admite ser enforcado pela bengala de um sodoma. Um homem que disfarça a sodomia com simulação de virtude, e que em cada dia dá ao povo um enforcado, e que, malvado, dá no mesmo dia um banquete e alegra a sua mesa de iguarias com vinho e boas comidas. Bem é reinar quem reina bem, como se figurando Deus na terra; se o rei erra numa nomeação, paga um alto e tristíssimo tributo. Um soberano, bom cristão e temente a Deus, se não é socorrido pelos céus, paga pensões ao ser humano; fica sujeito ao tirano que, adulando-o, ambicioso, é traiçoeiro e venenoso, e achacando os sentidos do soberano deixa-o turvado dos ouvidos e iludido nos olhos.

Se o rei fosse informado de quem é o Tucano, nunca o mandaria à Bahia para governar um povo honrado; mas o rei foi enganado, e o poeta, com o povo, como é costume, paga; pagam os tristes vassalos os desacertos do rei. Pagam, pois o figurilha com corcova de canastrão e nariz de rabecão em cara de bandurrilha descompõe os homens bem-nascidos; e estima tanto os que procedem mal e lhe enchem os ouvidos, que lhes dá honras e postos.

Paga o povo pela hiena que engana com a voz, pois fala como uma putana e condena como uma fera; uma terra tão amena, fértil, fecunda, ele torna imunda, sem saúde, sem pão, sua mão infunde a peste e a fome.

Paga o povo, que um homem bronco, racional como uma pedra, maligno desde os antecedentes, faz seus sargentos prenderem na enxovia homens honrados, apenas por uma briga.

Paga o povo, que governe um sodomita que coabita com mulheres e tem os filhos e os criados sempre aferrolhados para o pecado mortal.

Paga, que o jumento, isento, não furta às claras com as próprias mãos, mas dissimuladamente, consentindo. Paga, pois o prelado teve seu sobrinho morto pela puta dos calções, e seu único pecado é ser prudente. Paga o povo com a dor intensa que seja o governador um devoto da prisão e acredite que merece a glória eterna prendendo os homens, mas deveria entender que ganharia os céus se não dormisse com seu criado, e se não se desvelasse tanto em prender.

Paga o povo por vê-lo esperar ser um conde, como recompensa por seu serviço de enforcar; e, como mandou enforcar quatro homens por serem vadios, merece mesmo é ser um conde de paus, os paus da forca que manda erguer. Porém o rei, conhecida essa verdade, fará justiça, para que o povo lhe agradeça, e que o mau traga na cabeça a justiça aprendida. E para que o povo mostre, de antemão, a sua gratidão, que o rei seja justo e razoável, conforme o direito e a lei, e mande novo governador, tão fidalgo como o próprio soberano.

Haverá coisa mais tremenda e mais atroz que, numa terra com tanta fartura de mulheres, exista alguém que prefira um cu? E que, por tão mau gosto, seja um puto?

O poeta se benze, arrenega do demônio e do pecado que é contra a natureza. O caso está nas garras da Inquisição. Essas são as novas de Antonio Luís. E seu criado Luís Ferreira de Noronha faz servir seu cu de cocó, subvertendo a cidade de Sodoma, andando para trás como um caranguejo, e no palácio sucede o mesmo que na cidade de Gomorra. O caráter de Antonio Luís tem um gosto nefando, por não querer mulheres, pois tanto se enamora do criado, que merece como castigo de Deus ser queimado.

*No beco do cagalhão,
no de espera-me rapaz,
no de cata que farás
e em quebra-cus o acharam,
que tirando ao come-em-vão
que era esperador de cus,*

lhe arrebentou o arcabuz
no beco de lava-rabos,
onde lhe cantam diabos
três ofícios de catruz.

Tome-se como exemplos o Tucano e o Ferreira, que lhes diz uma caveira: Aprendam, flores, comigo! Aqui ou ali os demônios são arteiros, são bichos, são lagartos que vão comer sempre cuscuz, para ver se ficam fartos. Quem espera a luxúria do Tucano também pode esperar a do lagarto, e se acaso os dois conceberem, se verá, no parto, a sustância que leva do tutano. Estes, que se untam de breu, mano a mano, vão se disciplinar de quarto em quarto, e o que estiver mais farto de sustância vá buscar a via, para encontrar o cano. Conheça a Inquisição essas maldades, que paguem em fogo vivo os que as cometem e ardendo morram, e como arderam as duas cidades, ardam Luís Ferreira e Antonio Luís.

O poeta termina uma obra, é o quarto tomo sobre as ações de um sodomita e dos progressos de um fanchono. Escreve a dedicatória, ainda que de modo pervertido e com a ordem invertida. Não vai o prólogo na dianteira, mas no traseiro, por ser traseiro o senhor a quem o poeta dedica seus tomos. E a dedicatória: A vós, meu Antonio Luís, atrevido e de nariz assinalado pela natureza do rosto, a vós, merda dos fidalgos, escória dos godos, filho do Espírito Santo e bisneto de um caboclo, a vós, fanchono beato, sodomita dissimulado e finíssimo rabi, sem ter nascido cristão-novo; a vós, cabra dos colchões, com o lombo estoqueado, fisgador de lombrigas nas lagoas do olho; a vós, vaca sempiterna, cozida, assada e de molho, boi sempre, galinha nunca, por todos os séculos, a vós, ó perfumador do pajem cheiroso, sempre mondongo, a vós, enforcador, com o testemunho dos irmãos da Santa Casa que carregam os ossos dos enforcados, no Dia de Finados desenterram os mortos e murmuram de vós por levar tão pesada carga nos ombros, a vós, ilustre Tucano, mal direito e bem corcunda, pernas de rolo de pau antes de ser torneado, a vós... basta de tanto vós, porque o insensato povo, vendo que vos trato por vós, poderá pensar que sois meu moço; a vós dedico e consagro os meus volumes e tomos, defendei-os, se quiserdes, vai nisso pouco.

Agora o próprio poeta faz a defesa do Tucano, sai a campo por Antonio Luís, que fede tanto verso e enfada tanto pasquim! O que quer de vós esta canalha, tropel de maus vilões? Tanto poeta sendeiro, tanto trovador rocim! Se faz mau governo, o que é certo, eles que o façam pior. Enforca muita gente? Mente quem diz tal coisa, Gabriel Soares é quem os enforca, isso vê o poeta com os próprios olhos. É verdade que o governador gosta de ver os homens serem mortos, é amigo de enforcados, mas lhe ter ódio, isso seria ruim. Cada qual gosta do que gosta, uns gostam de carneiro, outros de perdiz, o governador gosta de um quarto de enforcado, e o poeta, de um quarto de pernil. Em gostos não há disputa. O querer não tem razão, a vontade é muito sutil, e assim, por onde se entra, talvez não se queira sair. Cada um quer o que quer, não há de se arguir acerca disso, Deus fez as vontades livres e prendê-las é um desvario. O governador gosta de enforcados, quem lhe pode impedir de enforcar? Oxalá gostasse de levar o mesmo fim e ser também enforcado.

Ainda defende o governador: a farinha é pouca, cara e ruim, mas o governador não é sol nem chuva para a produzir. Se há fome durante seu governo, é que o governador é mofino e contagia o Brasil com sua fraqueza. Ser mofino não é culpa, foi a fortuna quem quis assim: quem é mofino consigo, com os mais não será feliz. O rei não o mandou para governar aqui as farinhas nem as carnes nem o pescado, mas governar a forca, isso sim. Valha o diabo a alma do governador. Por acaso lhe mandou o rei desgovernar os quadris? Por acaso o rei mandou não dormir as fêmeas, mas dormir o criado? No mais, o povo todo levanta falsos, mas o corpo do governador quem levanta é o Luís. Mandou-o o rei, por acaso, para Sodoma? Ou para o Brasil? Se o governador não vive em Judá, quem o faz rabi? Mandou por acaso o rei que o pajem do governador seja meretriz, madrasta de seus filhos, como dizem por aí? Que se vá com o diabo, o poeta já não quer acudir um Tucano, um fanchono, um sodomita, um vilão ruim.

*

O governador termina seu tempo de governo, e o poeta se despede com uma sátira em metáforas de chularias. Já se sabe que virá sucedê-lo seu primo, João de Lencastre. Que será dele, Banguê, quando o sucessor chegar? Vai perder a "mulher" que é o seu criado, fêmea de se acutilar? Mas ele pode levar o criado, o mar não há de sofrer essas presenças, com suas ondas sagradas; antes, por essas porradas, a porra há de salgar.

E o poeta lhe faz um retrato extravagante, de adeus: nariz de tucano, pés de pato, cabelos pintados que causam engulho, untados, molhados, olhos baios, sobrancelhas que se assemelham a uma negra vassoura esparramada; nariz tão grande que entra na escada duas horas antes do dono, nariz que fala tão longe do rosto que lá na Sé manda a guarda que está na praça se pôr em ala, nariz tão quadrado que um rei coroado o pode ter como copa de cem pratos, nariz tão temerário que é quase prateleira de um armário, nariz nefando, que se vai cortando e ainda sobra nariz em que se assoe, nariz alto como um outeiro e dali nasce a boca que é rasgada; na garganta está o membro mais sutil da voz fanchona; a corcova, quem pode trepar tão alto? No horizonte desse monte foi o diabo tentar a Jesus Cristo; dorso burlesco, no qual trabalham pecadores, e havendo apostas, se é homem ou fera, se vê que é um caracol que traz a casa às costas; tão grande a corcova, que parece um baú, um vulcão abrasador, uma montanha nevada. Sempre o veem de bastão, sempre de espada, na bruta cintura a espada pinta o pau da cruz e eis os braços. Melhor voltar para a dianteira, pois na traseira se vai o cu açoitado, por ser nefando, o que é um fracasso, pois só se açoita quem canta o miserere. E há vergões, que talvez sejam chupões que o bruxo do Ferreira lhe daria. E sigam-se as pernas, mas não se quer embarcar em tais cavernas. Os pés são figas imensas, pelos quais tomaram tantos pés tantas cantigas. Suja figura, coitada, na arquitetura entalhada na popa da nau nova. Boa viagem, senhor Tucano, que para o ano a Bahia vos espera entre a bagagem.

> *Sal, cal, e alho*
> *caiam no teu maldito caralho. Amém.*
> *O fogo de Sodoma e de Gomorra*

em cinza te reduzam essa porra. Amém.
Tudo em fogo arda,
Tu, e teus filhos, e o Capitão da Guarda.

*

Jamais o poeta atacara uma pessoa com tanto ódio, tanta constância e cruel temeridade; nem mesmo o Braço de Prata, a quem atingiu com desprezo e humor. Talvez se sentisse protegido pela presença de Ravasco no palácio e pela amizade com o primo do governador, João de Lencastre. Tal virulência decerto fez muita gente rir, e muita gente bufar de raiva. Supõe-se que Câmara Coutinho mandou prender o poeta, que, segundo Pedro Calmon, teria sido solto com o apoio do próprio capitão da guarda, Luís Ferreira de Noronha. Afinal, as sátiras não eram assinadas. E o poeta ameaçou "quebrar os olhos" de quem o pusera na prisão.

Mas Câmara Coutinho manteve seu foco nas questões do Governo, que tanto lhe pesavam. Na sua intensa correspondência com o Reino não há nenhuma menção ao seu desafeto. Ignorou elegantemente a falsa genealogia mameluca, composta pelo poeta com o intuito de injuriar o brio nobre da família, e de lançar suspeitas de sangue impuro; ignorou as acusações de conivência para com o roubo, de excessivos castigos contra colonos, e as acusações do "crime de sodomia". Não se defendeu em cartas, como costumava fazer o padre Vieira diante de qualquer acusação ou crítica.

Antonio Luís da Câmara Coutinho terminaria seu governo debaixo de louvores, com um pedido da Câmara da Bahia para que permanecesse no cargo como prêmio por seus grandes merecimentos e para o crédito do Estado. E partiria para Lisboa, levando o filho João Gonçalves da Câmara Coutinho, que se licenciara do cargo. O jovem e viril capitão de infantaria se encarregaria da vingança contra o poeta.

Abraçado à viola

1692 a 1694, morte de Eusébio e degredo de Tomás;
o poeta pobre, solitário, no recôncavo

EUSÉBIO DE MATOS CONTINUAVA EM SUA VIDA CLERICAL, no convento carmelita, e não há indício de que tivesse mantido alguma proximidade com o irmão poeta nessa fase de suas vidas. Nascido em 1629, frei Eusébio da Soledade estava com sessenta e três anos de idade quando foi surpreendido pela morte, em julho de 1692; mais um profundo desgosto para Gregório de Matos em meio ao novo período de tribulações.

Decerto foram muitas as missas e cerimônias solenes de enterro, sermões e lágrimas, decerto a dor da perda de mais um irmão abalou o poeta. A situação ficara novamente crítica, com a inimizade que nutriam entre si o vate e o governador. Para sair do alvo das forças governantes, das ameaças e de sua extrema penúria, Gregório de Matos voltou a perambular pelo recôncavo, em mais um período de grande fertilidade satírica.

*

Admira-se o poeta com as mudanças do recôncavo, o lugar não é mais o mesmo, esgotado das putas, ou ele está cego, já não se enfeitiça pelo sítio, já não morre pelas fêmeas, Polônia lhe dá enfado, faltam outras que ali deixou, como Inácia Barrosa, a Beleta gritadeira que se fazia donzela com xaropes, falta a Gafeira dos gatos, falta Lourença, que chamam de Cuia, falta Benedita com sua saia vermelha e suja e que vagava pelas noites como uma coruja e se dava a quantos homens topava, falta Luzia, a Sapata, que está na Cajaíba, Arriba, putas, arriba! Faltam a Conga e a Calabari, e outras negras no folguedo... Onde estão as Quitas, as Maranas, as Antonias, as Angelitas, as Teodoras, tão demônias? Tão malditas! Fedendo sempre ao peixum. Onde está a viúva de Nain, que é a glória de Itapema? E a doceira Marcelina? Queixa-se de que em Pernameri, onde ficava o templo do amor, as mulheres agora se desculpam sempre por estarem a sangrar, mesmo passadas as luas.

— Que têm os menstros comigo, que de ordinário me matam e cada hora me perseguem? Ai meu senhor da minha alma, nada hoje pode fazer-se, elas dizem!

Vicência chega a lhe mostrar a sua fralda com sangue mais negro do que uma peste.

— Valha-me a Virgem Maria!

Ele se vai, queixoso e desesperado, pobre e desconsolado, daquele sítio famoso, esfaimado das mulatas e escrupuloso das negras, promete que não voltará. Hospeda-se na casa de seu amigo vigário, na ilha da Madre de Deus. Teme voltar à Bahia e deparar-se com uma ordem de prisão. Mal sabe tirar da bainha a sua espada. Nunca foi homem de violências e sangue.

Depende, agora, totalmente dos amigos que o acolhem. Passando por tantas privações, Gregório de Matos não anda mais com a elegância apurada, o colete de pelica e volta de fina renda nos punhos e cabeleira, mas em roupas castigadas, descuidado de sua barba e cabelos, sapatos velhos, sempre abraçado à viola de cabaça. E acompanhado do amigo, Tomás Pinto Brandão.

*

A família Matos estava em decadência financeira, nessa terceira geração. Havia apenas um membro que progredira ainda mais que o pioneiro Pedro de Matos, avô do poeta. Era João de Matos e Aguiar, o João de Matinhos, que viera de Portugal com os primeiros migrantes dessa família, aquele mesmo que começou a vida administrando a fazenda de Sergipe do Conde, junto a seu tio. Mesmo sendo o homem mais rico da Bahia, João de Matos levava uma vida monástica, ao lado de uma esposa e sem filhos, gastando quase nada e economizando em tudo, foi como conseguiu reunir uma fortuna, administrada por seu fabuloso talento para negócios. Nem ele mesmo sabia o cômputo de seu cabedal, diz Rocha Pita.

Foi criado frequentando ou morando na casa do seu tio Pedro de Matos, o avô do poeta. Um documento informa que esteve nas "pousadas" de uma tia materna do poeta, dona Luiza da Guerra. Matinhos foi um dos herdeiros de Pedro de Matos, com quem tinha sociedade em alguns negócios. Depois passou a arrendar terrenos para plantio de cana, ou para criação de gado; comprava casas para alugar e adquiria propriedades, como algumas fazendas em torno de Camamu, ou quatro fazendas na Patatiba. Funcionava também como um banco de empréstimos aos moradores ricos da Bahia, atividade na qual se costumava receber bens e propriedades dados como garantia dos empréstimos concedidos. "De humilde fortuna chegou a ter cabedal opulento, adquirido por sua industria, e conservado com a sua parcimonia, nimiamente rigorosa no sustento e trato da sua pessoa."[306]

Em seu testamento, João de Matinhos mencionou terras que possuía na rua do Jenipapeiro, "por detrás da Poeira, junto à trincheira", uns chãos que rematou "em praça aos herdeiros de Simão de Faria há muitos annos, de que tenho títulos que se acharão em meus papeis: estes se poderão vender, os quaes nelles estão de renda algumas pessoas, onde entre uma delas Monica Soares; esta não me paga dos chãos de suas casas por se criar em casa de meu tio Pedro Gonçalves de Mattos".[307] Apesar de ser descrito como um avarento, o leviatã financeiro era capaz de gestos de generosidade. No entanto, não socorreu o sobrinho em sua penúria, e nem há indício de que o poeta lhe tenha pedido ajuda.

*

Pedro Calmon acreditava que foi nessa época que o franzino mazombo escreveu muitos de seus poemas como "censor público", disposto a dizer verdades cristalinas para que todos entendessem a sua Musa Praguejadora. A cidade da Bahia estava acabada para ele, ali só havia gente intrigante, maledicente, que ficava a vigiar as vidas alheias, mulatos desavergonhados, mercadores usurários, uma cidade de ladrões, *Todos os que não furtam, muito pobres, / E eis aqui a cidade da Bahia.*[308] Não podia haver, do sul ao norte, cidade com mais maldades nem província com mais vícios.

E o poeta investiu contra os mentirosos, os avarentos, injustos, hipócritas, murmuradores, perdulários, vaidosos, aduladores, traidores, adúlteros, freiráticos, ambiciosos, femeeiros, gulosos, valentões, boêmios, invejosos, preguiçosos, falsos letrados, irados, carrancudos, maganos, todos os viciosos, que conseguiam tudo por tretas, pois na Bahia a virtude era hipocrisia. A célebre Bahia era mãe universal, que a seus peitos tomava e criava tudo o que Portugal enjeitava, e que a seus filhos naturais, filhotes em tenra idade, matava porque lhes tinha ódio interno.

> *De dous ff se compõe*
> *esta cidade a meu ver*
> *um furtar, outro foder.*[309]

*

Bem mais jovem que seu amigo, Tomás Pinto Brandão também gozava de popularidade como poeta, e tinha uma vida mais segura, desde que assentara praça na guarnição local. As poesias de ambos os autores dão conta das diversas aventuras amorosas que juntos empreenderam, das festas e funções em que participavam. Escreveu Gregório um poema a Tomás, "queyxandose de huma mula que lhe tinha pegado hua mulata, âquem dava diversos nomes, por disfarce, dixendo humas vezes, que era íngua, e outras quebradura". *Mula* era uma íngua de origem venérea. Em outro poema ele deixou recomendado a Tomás que tomasse providências para acalmar uma mulher, ao se despedir de Pernameri indo embora num cavalo chamado Tainha. Mas, saudoso de Pernameri, e encontrando por acaso um escravo de Tomás, o poeta fez muita festa para o moleque, que lhe deu notícias de amigos e amigas. E Gregório de Matos perguntou ao escravo se Tomás lhe escrevera. O moleque zombou, com cara risonha, não havia notícias, o que deixou o poeta muito sentido, pois sabia que Tomás tinha papel, tinteiro, pena e juízo, e deveria ter-lhe escrito.

Em outro poema, Gregório respondeu saudoso a um romance que recebera de Tomás, estando o amigo em Pernameri, por onde o poeta passara: *Gostou da vossa Lira a minha Musa,* escreveu Gregório de Matos, recomendando uma dama. Tomás replicou, com outros versos, a recomendação do poeta, dizendo que a dureza de tal dama não tinha remédio, pois a cada dia a moça estava mais firme. E Tomás persuadiu essa moça a escrever ao poeta uma carta toda cheia de amores e finezas; a moça mandou a carta, e o poeta lhe respondeu com um romance. Por meio de mais umas décimas, sabemos que Gregório de Matos foi convidado, com Tomás Pinto Brandão e outro camarada, para irem a Pernameri, onde foram recebidos com banquetes e abastança. Gregório comentou que as moças do lugar prefeririam, decerto, os dois rapazes jovens e galantes, a ele, "cepo cansado".

Dessa amizade disse Rabelo: "Assistia-lhe nestas desenvolturas, como sombra com outros do mesmo gênero, aquele trovador de chistes, a quem certo titular da Corte lhe mencionou a sua Musa-Talia por ama-seca, digo Tomás Pinto Brandão, que se prezava muito de ministrar-lhe os assuntos apesar dos melhores amigos, que destas companhias lhe prognosticaram sempre a total ruína."[310] Tomás se deixava influenciar pela sátira de Matos, usando do mesmo estilo, a ponto de haver dúvidas sobre a autoria de alguns poemas, se de um, se de outro. E Gregório de Matos se deixava levar pelo influxo do desregramento de sua "ama-seca", prognosticado pelos demais amigos como um caminho para a total ruína. Talia, a festiva, a musa que presidia a comédia e a poesia leve, usava máscara cômica, coroa de heras e às vezes um cajado, e fazia brotar flores. A mais dotada das Três Graças era invocada como a musa da poesia pastoral ou bucólica, por isso regia os banquetes campestres e os divertimentos rústicos. Era a própria musa do recôncavo, que levava pelas mãos aqueles dois inseparáveis poetas de coração sedento.

Mas, em 1693, Tomás foi preso por ordem de Antonio Luís da Câmara Coutinho, devido a "travessuras muy naturaes em ħua idade, que costuma fazer timbre dos excessos",[311] e condenado ao degredo em Angola. Tomás passou cerca de um ano na prisão aguardando o desterro, e durante esse tempo escrevia moções poéticas ao governador, reclamando de sua excessiva severidade, e com uma sutil ironia, dizendo-se afeiçoado ao seu encarcerador. O motivo alegado para a prisão foi esclarecido por um poema de Gregório de Matos: calúnia contra um padre e uma mulher casada. Na verdade já fazia parte de um plano de desterro do incômodo dueto de poetas.

*

Um frei algebrista, que cursa a escola de uma mulher casada, lê em falsa cadeira uma putaria verdadeira, em apostila adulterada. Um curioso estudante, moço honrado da vila, Tomás Pinto Brandão, vai lhe tomar a lição da apostila, quer aprender latim; mas o frade lhe tem antipatia e grunhe o dia inteiro, para que se encaixe a pena no tinteiro. Quer o frade dar uns estouros com o pobre secular, que se cala, para comer, e come para se calar. Mas o frade, impaciente, vai se queixar ao regedor, acusando Tomás de difamar uma mulher casada, dizendo em versos ser ela amante do frade, quando é apenas sua prima e por isso a encontra. O regedor, com prudência, entende que a mulher casada é mesmo parenta do frade, e Tomás vai preso. O primeiro estudante preso por estudar.

E se pergunta o poeta: quem foi o alcoviteiro do fradinho embusteiro? A prisão, ou o regedor, ou o que efetuou a prisão, certo Manuel Monteiro?

O preso está a gritar, e se ouvem seus gritos por toda a vila de São Francisco, que não o podem privar dos estudos sem provas, e o frade quer que Tomás seja degredado para Angola. O preso afirma que naquela má escola ia aprender latim, por querer se tornar frade, mas o frade está sendo ingrato, pois sem causa nem razão pôs na prisão quem o defendeu livrando-o do amor.

*

Afetado pela rixa com o governador Câmara Coutinho, mais uma contenda com gente poderosa, também pelo não reconhecimento de seus méritos, à altura do que ansiava, e pela pobreza crescente, pela solidão de seu retiro, mesmo pela idade que avançava, Gregório de Matos começava a sofrer consequências mais graves e abalos mais profundos. A prisão de Tomás Pinto Brandão era sutilmente de cunho político, e com certeza fora efetuada para atingir também o adversário do governador. A perspectiva de que o jovem companheiro de farras e infortúnios seria degredado para Angola deixava o poeta ainda mais angustiado, sem chão. Talvez não visse nunca mais seu melhor e mais assíduo amigo. *Se é que tenho algum amigo*, dizia, deprimido, num verso. Seus problemas se avolumavam, e ele mesmo os ampliava, com ataques constantes a adversários, e entregando-se a uma vida cada vez mais desregrada, afastando-se progressivamente da carreira que lhe destinara sua origem familiar. *Oh que cansado trago o sofrimento.* Sabia decerto que escolhera um caminho difícil, poderia ter amansado suas palavras, tornando-se um daqueles inúmeros fidalgos afetados, imitações bastardas dos fidalgos da Corte, poderia ter ficado apenas adulando reis e padres, mas tratou de ser inimigo de governadores, juízes, déspotas, clérigos, desembargadores, sempre a retratar os comparsas que chegavam à colônia para encher a bolsa vazia, que maldiziam a terra e seus nativos.

Estava afogado na realidade da Bahia, cada dia mais desesperançado da colônia, e mais consciente das razões de mazelas brasileiras. Dizia que minguavam suas forças para a luta cotidiana, estava cansado, mas jamais perdia o vigor da musa. Surgiam então poemas esplêndidos sobre o mundo colonial brasileiro.

Remédios políticos

1694, João de Lencastre; o filho do Tucano; a prisão Leoneira; Adeus

O DUQUE DE CADAVAL, criado no paço desde menino, era um dos ministros da maior confiança do rei Pedro II, tanto que foi escolhido para buscar o futuro esposo da princesinha dona Isabel, tão mimada e querida do soberano pai. E foi ao duque de Cadaval que padre Vieira escreveu sobre um assunto da maior gravidade: a escolha do novo governador e capitão-general do Brasil que iria substituir Antonio Luís da Câmara Coutinho. A carta, escrita em julho de 1692, foi enviada a Portugal pelas mãos do próprio João de Lencastre.

> *Mais do que muito que eu pudera dizer dirá a V. Exa. o Sr. D. João de Lencastre, que vai embarcado na presente frota, com tantas saudades da Bahia como as que deixou no governo de Angola, e aqui se deteve os dias e meses bastantes para conhecer interior e exteriormente as enfermidades do Brasil, e os remédios políticos e militares de que precisamente necessita a sua conservação; nem eu conheço para a sucessão futura quem com maior suavidade e eficácia lhe os possa aplicar, concorrendo já nesta mesma aceitação e desejo a opinião e aplauso comum de todos.*[312]

A indicação, que também fora feita por Antonio Luís da Câmara Coutinho, surtiu efeito, e Lencastre voltou ao Brasil para tomar posse de seu governo, em 22 de maio de 1694. Dom João de Lencastre era um homem culto, generoso, diplomático, e de linhagem real, descendente da rainha Felipa de Lencastre e do rei dom João II. "Servindo de tenros anos nas guerras da restauração do reino, fizera provas de valor muito adulto e, sendo capitão de cavalos, fora o primeiro que atacara a batalha do Canal com tanto esforço como fortuna..."[313] Serviu por mais de dezessete anos na província do Alentejo e na Corte, como soldado, capitão de infantaria e de cavalos, arcabuzeiro e de couraça, sendo comissário geral da cavalaria e mestre de campo no terço da armada. Lutou nas campanhas de Juromenha, na batalha do Ameixial, esteve no rendimento da praça de Valença de Alcântara, e na batalha de Montes Claros, onde serviu de capitão das guardas do marquês de Marialva. Era um bravo e experiente militar.

Viria a empreender obras e ações "mui conformes ao talento de que era dotado. Várias coisas dispôs em serviço del-rei e do aumento de todas as províncias do Brasil, conseguindo vê-las executadas em sucessos tão felizes quanto eram acertadas as suas resoluções".[314] Lencastre tratou da defesa na Bahia, aperfeiçoando as fortalezas de Santo Antonio da Barra, São Diogo e Santa Maria, e construiu dois postos de guarda acima das portas de entrada da cidade. Fez edificar uma nova casa para a Relação, reformou a cadeia, proporcionou o acabamento da igreja matriz, entre outras obras de melhorias para a cidade. No recôncavo, erigiu em vila três povoados, que tomaram o nome de Nossa Senhora do Rosário, na Cachoeira, Nossa Senhora da Ajuda, em Jaguaribe, e São Francisco, na região do engenho do Conde, por onde tanto circulava o poeta. Controlou o cerceamento da moeda, combatendo os sorvedouros, como os mercadores ou habitantes que mandavam para o Reino seus cabedais em dinheiro, os que entesouravam, os que faziam vender as moedas em reinos estrangeiros onde eram mais caras; os que limavam as bordas das moedas, abaixando seu peso e vendendo o pó que apuravam, os que fundiam as moedas de prata a fim de fazer baixelas para uso ao serviço de suas mesas, ou os ourives que as fundiam para suas obras de adorno. João de Lencastre mandou serrilhar as moedas de prata com um bordo denteado, e se fazer o controle do peso. Como a fundição da moeda serrilhada era feita no reino, o tesouro corria grandes riscos durante a travessia marítima, e a Câmara enviou petição ao rei para que se fundasse na Bahia uma Casa da Moeda, onde se lavraria a moeda provincial, válida apenas na colônia. Havia grandes interesses envolvidos, e foi uma batalha política, vencida com o apoio do governador. Chegaram à Bahia, ainda em 1694, "juiz, ensaiadores e os mais oficiais de que necessita aquela fábrica, com todos os instrumentos e materiais precisos para as oficinas e lavor da moeda...".[315] Lencastre acompanhou de perto, em contínuas reuniões com o chanceler, o juiz da moeda e pessoas que tinham experiência no assunto, as determinações quanto ao peso e valores intrínseco e extrínseco da nova moeda. Ordenou que se recolhesse à Casa da Moeda toda a prata e ouro que houvesse na Bahia, sob qualquer forma, como barras, bules, colheres, joias, que os donos quisessem transformar em patacas. Também se fundiram em moedas alguma prata e ouro que vinha da costa africana, e "várias peças antigas de feitios inúteis, que seus donos mandaram desfazer". A ordem real era que a fábrica funcionasse apenas o tempo necessário para refundir toda a moeda, e retornasse ao reino. Mas, pelos mesmos motivos — os riscos no transporte da prata das outras províncias —, terminado o trabalho de refundição na Bahia a Casa da Moeda se instalou no Rio, e depois em Pernambuco, onde foram executados os mesmos procedimentos.

Lencastre ainda se destacaria por diversas providências: a exploração das recém-descobertas minas de salitre, melhorias na defesa da costa brasileira, abertura de caminhos pelo interior, a construção de edifícios públicos e igrejas, a extinção do quilombo de Palmares, a implantação dos juízes de fora na colônia, a fundação de escolas de geometria e desenho na Bahia e no Maranhão, entre outras.

*

A volta de Lencastre permitiu que Gregório de Matos retornasse às ruas da Bahia, novamente livre e benquisto, recebido em palácio, agora território amigo. O poeta logo apareceu como cronista de uma cavalhada que se realizou no terreiro, em que Gonçalo Ravasco era o juiz das Onze Mil Virgens, "o juiz mais nobre de quantos no Brasil", e um patrocinador que não fez restrições aos gastos com a estrondosa festa na qual estavam presentes João de Lencastre e toda a nobreza dos homens mais principais: *Ministros, e Oficiais / de guerra e Damas mui belas... em palanques e janelas.*

Gregório de Matos comparou a vinda de Lencastre à chegada da luz do sol desterrando as sombras do governo anterior. Equiparou a vinda desse governador ao admirável nascimento do príncipe dom João, filho da rainha "estéril". João de Lencastre era general que merecia cetro de rei, disse o poeta, aludindo à ascendência real do novo governante, que pôs em versos. Era um novo Moisés que irrompia do deserto, celestial, para salvar do cativeiro o povo hebreu. Um verdadeiro deus que veio para extirpar toda a aflição do povo. E "a seus pés desenrolou um tapete de esperança".[316]

Aliviado, o poeta percebia estar entrando novamente em tempos de paz e liberdade. Voltava a ser o trovador maior, a cidade lhe sorria, sentia-se bem-visto, louvado, engrandecido, incluído entre os principais, topando sempre com amigos, sob a proteção do governador que apreciava sua poesia e a recolhia, mandando fazer cópias: o "secreto estimador das valentias desta Musa, que a toda diligência lhe entesourava as obras desparcidas, fazendo-as copiar por elegantes letras".[317]

Porém o governador foi avisado de que João Gonçalves da Câmara Coutinho havia desembarcado de uma nau de guerra. O jovem voltava ao Brasil para realizar seus sombrios intuitos de vingar-se das sátiras que Gregório de Matos dirigira contra a honra de seu pai. Quando deparasse com o poeta na rua, iria trespassá-lo com a espada.

*

Gregório de Matos refugiou-se mais uma vez, agora na casa de seu amigo vigário Manuel Rodrigues, na ilha da Madre de Deus. Lá, no entanto, não estava seguro, poderia ser encontrado pelo jovem de ânimo vingativo, e João de Lencastre, "excogitando meios de livrar uma vida, em que a natureza depositara tão singulares prendas, achou traças de segurar-lhe o perigo nos fingimentos de rigoroso justiceiro",[318] ordenou que oficiais de milícia prendessem o poeta para que fosse levado a um lugar protegido. Não havia como prender o sobrinho, que disfarçava sua intenção sinistra, e a única solução era prender o poeta e o desterrar para bem longe do Brasil: Angola, que João de Lencastre conhecia muito bem. Não deixava de ser uma oportunidade, também, para se livrar de alguma futura sátira contra seu governo, contra sua pessoa, se ocorresse qualquer insatisfação por parte do poeta. Suspeitando da chegada dos milicianos, o vigário Manuel Rodrigues impediu que Gregório de Matos fosse preso, escondendo-o. Ninguém mais o encontrava.

Lencastre pediu ajuda ao novo secretário de Estado e Guerra, Gonçalo Ravasco, que herdara o cargo de seu pai. O governador sabia que o jovem Gonçalo era um dos mais próximos amigos do poeta, seu companheiro de boêmia, farras, diversões, rapaz sensato e de "grande entendimento". Diante das explicações do governador, Gonçalo concordou com um plano de "salvação". Fez chegar às mãos de Gregório de Matos uma mensagem na qual marcava encontro na casa de Antonio de Moura Rolim, outro amigo do poeta; precisava lhe dar importantes avisos, e pessoalmente. Com toda a confiança que nutria na honra do amigo, sem imaginar a trama que havia por trás, Gregório de Matos rumou para a casa de Rolim.

... para que se veja que, quando os amigos grandes se juntam empenhados a favorecer um desditado poeta, será para o prenderem e desterrarem por modo de fineza. Sempre tenho que destas três amizades a primeira arrastou com sagacidade as duas, por temer em seu governo os atrevidos cortes desta pena.

Ali pois o prenderam sem poder dar um desafogo ao discursivo: e metido na casa, que chamam Leoneira, na mesma portada do palácio, lhe ordenou o governador sentinelas vigilantes, mandando que ali não deixassem chegar pessoa de qualidade alguma, e por mãos de um confidente criado lhe remetia para sustentar-se os manjares de sua mesa particular; e desta particular prisão o tresladaram depois à cadeia, mal seguros de seu perigo.

Trabalhou o infeliz Gregório por justificar-se, lisonjeando a um tempo aquele magistrado, cujas entranhas dominava pias; mas dom João o desenganou, intimando-lhe que por sua conhecida culpa, e necessário remédio, havia de embarcar-se para Angola em uma nau, que prontamente carregava a tropa de cavalos d'el-rei para Benguela.[319]

A culpa a que se refere Rabelo, acima, seria a de Gregório de Matos haver escrito as sátiras contra o governador Antonio Luís da Câmara Coutinho. As palavras de Rabelo indicam que houve um processo judicial contra o poeta, que teria justificado sua situação de réu, e lisonjeado o magistrado que cuidava de tal devassa. Gregório de Matos foi condenado ao degredo em Angola. A vingança, intermediada por João de Lencastre, livrou João Coutinho da mancha de um assassinato, e castigou com o desterro o inconveniente poeta.

O fato de estar em Angola não era nenhuma garantia de vida, pois, se João Coutinho pretendesse manter seu intento, bastaria atravessar o oceano até a África, onde encontraria o poeta desprotegido, nas ruas, à mercê de sua espada. Isso significa que deve ter havido um entendimento entre Lencastre e o jovem militar, no sentido de que desistiria de sua empreitada mediante o envio do satirista para o "miserável paradeiro de infelizes". Foi uma decisão diplomática, e de certa forma astuciosa, para agradar ao primo, ao sobrinho, e demonstrando um sentimento compadecido de proteção a um amigo. Ainda, sabia-se que Gregório de Matos apreciava as mulheres negras, e em Angola haveria um punhado de belas ninfas africanas para lhe inspirar a musa, a viola, e o prazer de viver. Tomás Pinto Brandão também estava em África, fora enviado para Angola quando Gregório de Matos já se encontrava na prisão, esperando a partida, e talvez os amigos se pudessem encontrar a consolar-se mutuamente. A consciência de Lencastre se aplacava diante de tais argumentos.

*

Na cadeia, Gregório de Matos não tinha nem mesmo o consolo da viola, que ficara na casa do vigário, na ilha da Madre de Deus. Seu maior pavor era ser embarcado sem a companheira mais assídua e fiel. "Mas o vigário Manuel Rodrigues, a quem feriam nalma suas desgraças, prontamente lha mandou com um liberal donativo para as cordas dela."[320]

Depreende-se dos poemas uma misteriosa prisão do poeta, que pode ter ocorrido anos antes, ou talvez seja a mesma prisão anterior a seu degredo. Por ordem do ouvidor geral do crime, "lobo cerval", "alimária cristã", "burro de nora", Gregório de Matos esteve preso nos cárceres da Câmara, onde passou cerca de vinte meses, disse ele. E "comendo as doze", ou seja, levando pancada em todas as doze horas do dia, a acreditar num desses poemas. Passar meses na prisão era quase uma condenação de morte. Havia violência, doenças, as piores condições, e más companhias. As celas eram úmidas, imundas e escuras, e a alimentação, escassa. O motivo alegado na didascália de Rabelo, furto de uma negra, parece ter sido o pretexto para tal prisão.

Acompanhado de sua guitarra, convivendo com vaganaus, Gregório de Matos testemunhou valentias, travessuras, desaforos, jogos, mortes, contendas, lenha e pau, e uma pendência disputada com armas brancas; tudo isso relatado em versos, que indicam ter ele estado preso nas enxovias térreas. Ali Gregório de Matos assistiu a uma querela entre o mulato Quiringa e um mouro errante, que jogavam cartas e se desentenderam, ficando o mouro estirado após a briga, morto pelo valentão. Gregório cantou na guitarra: *servio na moxinga a El-Rei / um Quiringa con dos lanças.*[321] E teve um sonho, sobre o qual escreveu o poema, "Sonho que teve com uma dama estando prezo na cadeya."[322]

*

O poeta adormece ao som de seu tormento, e logo vacilando a fantasia goza mil portentos da alegria, quando todos se tornam sombra e vento; sonha com a liberdade, o bem que mais quer, com a fortuna venturosa, com a claridade do dia; mas é um contentamento em vão; está possuindo sua amante, ou meretriz, imaginando com alegria mil glórias, quando acorda e se vê na dura prisão, sob pena segura.

Para ele, tudo parece prisão, o mundo inteiro, com suas dores e agonias: o dinheiro está preso num saco, o vinho preso na pipa, a água presa na quartinha, as vilas presas pelos muros, a alma presa pelo corpo, a fruta presa pela casca, a rosa presa pelo espinho, a terra presa pelo mar, as minas presas pela terra, o ar preso por um odre; as pedras aprisionam o fogo, na formosura de uma muchacha divina está presa a liberdade, e a paz, presa na valentia.

*

Quando não se tratava de um caso grave, os fidalgos, os membros das ordens militares e os homens que tivessem grau de doutor eram libertados sob juramento, segundo as *Ordenações filipinas*. Após a prisão, executada por mandado expedido por um desembargador, o acusado ouvia o motivo de seu encarceramento, recebendo prazo para a defesa. O demandante, ou o promotor, submetia a tréplica, e nesse ponto se apresentavam provas e depoimentos. Durante esse período o prisioneiro podia ser solto mediante fiança ou carta de seguro, que somente em processos de assassinato, ferimento, ou agressão severa não era concedida.

Gregório de Matos poderia ter se livrado da prisão imediatamente, sob um mero juramento, apenas por possuir o título de doutor, e poderia ter sido solto sob fiança ou carta de seguro. Mas ficou preso durante meses. Era uma prisão política, ordenada e acompanhada pelo governador. Prisão "de preceito", ou seja, por mando. Estava preso por crime de poesia.

*

Não se sabe por que motivo o ilustre prisioneiro protegido do governador foi transferido da prisão que havia no palácio para a prisão no andar térreo da Casa da Câmara, para presos comuns, terríveis enxovias, que estavam em obras. Talvez porque a prisão palaciana fosse preventiva, e a nas enxovias, determinada após condenação judicial em que recebeu a pena de degredo.

Gregório de Matos tentou se socorrer pelo desembargador Belchior da Cunha Brochado. Este havia sido seu contemporâneo em Coimbra, era aquele colega que comentara, em carta, que andava pela universidade um "brasileiro refinado na sátira e dado a valentias amorosas". Chegara ao Brasil na frota de 1687 para tomar posse de seu cargo na Relação da Bahia. Após voltar de uma viagem ao Rio de Janeiro, onde fora presidir uma devassa acerca do assassinato do alcaide-mor daquela cidade, tomou posse como provedor-mor da fazenda da Relação da Bahia. Foi instado por seu colega de Coimbra a defendê-lo. Tudo inútil. Devia o poeta estar em situação tão penosa, que por ironia escreveu, em trapos de sua roupa, um soneto ao desembargador Brochado, sugerindo de maneira oblíqua o motivo de sua prisão: ... *crime, que a dizer me não atrevo, / Acutilei por ser já velho, e gevo / Um vestido, que tinha de comprido.*[323] *Vestido* pode ser no sentido de bem vestido, pessoa principal, de recursos; *e de comprido,* pode ser de *alta estatura social.* Seria uma referência a Antonio Luís da Câmara Coutinho.

E escreveu um poema respeitoso a Lencastre, que fora "velhacamente informado", desculpando-se por sua língua solta. Estes versos confirmam a prisão por crime de poesia.

Que hoje à força meu fado
num Governador envolto,
que, por ser na língua solta,
seja no discurso atado:
velhacamente informado
formou de mim tal conceito:
...
Serei qual melão letrado
com bem estranho sentido,
que hei de ser mais entendido,
quando estiver mais calado:
mande-me já degradado
por sentença, ou de perceito,
ao mar largo, ou mar estreito,
onde os campos de Zafir[324]
com respeito me hão de ouvir,
E não falar por respeito.[325]

*

Antes de seu embarque para Angola, o poeta foi levado à presença do governador que, "tratando-o com humanidade de príncipe lhe pediu que evitasse as ocasiões de sua perdição ultimada; porque era lástima que um sujeito, a quem o céu enriquecera de talento para melhor fama, comprasse o seu descrédito com o descrédito irremediável de tantos".[326] As sátiras realmente deram forças para o descrédito de Câmara Coutinho, que, apesar de deixar o governo debaixo de aprovações, jamais receberia o título de conde que lhe fora prometido.

João de Lencastre entregou ao condenado umas recomendações ao governador de Angola, Pedro Jaques de Magalhães, explicando as causas daquele degredo e o perigo "que em qualquer parte corria sua pessoa".[327] Gregório de Matos embarcaria junto com cavalos d'el-rei.

Desde 1660 havia um decreto real obrigando todo navio que se dirigisse a Angola a levar equinos. Esses animais eram indispensáveis às forças militares lusas, obtinham elevado preço em terras africanas, e ajudavam na manutenção do poderio dos portugueses naquele reino. Cada homem a cavalo valia por uma centena de guerreiros a pé. Os cavalos eram muito bem tratados, cada um ocupava dois serviçais para lhe dar banho, escovar seu pelo, passar pomadas protetoras contra insetos, cortar e dar capim; servos que, nas campanhas, levavam à cabeça fardos de forragem para os animais.

*

A cela na enxovia é aberta, e o carcereiro faz sinal para Gregório de Matos. Diz que está na hora da partida. O poeta se levanta, sente o corpo todo quebrado, pega a viola, dá adeus aos prisioneiros, que o saúdam com respeitoso silêncio. Ao respirar o ar frio da madrugada, sente um prazer intenso. É levado, com as mãos acorrentadas, pelas ruas. Aos poucos vão se aproximando pessoas que sabem de sua partida, e o seguem pelas ladeiras, caladas. Ao chegar à parte baixa, já uma pequena multidão o acompanha. No porto, outra pequena multidão, de amigos e amigas, o espera.

Escoltado pelos guardas, ele não pode falar com ninguém. Mas ouve as palavras que lhe dirigem, de amor, saudades, versos seus são recitados, lágrimas, adeuses, mas também insultos e risadas vitoriosas. Ele avista aqui e ali um rosto, de alguma mulher que amou, de um amigo, de um padre que desancou em sátiras.

Dom João de Lencastre não vai ao porto para se despedir do amigo. Viu-o da janela do palácio, dizendo a si mesmo que estava fazendo um bem ao grande poeta. Maria de Povos e seu filho, Gonçalo, estão ali, e choram. Estão Bernardo Ravasco, triste, e Gonçalo Ravasco, entre envergonhado e consolado. Estão muitos dos seus companheiros de divertimentos.

Gregório avista a nau que o levará para Angola, já carregada com os cavalos reais. Sente-se como um animal, sem poder sobre seu destino. Que mal lhe quer o Brasil, que tanto o persegue? Que lhe querem os pa-

tifes que o invejam? Não veem que os entendidos o cortejam e os nobres o seguem? pensa, quando seus pés deixam a terra da Bahia, e ele toma o pequeno barco que o levará até a nau.

No convés, os guardas da ordenança soltam seus grilhões. Ele vê o perfil da cidade que tanto ama e odeia, a ponto de ele ser ela mesma, e ela, ser ele mesmo. Com os olhos postos na sua ingrata pátria, lhe canta desde o mar as despedidas, num resumo de suas queixas:

— Adeus praia, adeus cidade, e agora me obrigas, velhaca, a te dar adeus, o mesmo adeus que devo dar ao demônio. Agora, me obrigas a te dar adeus, como quem cai, mas tu és quem estás tão caída que nem Deus te quererá.

— Adeus povo, adeus Bahia, digo, canalha infernal, e não falo na nobreza, porque o nobre, enfim, é nobre, e quem honra tem, honra dá. Pícaros são picardias, e ainda têm o que dar.

— Tu, cidade, és tão vil que, quem te quiser desfrutar, basta se meter a magano, e desfrutará. Basta ser ladrão descoberto, como águia imperial, e ter unhas que cavam e olhos perspicazes. Basta comprar uns, e outros vender, e a cidade garante a prosperidade. Basta ser velhaco notório e intrigante fatal. Basta comprar tudo e não pagar nada, dever aqui, dever acolá, perder o pejo e a vergonha. E, se casar, casar mal. Não casar com branca, que é pobreza, tratar de se mestiçar, e vendo-se mestiçado, ir se arrumar num bom solar. Basta fingir ser fidalgo, e entre os fidalgos será recebido. Se ali houver mulher formosa, basta gabar sua beleza. Se for virtuosa e entendida, basta ser burlesco na casa onde se achar. Porque há donzelas que se pode debicar, basta dirigir-lhes um galanteio, e, o principal, um recado. Basta se escorar num poderoso que o sustente, e lhe faça alguns agrados e o conserve afetuoso confessando-se desigual, mostrando-lhe a sua fidalguia, que ele vai acreditar. Basta que visite os amigos no engenho de cada qual e não tire o pé de lá, pois os brasileiros são bestas, trabalham toda a vida para manter os maganos de Portugal. Quando estiver rico, tenha cuidado em poupar, pois a Bahia honra os avarentos e zomba dos gastadores.

— No Brasil a fidalguia nunca está no bom sangue, nem no bom procedimento, está em ter muito dinheiro guardado, e cada um que o guarde bem para o poder gastar mal. A fidalguia consiste em dar a maganos que saibam lisonjear, dizendo que o fidalgo é descendente da Casa Real. Se guardar o seu dinheiro, vai se casar com quem quiser, os sogros não querem homens, querem caixas de guardar. E se o genro não come, nem veste, todos o querem para genro e será genro de todos.

— Oh, assolada eu vejo a Bahia, cidade tão suja, avesso do mundo, direita só em se entortar. Terra que não aparece no mapa universal, como outras, ou são todas ruins, ou ela, somente, é má.

*

A nau não pode partir, é um horroroso dia de trovões, o poeta tem o coração opresso, um vazio no peito. Logo desaba uma tempestade fazendo o dia parecer noite, um fogo que se vê na terra se embaraça com o ar e o ar se confunde com a fumaça. Brama o mar, o vento embravece, desce a escuridão e são tantos os clarões que a noite parece dia, os estrondos horríveis assombram, a terra se abala e estremece. Do alto do céu aos côncavos rochedos, do centro aos altos obeliscos, tremem as nuvens e os penedos. O céu despeja perigos que riscam com assombro, pasmo, medo, relâmpagos, trovões, raios e coriscos. Quando a tempestade amaina, a nau levanta velas e parte. O perfil da cidade vai aos poucos se distanciando, até desaparecer.

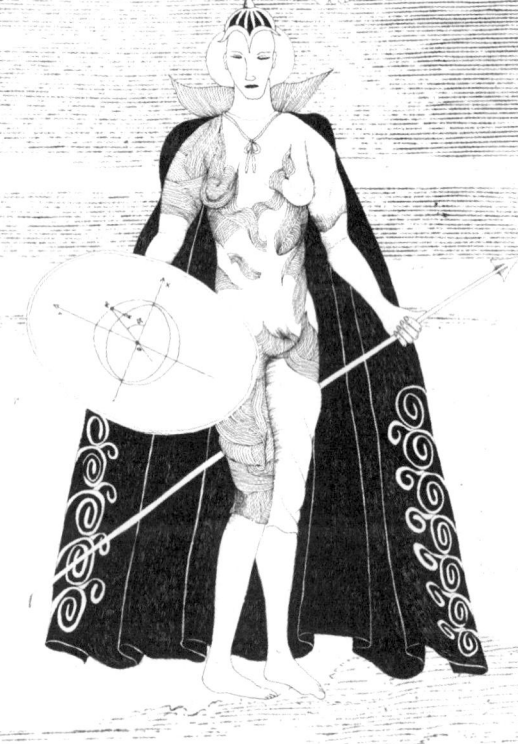

PER

t'Hof vanden Hoogen Raedt   RECIFFO.

Casteel

t'Reciffo met het naeu Erfgh.

4

Angola e Recife

Sátiras a si mesmo

Dores da consciência do poeta

— EU SOU AQUELE, *que os passados anos cantei na minha lira maldizente torpezas do Brasil, vícios, e enganos. E pois, cronista sou. Mercúrio das penas e cronista dos males. Verdades direi, como água, para que todos entendais, os ladinos, e os boçais, a Musa Praguejadora. Entendeis-me agora? Quero curar por escrito sentimentos e saudades, lágrimas, penas, suspiros. De que pode servir calar, nunca se há de falar o que se sente? Sempre se há de sentir o que se fala! A mudez canoniza bestas feras. Sou largo em sentir, sucinto em respirar, e quando sofro, me calo, tão fino e tão atento que disfarço meu tormento, mostro o que não padeço, mas sei o que sinto. A minha dor que encubro, ou desminto, é sustento dentro do coração que, para penar, é sentimento, e para não me entender, é labirinto. Só tenho jeito para fazer versos, em outras obras do talento sou um asneirão, mas sendo sátira, sou todo entendimento. Deveis das minhas palavras tomar não aquilo que elas dizem, mas o que querem dizer.*

— Sou pessoa honrada e homem de entendimento, com talento. Não sou eu de todo besta, apesar de tratar de o parecer, e assim, mereci favores, aplausos, pelos meus néscios encantos. Já era bem-visto na terra, louvado, engrandecido, já não era mais aborrecido, estava no auge de ser benquisto, já me alistava entre os grandes, falava mais que meus amigos e bebíamos todos num mesmo copo. Que hei de fazer, se sou de boa cepa?

— Foram-me pondo num trapo e me vi tornado um farrapo. Queria-me mal a cidade, pelas verdades que eu disse. Não havia quem me falasse, ou visse, sem inveja. E se alguém me mostrava amor, era temor. O

povo maldito da cidade me pôs em guerra com todos, e só no retiro vivi em paz comigo. Sei de muitos delitos mais graves que os meus, porém, todos sem castigo. Não é fácil viver entre os insanos. Como nada veem, e andam sempre aos tombos, os mazombos queriam que eu fosse cego também. Deviam ter-me ali por um doido, ou filho de um triste resgatador de escravos, porque me davam para glosar tantos disparates, e queriam que eu lhes imprimisse poemas com maestria. Todos nós somos ruins, todos perversos, só nos distingue o vício e a virtude, de que uns são comensais, outros, adversos.

— Que néscio eu era, então, quando pensava que não era. Mas o tempo, a idade, a era, podem mais que a razão. Confiei na discrição, e perdi-me, no que me toca. E agora, que sou velho mal estreado, cepo cansado, velho deposto, entendo que o tempo fez o que a razão nunca pôde fazer. O tempo me tem mostrado que, por não me conformar com o tempo e com o lugar, estou de todo arruinado. Sou um magano, um patife, um mariola, um sátiro, um intratável, e mais doido que um esfarrapado. Sou um sujo e um patola, de mau ser, má propensão, a quem a universidade não melhorou a qualidade, nem o juízo. Sou um tonto, um cabaça. Sou um pobre idiota que, para um tostão ganhar, estuda uma noite toda. Sou a ovelha pior de quantas Deus pastoreia, sou das mais desunidas do redil. Sou um nonada enfurecido. Ando no mundo carregado de mim e esse grande peso me embarga as passadas, pois ando por vias desusadas, fazendo o peso crescer, e vou ao fundo. Minha alma nasceu para oficina do tormento, e é tão unida a seus desgostos que me mantém em posse da aflição e me alimenta com pesares. Eu troco o bem pelo mal, e tenho a grande parvoíce de ser visto como louco, e tudo o que experimento, ou toco, me faz homem desigual, avesso, néscio e sandeu. Tal homem sou eu.

— O remédio será seguir o imundo caminho onde vejo as pegadas dos outros, pois as bestas andam juntas, e mais celebradas do que aquele que anda sozinho, num engenho mais profundo. Se não me molho nesta água, mal posso viver entre os entes. O homem prudente deve ser mudo, pois é melhor, neste mundo, o mar de enganos, ser louco com os demais, *do que ser prudente. Se for preciso alcançar a fortuna, sem siso, renuncio à fortuna. Em mim as lágrimas não são suficientes contra os incêndios que me maltratam.*

— Tudo muda, muda-se o tempo e suas temperanças, até o céu se muda, a terra, os mares, tudo está sujeito a mil mudanças, só eu, que tinha esperanças de findarem os meus pesares, nunca vejo o minguante de meus azares. Eu corro à sepultura, e cada vez me dano mais; eu vou, e não torno mais. Se meus passos não são verdadeiros para ir a Deus, me encaminho a destruir, tudo em mim é puro estrago, e naufrago. Para meu encanto, fico num contínuo pranto. Ando corrido, e feneço. Tudo em mim é padecer, peno toda a eternidade, em mim tudo é fenecer. Tudo em mim é acabar. Em mim tudo é chorar, tudo em mim é sentir danos, tudo em mim são desenganos, tudo em mim é sepultar. Fui e serei um pó frio, em pó vou me converter, os bichos me hão de comer e hei de todo acabar, hei de estreita conta dar, finalmente hei de morrer. Que eu esteja entre os desgraçados, tenham como exemplo a minha desventura. Não culpem a minha cordura, pois eu sei, a culpa são meus pecados. Não me julguem.

— Se souberas falar, também falaras, também satirizaras, se souberas, e se foras Poeta, poetizaras.

Armazém de pena e dor

1694, o poeta em Angola

Chovendo maldições, e praguejando sátiras, peregrinou os mares aquele que por instantes naufragava nas tempestades da terra. Dizia ele que com razão sobrada podia articular o "non possedebis ossa mea" de Cipião, e falou com rigoroso acerto; porque se houve pátrias no mundo, que desterraram seus beneméritos filhos, não consistiu talvez essa desgraça tanto na malícia delas, como no destino deles. Porém a Bahia dos muitos hábitos de desprezar seus naturais fez natureza, para aborrecê-los e persegui-los. A melhor pintura desta verdade se pode ver nas vezes que sobre ela declama o mesmo poeta: onde sem hipérbole de musas resplandece a propriedade.[328]

NA ETIÓPIA INFERIOR OCIDENTAL, à beira do oceano Etiópico, desde o rio Lufune até dezesseis graus do hemisfério austral, estava o reino do Dongo, ou Angola, palavra que vinha de *Ngola*, título de reis, ou sobas. Fazia fronteira com o reino do Congo ao norte, a leste com o reino de Matamba e regiões de Malembo, e ao sul com o reino de Benguela.[329] Chegava-se à cidade de São Paulo de Luanda penetrando um longo canal que separava do continente a ilha de Luanda, ou ilha do Cabo.

Luanda, uma ilha arenosa, estreita, rasa, cuja costa se modificava ao sabor das correntes marítimas, alongava-se diante das terras continentais, protegendo uma enseada bem difícil de penetrar e navegar, cheia de bancos de areia. À chegada, as naus vindas do Brasil passavam em frente ao avermelhado morro das Lagostas, que se via à esquerda, numa corda de terra coberta de grossas árvores de alicondes; e à direita, diante de terras da ilha, algum povoado pequeno de nativos e portugueses. Cruzava-se a enseada, onde ficavam o penedo de Madalena e a Casonda, no rumo do porto. Afinal se chegava ao morro de São Paulo, na ponta de um promontório, sobre o qual estava a cidade de Luanda.

Os navios não podiam se aproximar da praia, que ficava diante de um longo raso, e só entravam embarcações leves. Para entrar, as naus precisavam ser descarregadas e iam *boiantes*. Também pela barra oposta se podia penetrar, mas era uma passagem bem mais arriscada, aproveitando os ventos, em certos horários. Fundeava-se numa enseada, para esperar a noite. Ali era possível estarem surtas cerca de trezentas naus. Com o vento terreal do amanhecer, os navios rumavam ao destino: a ponta dos Secos, ou a Casa da Feitoria, onde se depositavam os escravos que iam para as Índias, ou para o Brasil. Da ponta dos Secos à povoação da praia iam barcos menores levando mercadorias, marítimos e passageiros; atravessando o canal chegava-se ao pé do morro de São Paulo, pisando em terra os viajantes.

*

A cidade de Luanda lembrava a Bahia, em sua geografia, com uma parte baixa e uma parte alta. Na povoação da praia ficavam portos de desembarque, lojas de comércio e serviços. Era um lugar pobre, sujo e animado, com gente transitando: negros vestidos como fidalgos brancos, vendedoras ambulantes a apregoar suas mercadorias, pombeiros a negociar escravos com estrangeiros, soldados, pessoas transportadas em redes apoiadas nos ombros de escravos, ou a cavalo. Nas quitandas se vendia de tudo, e aqui e ali se viam formosas e vistosas peles de zebra em exibição, e pilhas de presas de elefantes, para serem comerciadas.

A maioria dos moradores era de escravos, que não só realizavam os trabalhos domésticos, como administravam casas de governo, cuidavam das igrejas, compunham tropas de segurança, eram remeiros, carregadores, mensageiros, iam aos mercados comprar e vender, para seus senhores; estavam por toda parte e eram mais vistos que os homens livres.[330] Os negros iam nas ruas com lanhos e tatuagens no rosto que indicavam seus lugares de nascimento, e as negras, adornadas com colares de búzios, roupas de ráfia, umas caminhando atrás de seus maridos brancos. Na parte baixa se viam constantemente libambos, lotes de escravos que vinham de ser cativados ou iam a serviços, atados uns aos outros por uma longa cadeia de ferro presa ao pescoço.

Na parte alta da cidade, sobre o morro de São Paulo, ficavam as construções dos abastados: igreja da Misericórdia, Sé, igreja dos jesuítas, convento de São José; o palácio do governador, a casa da Câmara, e as fortalezas de São Pedro da Barra e de São Miguel de Luanda. Os portugueses se instalaram em Luanda desde 1571, em sistema de capitania e governança colonial, interessados nas lendas de jazidas de prata, cobre e sal, e nos caminhos que iam dar em Moçambique e nas minas do interior.

Muito sangue havia corrido naquele chão, desde os tempos do primeiro donatário português, que fundou o povoado de Luanda, e que em suas conquistas pelos sertões "mandava decapitar os chefes negros que capturava ou que se rendiam. E queimar vivas dentro de suas casas famílias inteiras. Por onde passava, levava tudo — milhetes, sorgo, mel, sal e gado miúdo —, reduzia a cinzas as aldeias e os sobreviventes, à escravidão",[331] quando não morriam os nativos nos dentes das matilhas de cães dos portugueses. E o sangue de régulos africanos, decapitados em praça pública diante dos moradores de Luanda. Também o sangue europeu banhou aquelas terras; entre 1575 e 1591 calcula-se que morreram cerca de mil e setecentos brancos, entre portugueses, holandeses, flamengos e castelhanos. Cerca de quatrocentos pereceram sob lanças, azagaias e flechas; e os demais, de maleitas e outras febres.

Houve muita violência na guerra para expulsão dos holandeses que ocuparam Luanda desde 1641, ajudados por uma rainha negra, Jinga, senhora altiva e implacável, que comandava pessoalmente suas companhias guerreiras e era tratada não como rainha, mas como rei, e cuja coragem lhe deu a linhagem de heroína, "um demônio em forma humana, que ultrapassa Semíramis, Cleópatra, a famosa Judith e Artêmis".[332] Como os portugueses estavam ocupados com as guerras contra a Espanha, os senhores de cana no Brasil, maiores interessados no tráfico de escravos, enviaram uma expedição de guerra composta por oito navios, que levava cerca de quinhentos homens armados, entre eles muitos índios. O comandante dessa expedição morreu na batalha, assim como grande número de soldados, que foram esquartejados e devorados pelos temíveis *jagas*, guerreiros ferozes como leões, e nômades, aliados dos holandeses.

Ainda assim, a expedição carregou uns dois mil escravos na volta ao Brasil, o que deu ânimo para um novo ataque. E ali chegou, em 1648, uma esquadra com quinze naus, capitaneada por Salvador Correia de Sá e Benevides, governador do Rio de Janeiro. Levava cerca de mil e quinhentos homens, entre eles muitos refugiados angolanos. Encontraram Luanda desguarnecida, pois a maior parte dos soldados holandeses e dos guerreiros jagas se encontrava em batalha nos sertões, contra portugueses. Mesmo com a perda de uns cento e cinquenta soldados, e apenas três do lado holandês, os lusitanos foram vitoriosos, após destruírem os canhões das fortalezas inimigas. Os holandeses assinaram os termos de rendição e se retiraram, porém deixando os jagas com armas e farta munição, para continuarem combatendo os portugueses.

Sá e Benevides tornou-se governador de Angola, e mudou o nome da cidade — pois Luanda fazia lembrar *Holanda* — que passou a se chamar São Paulo de Nossa Senhora da Assunção, santa comemorada naquele dia da conquista. Os navios negreiros partiram para o Brasil levando cerca de sete mil escravos entulhados nos porões. Luanda estava destruída, as igrejas e casas sem portas, telhados desabados, e a maior parte dos moradores morta, ou refugiada nos sertões. A população branca se resumia a cento e trinta e duas almas. Apesar dos grandes esforços para a reconstrução e a instalação de mais edifícios religiosos, quitandas, hospício, Luanda vivia num marasmo, sem mais atividades que o comércio de escravos, marfim e cera de abelha. Chegando para governar Angola, dom João de Lencastre trabalhou nessa reconstrução, e foi mecenas da construção de um convento no arrabalde, provendo o término das obras, com a torre sineira (1689) e a sacristia (1691).

*

Padres jesuítas missionavam por ali, cristianizando os nativos. Construíram uma igreja, e adquiriram terras na ilha de Luanda, com largos coqueirais que cercavam cultivos dos vegetais a que os padres estavam acostumados, como arroz, couve, cebolas, cenouras, e pomares de laranjeiras e limoeiros. Promoviam festas religiosas, algumas suntuosas e caras, com queima de fogos, financiadas por cristãos abastados que viviam em Luanda, enriquecidos com o tráfico. Nas igrejas havia missas com danças e estâncias, sendo os músicos pagos pelos próprios fiéis.

Moravam em Luanda os descendentes das primeiras brancas cristãs mandadas para Angola, órfãs educadas no recolhimento da Misericórdia em Lisboa, que se casaram com colonos portugueses. Com a falta de brancas, o cruzamento de raças era intenso, proporcionando uma mistura de usos e costumes. Viviam ali muitas mulheres degredadas, que na maioria chegavam sozinhas e acabavam por se casar com homens da sua mesma condição. A maioria dos brancos que viviam em Luanda era de degredados, vindos de vários países, como Itália, Espanha, China, mas principalmente do Brasil e de Portugal.

Já em 1596 chegaram três ciganos e sete portugueses criminosos, enviados para cumprirem pena em Angola. Eram mandados pela Inquisição, por condenações judiciais, às vezes por terem cometido delitos sem importância, ou por perseguições políticas, como o "crime de poesia", caso de Gregório de Matos.

Quando o poeta chegou a Luanda, a população branca ainda era pequena, poucas centenas de homens e mulheres, algumas destas desterradas por judaísmo, prostituição, feitiçaria e outros motivos. Moravam ali também aventureiros, homens que se dirigiam a Angola para enriquecer com o comércio de escravos, em geral nobres sem fortuna ou caídos em desgraça, foragidos da Justiça, ou "ciganos, cristãos-novos, homossexuais, mulatos da Metrópole, de Cabo Verde ou de São Tomé e mamelucos do Brasil, que destes também ali devia haver, pois somavam no Congo, no fim do século XVI, cerca de quinhentos 'culpados e homiziados'..."[333]

Assim que chegavam, os infelizes eram levados para o Depósito Geral dos Degredados, e, uma vez registrados pela Câmara da cidade, recebiam a sentença de seus destinos. Uns podiam ficar em Luanda, outros eram enviados a locais nas redondezas, ou distantes da cidade. A Câmara tentava evitar que os degredados retornassem para seus países de origem, pois eles viviam livres e sem fiscalização. Uns se aventuravam em outras regiões, por conta própria, como parece ter sido o caso de Tomás Pinto Brandão, que foi para Benguela a fim de enriquecer com a compra de escravos. Mas alguns acabavam retornando clandestinamente para suas terras. Não eram raros os que faleciam durante a viagem de ida ou de volta, ou por doenças lugareiras.

Uma lei impedia os degredados de ocupar cargos oficiais, mas era raramente obedecida. Quase todos os postos militares ou civis eram ocupados por esses homens ou seus descendentes, que acabavam constituindo o grupo mais elevado na hierarquia social. Muitos enriqueciam com o lucrativo comércio de escravos, tornavam-se grandes senhores, possuindo centenas, ou milhares de "peças", sinal de poder e opulência. Também enriqueciam comerciando gêneros, e costumavam deixar fortunas em testamento para seus descendentes. Uns viviam arriscadas aventuras pelos sertões angolanos, na captura de negros das aldeias, para cativar. Viam-se em Luanda, constantemente, tropas que voltavam do sertão, arrastando prisioneiros subjugados, com as mãos atadas. Ou homens a cavalo, trazendo escravos comprados nas feiras e nos presídios do interior.

Os colonos ricos, arrogantes, em seus trajes aveludados e golas de renda alva, imitavam os fidalgos de Lisboa. A visão que os colonos tinham de sua posição era a de senhores, e meros soldados se sentiam acima de respeitáveis chefes negros, assim como padres, comandantes, administradores se viam como senhores daqueles africanos, acreditando que eles tinham a obrigação de lhes dar a comida, trabalhar sem pagamento, e ainda lhes fornecer escravos.

> *A galeria de retratos desses administradores é de provocar repulsa e tristeza. Aspiravam todos às riquezas de Goa, mas eram mandados, quase sem meios e com vencimentos insuficientes, para um porto calorento, sujo, insalubre, cheio de poeira e de mosquitos, onde se contavam as casas de telha e nada havia que alegrasse os olhos, exceto o mar. Desde a chegada, tinham de conviver com intrigas e perfídias. Uma politicalha vil enodoava tudo, conduzida por colonos velhacos, que escondiam passados criminais ou vergonhosos, por padres traficantes ou polígamos, por pés-rapados enriquecidos no roubo, por fidalgotes amargurados, ressentidos, frustrados, neuróticos e transtornados pela solidão ou pelas ilusões perdidas. Os governadores enroupavam com pretensões de grandeza o desencanto humilhante — não era aquele o cargo que lhes haviam prometido ou com que tinham sonhado. Não demorava muito, e se revelavam agressivos, mesquinhos, mandões, soberbos, irascíveis, vingativos e tirânicos. Tratavam a colônia como se fosse coisa deles, porém mais atentos aos ganhos do comércio de escravos, a que quase todos se dedicaram, do que ao bem comum.[334]*

Com a riqueza do ouro negro, passaram a ser enviados para Angola governadores mais austeros e fidalgos renomados, como João de Lencastre, que só aceitavam passar por aquela provação após a promessa real de futuros privilégios e valiosas recompensas. Os colonos, acima de tudo os mais pobres, muitas vezes se metiam em desordens, violência de rua, crimes de morte, farras pelas madrugadas que passavam embriagados nas cubatas e tabernas; eram encarcerados junto com negros, negras, escravos ou libertos, e cristãos-novos condenados pela Inquisição. Os governadores costumavam suplicar o envio de colonos não degredados, mas persistiu o destino de Angola como terra de despejo da gente indesejável.

*

Os problemas de adaptação eram severos, em geral causados por costumes muito diferentes, e pelo clima áspero, com secas prolongadas, orvalhos noturnos, neblinas densas que deixavam a cidade imersa em melancolia. Nas secas ocorriam fomes, surtos de doenças, e uma incontrolável alta de preços dos produtos. As águas que os moradores bebiam eram turvas, vindas de lagoas estagnadas e repletas de insetos, ou dos poços, sempre tépidas, barrentas, salitrosas. E as saudades deviam povoar as noites em Luanda; uma cogitação profunda sobre a perda da liberdade, e o sentimento de exílio afetavam o comportamento dos que se viam obrigados a viver distantes de sua terra.

*

Eram muito procurados nas quitandas os gêneros com poder curativo ou mágico. *Kabomba yala*, para apaziguar maridos; *ngongo,* amuleto de madeira com imagem humana, para tratamentos diversos; *pemba*, um barro alvo, usado em cerimônias religiosas.

O peixe era alimento básico, vendiam-se nas quitandas o bagre de água doce, defumado, o cacussu seco, ou o bagre preto defumado. Comia-se muita lagosta, abundante nas águas angolanas, e carne de baleia. Também eram oferecidos nas quitandas diversos pratos já preparados, com sabores e odores exóticos: feijão com azeite de dendê; doce de coco; doce de amendoim; matetes, anfunge, quenga; e o mais consumido, *funji*, que era uma massa de fubá. Alguns comerciantes levavam para a cidade a carne de gado, fresca ou seca, e em troca carregavam o peixe seco para o interior de Angola. Ao lado de potes de barro e cestos, ramos de pimenta, sal ou dendê, nas quitandas e feiras se vendiam legumes nativos, como inhame e quiabo, e produtos trazidos do interior, tais como amendoim, cana-de-açúcar, batata-doce ou milho. Raro o trigo, o pão era a mandioca, cuja farinha tinha um alto valor para os navegadores que ali se abasteciam antes de suas travessias.

Nos navios que chegavam de Portugal se podia comprar uma manta do Alentejo, uma musselina da Índia, até mesmo vinho, azeite, queijo e manteiga, e os colonos só comiam à maneira dos bugres quando havia falta dessas mercadorias.

*

Gregório de Matos passou a morar numa casa localizada talvez na cidade baixa, onde viviam os degredados pobres, e abriu um escritório de advocacia. Chamavam de mbukâmi ao advogado do queixoso. Ali o poeta podia perceber as semelhanças com a sua terra: ruas estreitas, ladeiras, ruídos, cantigas negras, sinos, jesuítas. "Lembravam-na o clima, a vegetação (menos o arvoredo e a colina verde), o negro banto, a rede em que espreguiçavam os brancos carregada por dois nativos, a docilidade do povo, numerosos baianos dominando-o com as altas patentes e o comércio bárbaro, em troca de pretos, rolos de tabaco e garrafões de jeribita. / À moda da Bahia construíam-se sobrados; trajavam-se da mesma maneira as pretas de lá e de cá; salpicava-se de palavras comuns o linguajar quimbundo; outras, brasileiras, nele entravam; e nessa aproximação de costumes se estabelecia o parentesco evidente dos países."[335]

Não há indício de o poeta ter deitado nos jiraus com as negras, nem andado por festas de atabaques, canzás, marimbas. Não há nenhum poema às africanas que andavam seminuas, formosas, em seus moleles de linhagens rudes. Talvez ele estivesse deprimido, talvez temesse os terríveis castigos que podiam desabar sobre os que cometiam mesmo os menores delitos. Tivesse ido por vontade própria, poderia penetrar os mistérios do reino de Angola, da África com toda a força selvagem, numa aventura semelhante à de poetas e escritores do século 19, como Flaubert ou Richard Burton, em sua paixão pelo Oriente e por terras desconhecidas. Teria tido disposição para ouvir histórias em que bugios raptavam mulheres e com elas viviam nas selvas, em que homens viravam crocodilos, caçadores viravam os mesmos leões que matavam; teria conhecido mulheres fascinantes, régulos, cerimônias, sacrifícios, aldeias perdidas, reinos, percorrendo caminhos infestados de matadores quifinbulas, e tantas mais experiências dignas de serem cantadas em versos. Mas estava ali forçado, morto de dúvidas e carregado de pesares, saudoso, com o ânimo abatido.

E Gregório de Matos escreveu uns poucos poemas, plangentes, revoltados, numa visão angustiada daquele país, mas ainda assim capazes de revelar alguma beleza daquelas paragens e os sentimentos do poeta pelo sofrimento do povo angolano, nativos "por gênio resolutos, dóceis, sisudos, e de boa fé; por isso em tudo a que se entregam, e de que são susceptíveis, são extremosos, e constantes. São amantes em o último extremo: são vingativos, quando desenganados lhes dão motivos para o serem; e por isto sendo capazes do amor, e do ódio, com facilidade trocam um pelo outro: nunca desabridamente por efeitos da inconstância; mas sim pela ardência, auge, e reconhecimento da ofensa. São muitíssimo fiéis a quem se inclinam, e chegam a estimar; e têm ódio com o mesmo extremo a quem chegam a aborrecer..."[336]

*

— *Viver em Angola é passar a vida, sem perceber que passa; faltam prazeres, sobram esperanças. É sentir-se sempre voltando atrás ao pisar a areia seca, e sofrer o sol que abrasa como fogo. Beber água baça de cacimbas, almoçar e jantar muito mal. Ouvir por todo lado as correntes e assistir a darem açoites sem piedade. Ver a riqueza de alguns senhores, feita por encanto, criada a duras penas, e não se tem conhecimento de quem foram eles antes de estarem aqui, e por que motivo vivem neste reino. Muitos são mentirosos por razões de Estado, sempre sedentos, em ambição. Viver em Angola é estar morto de dúvidas e carregado de pesares.*

O poeta lamenta o triste paradeiro de sua fortuna, numa terra turbulenta, armazém de pena e dor, em que impera um caos causado pelo medo. Inferno em vida. Terra de gente oprimida, monturo de Portugal que para ali purga o seu mal e a sua escória. Onde se vangloria o furto, a malignidade, a mentira, a falsidade e o interesse. Onde a justiça perece por falta de quem a entenda, e onde, para haver emenda, Deus faz o que fazia com os judeus, o Deus das vinganças, que com Suas três lanças da ira atira a peste, o sangue derramado, a aridez da terra, as febres malignas e ardentes que metem o mais robusto debaixo da terra em três ou sete dias. Febre contra a qual não há medicina, como se o próprio ar fosse um veneno, um efeito do respirar na zona ardente, onde mora a gente etiópica, gente asinina, tostada, com a marca da cor da noite escura, e levada adiante por açoites.

Ali em Angola a fortuna do poeta, conjurada ao fado, o deixa em tal estado no qual se vê. Ali, onde seu desejo busca em vão o seu fim, e ele nunca se encontra, quando se busca. Ali, onde o filho é fusco, e quase negro é o neto, negro de todo o bisneto, todos são escuros. Ali, onde o clima gasta o sangue puro, e do mesmo modo rói o gesto, e o ar e o vento carcomem, ventos e ares tão fortes e violentos que carcomem o bronze, metal eterno, que nem mesmo o fogo do inferno carcome, mas aquele ar o quebra, reduz a quase nada. Ali, onde os bosques são vil morada de empacaceiros, soldados caçadores nativos. Onde os bosques são morada de animais das raças estranhas, de leões, tigres, rinocerontes, elefantes dando marradas, e bichos matreiros; lobos servis, carniceiros, javalis de chifres agudos, monos, bugios astuciosos, nos rios. Onde há maldições de assobios de crocodilos manhosos, cavalos-marinhos espantosos, que fazem ninhos horrendos nas mais ocultas paragens das emaranhadas margens. E, se acaso alguém quer encher um vaso d'água, chegando ao rio, ignorante, logo nesse mesmo instante é sepultado ainda vivo nas tripas de um lagarto intrépido, que assim se farta. Assim, ninguém ousa pôr o pé numa braça da corrente, temendo ir para a barriga do devorador.

— Deus me valha! Deus me acuda! E com Sua santa ajuda me reserve. E não me conserve nesta terra, onde, a sussurros e gritos, uma multidão de mosquitos toda a noite traga a pessoa num contínuo açoite e em bofetadas soantes, rasgando as veias abundantes a ferroadas.

E se acaso alguém se inclina a fugir da condenação a lavrador, estando a semente em flor, um bando de imundos gafanhotos ataca, qual pintos minhotos, qual uma bárbara milícia em confusos esquadrões, marchando em confusas legiões, um estranho caso! Deixam o campo raso, sem raízes, talos, nem frutos, sem que o mais astuto lavrador possa fazer algo, antes, fica metido na choça a se lastimar e desconsolar, vendo o quanto assola essa má praga. Há uma cobra que engole de um só sorvo e um só bocado um grandíssimo veado. Outra, chamada enfuís, que, se vê alguém, esguicha veneno à distância de um tiro de flecha, uma quantidade que acerta a menina dos olhos com tais dores que desatina a vítima e a cega, incontinênti.

— Ó clemência de Deus! Ó onipotência, que Deus nada criou em vão! Para que Deus depositou neste lugar tais instrumentos de matar, e em tanta quantidade? E por que o sol com sua claridade e reflexão corrompe a criação e mata? E por que a lua, que derrama a luz prateada e almo e puro amor, e, criadora, comunica-se com as verdes plantas, por que em Angola descarrega Deus tantas maldades? E a chuva, que sempre se encarrega de fertilizar os prados, por que em Angola causa febre mortal a quem se molha? E por que tantos animais, que a terra cria e sustenta, e são pasto dos homens, como acontece nesta terra maldita e infesta, tris-

te, horrorosa, escura, sejam sepultura dos homens? Mas, Deus, o sábio e criador desta fábrica do mundo, tem Seu saber profundo e sem medida.

E o poeta escreve a prece:

> *Lembrai-vos da minha vida,*
> *antes que em pós se desfaça,*
> *ou dai-me da vossa graça*
> *por eterna despedida.*[337]

*

A graça que Deus lhe deu chegou por caminhos tortos, mas o poeta conseguiu o que tanto almejava. Não exatamente como sonhara, mas ao menos um alívio de sua pena.

Em Luanda o dinheiro mais usado era um pano de ráfia, carimbado com o emblema real. Passava de mão em mão, até ficar puído, perdendo seu valor. O governador de Angola, Henrique Jaques de Magalhães, ordenou que, em vez de usarem o "pano de palha" como dinheiro, corresse uma nova moeda de cobre, cunhada na Casa da Moeda do Porto. O soldo dos militares, em consequência, foi reduzido de setecentos réis em trapos a duzentos em moeda. Revoltados, os soldados tomaram a praia de Nazaré, e brandindo armas exigiram o mesmo valor no soldo, assim como a expulsão do ouvidor, Francisco Lopes da Silva, e a anistia pela rebelião, ameaçando prender o governador e saquear casas de moradores, matando quem quer que fosse. O governador concordou. Mas logo um novo terço, comandado por brasileiros, exigiu a renúncia do governador, para pôr em seu lugar um nome escolhido pelos rebeldes, com poderes de nomear novo ouvidor e novos oficiais militares. Os amotinados aclamaram um novo governador, Luís Fernandes, "rei dos jeribiteiros", "soba dos borrachos". Expulsaram o ouvidor metendo-o num barco, e ele se foi, assustado. Logo Gregório de Matos se viu envolvido na rebelião.

... exercendo na cidade de Loanda[338] o ofício de advogado, aconteceu que, amotinada a infantaria da guarnição daquela praça, e posta em armas fora da cidade, entrou uma chusma de soldados pela casa de Gregório de Matos, forçando-o a que os fosse aconselhar sobre as capitulações que tinham com o governador seu general; e posto com efeito entre os amotinados no campo clamou que o levassem a casa, para trazer certa cousa, que lhe esquecera, sem a qual não podia obrar a medida de suas satisfações. Entenderam os soldados que seria livro de direito, e não duvidaram romper segunda vez o perigo de entrar na praça; mas aquele que imaginavam instrumento de sólido conselho, outra cousa não era mais que a sonora cabaça do poeta; do que se infere como chasqueava este Demócrito das alterações da fortuna.

Jaques de Magalhães se enfureceu. O exército estava dividido; apoiava o governador um tenente-general de artilharia, assim como um capitão, e suas tropas, que o ajudaram a debelar o motim. O governador mandou lançar bandos com penas de morte e mais castigos. Convocou os cabeças da sedição para uma conversa, mas era uma emboscada: matou os sete líderes, arcabuzados e esquartejados diante dos rebeldes, metendo suas cabeças num saco. Muitos dos amotinados foram presos. Em um documento da sublevação há a assinatura de certo Gregório Roiz de Mattos, e caso seja do poeta a assinatura, significa que ele esteve envolvido na revolta muito mais do que o poema sugere, o que justificaria bem melhor a decisão do governador de repatriá-lo.[339]

O significado do gesto de Gregório de Matos, ao querer buscar em sua casa a viola, seria que sua única atuação no motim poderia ser cantar em versos a proeza. Mas, tomando o gesto do poeta como apoio às forças do Governo, ou mesmo, querendo por sua vez se livrar da presença do maldizente, Jaques de Magalhães decidiu permitir a volta de Gregório de Matos ao Brasil. Como a recomendação de João de Lencastre era de que não retornasse à Bahia, decidiu remetê-lo a Pernambuco.

Ondas nos arrecifes

1695, Recife; o último amor

O *POETA ENFRENTOU MAIS UMA TRAVESSIA PERIGOSA*, decerto ansioso, temeroso, eram conhecidas as histórias de tragédias marítimas. Padre Vieira, que tantas vezes viajou pelos oceanos, chegou a sofrer cinco naufrágios. O primeiro, quando menino pequeno veio com a família para o Brasil, aconteceu em 1615: bem perto da costa da Bahia a nau encalhou durante a noite num banco de areia, abrindo-se um rombo no casco; de manhã os passageiros foram salvos por um batel de remadores que conseguiram desencalhar o navio. Em 1641, retornando a Portugal, durante uma tempestade o navio sofreu avarias e um desvio de rota, indo dar em Peniche. Novamente, em 1654, perto dos Açores a nau em que viajava salvou-se, a custo, de uma borrasca, mas foi assaltada por piratas holandeses que tudo saquearam, abandonando Vieira e seus companheiros, nus, nas praias da Graciosa. Em 1669 o jesuíta embarcou para Roma, numa terrível viagem, sofrendo dois naufrágios, que o obrigaram a desembarcar em Alicante e posteriormente em Marselha. Mas Gregório de Matos conseguiu chegar a salvo no Recife.

*

A viagem da África para o Brasil era facilitada pela corrente de Bengala e pelos ventos. De Angola a Pernambuco durava cerca de trinta e cinco dias, e fazia parte da rota dos escravos; dessa forma, talvez Gregório de Matos tenha vindo num navio repleto de negros, "com o baile macabro, ao estalar da chibata, no tombadilho inundado de sol, o mesmo céu limpo na costa angolana e praias do Brasil".[340] A entrada em Pernambuco se fazia pela boca de um recife de pedra, tão estreita que ali passava apenas uma nau por vez, e as esquadras tinham de navegar enfileiradas. Dentro da barra se chegava a um poço, ou surgidouro, onde as naus eram carregadas ou descarregadas de mercadorias, numa água coalhada de barcos pequenos que também transportavam produtos, e passageiros.

Ficava a povoação do Recife na ponta de uma estreita península, entre o rio Beberibe e o mar; de longe, do convés, já se avistavam as duas torres do palácio de Friburgo acima das copas do arvoredo, e que serviam de norte aos navegantes, pois havia no topo de uma delas um farol do qual jorrava luz, assinalando a entrada do porto. Mais perto viam-se diversas vendas e tabernas e depósitos que agasalhavam o açúcar. Atrás, o perfil da povoação: torres das igrejas, telhados dos sobrados; e, cobrindo uma colina, a cerca de meia légua do porto, a mimosa vila de Olinda, cabeça da capitania, branca, cercada de mata.

*

Chegava o Boca do Inferno a Pernambuco. Pisava novamente as terras do Brasil. Respirava o ar, ouvia a entonação das falas abrasileiradas, sentia os odores das comidas, via os olhares e requebros mais soltos das mulatas, e muito mais gente branca em suas roupas preciosas; mas tudo ali trazia novidade para ele. Recife não era nem mesmo uma vila, só seria elevada a essa posição em 1709, por meio de carta régia. Formava um pequeno burgo, dito ainda Povoação dos Arrecifes, ou Ribeira Marinha dos Arrecifes, na ponta do istmo; uma quase-ilha, como a chamou Freyre. Guardava traços da época gloriosa e dramática da presença batava, que mudou a configuração do povoado. Em vez de ficarem em Olinda, os holandeses preferiram se instalar na parte baixa, cercada de águas, como em sua terra, construindo portentosas pontes de madeira que ligavam a península, a ilha e o continente, e diques e canais que levavam as águas do Capibaribe para dentro da barra, o que permitia a entrada de canoas e barcos pequenos para serviço dos moradores, ao modo de Holanda. Acreditavam que ali era um lugar mais seguro, ao contrário dos portugueses, que costumavam edificar seus povoados sobre colinas, confiando serem locais mais defendidos. Em 1631 Olinda foi saqueada e incendiada pelos holandeses, inclusive suas igrejas, escapando apenas a de São João Batista, que servia de quartel aos invasores.

O traçado da Povoação dos Arrecifes seguia a estreita faixa de terra seca; edifícios civis e religiosos e uma praça com ermida corriam ao longo de uma rua principal, cortada por diversas ruelas transversais e estreitas. Tudo era cercado por uma paliçada de pau a pique e madeira, havendo passagem por três portas: uma para o porto e trapiche, outra para a vila de Olinda, e a terceira para a ilha de Antonio Vaz.

Na península a cidade era bem portuguesa, com seus becos tortuosos, uma "angústia de arruados esquivos" e "becos arrepiados",[341] arcos, sobrados de mirantes. Quando Gregório de Matos chegou a Recife preservava-se ainda a cidade construída por Nassau cerca de cinquenta anos antes, desenhada com regularidade, traçada por canais que separavam quadras e espaços abertos, jardins, praças, largos para comércio e passeio dos moradores. Nos arrabaldes da ilha de Antonio Vaz moravam os burgueses, em casas de campo. E no istmo portuário, desde os tempos dos holandeses, viviam pessoas de modestos recursos, como pequenos funcionários ou comerciantes, artífices, homens de ofícios, soldados, marinheiros, prostitutas, alguns "em verdadeiros chiqueiros, entre tavernas sujas da beira do cais e no meio dos 'bordéis mais imundos do mundo'. 'Ai do jovem que aí se perdesse! Estaria destinado a irremediável ruína!'"[342]

Com a retirada dos holandeses, Olinda voltou a ser cabeça da capitania de Pernambuco, embora os governadores preferissem viver no palácio de Friburgo, construído por Nassau, e para onde Gregório de Matos se dirigiu, talvez logo após sua chegada, a fim de se apresentar ao governador.

O palácio havia sido um centro de artes e ciências, e estava próximo a um amplo jardim botânico, com diferentes espécies de árvores frutíferas, exóticas, e milhares de coqueiros. Com o enriquecimento de moradores de Recife, pela intensa mercancia, o porto floresceu a ponto de superar Olinda em riquezas. Ali foram erguidos muitos edifícios, como a igreja dos jesuítas e a de Nossa Senhora da Penha, ambas em 1655, a de Santo Amaro das Salinas, em 1681, o convento do Carmo, em 1667, Nossa Senhora do Pilar, com as obras findas em 86, e Madre de Deus, em 79, construídos com o fausto provido pela economia local.

Em Recife florescia um farto comércio que abastecia toda a região. Dali as naus carregavam açúcar, tabaco, algodão, couro, madeiras, e toda a riqueza produzida na capitania, e mesmo em outras que para lá eram enviadas, a fim de serem exportadas. E no porto entravam as naus estrangeiras carregadas de escravos e mercadorias que abasteciam não apenas Recife e Olinda, mas localidades rurais da região e outras capitanias. As naus entravam de bandeira içada, e não tardava "o afã de descer pelos turcos as pipas de vinho, os gigos de cebolas, os barris de azeite, os fardos de gangas, enquanto nos telheiros dos trapiches esperavam as caixas dos açúcares a vez de ocupar praça nos porões, a caminho do Tejo, de onde se distribuiriam pelos ávidos mercados do Mediterrâneo, do Báltico, da Flandres, do Danúbio...".[343] Além das grandes embarcações mercantes, um grande número de barcos de cabotagem aportava ali para comerciar. Ao longo da praia "intumesciam-se rolos de espias cheirando a maresia, dormitavam correntes de sujeição das quilhas nas marés de ventania, guardavam-se remos de galés e de esquifes, croques de fisgar portalós, velas de fragatas e naus em costura, tonéis vazios de aguadas, bolinas e boias, todo um mundo de apetrechos da marujada por ali a se derramar num cotidiano de azáfamas e de folgas".[344]

Governava a capitania de Pernambuco o administrador português Caetano de Melo de Castro, que recebeu no palácio o poeta. Gregório de Matos se apresentou com seus modestos trajes de degredo, bastante envergonhado. E o governador, "lastimado de ver o miserável estado a que chegara um homem tão mimoso da natureza, lhe fez donativo de uma bolsa bem provida, e com palavras um pouco severas lhe mandou que naquela capitania cuidasse muito em cortar os bicos à pena, se o quisesse ter por amigo. Gregório de Matos o prometeu fazer assim, e em algumas ocasiões mostrou quão violento estava com aquele preceito".[345]

Recomeçou mais uma vez sua vida, tomando casa e reabrindo o escritório de advocacia. Diz Pereira Rabelo que, assim como alguns advogados costumavam adornar seus escritórios com frutos aromáticos, o poeta enfeitava o seu com cachos de bananas, "que mais servem ao sustento que ao gosto, e isto em demasia quantidade, que, provocando riso a quem as via, dava em razão: 'Adornemo-nos de proveito, que, enquanto as tenho, rio-me da fome.'".[346]

Um caso conhecido que ocorreu nesse seu escritório foi a defesa de um coadjutor que tinha pretensões a solfista. O vigário da Muribeca, Antonio Gomes Baracho, não suportando ouvi-lo cantar, ordenou ao seu corneteiro que desafinasse enquanto acompanhava o solfejo do coadjutor. Este percebeu a zombaria, tomou um caracol marinho e o buzinou, zombando do corneteiro. Tomado de ódio, o vigário foi se queixar perante o vigário-geral, de quem era amigo. A queixa foi acolhida, e o coadjutor, processado. Ao saber do fato, Gregório de Matos montou uma besta de um farinheiro e percorreu seis léguas de jornada até a casa do vigário. Pediu-lhe procuração para cuidar de sua querela, assegurando que ia trabalhar gratuitamente. O vigário ia lhe agradecer tanta fineza, quando o bacharel lhe disse que seu interesse no caso era saber do juiz qual era a lei que condenava alguém por tocar um búzio. Caindo em si, percebendo o quanto fora severo com o coadjutor, o vigário foi procurá-lo em sua casa, fazendo as pazes. Depois disso, o vigário se tomou de particular amizade para com o poeta.

O mais famoso dos casos desse tempo se refere a um homem de baixa esfera que comprou a vara de juiz ordinário na vila de Igaraçu, interior de Pernambuco.[347] Este homem se sentiu desrespeitado por seu amo, que continuava a tratá-lo por vós, um tratamento informal, como costumava fazer antes de vê-lo juiz. O réu procurou os serviços de Gregório de Matos, que escolheu a confissão da culpa, diante do imbatível argumento de que:

> *Se tratam a Deus por tu,*
> *e chamam a El-Rei por vós*
> *como chamaremos nós*
> *ao Juiz de Igaraçu?*
> *Tu, e vós, e vós, e tu.*[348]

*

Gregório de Matos torna-se próximo dos nobres de Pernambuco, que lhe dedicam gentilezas, demonstrando veneração por seu talento já ali tão afamado, e se afeiçoa à gente do povo. Vive como na Bahia, indo aos arrabaldes, passeando pelas veredas de ubaias e pitangueiras, a olhar as canoas que vão buscar lenha; percorre os arruados a esmo, entrando nas boticas térreas a conversar com boticários, admira as negras vendendo ou comprando panos, chapelinas, braceletes, mezinhas, manteiga fresca, queijo do reino, a encher potes na cacimba da praça da Polé, ou espreita os rostos de moças brancas que se dissimulam às janelas, ou nas varandas de madeira; anda a olhar os prisioneiros que na cadeia esperam a forca ou as galés, ou a ver os pântanos de inverno das Águas Verdes.

Perde-se nos becos em busca de amores, a ver passar uma rara moça que lhe fere o coração por um instante, peles negras de azeviche ou de peli-

ca branca, a dizer chistes às vendedoras de bolos que ficam sentadas na rua em palestras demoradas, mexericos de postigo; ou a tanger sua viola em noitadas nos pátios dos engenhos, ou nos mocambos e nos pombais negros, a cantar o amor, os ciúmes, o desejo, os desdéns, as formosuras de alguma mulher esquiva. Segue prostitutas que se exibem na ponte, cheirando a massapê e água de lavanda. Ou vai admirar as ondas que rebentam nos arrecifes e lhe serenam as saudades da Bahia; vai ver o açúcar ser embarcado, os panos da costa e as negras desembarcando, vai a passeios de canoa Beberibe abaixo e acima, em barcos impelidos por varas que os negros manejam, ou vaga nas alamedas dos jardins a descansar debaixo de copas de mangabeiras, ouvindo o canto de galos-de-campina, sabiás-da-mata, diverte-se com os saguis e os tamanduás, apanha aqui um cajá e ali um araçá, admira a fúria de uma onça enjaulada, compara o colorido das flores, vai por fim sentar-se a um banco, como fazia o conde de Nassau; vai comer melões e melancias nas feiras, ou passa noites a beber aguardente e vinho com os trapicheiros e capitães, aos céus de lua. Vê os pescadores voltando da faina, carregados de cestos com pescado, a iluminar o caminho com tochas, indo em bando para suas palhoças, a cantar.

Caminha pelos antigos mangues, aterrados, onde se alinham um casario e boticas, segue pelos becos ladeados de casas unidas, a examinar os balcões e postigos, para conhecer os habitantes do Recife, que costumam se estender sobre esteiras a comer ceias de caranguejo com pirão de molho de pimenta, frigideiras de aratus; entrevê mulheres em seus cabeções, os seios mal cobertos por xales de franjas, e homens em chambre e barretes de dormir. Não perde cantorias, novenas, sermões, partidas, fogueiras de São João, e numa noite pede a uma negra que adivinhe seu destino na clara do ovo.

*

Hospedado na casa de fazenda de um homem principal, seu melhor amigo em Pernambuco, Gregório de Matos travou um diálogo reproduzido por Pereira Rabelo. O poeta relatou ao senhor a desgraça em que nascera, e sua desterrada peregrinação, e todos os aconte-cimentos tristes. Atribuía seus infortúnios todos à rigorosa força do destino.

— Senhor doutor — disse o amigo —, nós mesmos somos os au-tores da nossa fortuna, e cada um colhe o que semeia.

— Não há dúvida — respondeu o poeta —, mas é desgraçado aquele contra quem a malícia conspira, transformando as virtudes em delitos. *Verbi gratia...*

O poeta apontou um boi da fazenda de seu amigo.

— Ali vem aquele boi. Ele tem um só corno, como estamos ven-do. Mas se eu lhe chamar boi de um corno, Deus me livre da indigna-ção de seu dono. [Que interpretaria que o boi pertencia a um corno.]

O amigo compreendeu a questão à qual se referia o hóspede, cuja ambiguidade poética causava tantos desacertos. O assunto, *corno*, era muito melindroso em Pernambuco, e o amigo, diante do remoque, disfarçou.

"Foi acolhedora a gente rica da terra: abriu-lhe as casas, chamou-o para a sua mesa, pediu-lhe para tocar e cantar. Sorriu-lhe a 'regalada vida' (informa o biógrafo Rabelo), na vila que descreveu secamente — com saudades, é o que imaginamos — dos verdes cerros da Bahia, e do filho que lhe proibiam de encontrar."[349] Todos o honravam se-riamente, mas, sempre arrebatado por seu bem disposto e divertido gênio, Gregório de Matos "fugia dos homens circunspectos, e se in-clinava, como na Bahia, a músicos e folgazões; e, sendo naturalmente asseado e gentil, descompunha a sua autoridade" vivendo, entre es-ses amigos, tranquilo e indiferente às convenções. Respeitou de certa forma a determinação do governador, de não se entregar às sátiras, mas com um sentimento de amargura. Não perseguiu os padres, os magistrados, advogados, militares, governantes, embora a situação em Pernambuco fosse semelhante à da Bahia. Com seus cortiços e bordéis foi um dos locais onde ocorreu a mais intensa sifilização no Brasil.[350] Desde os tempos dos holandeses havia casos de bigamia, adultério, mulheres na polé, na praça do Mercado, gente dependurada na forca, escândalos de sodomia, padres corrompidos, duelos de morte que enchiam de poças de sangue as ruas do povoado, embriaguez de escravos, vadios nas ruas, banquetes nas casas ricas, com excessos na comida e bebida... Gilberto Freyre considerava Recife a primeira das pequenas Sodomas e Gomorras surgidas em torno do sistema patriarcal brasileiro;[351] casas de engenho e de fazendas serviam como prostíbulos ou serralhos, e eram inúmeros os filhos naturais ou bastardos.

A população vivia com receio dos valorosos guerreiros de Palmares, que entravam nas casas para raptar escravos do serviço doméstico e das lavouras, roubando vestimentas, armas, dinheiro, ameaçando violar as filhas dos senhores se não lhes dessem o que pediam; alguns moradores daqueles distritos, temendo os danos que poderiam sofrer com os assaltos, e para tornarem mais seguras as suas casas, suas famílias e lavouras, mantinham com os negros de Palmares uma secreta aliança. Forneciam-lhes armas, pólvora e balas, roupas, tecidos europeus, e presentes variados, trazidos de Portugal. Recebiam, em troca, ouro, prata e dinheiro roubados pelos negros, assim como mantimentos colhidos nas plantações existentes no quilombo. Padre Vieira tentou interferir no assunto, enviando uma carta ao secretário do rei, na qual opinava que o único modo de pacificar a rebeldia dos negros de Palmares seria dar-lhes a liberdade, para que vivessem ali como os índios livres. No entanto, temia que essa liberdade poderia significar a total destruição do Brasil, "porque conhecendo os demais negros que por este meio tinham conseguido o ficar livres, cada cidade, cada vila, cada lugar, cada engenho, seriam logo outros tantos Palmares, fugindo e passando-se aos matos com todo o seu cabedal, que não é outro mais que o próprio corpo".[352] Nenhum desses assuntos Gregório de Matos satirizou, nem mesmo a desenvoltura ou graça das negras pernambucanas.

*

Andava o poeta, novamente, divertindo-se com as mulheres, e certo dia duas prostitutas mulatas se toparam diante de sua casa. Picadas de ciúmes, injuriavam-se mutuamente. Passaram a uma briga corporal, atracando-se e caindo por terra. Nesse momento o poeta apareceu e, vendo a situação, exclamou:

— Aqui d'el-rei contra o senhor Caetano de Melo!

Pessoas que assistiam lhe perguntaram por que se queixava do governador.

— Que maior queixa, disse o poeta, que a de proibir-me fazer versos, quando se me oferecem semelhantes assuntos?

Mas ele não deixou de escrever versos. Descreveu num soneto, com o sentimento crítico de sempre, a povoação de Recife jazendo entre o rio Beberibe e o oceano, sobre areias rudes e alagadiços, com sua gente mestiça, um povoado edificado por holandeses. Poucos moradores, poucos urbanos, sem muita variedade de comidas, apenas linguiça, moluscos que viviam na areia, e camarões de charco. Fez uma crítica ao comportamento das damas cortesãs, rasgadas, misturadas, pestilentas, nunca purgadas. Mas a culpa, segundo o poeta, era dos padres, que as deixavam rompidas, assoladas com cordões, bentinhos e indulgências.

Hospedado numa fazenda, a pedido de um amigo recebeu um poeta local, que lhe mostrou um passo que compusera, e Gregório de Matos glosou ao poeta moderno uns versos em tom de ironia. E em outra ocasião compôs um soneto à procissão de Quarta-feira de Cinzas, não com um sentimento religioso, mas político.

Havia rivalidades entre os moradores de Olinda e de Recife, "a gente de Recife é que tinha o dinheiro, enquanto os senhores de engenho de Olinda viviam de 'glórias', de títulos, de saudades da grandeza perdida".[353] Em Olinda ainda costumavam fazer a procissão de Cinzas com muita pompa. No começo dos anos 1700 a Ordem

Terceira de São Francisco do Recife se proporia a realizar a mesma procissão, com menos luxo, mas foi impedida pelo cabido, que era favorável à Ordem Terceira de Olinda. O caso foi a juízo eclesiástico, e tentaram apaziguar a situação, determinando que a procissão se realizasse em Recife na quarta-feira, e em Olinda, na quinta, alternando o dia a cada ano. A solução não foi aceita pelos olindenses, que conseguiram por parte dos cônegos uma proibição oficial, sob pena de excomunhão para quem realizasse a procissão no Recife, e mesmo para quem ajudasse de qualquer maneira, participasse, ou apenas assistisse da janela à passagem do cortejo religioso.[354] No soneto à procissão de Quarta-feira de Cinzas, Gregório de Matos descreveu um cortejo singelo, composto por um negro magro com roupa apertada, dois penitentes, seis crianças com asas, um mulato vestido de vermelho, três meninos fradinhos, seis andores irreverentes, dez pares de frades menores, um negro, um cego, um mameluco e três lotes de rapazes gritadores. Tomou partido do Recife na rusga contra Olinda.

E pranteou com versos a morte de dois filhos pequenos de seu amigo pernambucano, Manuel Ferreira de Veras, homem honrado.

*

Sua maior inspiração em Pernambuco foi o amor. Atraiu-se fortemente por uma dama, e sem perder os brios de seu divertido gênio, como disse Pereira Rabelo, "galanteou esta Dama competindo nesta empreza com pessoa generosa: cujo respeyto malogrou sempre os fervorosos excessos de seu cuydado. Foy esta Dama proporcionadamente gentil, e sobre huma nevada cor teve os mais vivos esmaltes da natureza com os olhos negros e madeyxa de encrespados cabellos da mesma cor".[355]

Para não revelar o nome verdadeiro da sua amada, Gregório de Matos chamou-a Floralva, e algumas vezes, Florência. Começou por encarecer suas altas prendas, comparando-a, em beleza e riqueza, à cidade de Veneza, à qual se assemelhava Recife, entre tantas águas.

Passando certa ocasião pela porta dessa galharda dama percebeu que, ao avistar o poeta, ela pôs no peito um ramalhete de flores que tinha nas mãos, e ele lhe compôs uns versos. E escreveu, ele mesmo, a resposta de Floralva, iniciando um diálogo poético e amoroso, repleto de insinuações sexuais: *a vossa flor me cheira, flor que hei de colher quando vir, picado na vossa flor, vos meter o ferrão, na vossa flor picara, deixais entrar no caniço um Zangano comedor, flor que hei de desfolhar, flor que hei de despir, perdi a flor com seu vaso, dai-me o sentido de apalpar...* Como era de se esperar, a voz de Floralva não cedia ao pretendente, impedindo que entrasse em seu "jardim", afirmando ter outro senhor. O diálogo de poemas terminou com um soneto em que o poeta, desfavorecido no amor, se recordou de "seu mísero desterro, natural effeyto de hua grande pena trazer à memória os passados infortúnios",[356] revelando que ainda se ressentia com o exílio.

Tentou ainda se aproximar da jovem lisonjeando sua mãe, que chamava de senhora Florenciana, mesmo sabendo não estar nas suas graças, por cometer tantos pecados. A mãe dizia, publicamente, que era preciso cuidado para com aquele poeta, não confiava nele, ele mesmo admitia não ser aceito como genro. Numa festividade pública o poeta percebeu a ausência de Floralva, que estava a se divertir nas ribeiras do Capibaribe, onde tinha outros interesses. E saudoso, em suas últimas esperanças, compôs dois sonetos e um poema longo, tentando ser o mais elevado aedo, dirigindo-se aos deuses que jamais faltavam aos clamores humanos, usando elementos de mitos: ninfas, nereidas, coreias, feras em forma de bronze, belas deidades, pélagos, largos campos colmados... Mas, inesperadamente, Floralva revelou ter algum sentimento pelo poeta, pois se picou de ciúmes ao ler uns versos que ele escrevera exagerando os donaires de uma moça pernambucana, Anica de Souza.

> *... anos há, que me consumo*
> *por vós, por vossos bons feitos,*

e vós por certos respeitos
desviastes-me os perfumes,
e agora nestes ciúmes
sem ver causa, vejo efeitos.

Se não me tendes amor,
Como zelos me fingis?[357]

E Floralva se deixou conversar com o poeta; mas novamente mostrou-se desdenhosíssima, e ele se despediu. A moça consentiu que o poeta se fosse, sem pedir que ficasse um pouco mais, e isso o ofendeu. Convenceu-se de que o peito de sua amada andava muito penetrado e ferido por outro amor, o amor de outro sujeito. Daí por diante Floralva revelou apenas seus rigores, sempre ausente, e o poeta desistiu desse amor, sabendo-o perdido. Atribuiu a si mesmo a culpa do fracasso de sua última musa. *Sou mofino, hei de perdê-la.*[358]

A fortaleza negra

A morte de Zumbi

DIANTE DOS CONFLITOS ENTRE A POPULAÇÃO de Recife e arredores, o governador da capitania, Caetano de Melo de Castro, escreveu ao governador-geral João de Lencastre pedindo-lhe que enviasse o experiente mestre de campo paulista, Domingos Jorge Velho (1641-1705), para se reunir às forças de Recife, Olinda, e mais locais, a fim de eliminarem a república de Palmares, que já resistira a ataques anteriores comandados pelo mesmo paulista.

Segundo Rocha Pita, o paulista Domingos Jorge estava no sertão de Pinhancó, com seu terço, e marchou para Porto do Calvo com um exército de cerca de mil e oitocentos homens, na maioria índios. Porto do Calvo era a vila mais próxima dos Palmares, nas regiões alagoanas que pertenciam, na época, à capitania de Pernambuco. Após atravessar o rio Urubá, Domingos Jorge pretendia espionar os quilombos, para conhecer suas defesas, tentar a adesão de alguns grupos que viviam nas aldeias perto do povoado de Palmares, e fazer uma primeira incursão vitoriosa, a fim de abater o ânimo dos inimigos. Alojaram-se no agreste de Garanhuns, diante da fortaleza negra, preparando o ataque.

O nome de *Palmares* foi dado por haver no local vastas plantações de palmeiras, feitas por negros desde os primeiros anos em que ali se instalaram. A povoação dos Palmares ocupava mais de uma légua de terras, cercada de muralha feita com estacas de grossos troncos, com três portas bem sólidas. Somando-se o povoado às terras de plantios, o reino dos negros compunha uma área quase do tamanho de Portugal. Sobre a muralha havia plataformas de tanto em tanto, de onde os quilombolas vigiavam as vizinhanças, guarnecidas por todas as forças guerreiras negras com seus capitães. Na parte mais elevada do povoado os negros construíram uma atalaia, que ficava diante de um abismo, e dali se podiam avistar, a grande distância, campos e vilas de Pernambuco. No interior ficava o palácio de Zumbi, "toscamente suntuoso", cercado de moradias "ao seu modo magníficas", onde viviam umas vinte ou trinta mil pessoas, homens e mulheres, velhos e crianças, negros, índios, e até brancos que ali se refugiavam por um motivo qualquer. Desses moradores, metade era habilitada para lutar, e possuíam os Palmares um arsenal composto por armas de fogo, espadas, alfanjes, arcos e flechas, dardos, azagaias, e outros engenhos de defesa. "Tinham uma lagoa que lhes dava copioso peixe, muitos ribeiros e poços, a que chamavam cacimbas, de que tiravam regaladas águas. Fora tinham grandes culturas de pomares e lavouras, e para as guardar fizeram outras pequenas povoações, chamadas mocambos, em que assistiam os seus mais fiéis e veteranos soldados."[359]

Alguns dos soldados paulistas, no terceiro dia de acampamento, saíram para colher cachos de bananas, num bananal dos quilombolas, quando foram emboscados por um regimento negro. Os paulistas acampados nas cercanias improvisaram uma defesa, e travaram contra os quilombolas uma sangrenta batalha que deixou cerca de quatrocentos mortos, em ambos os lados, além de muitos feridos. Domingos Jorge foi obrigado a se retirar para Porto do Calvo, onde estava a estância do exército pernambucano, uns três mil homens, entre soldados e moradores das redondezas, entre os quais "muitas pessoas ricas que voluntariamente quiseram ir naquela expedição, impelidos do próprio valor e da vingança que esperavam tomar daqueles inimigos pelos danos que lhes haviam causado, e de algumas companhias mais luzidas que havia nos dois terços de infantaria paga de Pernambuco".[360]

O governador Caetano de Melo deu o comando dessas forças a Bernardo Vieira de Melo, proprietário da fazenda Pindobas, que havia se unido à expedição levando seus muitos homens e armas. Diz Rocha Pita que Bernardo era um homem nobre e valoroso, com experiência nos conflitos armados contra os negros, a quem vencera numa batalha, terminando por degolar e escravizar um grande número de quilombolas. Chegaram a Porto do Calvo mais uns mil e quinhentos homens vindos de vilas de Alagoas, e, assim reunidos, formavam uma força de combate de mais de seis mil homens, bem armados, providos de mantimentos, e com preparo militar.

Marcharam para Palmares, divididos em estâncias. Encontraram as quintas e fazendas desertas, os moradores haviam se recolhido dentro das muralhas, não sem antes colher os frutos das árvores e hortas, e queimar os mocambos e plantios. Uma das estâncias se pôs à frente da porta do meio, outras duas nas portas direita e esquerda. Formaram-se alas de soldados ao longo da muralha na qual encostavam escadas para tentar penetrar o quilombo, mas a infantaria era obrigada a retroceder, atacada por tiros, flechas, ou água fervente derramada de caldeirões, e brasas vivas atiradas, o que causava ferimentos e mortes entre os atacantes, que por sua vez cometiam mais assaltos, matando os negros que podiam avistar.

Após muitos dias de combates, a pólvora dos insurgentes escasseava, assim como seus mantimentos, mas não o brio, o ânimo, e eles continuavam a se defender disparando nuvens de flechas e chuvas das últimas balas. Os pernambucanos forçavam as portas da muralha, tentando abri-las a golpes de machado, sem nenhum resultado a não ser a morte de seus próprios homens. Percebendo que não conseguiriam derrubar as portas, os atacantes mandaram mensagem a Caetano de Melo pedindo reforços de soldados, e canhões.

Enquanto o governador arregimentava mais homens e preparava carros de artilharia, disposto a ir pessoalmente socorrer seu exército, os atacantes prosseguiam nos assaltos, na esperança de uma vitória gloriosa, mesmo sem reforços nem canhões. Seus víveres também escasseavam e passaram a ser racionados, insuficientes para as necessidades daqueles homens, mesmo os oficiais dividindo suas avantajadas porções com os soldados. Dentro da muralha os rebeldes iam perdendo forças, tinham cada vez menos alimento e munição, mas supunham que os inimigos não resistiriam por muito tempo às inclemências do clima, um calor tórrido em tempo de seca, aos ferimentos, às mortes, à fome; foi quando avistaram, da altíssima torre de vigia, a aproximação de um exército seguido por rebanhos de gado pequeno e grande para alimentação, e cavalos carregados, num imenso comboio. Assombrados, sem mais esperanças, os negros arrefeceram, acabaram por dar ocasião a que os soldados quebrassem as portas da muralha e entrassem, encontrando uma resistência bem menor do que a imaginada.

Zumbi não estava mais lá, pois "com os mais esforçados guerreiros e leais súditos, querendo obviar o ficarem cativos da nossa gente, e desprezando o morrerem ao nosso ferro, subiram à grande eminência e voluntariamente se despenharam, e com aquele gênero de morte mostraram não amar a vida na escravidão, e não querer perdê-la aos nossos golpes".[361] Os quilombolas se renderam, as mulheres e crianças em súplicas e lágrimas, enquanto os soldados revistavam casas, recolhendo armas e o que encontrassem, quase apenas "despojos pobres". O governador estava de partida, em Recife, com o socorro de dois mil homens e seis canhões, quando chegou a notícia da vitória. Era 6 de fevereiro de 1694. A povoação foi tomada de festas e vivas, diante do palácio do governador que jogava moedas ao povo, e se fez uma procissão solene em ação de graças.

Apesar de ter se atirado no precipício, Zumbi escapou com vida. Foi delatado por um de seus homens e emboscado em seu esconderijo, talvez na serra Dois Irmãos, por homens do terço paulista. Mesmo apunhalado, Zumbi lutou, ao lado de seus guerreiros, mas foram mortos. Era 20 de novembro de 1695. Sua cabeça foi cortada, conservada em sal, e enviada a Caetano de Melo, que a mandou exibir num poste, no local mais público de Recife, "para satisfazer os ofendidos e justamente queixosos e atemorizar os negros que supersticiosamente julgavam Zumbi um imortal, para que entendessem que esta empresa acabava de todo com os Palmares", como escreveu o governador de Pernambuco ao rei, em março de 1696, dando conta dos feitos passados.

Nesse dia, ecoaram gritos e salvas no povoado de Recife, mas os negros se mantinham em entranhados silêncios ao verem a cabeça de Zumbi ser elevada no poste, numa macabra mostra de soberania dos brancos.

Calundus mandados pelo Zambe

Dezembro de 1695, a febre, o colega de estudos, a morte

Arde em febre o poeta. Talvez uma das terríveis febres africanas. Febres agudas vindas das cacimbas, febres amalinadas, infinitas sezões, em terçãs, quartãs. A ardência da febre do mal de Luanda. As carneiradas vindas dos sertões, febres perniciosas que se suscitam com toda a veemência, febres que atacam mais aos brancos do que aos pretos, pelas desacostumadas comidas e climas, que dão repentinas sonolências, quebramentos do corpo, defluxos, ardentíssimas febres que prostram o enfermo de um modo tão veemente que o entregam ao letargo, do qual no seu auge se esvai a vida. De nada adiantam as repetidas sangrias, com água de Inglaterra, e muita quina, e sarjas como último remédio. Ventos, calundus, mandados pelo Zambe.

*

A febre era rigorosa, não cedia, informa Pereira Rabelo em sua descrição da morte do poeta. De forma que, sem esperanças de lhe salvar a vida, seus amigos pernambucanos foram chamar o vigário da freguesia de Corpo Santo, tido como homem de autoridade suficiente para convencer Gregório de Matos a morrer ao modo católico, recebendo a extrema-unção.

Se cumpriram o costume do viático, devem ter atapetado a entrada da casa com folhas de cravo, canela e laranjeira, acenderam candeias, castiçais e lanternas "de que exalava o perfume triste de vetustos ritos".[362] Todos se ajoelharam para receber o sacerdote, que chegava com seus instrumentos de extrema-unção: óleos, incensos, cruz. A mesa devia estar coberta por uma toalha branca e limpa, sobre a qual ardiam uma ou mais velas de cera. Ungido com o óleo sacro, confessado e perdoado, o moribundo ouvia consolações e exortações, os presentes entoavam excelências, e o ungido podia entregar sua alma a Deus. Se ele não recebesse a absolvição de seus pecados, sua alma iria perambular no mundo por três dias. Pessoas cobriam com panos pretos os móveis e janelas, enlutando a casa, e chegavam carpideiras para prantear, mediante pagamento. Se o defunto pertencia a alguma irmandade, tocava-se uma campainha pelas ruas, anunciando a morte, ou se enviavam escravos com cartas de aviso fúnebre aos amigos, no caso de gente abastada.

Depois da saída do corpo era preciso apagar as lembranças da morte, e as roupas e os lençóis do falecido eram doados a pobres, ou queimados, o colchão destruído, e se varria toda a casa, jogando-se a poeira pela porta da frente, que deveria ficar, depois, semicerrada, para que a alma do defunto não retornasse. A água de seu último banho era jogada fora, e os cabelos e unhas cortados deviam ser enterrados. E não se dizia mais o nome daquela pessoa morta, para não haver a evocação de sua alma.

*

Mas Gregório de Matos conhecia aquele vigário, e o considerava um ignorante presumido, afirma Rabelo. Não quis "disfarçar seu espírito livre", e disse ao religioso algumas blasfêmias, ou impropérios, que "causaram no povo rumores pouco decorosos". Era horrível morrer sem o perdão dos pecados, sem os santos óleos.

O prelado soube da situação. Tratava-se de dom frei Francisco de Lima, que acabava de tomar posse da diocese e andava em visita nas cercanias; ele percorreu uma légua de caminho para "tomar em seus ombros aquela ovelha, que supunha perdida".[363] Dom Francisco tinha sido contemporâneo de Gregório de Matos em Coimbra, estudaram possivelmente na mesma sala, seguindo Gregório de Matos as leis, e frei Francisco a teologia. "Distanciou-os a vida, o canonista a cumprir nos claustros as obrigações da virtude, carmelita impecável, o colega a escorregar da magistratura para a estroinice, improvisando a sátira."[364] Diante do dignitário eclesiástico, a quem respeitava e decerto estimava, Gregório de Matos aceitou receber os santos óleos. O poeta entregou a dom Francisco de Lima um papel, que seria seu testamento, um poema escrito sob a lei do silêncio que lhe impusera o governador de Pernambuco, e pediu que o sacerdote o queimasse *em vorazes chamas*; e o prelado assim o fez. Em seguida entregou-lhe outro poema.[365]

Ambos os sonetos foram escritos com uma tal qualidade temática, métrica, de rimas e tudo o mais, que causa espanto o fato de terem sido compostos por um moribundo. Além disso, o segundo soneto seria uma citação a um poema de Sá de Miranda (1481-1558): *Pequé, Señor, mas no por que he pecado...* Há suspeitas de que tal cena da morte do poeta teria sido forjada; Gregório de Matos "não poderia, em seus instantes finais, trêmulo e febril, urdir espontaneamente um poema de tão notável arquitetura logopeica e metafórica".[366]

*

O gesto purifica sua alma da rebeldia, da desobediência. Ao tocar a cruz da extrema-unção, o poeta se inspira, toma de papel e pena, escreve um derradeiro soneto com a letra vacilante de um moribundo. Lembra-se de um passarinho perdido no tempo, que ouviu cantar, e chamava a morte nos compassos de seu canto. Como uma súplica, uma oração, escreve, "Meu Deus, que estais pendente em um madeiro..." Fala ao Senhor Crucificado, com palavras piedosas, reconhecendo estar diante da morte e desejando morrer na santa lei, animoso, constante, firme e inteiro. Neste momento em que vê a vida se encerrar, percebe a brandura divina de um Pai repleto de amor. Reconhece seus erros, sabe que os pecados só terão fim com a morte, mas o amor divino é infinito, e por mais que tenha pecado em sua vida, o poeta espera ser salvo pelo amor de Deus.

Pecou, diz um segundo soneto, mas conta com a piedade de Jesus, pois o perdão divino é proporcional à delinquência do pecador. Extremos são os sentimentos de Deus: a extrema ira diante de um pecado, e a extrema brandura diante de um gemido. Jesus diz, na história sagrada, que vale mais uma ovelha negra, recuperada, a tantas ovelhas brancas. "Haverá alegria no céu por um pecador que se arrepende, mais do que por noventa e nove justos que não necessitam de arrependimento", está em Mateus, 15:7.

*

O prelado ficou junto ao moribundo até seus últimos instantes. E Gregório de Matos morreu, fora de sua terra natal, longe de seu amado filho e seus afetos da vida na Bahia. Como se tratava de uma morte por febre, apressaram-se em levar o corpo ao hospital de Nossa Senhora da Penha, dos capuchinhos franceses, temendo epidemias; foi em cortejo, carregado por homens importantes de Pernambuco, e sepultado no solo daquela instituição.

Era uma igreja pequena, de fachada italiana, "três portas, a coroa real sobre o floreado escudo do pináculo, à direita e à esquerda as alas do hospício, no fundo a estreita torre sineira de quatro pisos fechando na cúpula bulbosa, o largo da Penha em redor, defronte das casas de José de Souza Rangel com a grande varanda mourisca e o pórtico da Ribeira Nova..."[367]

Em nenhuma lápide se escreveu seu nome ou um epitáfio. A Bahia, como predissera o poeta, não possuiria seus ossos. Gregório de Matos morreu em 1696, com a idade de 73 anos, afirmou Rabelo, errando nas próprias contas. Ou aos 59 anos, em 1695, segundo outros historiadores,[368] no dia em que chegaram notícias do massacre final contra os quilombos de Palmares, com a morte de Zumbi.

EPÍLOGO

Voltando no tempo

Máscara versada em leis

A ressureição do poeta

EM PERNAMBUCO SUA VIDA É MAIS REGALADA, *tem a garantia dos rendimentos concedidos pelo governador Melo e Castro, a troco de calar a pena; tem novos amigos, novos e doces empregos, passeios, mas não abandona o trabalho. Completa o segundo tomo, o terceiro, e está no quarto. São agora quatro pilhas de papéis. Inclui os poemas escritos em Angola, e os que anda anotando em Pernambuco, apaixonado, e algumas sátiras, mesmo sabendo o risco de se ver caído das graças de dom Caetano. Restam ainda muitas dúvidas, que ele vai atalhando aos poucos.*

Sente-se velho, cansado, às vezes febril. Talvez doente. Mas sua obra está salva, e mesmo não sendo publicada em livro, está escrita a seu próprio modo, como faz Vieira. O que mais o atormenta é saber que, após a morte, a canalha vai retratar apenas seu lado vil e pecador, a dizer o que quiser; não quer que se lembrem dele apenas como o vicioso vadio das fazendas, o amante das fêmeas, o satirista peçonhento, o desterrado, quer que digam as coisas decorosas, sigam os ditames da sua verdadeira história, neguem a vulgaridade confusa que possa fazer seu desdouro. Ele foi sempre descuidado em estender sua vida nos espaços da eternidade que, no entanto, lhe franqueou as portas tão generosamente!

Numa visita que faz a um engenho de cana, está uma gente da Bahia, e Gregório de Matos recebe novas de seus amigos. Pergunta se o velho Vieira está vivo. Fica sabendo que em 1694 correu a notícia de que o padre estava morto. Como não respondera a cartas chegadas na frota do ano anterior, julgou-se em Portugal que falecera. Mas, aos quase noventa anos, cego, enfermo e recolhido, Vieira continua a escrever. E os baianos enviam a Gregório de Matos, depois, a seu pedido, a cópia de uma carta que o jesuíta escreveu à nobreza de Portugal, falando da própria "morte".

Um trecho chama a sua atenção: "... para se conhecer os amigos, deviam os homens morrer primeiro, e de aí a algum tempo, sem ser necessário muito, ressuscitar. E porque eu em não escrever fui mudo, como morto, agora com o espaço de um ano e meio é força que fale como ressuscitado." As palavras não lhe saem da cabeça: morrer, e ressuscitar. E vem a ideia: abreviar a própria vida em algumas palavras, escrever seus costumes, justificar a própria vida no resumo dela.

Mas não pode escrever sob seu nome, terá a nódoa da suspeição, e escolhe um ao acaso: Manuel Pereira Rabelo. É preciso que a máscara seja versada em leis, para justificar a fala culta da prosa: um piedoso advogado. Que seja, então, um licenciado, e que escreva muito tempo após a morte do poeta, pelos meados do século seguinte. Um bacharel desconhecido, que jamais será descoberto, pois nunca terá existido. E com entusiasmo, fervilhante de inquietas energias, Gregório de Matos pega a pena:

Abreviarei a vida de um poeta pouco cuidadoso de estendê-la nos espaços da eternidade, que lhe franqueou as portas; escrevendo costumes do doutor Gregório de Matos Guerra, Mestre de toda a poesia lírica, por especial decreto da natureza; cujo entusiástico furor pudera só retratar-se dignamente: porque de forma menos viva desconfia a equidade de tão excelente matéria. Cousas direi decorosas ao sujeito de minha empresa; e por seguir os ditames da verdadeira história, donde a integridade costuma tirar forças para enervar o comum proveito, quero perder os louros de piedoso advogado contra exemplares famosos, que, comentando as obras de beneméritos talentos, afetam justificar-lhes as vidas no resumo delas, de modo que pareça impecável aquele, de quem o céu confiou os erários da sua profluência. E se a geral opinião reprovar esta máxima por desabrida: o mesmo sujeito, que descrevo, me apologiza; cujas doutrinas persuadem sempre a verdade nua.

Fala onde nasceu, quem foram seus pais, descreve os irmãos, menciona a família de posses, o canavial na Patatiba, conta que a família é de casta nobre, fala da história de seu batismo e da mudança de seu nome, de João para Gregório, e se recorda do desabafo da mãe: três filhos como três sovelas sem cabo. Ri de sua lembrança, mas com certa amargura.

Após narrar a morte dos irmãos, em melancolias, passa a contar a própria história. A boa educação que teve, sua ida a Coimbra, onde foi reconhecido como refinado na sátira; prefere não falar de seus estudos no Colégio da Bahia, os jesuítas sempre o enfadaram; conta que depois de doutorado passou à Corte praticando os termos da judicatura, e relata alguns casos de que se recorda, os mais bem-sucedidos, que revelam sua destreza. É águia de melhor vista. Homem de retíssimo proceder, engolfado em merecimentos. Não se poupa elogios, nem fundamentos de sua inocência em certos desvios. Não é de si mesmo que fala, mas do poeta. Que há de ficar na posteridade gloriosa. Está na pele de Rabelo, e se sente à vontade para salvar a sua.

Mas, então, vêm as mágoas. Decide não falar no casamento com dona Michaela, na morte da esposa, não sabe muito bem o motivo de silenciar, talvez tema que descubram o nascimento de sua menina bastarda. Conta como voltou desgostoso para a pátria, empurrado por invejas e indignações; menciona a viagem na companhia de Tomás Pinto, o apoio que recebeu do desembargador Cristóvão de Burgos, os cargos que veio ocupar na Bahia; o capricho que começou a arruiná-lo, por ter ordens menores e não usar o hábito todo o tempo. Os elogios de Vieira, que tanto o honravam, e seu arrependimento por ter sido injusto em alguma sátira.

O gênio satírico, o orgulho intrépido não há dúvida que de justiça providencial se devia ao desgoverno destas conquistas, onde cada um trata de fazer a sua conveniência, gema quem gemer; e se notou que de algum modo moderaram os viciosos seus depravados costumes; de que veio a dizer o grande padre Antonio Vieira que maior fruto faziam as sátiras de Matos, que as missões do Vieira. Mas bem pudera deixar de dizer muitas cousas, que disse sem inteira informação, de que ao depois como cristão se arrependeu...

Explica, então, a sua demissão dos cargos, tentando as mais exatas palavras que permite sua memória. "A troco de não mentir, a quem devo inteira verdade, perderei todos os tesouros e dignidades do mundo": boa frase, boa lembrança, leva u juízo toda a sua vida e sua obra.

Precisa também ponderar os desacertos de seu casamento com Maria de Povos, a separação, o modo decoroso como agiu ao receber Maria de volta, e o motivo de dar ao filho o nome de Gonçalo; e também, sua isenção como advogado, que não rejeitava embargos de amigos, e tomava causas mais pela honra do que pelo dinheiro considerável que uma ou outra partes lhe ofereciam. Na Bahia, todos os que não furtam são pobres. Fala de sua pobreza e da vadiagem pelo recôncavo, a satirizar lascivas mulatas e torpes negras, mas elas se ufanavam das palavras que ele lhes dedicava, e das figuras nas mais delicadas poesias. E explica os versos chulos, os versos que escrevia para ser entendido pelos mais simples.

Não quero persuadir que a desesperação lhe ocasionou desenvolturas; mas direi que do gênio, que já tinha, tirou a máscara para manusear obscenas e petulantes obras, em tanta quantidade como se verá. Mas a pródiga difusão de mal aplicados conceituosos dispêndios nascia das enchentes prodigiosas daquela Musa, que sem esperança de que seus descuidos correriam na futura estimação, barateava versos a conjunção dos acasos, facilitando linguagem ao gênio dos sujeitos.

Prefere não mencionar os desentendimentos com o maldito Tucano, as sátiras dão conta disso, mas narra a chegada do filho desse governador, com ânimo vingativo, e aproveita para registrar as qualidades de dom João de Lencastre, cavalheirismo e compaixão, dando as razões do seu degredo: Lencastre se fez de rigoroso justiceiro apenas para salvar-lhe a vida. E seus sentimentos por Gonçalo Ravasco, intactos, de estima. Enobrecendo o gesto dos amigos, enobrece a si mesmo.

Não pode deixar de falar em sua viola, a mais amada companhia, e na lealdade do vigário Manoel Rodrigues, em seu gesto piedoso de lhe enviar a viola e um dinheiro para novas cordas.

Relembra a terrível viagem para Angola, em que ele ia chovendo maldições e praguejando sátiras contra a canalha. Sabe que não morrerá na Bahia, que na Bahia não serão enterrados seus ossos. Fala sobre fatos que "ocorreram" em 1740 e 1743, para disfarçar. Exerceu o ofício de advogado no miserável pardieiro de infelizes, repassa o motim da guarnição, e sua chegada a Pernambuco; alguns casos ocorridos em Pernambuco. Afinal, uma febre, a morte nos braços do prelado, a morte que desejava, morrer sem morrer, escrevendo ainda com trêmulas letras um último soneto. Não lhe é estranho o sentimento de descrever a própria morte. Durante toda a vida teve a sensação de morrer. Morreu mil vezes, nas camas, nas peles negras, nos lábios carmins, nas recusas, nos amores, nas perdas...

> *Este é o mais abreviado resumo que posso dar da sua vida; e oxalá pudera eu publicar os prodigiosos fundamentos do meu amor; derramando entre as gentes o manancial tesouro de suas graças. Singular foi a estrela que dominou em seu engenho: porque a toda a circunferência das luzes apolíneas brilhou com igualdade senhoril; e não menos prodigioso aquele não-sei-quê de sua guarda; porque, ofendendo às claras muitas pessoas, de quem o menor movimento seria sem dúvida uma tirana morte, sempre se atreveu, e nunca de seu moto próprio cautelou perigos, morrendo intacto de tão prolongados meses.*

Morrendo intacto? A expressão lhe escapou. Pode deixar rastros para que, algum dia, descubram que ele mesmo compilou os poemas e anotou as didascálias; mas nenhum sobre ter escrito ele mesmo o resumo de sua vida. Com a acuidade de bacharel retira os indícios de sua farsa. Talvez seja traído pelas palavras, que costumam iludir. Não é a vida uma farsa?

Relê ainda uma, duas, dez vezes o que escreveu. Percebe que falta algo importante: o filho, Gonçalo. Cujo amor publica em várias obras suas. Deixou-o, com sua mãe, em muita pobreza e desamparo, é o que mais lhe pesa no coração. Conta notícias gerais que tinha do menino, do rapaz, e transcreve um poema escrito pelo filho, umas décimas belas como relâmpagos da esfera do fogo. Gonçalo é tão parecido com o tio, Pedro de Matos... Não há resposta sem equívoco, nem equívoco sem substância de gênero mais nobre... o que está dizendo? Não vai falar de seu outro filho morto, melhor que ele fique apenas nos poemas, em palavras mais sentidas e elevadas. Então...

Nada mais há a dizer. Sente uma espécie de vazio. Suspira. Afinal, assina o resumo, não com seu nome, e sim com uma descrição de si mesmo. Ri do retrato que faz: olhos garços, nariz aguilenho... membros delicados... o colete de pelica de âmbar... Descreve-se como jovem. Agora está um pouco curvado, calvo, e não é mais tão magro. Lembra-se quando, ao surcar em remo compassado os mares da Bahia, a vista embaçada, interpunha os óculos para olhar os curiosos que apareciam às janelas, querendo espreitá-lo. Era célebre. Uma última fantasia: a cabeleira que usava, tão pouco versada naqueles tempos... Termina. Olha a pilha de papéis. Quatro tomos. O que fazer, para que não se percam?

*

Pensa em enviar ao padre Vieira os quatro tomos, ou a Bernardo Ravasco, estariam em boas mãos, iriam decerto para algum prelo na Corte, os mesmos que imprimem os sermões do jesuíta. Talvez esses amigos consigam as licenças necessárias.

Mas recebe a notícia da morte de Vieira, seguida, por apenas um dia, da morte de Bernardo Ravasco. Vieira estava com noventa anos, e não podia ler nenhuma letra, por grande que fosse, nem as dos títulos dos livros podia ler, e quase não podia mais ouvir. Adoeceu Bernardo Ravasco ao mesmo tempo, e da mesma enfermidade do irmão, como se concebidos e nascidos na mesma constelação de estrelas, ou com a mesma temperança dos corpos, nutridos pelos mesmos alimentos e águas, num efeito da simpatia do amor.

Morrer, só resta morrer... Ele já morreu, quem vive é a sua alma. Mas não se entrega à própria morte, e inclui no último tomo um poema escrito à morte do padre Vieira, corpo a corpo numa batalha rigorosa, e apesar da força espiritual do religioso, é a morte quem vence.

Ainda tem tempo para ler um resumo da vida de seu amigo Tomás Pinto, escrito por ele mesmo, que vem a suas mãos; gargalha com o título, Vida e morte de Tomás Pinto Brandão escritas por ele mesmo semivivo; gosta das palavras do amigo, comove-se com as recordações que são mútuas, com as menções que o amigo faz a sua pessoa. Estão todos a morrer e ressuscitar.

*

Gregório de Matos revê ainda o que escreveu, uma última vez, para que nada escape à sua máscara. Conserta uma coisa aqui, outra ali, passa a limpo as páginas. Folheia os manuscritos, como se prontos, e sente um consolo imenso. Quatro grossos tomos. Respira fundo. E pensa que agora, ano de 1713, aos oitenta anos de idade, depois de ressuscitar, pode finalmente morrer. Acabaram-se as trovas e tudo enfim se acabou.

Adeus, canalha infernal!

fim

Algumas palavras mais

Sobre um reencontro

Atualidade de Gregório de Matos

A POESIA DE GREGÓRIO DE MATOS não desapareceu após sua morte. O povo da Bahia o manteve pulsante, declamando seus versos, relembrando sua existência, repetindo seu comportamento, anotando poesias, guardando originais velhos. Os versos desse poeta, tão íntimos da Bahia, não se apagaram no cotidiano da cidade. Algumas décadas após sua morte foi escrita sua biografia, e a vasta produção poética criou uma tradição de manuscritos, comprovando que a lenda e a obra de Gregório de Matos estavam acesas. Assim como ardente estava a polêmica em torno de sua figura. Na Bahia, ele sempre esteve vivo.

Fora da Bahia, a força de sua obra veio se impondo aos poucos. Ao longo de anos se criou uma tradição de poemas recolhidos, tanto no Brasil como em Portugal. Até mesmo o nosso imperador Pedro II foi proprietário de um códice com a obra do doutor Gregório de Matos e Guerra, que ficava guardado na biblioteca da princesa Teresa Cristina, contendo "obras sacras, jocoserias, e satíricas, que a brevidade não permitira separar".[369] Aqui e ali surgia uma menção ao poeta, a publicação de um poema, quase sempre acompanhadas de uma reação emocional e moralista. Usavam-se reticências em lugar de palavras, em respeito aos pudores das épocas, ou escolhiam-se sátiras mais amenas, acompanhadas de poemas religiosos ou líricos que atenuavam a publicação. Interessante é que o tempo fortaleceu exatamente a sua produção expurgada, conforme Aurélio Buarque de Holanda e Álvaro Lins, que comentaram: "Apesar de sua poesia lírica e religiosa ter momentos de grande elevação, o que resta bem vivo de sua obra é o aspecto satírico, são os retratos de portugueses, de mestiços, de negros, de todo o elemento humano da sociedade do tempo."

Somente em 1850 ocorreu a primeira impressão de uma parte significativa da obra de Gregório de Matos, no *Florilégio da poesia brasileira*, organizado por Varnhagen. Em 1882 uma edição preparada por Vale Cabral não passou do primeiro volume de sátiras. E a edição da Academia Brasileira de Letras, organizada por Afrânio Peixoto entre 1923 e 1933, também foi parcial, deixando de fora as produções mais contundentes da crônica gregoriana. As tentativas de publicação da obra completa sempre esbarravam num instinto recalcado, e ficavam de fora as poesias fesceninas, as sátiras com palavreado chulo ou demasiado agressivas. Além da ardente condenação ao comportamento e caráter do poeta baiano, formou-se uma "eterna, adiada e insolúvel querela dos eruditos sobre o que é e o que não é de Gregório de Matos", palavras de Augusto de Campos. Tudo isso dificultava e impedia que tal obra viesse à luz.

*

O conjunto de seus poemas foi publicado pela primeira vez em 1968, nos sete volumes das *Obras completas de Gregório de Matos, Sacra, lírica, satírica, burlesca*, edição que resultou de um penoso trabalho de James Amado e que rompeu, como ele mesmo diz, "o degredo imposto à obra de GM, há trezentos anos, ineditismo insuportável pois com ela se inaugura, em dia de sol, a poesia brasileira".[370] James Amado estudou 17 coleções, os códices, da obra poética atribuída a Gregório de Matos registrada a partir de manuscritos dos séculos 17 e 18, e reuniu a quase totalidade dos poemas.

Aí se pode ler Gregório de Matos em plenitude, com todos os palavrões, erotismo, obscenidades, escatologias e crueldades que foram expurgados durante tanto tempo, assim como a biografia do poeta escrita pelo licenciado Manuel Pereira Rabelo, figura misteriosa, de quem nada se sabe, mesmo sendo um homem dotado de um texto primoroso. Apesar de reações contrárias à publicação, a obra de Gregório de Matos passou a receber um olhar mais compreensivo, e com o tempo surgiram alentados ensaios críticos, monografias biográficas, teses acadêmicas, foram realizados seminários, estudos nas áreas de antropologia cultural e sociologia passaram a acolher essa obra, incorporada em estudos nos departamentos latino-americanos de universidades europeias e norte-americanas. Foram realizadas peças de teatro com seus temas, filmes, romances,[371] seu verso foi musicado e publicado em diversas antologias. Hoje é possível se fazer uma leitura livre de tantas interpretações que acompanham vida e obra do poeta, algumas até mesmo pondo em dúvida sua existência como autor.

*

Porém, até o século 19 ele foi tido como "um degradado social imerso nas camadas mais baixas do estatuto social do seu tempo",[372] acreditava-se que fora um homem pobre e ignorante, maltrapilho e sujo, quiçá negro ou mulato. A polêmica sobre sua figura está resumida nas orelhas da edição de James Amado: notabilíssimo canalha, temido, assoberbado pela animalidade, cínico, desrespeitoso para com as coisas sagradas, descambando em grosseiras alusões e intoleráveis obscenidades, simplesmente um nervoso, quiçá um nevrótico, um impulsivo, um espírito de contradição e denegação, um malcriado rabugento e malédico, negligente e obsceno tocador de viola, madraço por índole, parasita vitalício, que devorou cinicamente o pão alheio. E ainda: pessimista objetivo, alma maligna, caráter rancoroso, relaxado por temperamento e por costumes...[373] Deveras, causa inquietação a leitura de algumas sátiras, e um sentimento ambíguo, entre o riso e a compaixão, quando se percebe a perversidade do poeta ao retratar indefesas figuras do povo, como no caso de Laura, uma bonita moça corcunda:[374]

A vossa corcova rara
deixe o peito livre, e cru,
ou crerei, que é vosso cu
parecido à vossa cara:

Mas a crítica inclemente ao poeta chegava ao extremo de negar qualquer qualidade de sua obra e mesmo de seu pioneirismo. Disse Antonio Lopes que "na obra de Gregório de Matos não se encontra ideal filosófico, religioso, político, moral ou mesmo simplesmente literário. Não há paixão nem entusiasmo. Ele é antes burlesco, zombeteiro, histrião, mais virulento que veemente. Muito superficial, não se alçou à compreensão superior da sátira". E, nas palavras de José Veríssimo (1857-1916), "enganaram-se redondamente os que pretenderam fazer dele ou quiseram ver nele um precursor da nossa emancipação literária, cronologicamente o primeiro brasileiro de nossa literatura..." Alguns, como Agripino Grieco (1888-1973), parecem sentir-se pessoalmente ofendidos com as sátiras, reagindo de forma passional: "Gregório era uma alma de vitríolo, um caráter de velha sogra mexeriqueira, um espírito em que havia mais arestas que facetas. Não acho excessivo compará-lo a uma bexiga de fel." Com a mesma virulência do poeta, e demonstrando não ter lido toda sua obra, Grieco tenta anular a crítica gregoriana contra poderes, instituições e povo:

Seja amor ao pelo, seja amor à barriga, atacou de preferência o livreiro, o mestre de música, o beato sem posses, e não se meteu demais com os governantes baianos, aos quais remetia cumprimentos de boas-vindas e pedia dinheiro, ao mesmo tempo que enviava às damas elegantes os seus sonetos bilíngues, em português e em castelhano, e saudava, de espinha recurva, arcebispos, a infanta, o rei, o provedor da fazenda, o marquês das Minas, o ouvidor do cível, o desembargador Belchior da Cunha Brochado. As fardas muito aga-

loadas apavoravam esse aparente inimigo das hierarquias de qual-
quer espécie e incidiu ele por vezes em notas de rastejante aulicis-
mo. Bom burguês, no fundo, como todos os pretensos rebeldes, seria
poeta oficial, Musa do Estado, se lhe garantissem subsídio polpudo,
vultosa pensão...[375]

O crítico e escritor cearense, Araripe Júnior (1848-1911), oscila entre um contundente moralismo contra o poeta e uma reverência iluminada ao falar de sua obra. Chama o poeta de "reles boêmio quase louco, sujo, malvestido, a percorrer os engenhos do recôncavo, de viola ao lado, tocando lundus e descantando poesias obscenas para regalo, naturalmente, dos devassos e estúpidos mecenas da roça que lhe nutriam a gulodice senil... É incontestável que, apesar de dispersivo, Gregório de Matos foi a mentalidade mais alevantada do seu tempo, no Brasil... Outros terão subido mais na sublimidade do estro; nenhum, porém, representou tão originalmente o gênio do Brasil inteligente... o melhor poeta satírico das Américas".[376]

*

Nas mesmas orelhas da edição de James Amado apaga-se a repulsa ao poeta, quando se fala em sua obra, com palavras de admiração.

Seus versos, notáveis pela mais engraçada originalidade, pela ener-
gia da expressão, pela riqueza da linguagem familiar, ou popular,
revestem-se, muitas vezes, de um estilo nobre e sisudo. (Sacramento
Blake)
A musa do Poeta se apurou e produziu as melhores sátiras, que o
Brasil possui, e o lirismo crioulo, cuja originalidade, com pesar o
digo, enaltece a nossa literatura colonial. — Gregório de Matos é
toda a poesia do século XVII. — Seu lirismo ascendeu à originalida-
de de um Petrarca sertanejo. (Araripe Júnior)

Ao passo que o cultismo do século XVII produzia em toda parte uma poesia afetada e falsa, imitação bastarda da greco-romana, determinando uma literatura inteira de adulações aos reis e aos padres, Gregório era um acérrimo inimigo, tanto de governadores e juízes déspotas, como de bispos e cônegos aparvalhados... Gregório é o genuíno iniciador da nossa poesia lírica de intuição étnica. O seu brasileiro não era o caboclo, nem o negro, nem o português; era já o filho do país, capaz de ridicularizar as pretensões separatistas das três raças. (Sílvio Romero)

Era um poeta nato e com uma necessidade irresistível de provar seu gênio satírico; eis por que suas poesias têm todas um caráter mais ou menos acentuado de improvisação, de agudeza, de transbordamentos súbitos, às vezes de grande simplicidade, às vezes também muito espirituais. (Ferdinand Wolf)

Deixou sua musa faceta vários retratos, ou, melhor, várias caricaturas excelentes desta casta de comparsas que vinham para aqui encher o pandulho magro e a bolsa vazia, e maldizer da terra e dos seus naturais. (Ronald de Carvalho)

Gregório fez da sátira o seu breviário: é ele no Brasil quem inicia o filão da farsa e do espírito destrutivo, com o prejuízo de todos os preconceitos, ao contrário do que se deu com Vieira, que antepôs à sátira "as agudezas poéticas e a diplomática". (Sigismundo Spina)

Foi o primeiro a trazer um hausto de expressividade vital à linguagem poética no Brasil, em contraste com os demais versejadores da época colonial. (Eugênio Gomes)

Toda essa lenda em torno do poeta e, ainda mais, a fonte linguística que dele jorra são um tesouro para o conhecimento de nosso passado. A trama de sua vida é um romance de ação, no gênero capa e espada. Porém o que interessa no contato com o Petrarca sertanejo não é apenas a reconstrução de uma época com suas figuras históricas, ou dados sobre nossa psicologia e sociologia, mas também a possibilidade de lidarmos com uma linguagem barroca, belíssima, embora vista, até recentemente, com um sentido depreciativo, significando texto excessivamente ornamentado, irregular, extravagante, e tantos outros significados que o preconceito é capaz de imprimir a uma palavra.

Ele preferiu a poesia da terrível Nêmesis, uma das filhas da Noite, que figura a vingança divina, armada do "azorrague com que açouta a todos que lhe caem em desagrado. Folgava Gregório de Mattos de encontrar defeitos nos homens e nas cousas, censural-os e exageral-os", com uma alegria burlesca e revoltada.[377] Mas entre suas composições líricas, religiosas, ou laudatórias, há versos inspirados em pessoas ou situações consideradas prestigiosas, de elevado engenho poético. Por essa razão, afirmavam que ele "estragava a sua musa delicada com assumptos pouco dignos de um poeta, — porque, depois que acabava de retratar fielmente um governador e capitão-general, um vice-rei, uma alta dignidade ecclesiastica, descia a photographar a largos traços pessoas inteiramente obscuras e collocadas muito baixo na escala social".[378]

Essa disposição de Matos, sua mobilidade entre as camadas da hierarquia colonial, seu estar à vontade tanto numa festa com mulheres bêbadas como numa sala do palácio do governo, entre escravizados ou desembargadores, prostitutas ou bispos, proveu de uma enorme riqueza e amplidão a sua obra, que penetra os costumes mais escondidos, fonte de uma história que não está em nenhum lugar a não ser em seus versos. É o primeiro poeta brasileiro, e entre os maiores, "por seu estro gigantesco, pela originalidade de suas producções satíricas, pelos seus rasgos admiraveis. O seu nome, apesar de decorridos quase dois seculos depois da sua morte, é, ainda hoje, apregoado como um dos mais valentes cooperadores das literaturas dos dois povos e da lingua portugueza falada no Brasil".[379] Não há nenhum poeta brasileiro no século 17 que tenha produzido uma obra comparável à de Gregório de Matos, seja em força, beleza, intensidade, volume, ou importância. Nenhuma obra tão fundamental. Nenhuma que trace tão admirável e sofridamente nossa origem. De forma quase mágica os poemas nos revelam uma maneira de falar, mentalidades, conceitos e visões da ética no seu tempo, relações entre homens e mulheres, jovens e velhos, distinções que se faziam entre castas, etnias e crenças, entre donzelas e mulheres disponíveis, quem eram as mulheres e homens de seu tempo, como se fazia a corte, o que se comia, como se dança-va, como eram as procissões, os passeios, enxovais, as rusgas jurídicas, inimizades, perseguições, os cárceres, divórcios, sonhos, e tantas coisas mais, compondo uma fabulosa documentação da intimidade colonial, patenteando emoções, desejos, pensamentos que motivavam a popu-lação e a ele mesmo.

A leitura dos poemas de Gregório de Matos nos leva a caminhar pelas ruas da Bahia, navegar pela costa do recôncavo, atravessar o oceano, vagar pelos engenhos coloniais. Somos transportados a festas, cavalhadas, procissões, perambulamos nos becos, nas tabernas, nos al-couces, sempre em sua companhia. E ele é uma tremenda companhia, um sujeito sedutor, divertido, perigoso. Alegre, extrovertido, por vezes melancólico, e sempre arrebatado pelo sentimento. Nós o vemos a es-crever poemas ou a improvisar sátiras num repente, desenrolar motes, vemos seus versos transmitidos boca a boca, ou de mão em mão, de-clamados, anotados, pregados nas portas e nos muros da cidade, ou-vimos as risadas antigas. Logo nos tornamos seus amigos, inimigos, amantes, dissidentes, parceiros, companheiros de farras, sofrimentos, infâmias, perseguições, amores, e tudo de sua vida passa a fazer parte da nossa, tal a nitidez do percurso registrado nos versos.

Como vimos, ninguém escapou a sua pena, desde a mais singela moça que lavava roupas na beira do rio à mais alta autoridade do go-verno colonial. Nem ele mesmo. Deu publicidade a todo tipo de trans-gressão, mostrando, e zombando da ganância dos portugueses que vi-nham enriquecer no Brasil, da ascensão e queda da lavoura açucareira, da corrupção de governantes e funcionários públicos, da violência e dos abusos cometidos por militares, do comprometimento do sistema judicial, da injustiça tributária, do comportamento de homens do clero que burlavam as normas religiosas, da hipocrisia de pregadores moralistas, da arrogância dos fidalgos e dos que se fingiam ricos, dos que se embebedavam, dos que se entregavam à luxúria, da licenciosidade geral, dos ingênuos, maledicentes, dos letrados presumidos, dos que lhe faziam oposição ou lhe empatavam o caminho, dos invejosos e néscios, das mulheres que o amavam ou o desdenhavam. Aí está toda uma sociedade em formação, em que se iluminam as mazelas dessa construção de um país, como se num projeto consciente e amplo de verificação: os poderes legislativo, executivo e judiciário, o funcionalismo público, a Igreja, a força militar, o empresariado, e o povo.

Muitos de seus poemas guardam uma atualidade extraordinária, como os versos que dizem ser a Bahia, ou o Brasil, inferno para os bons e paraíso para os maus. Ou as estrofes de "Triste Bahia",[380] que evocam sentimentos ligados à opressão, desigualdades sociais, e políticas econômicas:

Triste Bahia! Oh quão dessemelhante
Estás, e estou do nosso antigo estado!
Pobre te vejo a ti, tu a mi empenhado,
Rica te vejo eu já, tu a mi abundante.

A ti tocou-te a máquina mercante,
Que em tua larga barra tem entrado,
A mim foi-me trocando, e tem trocado
Tanto negócio e tanto negociante.[381]

A poesia de Gregório de Matos, repleta de mistério e esconjuros, se entranha em nossa mente através de uma entrada não apenas política, ou de costumes, mas com a força da linguagem e da melodia. Seu dom musical se transporta aos poemas magistralmente ritmados, dotados de uma sonoridade nas palavras que demonstra um ouvido exímio; há uma integração perfeita entre a literatura e a música, e a viola de cabaça sempre às costas é marca poética de seu itinerário. A música servia para seu prazer e divertimento, para encantar moças, alegrar festas; e a poesia, para a construção de seu pensamento e sua guerra pessoal, enquanto tornava mais nítida a expressão brasileira. Juntando-se, música e poesia cumpriam de modo simultâneo as diferentes funções.

Também recebemos sua verve poética através da imaginação, do transporte a outros tempos, outros mundos, que constroem nosso próprio tempo e mundo. Muitas vezes seus versos respondem a uma pergunta primordial: por que somos assim? São fonte de um brasilianismo sentimental forjado num mundo de conflitos, violência, paixão, ambições, desregramentos e desejo de libertação.

> *Gregório poetava mais em harmonia com o seu meio; produzia conforme o seu temperamento artístico; não imitava modelo algum do Velho Mundo; exprimia-se, sempre, livre e espontaneamente, na língua do seu tempo e da sua terra.*[382]

*

Além dos rastros de poemas, Gregório de Matos deixou traços de sua trajetória: registros sobre as posses familiares, um documento que menciona sua ascendência, uma procuração de sua mãe, uma petição escrita de seu punho, sua matrícula na Universidade de Coimbra, seu exame de bacharel, sua formatura, uma autorização de casamento assinada por ele, sua nomeação como juiz de fora de Alcácer do Sal, a certidão de óbito de sua esposa em Portugal, o termo de admissão como irmão da Casa da Santa Misericórdia da Bahia, e outros mais.[383] A vida de Gregório de Matos, por sorte, foi registrada pelo licenciado Manuel Pereira Rabelo, na já mencionada biografia, escrita poucas décadas depois da morte do poeta, que se deu possivelmente em 1695.[384] "Vida do excelente poeta lírico o doutor Gregório de Matos Guerra" abre um códice manuscrito das poesias completas de Matos, elaborado por Pereira Rabelo.

É uma biografia considerada fantasiosa, por tentar defender o poeta de acusações feitas pelos feridos do seu ferro. As principais acusações estão relacionadas na sátira escrita por um anônimo — pessoa de autoridade que por ele fora satirizada — e publicada em nome do vigário Lourenço Ribeiro:[385] o poeta fazia muito dano à Bahia, desonrando-a; tinha a pretensão de saber mais do que os outros; tudo o que queria era conseguir uma mulher, ainda que ela fosse devassa; sabia muito bem malhar, como seu avô que era ferreiro; não sabia fazer versos; era perverso, festejado apenas pelos asnos como ele; quando foi juiz nada teve de jurista; plagiador de Quevedo e de Gongora, a quem furtava traduzindo do castelhano e tomando, como seus, poemas alheios; em seu peito não havia nem justiça nem razão; herege que devia ser remetido à Inquisição; descompunha a todos, dizia mal dos honrados, ou por ódio ou por inveja; rejeitou a murça de vigário para se casar, seu casamento era sujo, não se sabia se era solteiro ou casado; suas irmãs foram defloradas antes do casamento e tiradas de casa; na Quaresma, depois de ter recusada a confissão, foi expulso de uma igreja; fazia, do direito, torto; não ficou envergonhado quando o prelado o despiu do hábito, porque não tinha nenhuma vergonha; chegou de Portugal acutilado e ferido, sendo socorrido, e pagava com a ingratidão; quando certo homem o fez apear para esmurrá-lo o poeta teria dito "não sou valente"; desonrava a mãe, o pai; o pai era pouco asseado e andou provocando escândalo; os irmãos eram corrompidos, mas nenhum se igualava ao poeta em vícios; seu irmão, padre Eusébio, foi flagrado na cama com uma negra; e finalmente, que o poeta escandalizava a todos na Sé, com seus modos profanos.

Mas Rabelo traçou um digno retrato do poeta, admirável mesmo, como um homem íntegro e corajoso, mestre de toda a poesia lírica, naturalmente asseado e gentil, criado com boa educação, que ainda estudante em Coimbra já assombrava com seu talento para a poesia; foi um dos melhores letrados da Corte, subindo às graças do regente Pedro II, por seu retíssimo proceder, e que perdeu a estima do soberano apenas por intriga de alguém que havia sido prejudicado por uma sátira; era capaz de recusar favores, retirou-se de Portugal e voltou ao Brasil por ter sido vítima de invejas e indignações, e o que iniciou sua ruína no cargo de tesoureiro na Sé teria sido o simples fato de não usar o hábito nas horas livres. Inimigo das hipocrisias, conseguia com suas sátiras moderar os viciosos e depravados costumes na colônia. Como prova de sua integridade, o poeta teria dito ao prelado, diante da ameaça de perder seus cargos e privilégios, que não seria capaz de mentir nem mesmo em troca de todos os tesouros e dignidades do mundo. Impetuoso, sempre se atrevia, jamais recuava diante dos perigos. Nunca se apaixonou pelo dinheiro, como advogado patrocinava somente ações cíveis, sendo inimigo feroz dos juristas que agiam apenas para juntar riquezas. Recusava clientes que lhe ofereciam um dinheiro considerável, preferindo amparar amigos em assuntos menores, passando por penosas adversidades. Defendeu algumas causas criminais, e ganhava as pendências com laconismo, graça e inteligência. Entregou-se todo ao furor de sua musa, era um perfeito solfista e tocava viola graciosamente. Agonizou católico, sábio, honrado sinceramente por todos. E era homem de boa figura. Nas últimas linhas da biografia escrita por Pereira Rabelo há uma descrição do poeta:[386]

> *Foi o doutor Gregório de Matos de boa estatura, seco do corpo, membros delicados, poucos cabelos, e crespos: testa espaçosa, sobrancelhas arqueadas, olhos garços, nariz aguilenho, boca pequena, e engraçada: barba sem demasia, claro, e no trato cortesão. Trajava comumente seu colete de pelica de âmbar, volta de fina renda, e era finalmente um composto de perfeições, como poeta português, que são Esopos os*

de outras nações. Tinha fantesia natural no passeio, e quando algumas vezes por recreação surcava os quietos mares da Bahia a remo compassado com tão bizarra confiança, interpunha os óculos, examinando as janelas de sua cidade, que muitos curiosos iam de propósito a vê-lo. Trajava cabeleira, suposto naquele tempo era pouco versado.

*

São cerca de setecentos os poemas que acompanham a biografia, que alguns anônimos recolheram de memória ou cedendo manuscritos da época. Nenhum desses poemas é assinado pelo autor. Com o trabalho de Manuel Pereira Rabelo, tornava-se possível pela primeira vez uma visão de conjunto da obra de Gregório de Matos, ainda que imprecisa. Cada poema é anunciado por uma didascália, pequena instrução sobre o conteúdo do texto, forma muito usada na época, como título. Nessas didascálias Rabelo esclarece a situação contida em cada poesia. São saborosas, como:

> "A uma dama Fulana de Mendonça Furtado, com quem foy o poeta achado por sua mulher;
> Namorou-se do bom ar de huma criollinha chamada Cipriana, ou Supupema, e lhe faz o seguinte romance;
> Moraliza o poeta nos ocidentes do sol a inconstância dos bens do mundo;
> Outro memorial por hum seu sobrinho, que desejava sentar praça de soldado..."

Para redigir as didascálias o biógrafo utilizou fartos, valiosos e legítimos documentos de que dispunha. Além disso, deixou anotações nas margens das páginas, registrando nomes completos de personagens que aparecem nas sátiras, e fornecendo dados como profissão, ou local onde residiam. As didascálias contêm tal minúcia que parece terem sido escritas pelo próprio poeta. Daí partiram as posteriores biografias de Gregório de Matos, ora concordando, quase sempre discordando dos dados coligidos por Rabelo.

Sabe-se que nem todos os poemas foram escritos por Gregório de Matos, que jamais assinou ou publicou sua obra. Também se sabe que não foram registrados de forma precisa, pois muitas eram as anotações feitas de memória por amigos ou admiradores dessa obra poética. Sem o trabalho de um estabelecimento o mais fiel possível, é muito frágil qualquer julgamento crítico desse autor, tanto realizado pelos que acreditam ser um venerável vulto do barroco brasileiro, como por aqueles que o consideram presença desprezível.

> *Num caso e no outro se aceita o corrente texto disponível como a obra de Gregório de Matos – texto esse que, sob múltiplos aspectos, tem de ser objeto de reservas tais, que o seu valor para fins judicatórios passa a ser tão precário que precários se tornam os julgamentos firmados com base nele.*[387]

*

Mesmo sem comprovação de autoria, são os poemas que dão a mais próxima dimensão da vida do poeta, não apenas em termos de dados biográficos, de sua personalidade, sua linguagem, mas do ambiente que o cercava. É pelos poemas que podemos penetrar em sua existência, a partir de palavras suas, ou de seus contemporâneos, testemunhos valiosos e raros para a compreensão de alguma figura do passado. Bastariam os poemas como sua biografia. Ali está o que podemos intuir ou aferir da sua vida. Mas somos curiosos, além do natural, e Gregório de Matos é um tema tão sedutor, inquietante e misterioso que nos incita sempre a um reencontro.

O ramilhete de flores

Antologia das personagens femininas de Gregório de Matos

Agreda, ou Agueda do Michelo, moça homossexual, estava na festa de Guadalupe, bebendo aos sorvos.

Águeda, boca de praga, deu peidos a dois frades franciscanos que passaram por sua porta pedindo esmola.

Ana Maria, donzela nobre e rica, bela, que veio da Índia, sendo solicitada ao casamento por diversos pretendentes de elevada situação. Casou-se com o moço da cavalariça, Pedro Álvares da Neiva, amigo do poeta, o mesmo que foi satirizado por ir a Portugal comprar nobreza, retornando como falso fidalgo.

Anastácia dos corais, estava na festa de Guadalupe, fornicando a gandaia, para vestir uma saia era ajudada por sete oficiais.

Andresona, soberba e desavergonhada, se fingia honrada; linguaruda, sempre a falar pela janela e pela varanda.

Ângela, ou Angelinha do Sapato, a "manjuba de palafréns", que estava bêbada na festa de Nossa Senhora de Guadalupe; vomitou em fortes vaivéns, e arrotou.

Ângela Paredes de Meneses, uma das três formosas filhas de Vasco Paredes, moradores da ilha do Caípe; três sóis, três auroras, três flores, três belezas; ninfa bela, alta divindade, encantadora, galharda, discreta, iluminada, semelhante a neve e rosas, um milagre de neve incendiada em sangue, olhos de zéfiro, mãos maravilhosas, corpo garboso, pés de vivo donaire. Esquiva diante das investidas do apaixonado poeta, dona Ângela passou a ser dama cruel, a bela ingrata que matava quem a via, pescadora do amor, pedra incontrastável, mas sempre foi tratada pelo poeta com fidalguia e respeito.

Anica, a mulata lavadeira de roupas na ilha de Cajaíba, amante de Gregório de Matos; discreta, cortês, de bom rosto, tirana, ingrata, bela, mas com raios de ira, esplendorosa, que foi pedir uns sapatos ao poeta. Diz Pedro Calmon que Anica cantava, deixava-se ver por indulgência, e cedeu; quis "as sandálias que lhe calçaram a desilusão". Anica se matou na flor da idade.

Antandra, linda dançarina, personagem de uma écloga antiga, cujo nome o poeta usa como pseudônimo para esconder a identidade de uma amada. Pastora, assim como Lise e Anarda.

Antônia de Marapé, uma graciosa donzela de quem exalava a juventude.

Apolônia, hospedou o poeta; moça de porte, assim como a irmã Inácia, e a mãe, dona Mariana; as irmãs deixaram de ir à Festa da Cruz, por falta de rede de dormir. O poeta mantinha relações com Inácia, quando dona Mariana escutou através da parede, e ficou agastada. Foi a essas mulheres que o poeta se referiu, quando disse a famosa frase que resume sua filosofia amorosa: *São feias, mas são mulheres*.

Armida, freira de Odivelas que se apresentou ricamente vestida com um regalo de martas, moça de mãos formosas.

Assunção tinha duas irmãs de igual beleza, as mestiças pardas Teresa e Mariquita, sendo Assunção mais rasgada e Teresa mais sisuda.

Babu, ou Bárbara, ou Bárbora, a moça com quem o poeta quis se casar. Dama muito caprichosa e bela, rematada de notável gênio com engraçada viveza. Desdenhou inicialmente o poeta, mas acabou se entregando, sentindo-se depois conspurcada e doente.

Beleta gritadeira, que morava na Cajaíba, e se fazia donzela com xaropes. Tratava com um sertanejo, e foi por ele flagrada com Alexandre de Souza Marques, rapaz com quem o poeta se enfurecia, zeloso. Olha-podrida, ardida, sarnenta, a cara era uma caveira e a carne fedida.

Benedita, moradora da Cajaíba, que usava vasquinha e saia vermelha; cristã-velha que vagava de noite, suja, a pegar homens com os quais topasse na rua.

Bertola, Bártola, ou Bertolinha, que foi presa com a animosa mãe, pelo roubo de um papagaio; faminta e desconjuntada, participou da festa do Amparo. Bebeu sete pratos grandes de caldo e comeu sete de carne.

Betica, moça de rara formosura, quase divina, bem branca e com fama de mulata. Moça atraente, rica, andava com saia de seda amarela e a pedir doações para desempenhos. Foi namorada de Sebastião da Rocha Pita quando rapaz. O poeta a viu de manhã em sua janela e lhe deu os bons-dias com um gracioso romance; os olhos de Betica ostentavam uma beleza singular, os dentes eram de prata, lindo serafim. Betica era amante de um comissário da praia, mas antes de se encontrar com ele ia primeiro tratar com Manuel Ramos Parente. A moça, na verdade, tinha quatro amantes, discretos, ricos e brilhantes.

Bina, moradora da Cajaíba, que junto de Clara e Lourencinha ouvia as gracinhas do capitão Bento Rabelo.

Bitancor, moça discreta, que aceitou o poeta na primeira vez em que conversaram e sem a mínima repugnância.

Bivar, prelada do convento de Odivelas, freira travessa, expulsou certo frade que galanteava as freiras.

Brazia, ou Brásia do Calvário, ou Brasica. Mulata mina, meretriz e galicada, tresandando aos piores fedores, bruta e boçal, desaforada, amante de um frade franciscano e que teve lundus, descarga de ares durante o ato sexual. Enterrou a mãe, negra da terra, com honras de senhora. Talvez não seja a mesma que estava na festa de Guadalupe, moça bonita e galharda, que excedia a toda parda, tanto na cara, como no beber, bebeu cinco frasqueiras de vinho. Também chamada de Caquenda.

Brites gavachona, concubina de Gabriel, moradora de Pernameri.

Brites, ou Beatriz, ou Beliza, irmã de Teresa; moça bem-apessoada, olhos negros e formosos, cabelos de um negror gentil, pele de notável alvura. Um prodígio de graça e gentileza, ao mesmo tempo doce e tirana, que diziam matar de amor à primeira vista. Os olhos, um portento de toda a admiração, a boca de cravo, pequenino rubi, os dentes de aljôfar nevado, peito que desatinava amores cegos, mãos lavadas de neve e prata, cintura sucinta, pé peregrino. Mas ingrata, presumida, cruel, rigorosa, furiosa, inconstante, vária, falsa, por não admitir o poeta, que a via como deusa. O poeta quis se casar com Brites, mas ela negou, alegando ser ele velho. Brites casou-se com o licenciado Ortis, mas o casamento foi frustrado, e ela tentou reacender os amores do poeta, que alegou ser homem de honra, negando-se a reatar sua paixão.

Caterina, branca, com olhos de prata fina, duas safiras, boca de rubi, pele de concha de pérolas animada por viva escarlata, e cabelos de ouro encrespado; moça divina e ingrata, que fulminava os corações raio a raio; *muchacha* gentil.

Caterina, prelada e depois porteira do convento de Odivelas, a quem o poeta rogava para que abrisse as portas a fim de que ele se encontrasse com as freiras.

Catita, que recusou amores ao poeta, alegando estar menstruada.

Catona, ou Tona, ou Antonica, apelidos de Antonia, escrava moradora de Pernameri, de quem o poeta muito se enamorou; moça luzida, negra violeta, obstinada e fiel ao seu amante, esquiva e infiel para com o poeta, falsa no que prometia e ingrata quanto a carícias, compassiva, rigorosa e tirana, que se achava feia, mas era formosa; de fidalga gravidade, comedida e envergonhada, descortês, muito ligeira em fugir, era bizarra, com passo compassado e mover airoso; sabia conversar sem cuidados e tinha um riso sisudo, escutava com atenção e respondia com desdém; parda de talento, bandarra e airosa, linda sem disputa, um prodígio, um portento; Catona, Ginga e Babu foram bailar na casa do poeta no Dique, e eram lindas violetas de Angola. Catona ficou muito doente e foi se curar na freguesia de São Francisco; escolheu Jorge por marido.

Celestina, madre que fazia feitiçarias e astrologias, com boa arte e disciplina.

Cipriana, ou Supupema, crioula alegre e bonita, ria com gracinha e falava com esperteza, movia-se com garbo e andava com donaire, vestia-se com asseio e enfeitiçava; tinha uma cara de veneno e zombeteira.

Clara Dias, a Mãe Monda, moradora de Pernameri.

Clara, **Maria** e **Branca**, três freiras que tocavam e cantavam na capela de Nossa Senhora das Neves, freguesia de Avelãs, Portugal. Três auroras. Clara, de rara brancura, era freira dominicana.

"Clóri", nome poético; "Clóris", que estava sangrada; "Clóris" que esteve nas festas de cavalo no Terreiro de Jesus; "Clóris" com quem o poeta sonhou quando estava preso; "Clóri", dama que tentava proteger a cabeça do sol usando um vidro. O nome vem de *amante*, *amada*, e também de *meretriz*.

Conga, que junto de Calabari dançava nos folguedos da Cajaíba; ambas eram amantes de certo Azevedo.

Córdula, a cabrinha do padre Simão Ferreira, mulatinha leda e garrida, tetas de marmelos inchadas de tentações e que se fingia de voragem e quando fodia desmaiava com donzelices; fedia a carimá e sempre pedia uma saia para passear. Mentia, fingindo que ainda era donzela.

Cota, ou Macota, ou Maricota, filha de um amigo do poeta, Gonçalo Dias, menina galharda, luzida, boa, bem assombrada, que hospedou o poeta em Ilha Grande, sem que os pais reclamassem dessa presença perigosa. Cota deu ao poeta uns doces chamados *sonhos*, tão ricos como ela própria. A avó de Cota visitou o poeta no sítio; a senhora era muito honrada pessoa, e lhe fez mil honras, e as mesmas recebeu. Ainda muito jovem, Cota não era casada, e o poeta almejou viver muitos anos para alcançar as bodas da menina, que merecia casar "com um Príncipe de Europa", pois Cota tinha bom dote tanto na cara quanto na roupa.

Custódia, mulata engraçada, formosa e linda, de boca bela, que deixou o poeta apaixonado e inseguro; era Custódia quase uma menina, e filha de uma mulher com quem o poeta se divertia. A menina não se importava com o fato de Gregório de Matos ser, ou ter sido amante de sua mãe.

Damásia, mulatinha escura, mentirosa, que não tinha cara para ganhar um vestido e ganhava dois ou três tostões por uma topada e uns troquinhos de meia pataca, e disse que era sua uma saia que estavam fazendo, para botar numa festa, verde de esperanças.

Domingas, mãe de um bastardo mulatete.

Elena de Tal, casou-se com um sujeito valente. Esteve na festa das mordomas e juízas, no Dia do Amparo.

Escolástica, com Apolônia e Brásia e Antonia, eram as quatros flores-de-lis.

Esperança, moradora do sítio de Catala, escrava parda, que estava apaixonada pelo poeta antes de conhecê-lo, e ele sabendo disso foi procurá-la, perguntando onde morava, a quem pertencia, e de quem era amancebada. Esperança teria dito uma fala com bela dicção: *eu, meu senhor dos meus olhos, / e meu Doutor da minha alma, / sou cativa de você / e de Luiz Correia escrava, / onde vivo, é lá na Ponta, / onde mato, é na Catala. / Amancebada não sou, / porque a sorte me guardava / este encontro de você / para enlaçar-nos as almas. / Aqui estou a seu serviço, / veja agora, o que me manda, / que se me manda assentar, / me verá logo deitada. / Não sou mulher de invenções, / que cerimônias não gasta / com os homens de respeito, / que corre do mundo a mafra* (gente ordinária). O poeta não recusou esse amor, e se deitaram numa capoeira. Mas Esperança apareceu, depois, sofrendo de um mal venéreo, e o poeta a rejeitou.

Eva, negra que enganou o poeta fazendo-o esperar; uma lindeza de mulher, guardada e donzela. Era recolhida de um clérigo, em Maré.

Fábia Carrilhos, freira que mandou ao poeta um chouriço de sangue, para que ele satirizasse.

Feliciana de Milão, religiosa do convento da Rosa, para cuja morte o poeta escreveu um sentido soneto.

"Filena", nome poético dado a uma dama que se recatava a pagar finezas. Esquiva. Ou Fili, ou Fílis, a moça que apareceu ao poeta num sonho ao pé de uma junqueirinha.

Filipa, que antes de se casar deu uns pontos no vaso para se fingir de donzela.

Floralva, ou Florência, nomes poéticos da moça por quem o poeta se apaixonou, em Pernambuco. Morava junto ao rio Capibaribe. O nome poético era disfarce para que a eleita não fosse reconhecida por seus parentes, e com esse artifício o poeta podia prosseguir em seus amores e divertimentos. Floralva era comprometida com certo Matias. Moça gentil, segundo Rabelo, de nevada cor sob os mais vivos esmaltes da natureza, olhos negros e madeixas de cabelos encrespados, da mesma cor. Flor pura e perfumada, moça majestosa, discreta, de beleza rara e donaire, pele de mármore, roble, de negras tranças em pélagos de azeviche, sobrancelhas que escondiam traidores arcos, dentes de pérolas, boca incendida recolhida em cravo, como se ensanguentada, dama de chapa, flor às direitas, anjo em traje de fera, fera em traje de bronze, e por desdenhar o poeta foi chamada de cruel. O poeta batizou a mãe da moça de Florenciana. Floralva foi o último dos amores do poeta em seus versos.

Francisca, a filhinha do poeta e de Lourença Francisca; ambas ficaram em Portugal, e nunca mais estiveram com Gregório de Matos.

Francisca, ou Chica, uma crioula que se arrepiava de ver o poeta conversar com Maria João. Chica tinha a testa negra, em cuia, olhinhos pequenos destilando veneno, nariz largo, boca larga, queixo agudo, pescoço longo, corpo esguio, barriga chata, seios caídos, pernas delgadas, ancas derribadas, rosto estreito, modos gatunos. Chamada de negra do diabo, esteve na festa do Dia do Amparo, em que as juízas e mordomas se embebedaram e causaram tumulto.

Francisca de Sande, senhora piedosa e rica, cuidou com notável zelo em sua própria casa e pessoalmente de doentes da peste de 1686, tornando-se pioneira da enfermagem feminina no Brasil. Foi citada por historiadores, como Rocha Pita.

Fulana de Mendonça Furtado, com quem o poeta foi flagrado, na cama, por sua esposa Maria de Povos.

Gaguinha, moça entendida e engraçada, celebrada, que esteve na festa de Guadalupe e se afastou da folia dizendo que não queria nada com um mariniculas.

Gileta, dama que se mostrava para o poeta toda desdenhosa e cruel. Formosa, má e infiel, desbaratava muitas vidas, com inclemência.

Grácia, a faladeira.

Guiomar, moça moderna, mal maridada.

Helena, cu de borralho, gorda e asmática, estava na festa de Guadalupe, embriagada; ensopou-se de açorda de vinho e alho, caiu e vomitou.

Inácia Barrosa, chamada de Ilhoa, puta escabrosa que morava na Cajaíba; crioula, discreta, soberba e inchada, de grandes beiços. Esteve na festa de Guadalupe, bêbada.

Ilária, a mulata que fugiu. Num poema em forma de diálogos foram apresentadas duas senhoras, **dona Lima** e **dona Fonseca**. Dona Lima, antiga senhora da escrava forra e fugida, lamenta e procura a moça, de porta em porta. Aí também foi apresentada uma escrava, **Chica**, negra do diabo.

Inácia, irmã de Apolônia; moça sossegada, mansa, alegre, clemente, rigorosa, de figura forte e rija; mulata que queria se passar por branca, negra engastada em prata, tinha a boca de cravo. Inácia e Apolônia, segundo o poeta, eram namoradas de uns músicos de sobrenome Jardins, e moravam nas Hortas da cidade da Bahia. Casaram com os músicos, mas andavam queixosas do casamento. Inácia tinha amores com um frade, afirmou o poeta. E teve um parto arriscado, satirizado como fruto de uma relação adúltera.

Inácia, apelidada de Ilhoa, participou da festa do Amparo, embebedando-se.

Inês, a amuada moradora de Pernameri que, por uma negra pinga, ficou três dias sem falar com o poeta.

Isabel, ou Beleta, a bela Dona Lazéria de perna chagada, lazarenta e empestada, tísica, mirrada e carcomida, presunçosa, estranha e má pessoa, velhaca, ardida, morava em São Francisco do Conde.

Isabel, que foi servida por Luís, como prêmio de um só favor. Infiel, ela o enganou cotidianamente, e Luís passou a amar **Maria**, moça presunçosa que, por se saber formosa, persuadia-se de ser querida. Entendida em toda arte de amar, Isabel era moça jeitosa.

Jacupema, escrava que furtou um ovo.

Jelu, ou Gelu, ou Julu, apelidos de Jerônima, rainha das mulatas; uma formosa mulher, mas lazarenta; foi jogada pelo amante nos valados de uma horta; airosa, linda, galharda, folgazona. Bailou e se embebedou na festa das juízas e mordomas; valente e pertinaz, e se enfureceu, tendo uma briga com Macotinha. Esteve numa função na casa de um amigo do poeta, junto ao Dique.

Joana, passou quatro noites com um sujeito impotente.

Joana, segundo Rabelo, era uma moça galharda, que morava em São Francisco do Conde, com duas irmãs também formosas, honestas e recatadas, graves, atentas, estrelas luminosas. Joana tinha os cabelos de ouro, olhos claros, dentes de prata, muito entendida no falar, boquinha bem-feita e pequenina, mãos liberais e limpas, peitinhos que davam figas por baixo das rendas finas da camisa de cambraia, cintura delgada; cobria os pés com um guarda-pé verde, pés tão pequenos que seu passo não era firme.

Joana Gafeira, formosa moradora da Cajaíba, que se arrimou com um branco; camarada de Isabel e faladeira, era parda muito clara, fedida de catinga de sovaco; foi flagrada com um frade num bananal. Desviava-se do poeta, temendo a sua língua.

Joana Lopes fornicava com um frade antonino, apelidado de Frei Basilisco, e era capaz de dormir até com o diabo.

Joana Picaró, mulata que valia o Brasil todo.

Joanica, ou Joana, envolvida numa pendência entre dois amantes, junto ao convento de São Francisco na Bahia.

Josefa, que, numa noite de São João, lhe rebentou um busca-pé entre as pernas; era rapada na virilha.

Laura, moça corcovada e com a cara bonita de um serafim.

Laura, mais airosa do que linda, cabelos e toucado bonitos, causou ciúmes no poeta, pois era amiga de Viriato.

Leonor, uma das três irmãs que moravam no Areal; as outras eram Ana, e a discreta Maricota, uma trindade de belezas.

Lourença, chamada de Cuia, moradora da Cajaíba, uma puta desluzida.

Lucinda, dama gentil, com altiva galhardia, pomposa e bizarra, que se fingia em chamas de amor.

Luísa, mulata assustada, amante de um capitão, foi fretada por um homem chamado Surucucu.

Luiza da Prima, ou Luizica, negra que tinha fama de feiticeira; muito moça para ser bruxa e muito velha para ser puta.

Luiza Sapata, mulata esfaimada, queria que o amigo lhe desse quatro investidas, duas de dia e duas de noite.

Luzia, a honestíssima, por isso traidora; moradora de Pernameri, galharda, que reluzia, e dela vertia um cheiro brando.

Luzia Agrela, serva do amor, juíza de refestela na festa de Guadalupe, onde esteve a beber licor, usando uma saia verde. Puta que a todos convertia porque, tão ruim puta, a alma não havia de ser dissoluta, mas santa.

Luzia Sapata, mulata que estava na Cajaíba quando ali voltou o poeta. Foi uma das que se embriagaram na festa do Amparo; levou uma cutilada de Teresa. Talvez seja a mesma Luiza Sapata.

Macotinha, mulata foliona, que foi à Festa de São Caetano e se romperam as cordas da sua rede de dormir, caindo a moça ao chão. Também esteve na festa das juízas e mordomas, embebedando-se.

Madalena, mulata.

"Mana", que pediu ao poeta um dinheiro; moça faceira e ufana.

Manga, ou Mangá, moça de alfiniques, negra de alcorça, esbranquiçada, que se dava a um pardo vaganau e fornicava com o Frei Basilisco ou Frei Fodaz.

Marana de Lemos, que brigou com Vicência e dançava na Cajaíba; fartava-se de rir quando assistia às comédias; magra por passar muitas vigílias, faminta, andava de "testa caída."

Marcela, que por ser casada não punha os pés fora de casa.

Marcelina Pereira, boa fêmea, que alterava os moços e acendia os velhos, amante do pardo Lopo Teixeira.

Margarida, pernambucana, apelidada Carira, ou Carina, filha de Caterina. Chorava a esquivança de seu amante por ela lhe haver acusado de ter furtado uma pulseira de corais. Negra que acariciava um mulato com demasiada permissão dele.

Maria, que foi apanhada em flagrante pelos irmãos enquanto se deitava com Inácio Pissarro.

Maria de Povos, a formosíssima esposa do poeta. Também chamada Gila, Gileta, Sílvia, e Marfida, nomes poéticos. Talvez, também, chamada de Vidinha, moça que derramou lágrimas. Viúva e órfã, branca, sobrinha de um rico senhor de engenho do Marapé. Muito honesta, pobre, recebeu dote do tio para poder se casar com Gregório de Matos. Teve com ele dois filhos, sendo um deles morto bem pequeno.

Maria de São Bento, a "ridícula mulata" que jurou não entrar mais na casa do poeta, mas tinha coração, e lá retornou para ajudar a um clérigo, sendo expulsa.

Maria João, ou Mariquita, ou Quita, rica mulatinha, bela dançarina, cuja boca era um perpétuo pica-flor; mulher de primor, zombeteira, galharda, caminhava com garbo. Era filha de Isabel, ambas moradoras da Cajaíba. De Mariquita eram os melhores mariscos das cestas de mariscadeiras. Isabel, a "puta Zabelona", reprovava as amizades da filha com o poeta. Ele tentou se aproximar de Mariquita, quis persuadi-la a que o visitasse, para o desgosto de Isabel. Gregório de Matos julgou que as mulheres dessa família, negras, o rejeitavam por ser branco — ou por ser poeta. Mariquita negou-se, enamorando-se de um soldado chamado Nico, deixando o doutor em Leis livre para se envolver com a lavadeira Anica. Ele chamou Mariquita de ingrata, esquiva e dura, que se negava com um fingimento traidor. Doente, pálida, magra, Quita foi num lanchão para a cidade.

Maria Pereira, moradora de Pernameri, que diligente e alegre servia à mesa com comida e bebida.

Maria Viegas tinha apelido de Cota, ou Maricas, e era amante do capitão Bento Rabelo, amigo do poeta. Cota era uma linda e gentil dama, garbosa, risonha e alegre, porém belicosa e corrente. Alegava ser nascida na França, mas falava português e era precisa no uso das palavras. Atraía fortemente o poeta que, no entanto, respeitava o amigo, ao menos na sua presença. Na ausência do capitão, Gregório de Matos estava disposto a ter "amores secos" com Maria Viegas, querendo boas risadas e boas conversas, numa vida santa e ajustada. Mas a mulher, que Rabelo afirma ter sido negra, deu razões para ser satirizada, e recebeu do poeta uma "anatomia horrorosa", de caráter escatológico.

Mariana, apelidada de a Rola, ou Maricas, uma dama de olhos luzidios, cara bonita, graciosa, graça matizada, jeitosa, comprometida com Tomás Patrício. Diz Rabelo que Mariana passou por uma prodigiosa transmutação: era muito pobre, e foi pedir uma esmola a Tomás Patrício, um mercador inglês, apelidado de Mazulo porque tinha um nariz extravagante, e ele se enamorou tanto de Mariana que gastou com ela muitas riquezas, deu-lhe trajes ricos e galas, ficando a moça admiravelmente formosa. Mariana foi presa por ordem do arcebispo, em consequência de repetidos escândalos na relação com Patrício; mas fugiu da cadeia, auxiliada pelos favores do chanceler da Relação, com quem tinha alguns "desonestos divertimentos".

Mariana, freira do Desterro, apelidada de Soror Madama Urtiga. Cantora por quem o poeta se enamorou, mas ela o desdenhava. Para lhe fazer ciúmes, o poeta ameaçou se enamorar de sua irmã, Florença. Soror Mariana afinal correspondeu ao pretendente, mandando-lhe doces. Ele satirizou, dizendo que comeu os doces, talvez significando que teve cópula com essa freira.

Maribonda inspirou diversos poemas a Gregório de Matos. A livre e travessa mulata Maribonda, ou Antonia, ou Antonica, moça pesadona, morava na rua da Poeira, naquele tempo quase deserta. Gregório de Matos a conheceu na casa de uma amiga no campo da Palma, onde ele costumava se divertir, e ali se "embaraçou" de amores ao vê-la debaixo de uma urupema. A moça, com medo da soltura do poeta, e temendo ser satirizada por ele com a costumada galhofa, negou-se a se envolver amorosamente. A bela moça lhe dedicou rigores, desatenções, esquivanças e inclemências; teria dito, quando o poeta a encontrou na Cajaíba: "Não sou mulher de crica"; e ele a considerou esquiva, cruel, dura, desapegada, ingrata, e acabou chamando-a de puta porca. Foi uma das mordomas e juízas na festa do Amparo, onde se viu tão pesada de comer que desmaiou.

Mariquita, uma das juízas na festa do Dia do Amparo, que se embriagaram. O fato de ser juíza significa ter sido Mariquita uma mulher de ofício, trabalhadora, como padeira, parteira, ou comerciante. Também chamada de Mariquitinha, que quando estava de lundu fazia o rebolado com quatro cus.

Marta de Cristo, abadessa do Desterro, bonita, de boca grande, enleio para os corações e suave encanto das almas; filha de família nobre, moça bem-nascida e bem-criada, parece que um pouco gorda.

Marta Soares, que estava bêbada na festa de Guadalupe, bebia copos de vinho aos pares, bebendo também muita água; a gala das pardas, o sol das mulatas, que fazia sombra às sapatas. Má peça, de alta galhardia, patifa, foliona.

Marta Sobral, feia mulher, moradora da Cajaíba, uma velhaca, porque negou dar ao poeta uma arroba de carne; ela se deixou enganar por um feiticeiro da Índia, assim como Custódia, Antonica, Marana, Quita e Isabel.

Menga, amante de Pascoal, que se ofereceu ao poeta, e como ele a recusou, ela se queixou de que era um pastor grosseiro, pois não tomava o que ela lhe dava.

Michaela, a primeira esposa de Gregório de Matos, portuguesa, filha de um desembargador e irmã de três advogados. Não teve filhos, e morreu jovem.

Moná, a menina recém-nascida de um amigo castelhano do poeta.

Monteira, mulata que dava casa de alcouce, alugando quartos e recantos para encontros sexuais.

Nerência, moradora da Cajaíba, moça de grandes prendas.

"Nise", que cortou o dedinho ao aparar uma pena para escrever ao amante. Nise pode ser o anagrama de Inês, a quem o poeta talvez quisesse acobertar.

"Nise", a formosa e queixosa e cheirosa, soberba.

"Nise", de cabelos dourados e testa de prata e olhos matadores e boca e dentes de espadas.

"Nise", a dama que macheava outras mulheres.

"Nise", que em Pernameri pediu dinheiro ao poeta antecipadamente à cópula.

"Nise", sobre cujos telhados da casa o poeta viu cinco ou seis formosos gatos.

"Nise", moça pública que se casou com um letrado, e costurou-se para se passar por virgem.

"Nise", freira do convento do Desterro, a quem outras freiras molharam o toucado quando ela ia se encontrar com o amante.

"Nise", freira do convento de Odivelas, que foi vista pelo poeta e reclamou que ele se descuidava de revê-la.

Pelica, com Macotinha, ambas mulatas, foram à Festa de São Caetano e caíram no chão quando as cordas de sua rede de dormir se romperam. Pelica esteve na função que mulatas fizeram no Dia de Nossa Senhora de Guadalupe, e bebeu um almude, desabando, vomitando.

Polônia, moradora da Cajaíba, que se enfeitava para receber Henrique da Cunha, e dava enfado; a boca se arregaçava em sorriso.

Quitéria, escrava de Betica, que a abanou na vagina, ardente mesmo em tempo de frio.

Quitota, a recém-nascida filha do flamengo areopagita e beberrão, Baltasar Vanique, morador de Marapé.

Rosa, flor desditosa, desgraçada por ser luzida, e ofendida, por ser louçã. O poeta a comparou à flor que floresce pela manhã e à noite fenece.

Samba, putíssima, putona maldita, andava pelas senzalas, negrada pinga-pinga.

Sílvia, que mandou seu moleque lhe coçar o braço e sentiu que, pelo contato, o escravo se entesava, e o castigou.

Surda, moça que era gaga; esteve na festa de Guadalupe, abençoando o vinho.

Suzana, receosa das cutiladas do poeta lhe pediu que não a satirizasse, e por isso mesmo ele a satirizou; mulher que confessou ao poeta ser quente, mas se negou a ele, na praia.

Suzana, amante do velho caixeiro de engenho na Cajaíba, certo Azevedo. Negra, casada, mulher de desmedida grandeza e já de idade. Após receber uma sátira, enviou ao poeta de presente umas moquecas.

Teodora, que estava numa comédia, na Cajaíba.

Teresa, a "linda Tetê", de quem diz Rabelo que era moça cheia de graça, recatada com fidalguia. As perfeições de Teresa inspiraram ao poeta dois retratos, com gracioso mimo. Era bizarra na forma, formosa sem invenção e bela sem cerimônia, morena trigueira, dama cortês, mulher de conta, medida e peso. Cara mimosa feita ao buril, polida, com o melindre do jasmim e a natazinha da rosa; boca entesourando riquezas como diamantes e pérolas, os dentes brancos de aljôfar, riso feiticeiro; olhos que feriam como abrolhos, neblinas que caçavam almas. Ia pela rua, airosa, galharda e pulcra, em sua beleza soberana e culta, inspirando ao poeta belos versos à passante. Primeiro, Teresa prometeu ser muito pontual em dar zelos ao poeta, depois também negou seus amores; numa conversa ela lhe disse que ele não satisfazia seu desejo por ser casado; chegou a desmaiar à beira de um contato sexual, desfalecendo de arrependida e envergonhada; e ele a chamou de achacosa, fraca, falsa, aleivosa, fingida, fementida e cruel. A recusa de Teresa ao final se revelou motivada por ela estar doente, e Gregório de Matos se curvou à dama, presumindo um amor verdadeiro.

Teresa, puta sagrada, que esteve na festa do Amparo, bêbada, e se retirou da briga, com cara de lagosta, e trocava com muita graça o vinho, taça por taça, e a carne, posta por posta.

Urraca, prostituta que se encarecia de formosa para se vender mais caro.

Úrsula, cantora, mulata dentuça que dançava a mangalaça na festa de São Gonçalo, moça bizarra, tinha ancas como as de um cavalo. Quando voltava da festa, embriagada, a cantar, ia enganchada numa montaria.

Venância, que amava três sujeitos e podia vender amor a todo o mundo.

Vermelha, moradora de Cachoeira, enxuta de pentelhos, com a cona polvilhada; coabitava com o peregrino que passava, ou o mercador que a visitava.

Vicência, moça piedosa, discreta, que mantinha três amantes, e exalava odores pelos sovacos. Tinha olhos belos e cruéis, de cor indefinível, entre verde, azul e preto. Vicência se negou ao poeta por vários meses, alegando mênstruos. Brigou com Marana de Lemos, por ciúmes.

Vicência, prostituta que morava junto ao convento, muito dissoluta.

Vitória Paredes, mãe de Ângela Paredes de Meneses, a paixão elevada do poeta; senhora que perdeu a filha de trinta e três anos, Teresa.

Zabelona, ou Isabel, a mãe intransigente, a quem o poeta chamou de puta Zabelona.

*

Num gesto de cavalheirismo, Gregório de Matos costumava dar nomes poéticos a moças de família, ou adjetivos que remetessem ao nome, mas salvaguardava a identidade de seus amores. Dona Ângela, por exemplo, jamais foi mencionada nominalmente num poema, apenas como dama angélica, angelical, anjo no nome, e só foi identificada pela didascália de Pereira Rabelo. Também é o biógrafo do poeta quem identifica soror Violante do Céu, e a falecida sogra do governador João de Lencastre, e a graciosa comadre Brites, e a própria Maria de Povos, chamada num dos poemas apenas de Maria, e noutro, Maricas. Algumas mulheres são identificadas por parentesco, como a "mulher do Faria", a avó "tapuia" do governador Câmara Coutinho, a filha de certo letrado Fulano Coelho, ou a viúva de Nain.

Sem nome ficaram as belas mulatas que na Água Brusca bailavam o paturi, tão jocosas, ao som de uma guitarrilha tocada por um curumim, e inspiraram ao poeta um poema do qual ficou famoso o refrão: *Que bem bailam as Mulatas, / que bem bailam o Paturi!*[388] Também anônimas, uma mulata que era peça de igreja antiga; a mulata e a preta que eram putas do padre Baltazar; a freira de Gonçalo Ravasco; a moça que enviou uma panela de merda a certo frade na vila de São Francisco; a negra que foi achada com um frade e levou uma surra de seu amante e se fingiu manca de um pé; a grossíssima negra do capitão Bento; a pobre negra boçal que foi caloteada pelo Bicancro; a dama que purgou um capitão com uns araçás; a mulata da ilha de Gonçalo Dias que morava num casebre e que o poeta não "fretou" por estar prenhe; a freira que achava o padre Dâmaso tão benemérito que ela havia emprenhado e parido dele; a freira que impediu outra de mandar ao poeta um peixe, porque ele haveria de satirizar o presente; a freira que mandou ao amante um cará; uma dama muito alta, corpulenta e desengraçada; uma bela indiazinha que sensibilizou o poeta.

E a negra angola cuja fala ficou registrada num poema:

Paí na mata, a lá lá,
aqui sá tu mangalá,
saiba Deus e todo o mundo,
que me inguizolo mavundo
mazanha, mavunga, e má.

Créditos de imagens

A peasant of Alenteju, a Lisbon fruit woman, a woman of Beira, de Neagle sculp (Biblioteca Nacional de Portugal), p. 12-13

A portuguese merchant with his wife and maid servant, de I. F Clemens (Biblioteca Nacional de Portugal), p. 164

Album Historique, Le XVIᵉ et Le XVIIᵉ Siècle, A. Parmentier (Acervo Dantes), pp. 71-78

Americae Praeterita Eventa, Helmut Andrä e Edgard de Cerqueira Falcão, p. 14-15

Et nous aussi nous serons meres; car!..., de Jean Jacques Lequeu (Bibliothèque nationale de France), p. 147

Ethica naturalis, seu, Documenta moralia e variis rerum naturalium proprietatib[us], virtutum vitiorumq[ue] symbolicis imaginibus collecta, de Johann Christoph Weigel (Getty Research Institute), pp. 341, 382, 426, 490-491, 556-557 e 558-559

Femme nue devant un encadrement de fenetre, de Jean Jacques Lequeu (Bibliothèque nationale de France), p. 393

Il est libre..., de Jean Jacques Lequeu (Bibliothèque nationale de France), p. 403

La galerie agreable Du monde – Tome Premier Portugal et Algar, de Pierre van der Aa. (Fundação Biblioteca Nacional), pp. 2-3

La galerie agreable Du monde – Tome Troisieme d'Amerique, de Pierre van der Aa. (Fundação Biblioteca Nacional), pp. 30, 225, 228, 245, 274, 291 e 479

La Taverne (Acervo Dantes), p. 134

Lingere savonnage du linge, de Jean Jacques Lequeu (Bibliothèque nationale de France), p. 108

Lisbone (Fundação Biblioteca Nacional), pp. 104-105.

Nouveau Voyage autour du monde, Le Gentil de Le Barbinais (Acervo Dantes), p. 106

Relations d'un voyage fait en 1695, 1696 & 1697 aux côtes d'Afrique, Détroit de Magellan, Brezil..., de François Froger (Acervo Dantes), pp. 226-227

Scene de taverne, de Balthazar Anton Dunker (gravurista), Jan Steen (pintor) e Pierre-François Basan (editor) (Bibliothèque nationale de France), p. 107

Vera effigies celeberrimi P. Antonii Vieyra..., de Arnold van Westerhout (Biblioteca Nacional de Portugal), p. 229

Vista do Convento da Madre de Deus (Fundação Biblioteca Nacional), p. 109

Obras consultadas

A criança e a vida familiar no Antigo Regime, Philippe Ariès, Editora Relógio D'Água, Lisboa, 1988.

À descoberta de Portugal, Seleções do Reader's Digest, Lisboa, 1982.

A fronda dos mazombos: nobres contra mascates, Pernambuco, 1666-1715, Evaldo Cabral de Mello, Editora Companhia das Letras, São Paulo, 1995.

A Idade do Ouro do Brasil: dores de crescimento de uma sociedade colonial, C. R. Boxer, Companhia Editora Nacional, São Paulo, 1962.

A manilha e o libambo: a África e a escravidão de 1500 a 1700, Alberto da Costa e Silva, Editora Nova Fronteira, Rio de Janeiro, 2002.

A paisagem pernambucana, Mário Souto Maior e Leonardo Dantas Silva, Editora Massangana, Recife, 1993.

A roupa e a moda: uma história concisa, James Laver, Editora Companhia das Letras, São Paulo, 1993.

A vida espantosa de Gregório de Matos, Pedro Calmon, Livraria José Olympio Editora, Rio de Janeiro, 1983.

Antologia de poesia portuguesa erótica e satírica: dos cancioneiros medievais à actualidade, seleção, prefácio e notas de Natália Correia, F. A. Edições, Rio de Janeiro, 1965.

Arruar: história pitoresca do Recife antigo, Mário Sette, Governo do Estado de Pernambuco e Secretaria de Educação e Cultura, Recife, 1978.

As artes de enganar: um estudo das máscaras poéticas e biográficas de Gregório de Mattos, Adriano Espínola, Editora Topbooks, Rio de Janeiro, 2000.

As festas no Brasil colonial, José Ramos Tinhorão, Editora 34, São Paulo, 2000.

Burocracia e sociedade no Brasil colonial, Stuart B. Schwartz, Editora Perspectiva, São Paulo, 1979.

Carta de guia de casados, Francisco Manuel de Melo, Domingos Barreira, Porto, s. d.

Cartas do padre António Vieira, coordenadas e anotadas por J. Lúcio de Azevedo, em três tomos, Imprensa Nacional, Lisboa, 1970.

Cartas, padre António Vieira, seleção Novais Teixeira, Clássicos Jackson, W. M. Editores, Rio de Janeiro, São Paulo, Porto Alegre, 1949.

Casa-grande & senzala, Gilberto Freyre, Editora Record, Rio de Janeiro, 1989.

Chica da Silva e o contratador dos diamantes: o outro lado do mito, Júnia Ferreira Furtado, Editora Companhia das Letras, São Paulo, 2003.

Compêndio narrativo do Peregrino da América, dois volumes, Nunes Marques Pereira, ABL, Rio, 1988.

Cristãos-novos na Bahia: 1624-1654, Anita Novinsky, Editora Perspectiva/Editora da Universidade de São Paulo, São Paulo, 1972.

Cultura e opulência do Brasil, André João Antonil, Editora Itatiaia/USP, Belo Horizonte, 1982.

Da prostituição na cidade de Lisboa, Francisco Ignacio dos Santos Cruz, Publicações Dom Quixote, Lisboa, 1984.

Diálogo das grandezas do Brasil, Ambrósio Fernandes Brandão, Editora Itatiaia/USP, Belo Horizonte, 1998.

Dicionário da escravidão, Alaôr Eduardo Scisínio, Léo Christiano Editorial, Rio, 1997.

Dicionário da escravidão negra no Brasil, Clóvis Steiger de Assis Moura, Editora da Universidade de São Paulo, São Paulo, 2005.

Dicionário de história de Portugal e do Brasil, org. de João Serrão, Iniciativas Editoriais, Porto, s. d.

Dicionário do Brasil colonial (1500-1808), org. de Ronaldo Vainfas, Editora Objetiva, Rio, 2000.

Edição crítica da obra poética de Gregório de Matos, Vol. II: edição dos sonetos, Francisco Topa, Ed. Do autor, Porto, 1999.

Fidalgos e filantropos: a Santa Casa da Misericórdia da Bahia, 1550-1755, Russel-Wood, Ed. UNB, Brasília, 1981.

Formação do Brasil colonial, Arno Wehling e Maria José C. de Wehling, Editora Nova Fronteira, Rio de Janeiro, 1994.

Gregório de Mattos e Guerra: uma re-visão biográfica, Fernando da Rocha Peres, Prefácio de Antônio Houaiss, Edições Macunaíma, Salvador, 1983.

Gregório de Mattos: o poeta devorador, Fernando da Rocha Peres, Manati Produções Editoriais, Rio de Janeiro, 2004.

Gregório de Matos: obra poética, dois volumes, ed. de James Amado, preparação e notas de Emanuel Araújo, Editora Record, Rio de Janeiro, 1990.

Gregório de Mattos: sua vida e suas obras, Álvaro Guerra, Editora Melhoramentos, São Paulo, 1922.

História da América Portuguesa, Sebastião da Rocha Pita, Editora Itatiaia/USP, Belo Horizonte, 1976.

História da vida privada no Brasil, dir. de Fernando A. Novais, vol. organizado por Laura de Mello e Souza, Editora Companhia das Letras, São Paulo, 1997.

História do Brasil, 1500-1627, Frei Vicente do Salvador, Editora Itatiaia, Belo Horizonte, 1982.

História da Companhia de Jesus no Brasil, três volumes, Serafim Leite, Edições Loyola, São Paulo, 2004.

História das crianças no Brasil, org. de Mary Del Priore, Editora Contexto, São Paulo, 2002.

História das mulheres: do Renascimento à Idade Moderna, org. de Georges Duby e Michelle Perrot, Edições Afrontamento/Ebradil, Porto/São Paulo, 1991.

História das mulheres no Brasil, org. de Mary Del Priore, coord. de textos de Carla Bassanezi, Editora Contexto/Unesp, São Paulo, 1997.

Memória a respeito dos escravos e tráfico da escravatura entre a costa d'África e o Brazil, apresentada à Real Academia das Ciências de Lisboa, 1793, Luiz António de Oliveira Mendes, Publicações Escorpião, Porto, 1977.

Mobiliário baiano, Maria Helena Ochi Flexor, Monumenta/Iphan, Brasília, 2009.

O amor em Portugal no século XVIII, Júlio Dantas, Livraria Chardron de Lélo & Irmão, Porto, 1916.

O crime de Antonio Vieira, Pedro Calmon, Arquivo Público do Estado da Bahia, Salvador, 2002.

O diabo e a Terra de Santa Cruz, Laura de Mello e Souza, Editora Companhia das Letras, São Paulo, 1986.

O homem diante da morte, Phillipe Ariès, Editora Francisco Alves, Rio de Janeiro, 1977.

O palácio da memória de Matteo Ricci, História de uma viagem: da Europa da Contrarreforma à China da dinastia Ming, Jonathan D. Spence, Editora Companhia das Letras, São Paulo, 1986.

O povo português nos seus costumes, crenças e tradições, em dois volumes, Teófilo Braga, Publicações Dom Quixote, Lisboa, 1985.

Obras completas, Luiz de Gongora y Argote, compilação, prólogo e notas de Isabel e Juan Mille y Gimenez, Aguilar, Madri, 1972.

Obras completas de Gregório de Matos: sacra, lírica, satírica, burlesca, sete volumes, org. de James Amado, Editora Janaína, Salvador, 1968.

Os judeus no Brasil colonial, Arnold Wiznitzer, Editora Pioneira/USP, São Paulo, 1960.

Para conhecer melhor Gregório de Matos, Hélio Pólvora, Bloch Editores, Rio de Janeiro, 1974.

Povoamento da cidade do Salvador, Thales de Azevedo, Editora Itapuã, Salvador, 1969.

Que seja em segredo, antologia de poemas freiráticos, org. de Ana Miranda, Editora Dantes, Rio de Janeiro, 1998.

Sistema de casamento no Brasil colonial, Maria Beatriz Nizza da Silva, Edusp, São Paulo, 1984.

Sobrados e mucambos, Gilberto Freyre, Editora Record, Rio de Janeiro, 1990.

Teatro dos vícios: transgressão e transigência na sociedade colonial urbana, Emanuel Araújo, José Olympio Editora, Rio de Janeiro, 2008.

Tratado descritivo do Brasil em 1587, Gabriel Soares de Souza, Editora Itatiaia, Belo Horizonte / Rio de Janeiro, 2001.

Tratados da terra e gente do Brasil, Fernão Cardim, Editora Itatiaia / USP, Belo Horizonte, 1980.

Trópico dos pecados: moral, sexualidade e Inquisição no Brasil, Ronaldo Vainfas, Editora Campus, Rio de Janeiro, 1989.

Viagem a Portugal, José Saramago, fotografias de Maurício Abreu, Editora Companhia das Letras, São Paulo, 1990.

A família Mattos na Bahia do século XVII, Fernando da Rocha Peres, UFB / Centro de Estudos Baianos, Salvador, 1988.

"A música em Salvador: um breve percurso histórico (dos jesuítas até 1879)", Maria da Conceição Costa Perrone e Selma Boulhosa Alban Cruz, no livro Instituto de Música: *Um Século de Tradição Musical na Bahia*, Salvador, Editora Grafufba.

"A procissão de Corpus vianesa cantada por Gregório de Matos", Cadernos vianenses, por António Manuel Couto Viana, e J. C. Viana.

"A situação feminina em Portugal na segunda metade do século XVIII", José Gentil da Silva, *Revista de História das Ideias*, vol. 4, tomo I, 1982.

"A vida a bordo das naus na carreira da Índia", António Lopes e Eduardo Frutuoso, preparado para publicação na obra *História do Quotidiano em Portugal*, 1995.

"A viola", Ivan Vilela, ensaio elaborado para o projeto "Músicos do Brasil: uma enciclopédia".

"As rotas marítimas do Brasil colônia, os suprimentos e as mercadorias a bordo", Théa Mirian Medeiros Machado, Maria Márcia Magela Machado e Paulo José Hamakawa, anais do 1º Simpósio Brasileiro de Cartografia Histórica, Rio de Janeiro, 2011.

"Conexões e identidades de gênero no caso Brasil e Angola, séculos XVIII-XIX", Selma Pantoja, UnB, 2002.

Gregório de Mattos e a Inquisição, Fernando da Rocha Peres, UFB/Centro de Estudos Baianos, Salvador, 1987.

Escrevendo cartas, governando o Império: a correspondência de Antonio Luís da Câmara Coutinho no governo-geral do Brasil (1691-1693), Marília Nogueira dos Santos, dissertação de mestrado apresentada ao PPG-UFF, 2007.

História breve das Misericórdias portuguesas (1498-2000), Isabel dos Guimarães Sá e Maria Antónia Lopes, Imprensa da Universidade de Coimbra, 2008.

"Passado presente nos velhos mapas: conhecimento e poder", Théa Mirian Medeiros Machado, Maria Márcia Magela Machado e Paulo José Hamakawa, anais do 1º Simpósio Brasileiro de Cartografia Histórica, Rio de Janeiro, 2011.

"Perfil social e importância política dos governadores gerais do estado do Brasil (1640-1705)", Francisco Carlos Cosentino, *Revista de Humanidades*, UFRN, v. 9, n. 24, 2008.

"Periódicos portugueses do século XVII: forma e conteúdo", Jorge Pedro Sousa e Maria Érica de Oliveira Lima, *Revista brasileira de história da mídia*, v. I, n. 2, julho a dezembro de 2012.

"Serviços, honra, prestígio e... fracasso: a herança imaterial dos governadores gerais do Brasil e vice-reis da Índia, no século XVII", Marília Nogueira dos Santos, *Revista Eletrônica de História do Brasil*, vol. 10, ns.1 e 2.

"Uma palavra e uma antítese: contribuição à história do verbo 'lograr'", José Américo Miranda e Nilton de Paiva Pinto, *Linha D'água*, n. 18, 2005.

"Um Tomás contumaz: a prisão de Pinto Brandão na Bahia e um inédito de Gregório de Matos sobre o tema", Francisco Topa e Andreia Amaral, comunicação apresentada ao IV Congresso Português de Literatura Brasileira, realizado na Faculdade de Letras do Porto, em 2005.

*

As partes deste livro em itálico são ficcionais, e algumas delas, adaptações de poesias de Gregório de Matos.

Os poemas atribuídos a Gregório de Matos, na íntegra, constam em *Gregório de Matos, Obra poética*, edição de James Amado, a quem este livro se dedica.

Notas

[1] As descrições do Minho se encontram em Reader's digest, *À descoberta de Portugal*, a partir da p. 13.

[2] Palavras de Gaspar Dias Ferreira, em 1645. No livro *Idade do Ouro do Brasil*, Boxer, p. 28.

[3] *Idade do Ouro do Brasil*, p. 29.

[4] *Idade do Ouro do Brasil*, p. 30.

[5] *Tratado descritivo do Brasil em 1587*, Gabriel Soares de Souza, pp. 103 a 109.

[6] Fernão Cardim (1548-1625) registrou cifra semelhante: "terá a cidade com seu termo passante de tres mil vizinhos portugueses, oito mil indios christãos, e tres ou quatro mil escravos de Guiné". Os cálculos do padre Anchieta em 1585 eram de que haveria dez a doze mil habitantes brancos entre a cidade e o recôncavo – sendo cerca de trinta por cento deles nascidos no Brasil.

[7] *Tratado descritivo do Brasil em 1587*, p. 108.

[8] Frei Vicente do Salvador, *História do Brasil, 1500-1627*, pp. 57 e 58.

[9] Palavras de Ambrósio Fernandes Brandão, senhor de engenho, médico e escritor português que viveu no Brasil entre os séculos 16 e 17. Autor de *Diálogos das grandezas do Brasil*.

[10] *Diálogos das grandezas do Brasil* .

[11] *História do Brasil, 1500-1627*, p. 58.

[12] *Os judeus no Brasil colonial*, Arnold Wiznitzer.

[13] Laura de Mello e Souza, *O diabo e a Terra de Santa Cruz*, p. 297.

[14] *O diabo e a Terra de Santa Cruz*, p. 101.

[15] O assunto é encontrado no livro de Wiznitzer, pp. 31 a 35.

[16] Emanuel Araújo, *O teatro dos vícios*, p. 191.

[17] Anita Novinsky, *Cristãos-novos na Bahia*, p. 138.

[18] *Cristãos-novos na Bahia, p. 138.*

[19] *Cartas*, Vieira, p. 15.

[20] Ver em *História naval brasileira*, Max Justo Guedes, vol. II, p. 46.

[21] *Cartas*, Vieira, p. 11.

[22] *Cartas*, Vieira, p. 14.

[23] Thales de Azevedo, *Povoamento da cidade do Salvador*, pp. 163 e 164.

[24] Citado em Fernando da Rocha Peres, *Gregório de Mattos, O poeta devorador*, p. 30.

[25] *Thales de Azevedo, Povoamento da cidade do Salvador, p. 373.*

[26] Comentário de André João Antonil, em *Cultura e opulência do Brasil*, p. 69.

[27] O documento "Processo de leitura de bacharéis, 1688" encontra-se na Torre do Tombo, e informa que o rapaz era "limpo, sem mácula nem raça alguma, de nação infecta" e que seus avós "foram nobres e ocuparam os cargos honrosos da governança da Câmara desta cidade, servindo nela de vereadores". Ver em Pedro Calmon, *A vida espantosa de Gregório de Matos*, p. 5.

[28] A edição adotada para as citações é *Gregório de Matos, Obra poética*, ed. de James Amado e preparação de Emanuel Araujo; doravante GMOP. A sátira, um diálogo de acusações mútuas, se encontra, na íntegra, a partir da p. 595.

[29] GMOP, p. 606.

[30] Assunto recolhido no ensaio de Luiz Mott, "Cotidiano e vivência religiosa: entre a capela e o calundu", em Laura de Mello, *História da vida privada no Brasil*.

[31] O cotidiano colonial feminino está bem detalhado em *História da vida privada no Brasil*, e em *História das mulheres no Brasil*.

[32] O livro *A roupa e a moda* tem um capítulo dedicado às vestimentas femininas e masculinas no século 17, a partir da p. 103.

[33] O assunto consta em *Mobiliário baiano*, Maria Helena Ochi Flexor. Também em *As festas no Brasil colonial*, José Ramos Tinhorão.

[34] *Mobiliário baiano* e *As festas no Brasil colonial*.

[35] Le Gentil de La Barbinais, citado por Taunay, pp. 374 e 375.

[36] GMOP, p. 206.

[37] Trecho de poema de Gregório de Matos, em GMOP, p. 44.

[38] Ver em *Mobiliário baiano*.

[39] Consta no ensaio de Emanuel Araújo, "A arte da sedução: sexualidade feminina na colônia", em *História das mulheres no Brasil*.

[40] "Magia e medicina na colônia: o corpo feminino", Mary Del Priore, em *História das mulheres no Brasil*.

[41] Em *Casa-grande & senzala*.

[42] Mary Del Priore, *História das crianças no Brasil*, p. 20.

[43] Philippe Ariès, *A criança e a vida familiar no Antigo Regime*, p. 184.

[44] GMOP, p. 63.

[45] GMOP, p. 81.

[46] GMOP, p. 82.

[47] GMOP, p. 47.

[48] GMOP, p. 302.

[49] Diogo de Aragão Pereira em *Habilitações para leitura de Bacharel*. Citado por Fernando da Rocha Peres em *GM, o poeta devorador*, p. 33.

[50] Torre do Tombo, *Processo de leitura de bacharéis*, 1688.

[51] Depoimento de Diogo de Aragão Pereira, em Habilitações para leitura de bacharel, manuscrito depositado na Torre do Tombo.

[52] GMOP, p. 381.

[53] O vigário Ribeiro, na verdade inimigo do poeta Gregório de Matos, contra quem escreveu uma sátira plena de acusações.

[54] Nos Documentos Históricos da Congregação Beneditina Brasileira. Citado em *GM, o poeta devorador*, p. 33.

[55] *A criança e a vida familiar no Antigo Regime*, p. 10.

[56] *A criança e a vida familiar no Antigo Regime*, p. 11.

[57] *A criança e a vida familiar no Antigo Regime*, pp. 145 a 150.

[58] *Cultura e opulência do Brasil*, p. 93.

[59] *Cultura e opulência do Brasil*, p. 93.

[60] Em "A viola", Ivan Vilela, p.3.

[61] Em "A viola".

[62] Em *Dicionário da escravidão negra no Brasil*, por Clóvis Moura.

[63] Em "A música em Salvador: um breve percurso histórico (dos jesuítas até 1879)", Maria da Conceição Costa Perrone e Selma Boulhosa Alban Cruz.

[64] Dados sobre o Colégio dos Meninos de Jesus em *História da Companhia de Jesus no Brasil*, de Serafim Leite, vol. I, pp. 21 a 28.

[65] *GM, o poeta devorador*, p. 41.

[66] *História da Companhia de Jesus no Brasil*, vol. I, p. 191.

[67] Comentário de Nunes Marques Pereira, *Compêndio narrativo do Peregrino da América*.

[68] *A criança e a vida familiar no Antigo Regime*, p. 158.

[69] GMOP, p. 890.

[70] *Casa-grande & senzala*, p. 372.

[71] *História naval brasileira*, vol. II, p. 372.

[72] Em *À descoberta de Portugal*, p. 312.

[73] Em *A criança e a vida familiar no Antigo Regime*, p. 281.

[74] "Feição à moderna, ou Logração disfarçada", em *Macarronea latino-portugueza...*, p. 164.

[75] *GM, o poeta devorador*, p. 53.

[76] *GM e a Inquisição*, p. 20.

[77] *GM e a Inquisição*, p. 20.

[78] Júnia Ferreira Furtado, *Chica da Silva e o contratador dos diamantes*, p. 94.

[79] *À descoberta de Portugal*, p. 227.

[80] Manuel Pereira Rabelo, GMOP, p. 1254.

[81] *Obras completas*, Luiz de Góngora y Argote, p. 21.

[82] *Obras completas*, p. 21.

[83] *Obras completas*, p. 19.

[84] *A vida espantosa de GM*, p. 23.

[85] Natália Correia, *Antologia de poesia portuguesa erótica e satírica*, p. 11.

[86] *Antologia de poesia portuguesa erótica e satírica*, p. 28.

[87] *Antologia de poesia portuguesa erótica e satírica*, p. 38.

[88] *Antologia de poesia portuguesa erótica e satírica*, p. 43.

[89] *Antologia de poesia portuguesa erótica e satírica*, p. 46.

[90] *Antologia de poesia portuguesa erótica e satírica*, p. 90.

[91] *Antologia de poesia portuguesa erótica e satírica*, p. 99.

[92] *Antologia de poesia portuguesa erótica e satírica*, p. 142.

[93] *Antologia de poesia portuguesa erótica e satírica*, p. 25.

[94] Sobre o tema, ver Ana Miranda, antologia *Que seja em segredo*.

[95] Em *O teatro dos vícios*, p. 258.

[96] *O teatro dos vícios*, p. 263.

[97] *Casa-grande & senzala*, p. 250.

[98] *Que seja em segredo*, p.6.

[99] Em "A procissão de Corpus vianesa cantada por Gregório de Matos", depoimento de António Manuel Couto Viana, em *Cadernos vianenses*.

[100] "A procissão de Corpus vianesa cantada por Gregório de Matos".

[101] Fatos mencionados em *GM, o poeta devorador*, p. 30.

[102] Em *GM, O poeta devorador*, pp. 59 e 60.

[103] Em *Chica da Silva e o contratador dos diamantes*.

[104] *A vida espantosa de GM*, pp. 27 e 28.

[105] Visto em *A vida espantosa de GM*, p. 28.

[106] *O amor em Portugal no século XVIII*, Júlio Dantas, p. 187.

[107] *O amor em Portugal no século XVIII*, p. 192.

[108] *A criança e a vida familiar no Antigo Regime*, p. 316.

[109] Francisco Manuel de Melo, *Carta de guia de casados*, p. 22.

[110] GMOP, p. 1255.

[111] *Edição crítica da obra poética de GM*, p. 149. Baldo degli Ubaldi (1327-1400) foi um dos mais célebres juristas da escola dos comentadores italianos. Discípulo de Bártolo, obteve grau de doutor aos 17 anos; depois se tornou professor em universidades.

[112] Em *A Vida espantosa de GM*, p. 29; e *GM, o poeta devorador*, p. 64.

[113] A carta está na íntegra em *A vida espantosa de GM*, p. 30.

[114] Em *Dicionário de História de Portugal e do Brasil*, p. 641.

[115] Sebastião da Rocha Pita, *História da América Portuguesa*, pp. 169 e 170.

[116] Em *A vida espantosa de GM*, pp. 33 e 34.

[117] *A vida espantosa de GM*, p. 34.

[118] Em *Dicionário de História de Portugal e do Brasil*, verbete Lisboa.

[119] "A situação feminina em Portugal na segunda metade do século XVIII", p. 153.

[120] *A vida espantosa de GM*, p. 36.

[121] O registro foi descoberto em Lisboa pelo genealogista Jorge de Moser e publicado no Brasil por Fernando da Rocha Peres. Ver *A vida espantosa de GM*, p. 38 e *GM, O poeta devorador*, pp. 74 e 75.

[122] Discurso pronunciado no Cassino Lisbonense, em 27 de maio de 1871, durante a primeira sessão das Conferências Democráticas.

[123] O Cavaleiro de Oliveira é o escritor português Francisco Xavier d'Oliveira, (1702-1783) autor de memórias e cartas, e ilustre adversário da Inquisição, à qual atribuía o atraso de Portugal.

[124] GMOP, p. 1253

[125] *História da Companhia de Jesus no Brasil*, vol. VIII, p. 360.

[126] Em *O teatro dos vícios*, p. 243.

[127] *O teatro dos vícios*, p. 245.

[128] Numa sátira de Gregório de Matos, anos depois.

[129] *O diabo e a Terra de Santa Cruz*, p. 90.

[130] GMOP, p. 1255.

[131] Stuart Schwartz descobriu e publicou um panegírico fúnebre a este governador, escrito por Juan Lopes Sierra em 1676, no livro *As excelências do governador*.

[132] Em *A vida espantosa de GM*, p. 40.

[133] GMOP, pp. 129 e 130.

[134] GMOP, pp. 130 e 131.

[135] GMOP, p. 1.255.

[136] O poema na íntegra se encontra em GMOP, pp. 1.223 a 1.228.

[137] Búpalo, escultor grego que esculpiu um busto deformado do poeta Hiponate de Éfeso, para o ridicularizar.

[138] GMOP, p. 1.256.

[139] *A vida espantosa de GM*, p. 37.

[140] *Formação do Brasil colonial*, p. 106.

[141] GMOP, p. 1.256.

[142] GMOP, p. 1.257.

[143] Pedro Calmon, *O crime de Antonio Vieira*, pp. 8 e 9.

[144] *As excelências do governador*, p. 123.

[145] *Povoamento da cidade do Salvador*, p. 180.

[146] *A vida espantosa de GM*, p. 59.

[147] *A vida espantosa de GM*, p. 61.

[148] *A vida espantosa de GM*, p. 77.

[149] *O crime de Antonio Vieira*, p. 18.

[150] *História da América portuguesa*, p. 192.

[151] *História da América portuguesa*, p. 192.

[152] *O crime de Antonio Vieira*, p. 21.

[153] GMOP, p. 139.

[154] GMOP, p. 21.

[155] GMOP, p. 210.

[156] *A vida espantosa de GM*, pp. 60 a 62.

[157] *Cartas*, pp. 314 a 317.

[158] GMOP, pp. 142 e 143.

[159] *O crime de Antonio Vieira*, p. 66.

[160] Trecho do sermão "Palavra de Deos Empenhada, Sermam nas exequias da rainha N. S. D. Maria Isabel de Saboia, Que pregou O P. Antonio Vieyra da Companhia de Jesu, Prégador de Sua Magestade, Na Misericordia da Bahia, em 11 de Setembro, anno de 1684."

[161] *O crime de Antonio Vieira*.

[162] O crime está descrito em *O crime de Antonio Vieira*, e essa citação às pp. 38 e 39.

[163] O trecho, e os seguintes no mesmo parágrafo, encontram-se nas *Cartas do padre António Vieira*, p. 316.

[164] *História da América portuguesa*, p. 194.

[165] *Cartas*, pp. 316 e 317.

[166] *O crime de Antonio Vieira*, p. 48.

[167] GMOP, p. 1.257.

[168] GMOP, p. 1.259.

[169] *A vida espantosa de GM*, p. 68.

[170] GMOP, p. 609.

[171] GMOP, pp. 737 e 738.

[172] GMOP, p. 152.

[173] *A vida espantosa de GM*, p. 71.

[174] *Tratado descritivo do Brasil em 1587*, p. 113.

[175] *Tratado descritivo do Brasil em 1587*, pp. 113 e 114.

[176] *Tratado descritivo do Brasil em 1587*, p. 114.

[177] *Cultura e opulência do Brasil*, p. 94.

[178] *Tratado descritivo do Brasil em 1587*, pp. 109 a 127.

[179] *Tratado descritivo do Brasil em 1587*, p. 110.

[180] *História da América portuguesa*, p. 46.

[181] *Povoamento da cidade do Salvador*, p. 208.

[182] *Em Cultura e opulência do Brasil.*

[183] *Cultura e opulência do Brasil*, p. 94.

[184] *Cultura e opulência do Brasil*, p. 95.

[185] *Povoamento da cidade do Salvador*, pp. 381 e 382.

[186] *Povoamento da cidade do Salvador*, p. 381.

[187] *Povoamento da cidade do Salvador*, p. 383.

[188] *Cultura e opulência do Brasil*, p. 92.

[189] *O crime de Antonio Vieira*, p. 51.

[190] GMOP, p. 146.

[191] Vieira, Sermão na Bahia, julho de 1640.

[192] *A vida espantosa de GM*, p. 98.

[193] GMOP, p. 147.

[194] GMOP, p. 154.

[195] GMOP, p. 446.

[196] GMOP, p. 451.

[197] *A vida espantosa de GM*, p. 106.

[198] GMOP, p. 400.

[199] GMOP, p. 695.

[200] *Carta de guia de casados*, p. 56.

[201] *História do Brasil, 1500-1627*, p. 68.

[202] *História da América portuguesa*, p. 126.

[203] Palavras de Luiz dos Santos Vilhena, em *Povoamento da cidade do Salvador*, p. 270.

[204] Antonil, visto em *Povoamento da cidade do Salvador*, p. 266.

[205] GMOP, pp. 339 e 340.

[206] *Povoamento da cidade do Salvador*, p. 369.

[207] *Povoamento da cidade do Salvador*, p. 291.

[208] *História da América portuguesa*, p. 195.

[209] Em *GM e a Inquisição*, p. 18.

[210] *Povoamento da cidade do Salvador*, pp. 175 e 176.

[211] João, 21:20.

[212] *GM e a Inquisição*, p. 43.

[213] GMOP, pp. 437 e 438.

[214] *O diabo e a Terra de Santa Cruz*, p. 107.

[215] Citado em *A criança e a vida familiar no Antigo Regime*, p. 167.

[216] Essas imprecações estão no cap. "Dogmas e símbolos: incertezas e irreverências", p. 100, em *O diabo e a Terra de Santa Cruz*.

[217] *O diabo e a Terra de Santa Cruz*, p. 109.

[218] GMOP, p. 549.

[219] GMOP, p. 550.

[220] GM e a Inquisição, p. 24.

[221] GMOP, p. 1.258.

[222] GMOP, p. 355.

[223] GMOP, p. 599.

[224] GMOP, p. 1.112.

[225] GMOP, p. 813.

[226] GMOP, p. 82.

[227] O crime de Antonio Vieira, pp. 80 e 81.

[228] Cartas, p. 328.

[229] História da América portuguesa, pp. 196 e 197.

[230] O crime de Antonio Vieira, p. 84.

[231] GMOP, p. 813.

[232] GMOP, pp. 188 a 191.

[233] O crime de Antonio Vieira, p. 87.

[234] História da América portuguesa, p. 198.

[235] Cartas, p. 359.

[236] A vida espantosa de GM, p. 155.

[237] GMOP, pp. 156 e 157.

[238] GMOP, p. 1.260.

[239] GMOP, p. 1.259.

[240] GMOP, p. 1.259.

[241] GMOP, pp. 1.260 e 1.261.

[242] Ver em Stuart B. Schwartz, Burocracia e sociedade no Brasil colonial, p. 260.

[243] Burocracia e sociedade no Brasil colonial, p. 261.

[244] Num poema à p. 825, em GMOP, o poeta espera que Gaspar Soares vá prender um assassino. Parece se referir a uma autoridade policial. Gatão seria, segundo Topa, uma referência ao bandeirante paulista Borba Gato.

[245] GMOP, pp. 33 e 34.

[246] Burocracia e sociedade no Brasil colonial, p. 259.

[247] GMOP, p. 320.

[248] GMOP, p. 326.

[249] Burocracia e sociedade no Brasil colonial, p. 121.

[250] GMOP, pp. 747 e 748.

[251] História da América portuguesa, p. 199.

[252] História da América portuguesa, p. 201.

[253] GMOP, p. 1.271.

[254] GMOP, p. 826.

[255] *Carta de guia de casados*, p. 45.

[256] *Carta de guia de casados*, p. 83.

[257] *Carta de guia de casados*, p. 104.

[258] Russel-Wood, *Fidalgos e filantropos: a Santa Casa da Misericórdia da Bahia, 1550-1755.*

[259] *Burocracia e sociedade no Brasil colonial*, p. 255.

[260] *Fidalgos e filantropos: a Santa Casa da Misericórdia da Bahia, 1550-1755.*

[261] *A vida espantosa de GM*, p. 127.

[262] GMOP, p. 1259.

[263] *A vida espantosa de GM*, p. 113.

[264] GMOP, p. 385.

[265] GMOP, pp. 1.261, 1.262.

[266] *Carta de guia de casados*, p. 35.

[267] *Casa-grande & senzala*, p. 366.

[268] *A vida espantosa de GM*, p. 123.

[269] GMOP, p. 796.

[270] Em carta ao cônego Francisco Barreto, *Cartas*, p. 345.

[271] *História da América portuguesa*, pp. 201 e 202.

[272] GMOP, p. 128.

[273] Ronaldo Vainfas, *Trópico dos pecados*, p. 256.

[274] GMOP, pp. 581 e 582.

[275] GMOP, p.588.

[276] GMOP, p. 626.

[277] *História da América portuguesa*, p. 185.

[278] *História da América portuguesa*, p. 185.

[279] *História da América portuguesa*, p. 185.

[280] *O teatro dos vícios*, p. 261.

[281] *O teatro dos vícios*, pp. 261 e 262.

[282] Citado em *O teatro dos vícios*, p. 263.

[283] *Carta Pastoral* do arcebispo eleito, citada em *O teatro dos vícios*, p. 265.

[284] Ver em *O teatro dos vícios*, p. 265.

[285] *História da América portuguesa*, p. 186.

[286] *A vida espantosa de GM*, p. 133.

[287] Jorge Pedro Sousa e Maria Érica de Oliveira, "Periódicos portugueses do século XVII: forma e conteúdo", p. 4.

[288] "Periódicos portugueses do século XVII: forma e conteúdo", p. 5.

[289] GMOP, p. 899.

[290] Não é o famoso diplomata Alexandre de Gusmão, nascido em 1695. Este, e seu irmão Bartolomeu de Gusmão, o Padre Voador, estudaram no seminário de Belém com o escritor jesuíta, de quem adotaram o sobrenome.

[291] Muitas das informações sobre Antonio Luís da Câmara Coutinho se encontram em Marília Nogueira dos Santos, *Escrevendo cartas, governando o Império: a correspondência de Antonio Luís da Câmara Coutinho no governo-geral do Brasil (1691-1693)*.

[292] "Serviços, honra, prestígio e... fracasso: a herança imaterial dos governadores gerais do Brasil e vice-reis da Índia, no século XVII", Marília Nogueira dos Santos, p. 4.

[293] *História da América portuguesa*, p. 203.

[294] GMOP, p. 341.

[295] *Cartas*, Vieira, p. 357.

[296] *Cartas*, Vieira, p. 360.

[297] *História da América portuguesa*, p. 204. Assim como as palavras entre aspas no parágrafo anterior.

[298] *Cartas*, Vieira, p. 350.

[299] GMOP, p. 159.

[300] Verbete Liberalidade, em *Vocabulario portuguez e latino*, p. 110.

[301] Os versos referentes ao episódio Câmara Coutinho se iniciam na p. 159, em GMOP.

[302] O poema das lavadeiras encontra-se em GMOP, p. 912.

[303] Em "Serviços, honra, prestígio..." p. 6.

[304] Carta reproduzida na *Revista do Instituto Histórico*, mencionada por Pedro Calmon em *A vida espantosa de GM*, p. 149.

[305] *A vida espantosa de GM*, p. 157.

[306] Fernando da Rocha Peres, *A família Mattos na Bahia do século XVII*, p. 34.

[307] *A família Matos na Bahia*, pp. 32 e 33.

[308] GMOP, p. 33.

[309] GMOP, p. 38.

[310] GMOP, p. 1.262.

[311] Em Francisco Topa e Andreia Amaral, "Um Tomás contumaz: a prisão de Pinto Brandão na Bahia", p. 13.

[312] *Cartas*, Vieira, p. 359.

[313] *História da América portuguesa*, p. 209.

[314] *História da América portuguesa*, p. 209.

[315] *História da América portuguesa*, p. 210.

[316] *A vida espantosa de GM*, p. 173.

[317] GMOP, p. 1.262.

[318] GMOP, p. 1.263.

[319] GMOP, p. 1.263.

[320] GMOP, p. 1.264.

[321] GMOP, p. 929. Francisco Topa acredita que esses versos não são de autoria de GM.

[322] GMOP, p. 838.

[323] GMOP, p. 322.

[324] ... *en campos de zafiro pace estrellas*, de um poema de Góngora.

[325] GMOP, p. 1180.

[326] GMOP, p. 1.264.

[327] GMOP, p. 1.264.

[328] GMOP, p. 1.264.

[329] Sobre Angola, ver *História naval brasileira*, vol. II, p. 305 a 322.

[330] Alberto da Costa e Silva, *A manilha e o libambo: a África e a escravidão de 1500 a 1700*, p. 395.

[331] *A manilha e o libambo*, p. 410.

[332] Palavras de Cadornega, viajante que esteve em Angola no século 17.

[333] *A manilha e o libambo*, p. 417.

[334] *A manilha e o libambo*, p. 419.

[335] *A vida espantosa de GM*, p. 186.

[336] *Memória a respeito dos escravos e tráfico da escravatura entre a costa d'África e o Brazil*, p. 28.

[337] GMOP, pp. 1.183- 1.188. Citação a Rabelo, GMOP, pp. 1.265 e 1.266.

[338] Citação a Rabelo, GMOP, pp. 1265 e 1266.

[339] Ver em *GM, o poeta devorador*, p. 122. Rocha Peres sugere que o poeta possa ter sido obrigado a representar os militares, fazendo um jogo duplo, traindo assim os amotinados, para se livrar de ser arcabuzado.

[340] *A vida espantosa de GM*, p. 193.

[341] Expressões usadas em Mário Sette, *Arruar: história pitoresca do Recife antigo*.

[342] Gilberto Freyre, *Sobrados e mucambos*, p. 187. Palavras de um relatório holandês da época.

[343] *Arruar*, p. 28.

[344] *Arruar*, p. 28.

[345] GMOP, p. 1.266.

[346] GMOP, p. 1.267.

[347] O caso pode ter ocorrido em Igaraçu da Bahia, um julgado que se localizava no recôncavo.

[348] GMOP, p. 309.

[349] *A vida espantosa de GM*, p. 193.

[350] *Sobrados e mucambos*, p. 187.

[351] *Sobrados e mucambos*, p. 189.

[352] *Cartas*, p. 354.

[353] *Arruar*, p. 37.

[354] Evaldo Cabral de Mello, *A fronda dos mazombos: nobres contra mascates, Pernambuco, 1666-1715*, p. 235.

[355] GMOP, p. 1.193.

[356] GMOP, p. 1.205.

[357] GMOP, p. 1.210.

[358] GMOP, p. 1.212.

[359] *História da América portuguesa*, p. 217.

[360] *História da América portuguesa*, p. 216.

[361] *História da América portuguesa*, p. 219. Essa descrição das batalhas contra Palmares reproduz a versão de Rocha Pita.

[362] *História da vida privada no Brasil*, p. 326.

[363] GM, p.1268.

[364] *A vida espantosa de GM*, p. 205.

[365] GMOP, p. 69.

[366] *As artes de enganar*, p. 281.

[367] *A vida espantosa de GM*, p. 207.

[368] *GM, o poeta devorador*, pp. 130 e 133.

[369] GMOP, p. 1.308.

[370] A citação a James Amado está nas páginas XII e XIII.

[371] A autora desta biografia publicou, em 1989, o romance *Boca do Inferno*.

[372] Antonio Houaiss, em *GMG: uma re-visão biográfica*, p. 15.

[373] Retiradas de seu contexto, essas palavras soam ainda mais violentas. São de autoria de: Araripe Júnior, cônego Fernandes Pinheiro, José Veríssimo, Sílvio Júlio e Agripino Grieco.

[374] GMOP, p. 943.

[375] As citações a Lopes, Veríssimo e Grieco foram obtidas em Hélio Pólvora, *Para conhecer melhor Gregório de Matos*.

[376] *Gregório de Mattos*, visto em *GMG: uma re-visão biográfica*.

[377] Palavras de Pereira da Silva, em *Os varões ilustres do Brasil*. Citação encontrada na antologia do professor Alvaro Guerra, *GM: sua vida e sua obra*, p. 45.

[378] *GM: sua vida e suas obras*, p. 47. Palavras de Vale Cabral em *Obras poéticas*.

[379] Palavras de Valle Cabral, prefaciando as *Obras poéticas de Gregório de Matos*, em 1882, p. 43.

[380] Musicadas por Caetano Veloso no disco *Transa*, gravado em Londres durante o exílio do músico, entre 1969 e 1972.

[381] GMOP, p. 333. Inspira-se num poema de Francisco Rodrigues Lobo Formoso (1580-1622): "Fermoso Tejo meu, quão diferente / Te vejo e vi, me vês agora e viste..."

[382] *Gregório de Mattos: sua vida e suas obras*, p. 5.

[383] A maior parte desses documentos está reproduzida em Pedro Calmon, *A vida de Matos*, e Fernando da Rocha Peres, *Gregório de Mattos, O poeta devorador*. Esses biógrafos e historiadores levantaram importantes documentos sobre GM.

[384] Adriano Espínola escreveu uma tese, *As artes de enganar*, levantando indícios de que o autor da biografia e das didascálias dos poemas seria o próprio Gregório de Matos.

[385] GMOP, pp. 595-610.

[386] GMOP, pp. 1.279 e 1.280.

[387] "Tradição e problemática de Gregório de Matos", Antônio Houaiss, em GMOP, p. 1.273.

[388] GMOP, p. 448.

Este livro foi composto
nas tipologias
Dante e Elagantgaramond,
em corpo 12, e impresso em papel
Lux Cream 70 g/m2
na Stamppa